SECRETE

de

CARMEN SUISSA

Carmen Suissa

Copyright © Carmen Suissa

Toate drepturile sunt rezervate. Nicio parte din această publicație nu poate fi reprodusă, distribuită, sau transmisă sub orice formă sau prin orice mijloace, sau păstrată în vreo bază de date sau sistem de recuperare a acesteia, fără permisiunea anterioară, exprimată în scris a autorului Carmen Suissa.
Cartea este o ficțiune. Toate personajele, organizațiile și evenimentele care sunt înfățișate în acest roman sunt fie produsul imaginației autorului, fie sunt folosite în mod fictiv. Orice asemănare cu evenimente reale, locale sau cu persoane în viață sau decedate sunt cu totul o coincidență.

ISBN: 978-2-9573070-2-9

Carmen Suissa

Pentru copilul meu, Lucas. Să îţi fie viaţa o călătorie lungă şi lină! Să îţi împlineşti cele mai măreţe vise şi să fii veşnic înconjurat de iubire. Întotdeauna să crezi în tine şi în visele tale! Te iubesc!

Carmen Suissa

Carmen Suissa

Capitolul 1

Hope Middlebrooks, jurnalistă la Los Angeles Times, privea fraza de pe ecranul MacBook-ului ei de mai bine de 10 minute: „Orice păcate, cât de mici, au nevoie în toate timpurile de justificare".

Era adevărat, însă nu și pentru Barry, soțul ei. Sau, mai degrabă, fostul soț. Încă nu știa exact ce etichetă să-i pună. Ura etichetele și îl ura și pe Barry din cauza căruia acum era deseori împărțită între dorința de a-l omorî pe el sau de-a o linșa pe cea pentru care o părăsise. Bănuia că exista cineva în viața lui.

Își construise viața în funcție de dorințele lui, apoi într-o seară el o anunță că vrea puțină libertate.

– Câteodată ceea ce nu ne dorim este mai puternic decât ceea ce pretindem că ne dorim, îi spuse el jenat, dar decis să întoarcă pagina.

Câteva zile mai târziu își cumpărase un câine care arăta mai mult ca un papuc cu glande anale și își instalase în spatele casei pe care-o închiria, un teren de Paintball, visul lui dintotdeauna. Dacă la șapte ani aveai acel vis era normal, la 35 era oficial ridicol. Hope își scutură capul, dorind să-și îndepărteze acele gânduri dureroase.

Trebuia să scrie un articol despre viața unei femei independente din anii 2020, dar tratată în continuare de soț ca-n anii '50, chiar dacă ea muncea mai mult decât el. Cafeaua i se răcise, iar ea nu reușise să scrie mai mult de-o frază. Îi plăcea să vină la Greenland café și să își scrie articolele, dar astăzi erau una din acele zile în care nu-i ieșea nimic. Și până joi mai era doar o zi, iar șeful ei fusese foarte clar, nu mai tolera nicio întârziere. „De parcă ar fi tolerat vreodată", gândi Hope.

Nu crezuse cu adevărat că bărbații erau de acord cu mitul inferiorității femeii, până în ziua în care îl cunoscuse pe Doug. Șeful ei era un misogin care-i căuta nod în papură de fiecare dată când era caniculă, ploaie, sau avea chef.

Decise să nu se mai gândească la el și nici la articolul pe care trebuia să-l scrie, ci să-și sune asistenta și să o întrebe dacă terminase cu organizările pentru petrecerea copilului adolescent al lui Doug.

Închise laptopul, luă o ultimă înghițitură din cafeaua neagră, după care se îndreptă spre Mercedesul ei decapotabil. De statură mijlocie, cu un fizic plăcut și ochi verzi incredibili, Hope avea o grămadă de admiratori, și prea puțin noroc. La cei 35 de ani, avea o fetiță adoptată, fiica surorii ei, o carieră de jurnalistă înfloritoare, și un soț/ex, Barry, care decisese de la o zi la alta că are nevoie de o pauză. Hope își băgă mâna în părul lung blond și îndepărtă o șuviță rebelă de pe față, întrebându-se pentru a mia oară, de ce acesta o părăsise. Își reaminti iarăși seara când din senin o anunțase că trebuie să plece.

– Să pleci? îl întrebă ea distrată, luând o gură de salată. El dădu din cap că da, dar nu avu curajul s-o privească în ochi. La 8:00 seara?

– Crezi că mâine va fi mai ușor? o întrebă, iar ea își puse furculița jos. Oare o anunța între supă și salată că o părăsea?

*

Prietenele ei îi spuneau că este o femeie excepțională, o persoană bună și demnă de încredere. Atunci de ce i se întâmplau atâtea nenorociri? De ce Barry nu mai voia să fie cu ea, de ce mama ei era bolnavă și de ce Kim, pe care-o crescuse ca pe propriul copil, o detesta? Fata o acuza mereu că lucrează prea mult, că nu este suficient de prezentă sau că, din contră, este prea prezentă. Când un bărbat nu e acasă pentru că are întâlniri de afaceri, e cool. Este un „businessman". Când o femeie face asta, nu e decât o persoană insensibilă care-și neglijează familia. Ai fi zis că erau încă în anii 50.

Gândul îi fugi iarăși la Sonia James și la interviul pe care i-l luase. Femeia regreta faptul că nu își trăise propria viață, ci o viață pe care-o inventase ca să-i corespundă soțului ei. S-o valideze el. Fusese nevoită să-și selecteze prietenele după șabloanele lui: cât mai blonde, cât mai albe, cât mai insignifiante. Și toate trebuiau să joace golf.

Căsătoria însemna să faci compromisuri, să respecți doleanțele partenerului tău de viață și să faci tot posibilul ca acesta să fie fericit, dar nu până la autovictimizare. Făcuse multe compromisuri de-a lungul celor șapte ani de mariaj și totuși soțul ei nu fusese fericit. Era curioasă să știe ce anume își dorea Barry, de ce fugise de ea și dacă acum era mulțumit.

Adâncită în gândurile ei, era cât pe ce să fie lovită de o mașină în timp ce traversa strada. După 20 de minute a ajuns la vila lui Doug unde asistenta ei, Patricia, se învârtea satisfăcută prin curtea decorată cu zeci de baloane colorate.

– Este frumos, spuse Hope, uitându-se admirativ în jur, dar nu văd nicăieri estrada pe care își va ține primarul discursul.

Patricia o privi derutată și-și șterse două broboane de transpirație de pe fruntea bombată. Plinuță, blondă, cu ochi albaștri blânzi, tânăra de 27 de ani era o asistentă bună, eficientă, dar puțin cu capul în nori.

– N-am terminat încă, dar totul va fi în regulă, îți promit.
– Ai uitat că vine primarul, nu-i așa?

Patricia zâmbi cu obrajii îmbujorați și, întinzând o mână, arătă spre curtea frumos decorată.

– Toate mesele au fețe din Damasc și în mijloc buchete de bujori albi, crem și roz, așa cum mi-ai cerut, zise ea aproape plângând și nerăspunzând la întrebarea lui Hope. Mașina de înghețată este în stânga barului. În mijloc, lângă bara de striptease, este distribuitorul de creveți, iar în fundul curții, este orchestra.

– Ce ai spus? întrebă Hope.
– Fundul curții... Orchestra? șopti Patricia cu fața în flăcări.
– În față, zise Hope.

Patricia își dădu ochii peste cap și se lovi disperată cu palmele peste genunchi.

– Am uitat, Hope, scuză-mă! M-am gândit doar să-i fac plăcere fiicei lui Doug. Dar, primarul și ceilalți oameni mai importanți pot sta doar în față unde se servește ceaiul și nu se vede nimic bizar.

Hope se uită disperată în jur și apoi, fixând-o pe Patricia, zise cu voce joasă:

– În față, unde? Lângă distribuitorul de prezervative? Crezi că primarul și toate înțepatele alea din suita lui o să aprecieze?

– Sunt de toate culorile și mărimile, șopti Patricia.

Chiara, fata lui Doug de 17 ani, apăru în curte, plângând, cu taică-su pe urmele ei.

— N-ai un album de poze cu mine? Ce fel de tată eşti? se văita adolescenta cu faţa plină de lacrimi. Ai doar un singur copil, ce naiba!

— Da, dar aveam două servicii când erai mică. N-aveam timp de poze, distracţii sau... vaccinuri.

— Nu m-aţi vaccinat?! ţipă copila isteric.

— Şi cum poţi să dovedeşti? făcu el de parcă ar fi fost unul din colegii ei de la şcoală. Apoi privind-o direct în ochi îi spuse serios: Chiara, asta e viaţa reală, nu un film din Hollywood, unde finalurile sunt întotdeauna fericite.

Doug avea o atitudine născută din vechi prejudecăţi. Se căsătorise de patru ori şi divorţase de trei, ultima lui nevastă părăsindu-l printr-un bilet de adio, golindu-i contul Doug. Era un jurnalist excelent, dar un lider execrabil, detestat de o grămadă de lume.

Hope schimbă câteva vorbe cu Patricia, după care se duse acasă să-şi scrie articolul. Kim, fata ei de 14 ani, era încă la şcoală, aşa că putea să profite de cele două ore de linişte pentru a se concentra. Ajunse în Pacific Palisade, îşi parcă maşina pe aleea ce ducea la garaj şi fără chef se dădu jos. În faţa casei erau doi arbori mari de care era prins un hamac. Fără să ezite, se întinse în el şi punându-şi mâinile sub cap privi strada frumoasă cu peluze tunse impecabil, cu vile îngrijite şi trotuare largi. Era un cartier liniştit unde vecinii se cunoşteau şi se vizitau. Prietenele ei cele mai bune, Anna, Tess şi Julia, locuiau la câţiva metri de ea. Se gândea la faptul că era norocoasă să trăiască acolo şi să-şi aibă prietenele aproape. Apoi chipul lui Barry îi apăru în faţa ochilor, ducând-o cu gândul cu un an în urmă.

— Mă părăseşti?! îl întrebă ea, primind vestea ca un pumn în plex ce-i tăie respiraţia.

— Nu o lua aşa, iubito. Am nevoie de o pauză.

— Pauză? Ai pe cineva?

— Nu. Bineînţeles că nu, spuse el fără să o privească în ochi. Nu pot să-ţi zic mai multe.

— De ce? O să fie mai rău? zise Hope ridicându-se şi privind în sus spre el. Îl iubise dintotdeauna, iar acum, el o anunţa că vrea să facă o pauză.

— N-o să fie mai bine, răspunse Barry care nu părea ca să cunoască înţelesul termenului empatie sau respect.

— Suntem căsătoriţi de şapte ani. Cred că merit o explicaţie, insistă ea confuză şi rănită, încercând să nu pară atât de patetică pe cât se simţea. Când îi atinse braţul, acesta se crispă, închizându-i uşa în nas şi confirmându-i că unele lucruri aveau o limită dincolo de care accesul era interzis. Dacă se gândea mai bine, el niciodată nu o lăsase să se apropie de inima lui, iar ea îi acceptase toate capriciile cu zâmbetul pe buze şi niciun pic de glorie.

— Meriţi ce este mai bun pe lumea asta, Hope, ceva ce eu nu pot să-ţi ofer. Crede-mă, e mai bine pentru tine aşa.

— Să nu îndrăzneşti să-mi spui tu ce e mai bine pentru mine, îl privi ea furioasă. Eram fericită. Credeam că este şi cazul tău.

— Eşti cu mine nu pentru că mă iubeşti, ci din obişnuinţă. Suntem ca figurinele pe tortul de nuntă: stăm unul lângă altul, dar nu ne mai privim niciodată în ochi, zise el evitându-i privirea.

— Dacă te-ai uita la mine, Barry, ai observa că te privesc foarte atent, zise ea pe un ton jos. Nu era genul care ţipa sau se isteriza, dar acum i-ar fi tras fericită două palme peste faţa aceea ipocrită.

— Ce naiba îndrugi acolo? Suntem cuplul perfect. Părerea mea este că traversezi o fază proastă.

— Pubertatea este o fază, Hope. Trei ani de respingere e deja un stil de viaţă. O viaţă pe care nu o mai vreau, zise el cu o expresie rece în ochi şi fără pic de regret. De atât era el capabil şi asta era tot ce putea el să dea.

— Am refuzat de două ori să fac dragoste cu tine şi acum îmi arunci în faţă că nu-ţi plagice stilul de viaţă pe care îl avem? Hai, Barry, sunt mai deşteaptă de atât.

— Suntem două persoane adulte, inteligente şi care ne admirăm reciproc. Putem întoarce pagina şi să rămânem prieteni.

— Persoanele astea de care spui tu, nu întorc pagina, Barry. Rămân împreună.

— Sunt flatat că ai asemenea sentimente pentru mine şi că încă îţi doreşti să rămân cu tine.

— Nu vreau să fii flatat, ci să-mi spui ce Dumnezeu se întâmplă?

— Aş dori să-ţi pot spune mai multe. Dar nu găsesc nimic în afară de „îmi pare rău". Încă îmi pasă de tine, dar vreau mai mult de la viață, zise el pe un ton de parcă tocmai ar fi anunțat-o că mai are trei luni de trăit.

Hope se întrebase nu o dată ce-ar fi făcut dacă Barry n-ar fi fost în viața ei. Îl iubea atât de mult încât nu îndrăznea să-și imagineze un viitor din care el nu făcea parte. Acum, pusă în fața faptului, nu știa cum să reacționeze. Apoi vomită.

– Ți-e rău? o întrebă el cu o privire despre care nu știa ce vrea să însemne. Dragoste, afecțiune, milă? Ea nu avea nimic împotriva milei, dar în situația de față, o deranja. Îl privi trist. Era un bărbat impresionant: 1 m 90 de mușchi, un zâmbet sexy și o privire gri scrutătoare. Era frumos. Îți făcea plăcere să-l privești. Ai fi spus că era fenomenal într-un pat, dar nu era. Și totuși ea îl iubea.

– Barry, spune-mi exact ce se întâmplă, îi ceru ea privindu-l în ochi.

– M-am gândit că o separare de câteva săptămâni ne-ar putea prinde bine, spuse el ca și cum ar fi negociat prețul unui Rolex fals cu negrul de la colțul străzii.

– Nu crezi că trebuia să-mi ceri și mie părerea? Ai făcut-o doar când m-ai cerut în căsătorie".

– Nu mă așteptam să înțelegi, spuse el, „dar oricât de injust ți se pare, să știi că decizia este luată și nu mă mai răzgândesc". Avea o tensiune și energie impropriu delimitate, iar ea îl privi simțindu-l ca pe un străin, nu ca pe bărbatul cu care fusese căsătorită șapte ani.

– La Kim te-ai gândit?

– Este mare acum, o să supraviețuiască. Și, de altfel, nu este ca și cum aș muri. Mă mut la trei străzi de aici.

Îi scăpase, n-ar fi vrut să-i spună, dar acum era prea târziu.

– Vom fi vecini?

– Și prieteni, dacă ești rezonabilă.

Îl privea șocată. Cine era oare acea persoană și ce făcuse cu bărbatul ei?

– Definește rezonabilă, zise ea.

– Te rog nu te enerva, spuse el din ce în ce mai jenat. „Ți-am spus, nu am pe nimeni, vreau doar să fiu liber. Ce este așa de rău în asta?"

Hope îl privea și nu-i venea să creadă că el se transformase într-un monstru insensibil, parcă de pe altă planetă. Apoi își aduse aminte că de multe ori se purtase așa, însă în dragostea ei îi găsise întotdeauna scuze. Un exemplu fiind ziua în care îl rugase să vină s-o ia de la spital, după ce mamei ei i se spusese că nenorocitul de cancer revenise. L-a așteptat mai bine de două ore și, când a înțeles că nu va veni, incapabilă să-și conducă propria mașină, luă un taxi spre casă. Când seara târziu el se întoarse de la serviciu, îi spuse pe un ton neutru că-i părea rău, dar nu putuse să se elibereze în acea după-amiază. „Să se elibereze", ca și cum ar fi anulat o cină între prieteni sau o ieșire la cinema. Acum realiza că de fapt nu fusese niciodată dispus să se poarte ca un soț. Sau ca o ființă umană.

– Pleacă, îi zise ea fără nicio intonație în voce și arătând exact așa cum era: tristă și puternică deopotrivă. Știa când era cazul să se retragă și acela era unul din momentele în care, orice ar fi făcut n-ar fi putut schimba situația.

Stând culcată în hamac se gândea că, și acum, după aproape un an de la separare, ea nu știa exact ce se întâmplase. La un moment dat îl bănuia că avea o relație cu profesoara ei de yoga, Jade, nimfomana cartierului, dar nu putea fii sigură de nimic. Prietenii și vecinii lor, Anna și John, proprietarii unei cafenele drăguțe, îi spuseră că-l văzură pe Barry cu Jade, dar că păreau mai degrabă prieteni decât amanți. Profesoara de yoga era o femeie de 38 de ani, brunetă cu părul drept lucios și un breton tăiat impecabil, avea o gură cu buze senzuale și forme perfecte. Jade era căsătorită și avea o fată adolescentă, la fel de tupeistă ca și mama ei.

Hope privi strada liniștită, spunându-și că iubește acel loc. Crezuse că în sfârșit își găsise echilibrul. Avea familia ei, o casă frumoasă și o situație materială confortabilă. Apoi Barry plecă și o aruncă iarăși în existența aceea incertă pe care o detestase din totdeauna.

De la șapte ani fusese prinsă în vâltoarea vieții. Dragii ei părinți sfârșiseră tragic în noaptea în care se întorceau de la petrecerea lor dată în cinstea celor 15 ani de căsătorie. O fracțiune de secundă care a curmat două vieți și a schimbat destinele celor două fetițe care au rămas orfane. Hope avea șapte ani, iar sora ei, Désespoir, 12. Neavând nicio altă familie, cele două copile au fost băgate într-un orfelinat. Apoi a urmat o cale lungă și grea. Au fost purtate de la o familie la alta și „returnate" ca o marfă expirată sau ca un produs de la Teleshopping care nu întrunea toate calitățile promise. Ba Hope era dificilă, ba Dé era prea mare sau prea molatecă. În final, când Hope împlini 10 ani și Dé, 15, au fost despărțite. Nicio familie nu le voia pe amândouă.

În noaptea de dinaintea despărțirii, cele două fetițele au plâns și s-au strâns în brațe până dimineața. Și-au jurat să nu se piardă, iar Dé i-a promis că imediat ce va fi majoră o va lua la ea.

– Să înveți bine Hope, să ajungi cineva. Așa o să putem să fim în sfârșit libere". Micuța Hope dădea din cap cu fața plină de lacrimi.

– Și tu să faci așa. Îmi promiți, Dé?

– Voi deveni cea mai influentă avocată din California și mă voi lupta pentru soarta copiilor ca noi. Voi vâna toate familiile răufăcătoare care adoptă copii doar pentru a-i transforma în sclavi personali. Îi voi băga după gratii pe toți cei ce vor face rău copiilor".

Și Dé se ținuse de cuvânt. La școală fusese prima din clasă, iar Facultatea de Drept o termină cu brio. La vârsta majoratului nu putuse să o ia pe Hope la ea, dar devenise o avocată de succes, așa cum îi jurase sorei ei în acea noapte.

Hope fusese târâtă din familie în familie până când, la vârsta de 15 ani, a nimerit la un cuplu iubitor. Aveau grijă de ea și o iubeau ca pe copilul pe care nu l-au avut niciodată, iar Hope era fericită să-i recompenseze cu note bune și multă dragoste. Era foarte bună la engleză, iar April, mama ei adoptivă, i-a sugerat să facă jurnalismul.

Când Hope a împlinit 18 ani, April i-a adus-o ca surpriză pe sora ei, Dé. Fetele nu se mai văzuseră din aceea noapte de pomină, deși de multe ori Dé o căutase. Timpul nu coincidea niciodată cu locul în care se afla micuța Hope și, în final, speranța de a o mai găsi se estompă.

În seara în care April a dezlegat-o la ochi pe Hope, în micul salon al casei lor decorat cu zeci de baloane colorate și plin de prieteni, fata nu a văzut-o decât pe Dé. Sora ei adorată stătea în picioare, cu fața udă de lacrimile care se împleteau în barbă, pătându-i rochia lungă crem. În păr avea două margarete mari și era tot atât de frumoasă și proaspătă ca la cincisprezece ani.

– Dé, ai venit! zise Hope, plângând la rândul ei. Am crezut că te-am pierdut pentru totdeauna. S-a apropiat cu pași mici și când a ajuns lângă ea, i-a atins încet fața cu degetele. Ai venit, mai zise Hope aruncându-se în brațele surorii ei mai mari.

– April m-a găsit, a zis Dé, după ce au terminat să se îmbrățișeze.

Hope îi era recunoscătoare mamei ei vitrege și i-a demonstrat-o de-a lungul existenței ei. Când Marco, tatăl ei adoptiv a părăsit-o pe April, Hope a fost cea care i-a șters lacrimile. Familia ei adoptivă nu era bogată, dar au ajutat-o să își plătească facultatea, ceea ce a contat enorm. Hope era o studentă asiduă, cu un caracter plăcut și îi plăcea ce făcea. Încă din primul an de facultate a început să scrie rubrici pentru mai multe jurnale, lucru care-i permite să trăiască binișor. Apoi, când a absolvit prima în promoția ei, un ziar renumit din Los Angeles a cooptat-o, oferindu-i un salariu bun.

Când April a făcut cancer la sân, Hope s-a mutat cu ea și, lucrând de acasă, putuse s-o asiste la fiecare pas.

– Cineva a spus odată că prietenii sunt ca umbra, apar doar când e soare. Așa este, îi spuse April într-o zi. Noroc că te am pe tine. Trecuseră prin multe împreună, dar în final, răzbiseră.

S-a scuturat de această amintire și, privind pe stradă, o văzu pe Tess apropiindu-se. De statură mijlocie, puțin plinuță, vecina și prietena ei, era o psihiatră bună și lidera grupului lor de patru.

– Cunosc privirea asta, te gândești la Barry, zise Tess, nu mai vrei să divorțezi deși ți-au trebuit luni ca să iei această decizie, așa este? Și dacă da, greșești. Ți-o spune o profesionistă mai în vârstă decât tine.

– Ai 40 de ani, Tess, și a fost o decizie grea, dar asta înseamnă că este și o decizie bună? Mi-e dor de el, recunoscu ea cu o privire nostalgică. A fost iubirea vieții mele.

– Vine dintr-o adunătură de gospodine nevrotice și creștini alcoolici? Tu ai fost singurul element bun din gașca lor, Hope. Încetează să mai pari atât de disperată.

– M-a părăsit și nici măcar nu știu de ce. Sunt disperată.

– Cel mai bun lucru în tot răul ăsta, „le meilleur du pire", cum spun francezii, este că poți face sex când și cu cine dorești.

– Haha, râse Hope amar, știi bine că nu sunt pentru sexul murdar.

– Woody Allen a spus că „sexul este murdar numai dacă nu e făcut cum trebuie".

– „Sunt prea bătrână pentru rahatul ăsta", îl cită Hope pe Danny Glover din Armă fatală. Le plăcea să-și dea replici din filme și se amuzau ca două adolescente.

– Prostii, făcu Tess, scoțându-și o acadea din buzunarul pantalonului, ești tânără, superbă și inteligentă, ai o viață minunată, nu pricep de ce îți faci atâtea probleme.

– Păi, hai să vedem, zise Hope, părinții mi-au murit când aveam șapte ani, am fost purtată din familie în familie, și, când în sfârșit am nimerit într-una bună, tatăl meu adoptiv a părăsit-o pe mama, mama s-a îmbolnăvit de cancer, sora mea iubită pe care am regăsit-o după ani, a fost omorâtă în timp ce făcea jogging într-o pădure stupidă de prin Europa, apoi l-am întâlnit pe Barry, care mi-a arătat că viața poate fi frumoasă... dar că nu durează o eternitate.

– Da, bine. Nu zice nimeni că ți-a fost întotdeauna ușor, dar poți să fii recunoscătoare pentru faptul că o ai pe Kim care este minunată și te iubește ca pe propria ei mamă – April a învins nenorocitul de cancer, iar tu cu promoția de anul trecut ai reușit să-i faci o casă confortabilă lângă piscina ta. Ai trei prietene care locuiesc cu tine pe aceeași stradă și care sunt ca surorile tale. Ce vrei mai mult de la viață? spuse Tess luând o mină amuzantă, în stilul ei obișnuit. Apropo, ce mai știi de vecinul nostru Mike, superbul neurochirurg de la UCLA pe care l-ai cunoscut în avion?

Hope zâmbi, amintindu-și cum îl cunoscuse pe bărbatul cel mai curtat din cartier.

Revenea dintr-o vacanță de la Cannes, unde petrecuse câteva zile cu prietena ei, Sandy, care acum locuia în sudul Franței. Instalată confortabil în avion, Hope și-a scos calculatorul portabil și s-a uitat în jur: oameni de afaceri îmbrăcați în costume, două tinere înalte, care Hope bănuia că sunt manechine, o femeie de 70 de ani care-și cicălea soțul încontinuu, și Jade, posibila amantă a soțului ei. Stătea dreaptă, cu un zâmbet amețitor pe buzele ei roșii cărnoase și indica persoanei cu care era unde să-i pună geanta Vuitton. Jade nu purta niciodată un alt machiaj în afara rujului sângeriu și a fericirii. „Sportul și sexul o fac să se simtă așa", gândi Hope cu ciudă.

După ce bărbatul înalt cu părul șaten deschis și corp atletic i-a aranjat geanta, s-a oprit și a aruncat o privire în jur. Ochii i s-au oprit asupra lui Hope și timp de câteva secunde s-au studiat unul pe celălalt.

– Nu ești deloc atent la ce-ți spun, îl certa vesel Jade, fără să fie în realitate prea interesată la ce se întâmpla în jur. Nu-ți pasă de mine, făcu ea bosumflată, iar Mike a ridicat semnificativ o sprânceană, zâmbindu-i lui Hope. Jade își ridică privirea și o văzu. Îi făcu cu mâna ca și cum ar fi fost cele mai bune prietene din lume.

– Ce faci aici? o întrebă ea când ajunse la scaunul lui Hope.

– Același lucru ca toată lumea de-aici, răspunse Hope fără chef, iau avionul spre Los Angeles. Am fost la prietena mea, la Cannes.

– Oh, da, la Slaty – curviștină –, greși ea intenționat numele lui Sandy, care fusese ani de zile concurenta ei numărul unu la yoga în Los Angeles. Hope ar fi vrut să-i spună că nimeni în LA nu era mai curviștină decât ea, însă nu i-a zis nimic. Ți-l prezint pe Mike, zise Jade cu falsă amabilitate. Acesta zâmbi și înclină puțin capul.

– Ne-am cunoscut la barul aeroportului, continuă Jade, dar sunt sigură că e destinul, îl privi ea dând din genele lungi și negre.

– Ce mai face Patrick? o întrebă Hope de soțul ei. Ați divorțat?

– Trebuie să fii idioată să divorțezi în ziua de astăzi, contraatacă pulpoasa brunetă. Ah, scuză-mă, am uitat că tu și Barry nu mai sunteți împreună, minți ea.

– Oh, interveni Mike, ești celibatară? Jade se mișcă nervoasă de pe-un picior pe altul. Nu asta-i fusese intenția, să le facă lor lipeala.

– Da, spuse Hope, gândindu-se că era un bărbat frumos, dar că starea ei civilă nu era treaba lui, suntem separați de aproape un an.

– Nu-i rău deloc, zâmbi el privind-o insistent, fără ca totuși să fie obraznic.

— Nu a fost alegerea mea, mai zise Hope, regretând imediat că o făcuse.

— Dumnezeu nu greșește niciodată, îi făcu Mike cu ochiul, iar Jade începu să-și piardă răbdarea.

— Știi, se bagă ea, Hope mi-a fost clientă. Înainte să mă cunoască pe mine nu mai auzise niciodată de „namaste".

— Sau, blenoragie, adăugă Hope. Nu voise s-o spună cu voce tare, dar din păcate o făcuse și acum era prea târziu. Îi venea să intre în pământ de rușine când îl văzu pe Mike zâmbind și roșii până în vârful nasului. Nu știuse niciodată să fie confortabilă într-o situație inconfortabilă.

— Celibatară și amuzantă, zise el șarmant, făcând-o să se simtă mai puțin oribilă. Sper să ne întâlnim în Los Angeles.

— Sunt sigură c-o să ne revedem, zise Hope, savurându-și mica victorie, apoi întorcându-se spre Jade, îi transmise salutări lui Patrick.

În decursul zborului, Hope și Mike s-au mai intersectat de câteva ori.

— Nu o placi prea mult pe Jade, nu-i așa? o întrebă el când se ridică de la locul lui ca să-și dezmorțească picioarele. Hope zâmbi.

— Recunosc, am fost groaznică.

— Noo, putea fi mai rău. Ai fi putut s-o omori de exemplu, spuse el făcând-o să râdă. El o privi înclinându-și puțin capul spre umărul stâng. Ai un râs contagios, știai asta?

— Dacă te-ar auzi Jade ar crăpa de-a dreptul. Nici nu știu dacă am vreun drept să o urăsc pe această femeie, recunoscu ea. Au fost niște zvonuri cum că ar fi amanta soțului meu, dar nu am nici o certitudine. Mike o privi, înțelegând mai bine reacția ei anterioară. N-ai fost niciodată căsătorit?

Ochii i se umbriră și-și lăsă capul în jos când îi spuse că soția îi murise din cauza unei tumori cerebrale.

— A fost vina mea. Mai avea o șansă printr-o nouă operație, așa că am convins-o să accepte. N-a suportat. N-a mai apucat să vadă Parisul așa cum își dorea de mică, să meargă în Africa de Sud sau să aibă copii. Iar acum, muncesc 20 de ore pe zi și accept să particip la conferințe în toate colțurile lumii. Nu-mi place să fiu singur și n-am fost niciodată adeptul aventurilor de-o noapte.

– Asta-i o frază care ți-ar pune la picioare orice femeie din lume.
– Nu vreau orice femeie. Eu am avut exact femeia pe care mi-am dorit-o, zise el cu tristețe în glas. A fost ca un vis superb de trei ani.
Nu-i venea să creadă că asemenea bărbați mai existau. Biata Jade, putea să facă tumbe până murea, nu-și alesese bine scena circului.
– A fost o perioadă în care și eu credeam c-am avut noroc în căsnicie. C-am găsit perla rară.
– Și ce s-a întâmplat? o întrebă.
– Prostituata cartierului, asta s-a întâmplat. Aproape că mi-am dorit să fiu văduvă, decât să fiu părăsită pentru o femeie cu bretonul bizar și suplețe în coapse.
– Te asigur, nu-i nimic reconfortant în a fi văduv.
– Nici în avea un soț care preferă serviciile unei prostituate deghizată în profesoară de yoga. El o privit fix, iar ea își ceru scuze pentru că se dăduse în spectacol. Nu știu ce m-a apucat. De obicei mă controlez mai bine de atât.
– Uneori, simplul fapt de a fi noi înșine ne face bine, zise el blând, iar ea dădu din cap. Avea impresia c-o înțelegea și, pentru prima oară în mult timp, se simțea bine în prezența unui bărbat. Era serios, inteligent și fidel. Din păcate, fidel unei fantome. Era greu de concurat cu așa ceva. În general, chiar dacă în timpul vieții o femeie era cicălitoare și rea, după moarte, devenea întruchiparea perfecțiunii.
– Ce faceți aici? o auziră în spatele lor pe Jade.
– Așteptăm să se elibereze toaleta, răspunse Mike, fără să-i pese de ea.
– Dar nu e nimeni la toaletă, replica Jade.
– Bine, recunosc, zise el, îi fac curte lui Hope.
– Chiar? spuseră ele amândouă deodată, după care, Mike și Hope bufniră în râs. Jade se întoarse bosumflată la locul ei, iar Mike se așeză pe scaunul liber de lângă Hope.
– Ce lucrezi? o întrebă el privindu-i laptopul așezat pe măsuța.
– Scriu pentru SF Chronicle și LA Times.
– Aaa, ești acea Hope Middlebrooks. Ador cronicile tale.

— Îţi mulţumesc, răspunse ea plăcut impresionată că îi citise articolele, privind-o în acelaşi timp pe Jade, care-i scotocea prin geantă. Când aceasta îşi dădu seama că Hope o observa, se ridică şi-i aduse geanta.

— Credeam că este a mea, se scuză ea. Căutam ceva şi mi-am dat seama că nu-mi aparţine. Am văzut că ai două bilete la teatru.

— Operă, zise Hope sec, recuperându-şi geanta.

— Nu ştiu de ce mi se pare că operele simulează felaţia, zise Jade pe ton şoptit, îndreptându-se apoi la scaunul ei.

Hope, nu zise nimic, doar zâmbi dând din cap.

— Ce fel de femei îţi plac, Mike?

Fără să se gândească el răspunse:

— Cele care îl citesc pe Hemingway. Îmi place că descrie gustul lucrurilor, zise el.

Şi ei îi plăcea Hemingway. Şi-i mai plăceau şi bărbaţii care-l citeau şi erau atât de sensibili la condiţia umană.

— Spuneai că soţul tău e ginecolog?

— N-am spus. Şi nu m-aş mărita niciodată cu un bărbat care ştie mai multe ca mine despre vagin.

— Ai accepta într-una din seri să iei cina cu mine în Los Angeles? Hope ezită, iar el sesiză. Dacă nu vrei să fii văzută cu mine, te duc la un restaurant unde nu rişti să întâlneşti pe nimeni.

— De ce, e aşa de privat? întrebă ea.

— Nu. Mâncarea este foarte proastă.

Râsete. Era atât de uşor să fii cu el.

— Da, mi-ar place, Mike Kent.

— Ce-ar fi să începem cu un film?

— Şi să terminăm cu ce?

— Cu totul. Vedem noi, zise el.

— Nu sunt încă pregătită pentru „tot". Şi credeam că nici tu.

— Pregătit? La ce te referi? întrebă el cu o faţă serioasă comică. Sper că nu la sex. Hope râse iarăşi. Dacă şi-ar fi ascultat inima ar fi renunţat la restaurant şi cinema şi l-ar fi încuiat în dormitorul ei zile întregi.

„Hope Middlebrooks, eşti o excitată", îşi spuse ea. Şi de ce n-ar fi? Nu mai făcuse dragoste de un an de zile, poate chiar mai mult. Ultimele ei luni cu Barry nu fuseseră spectaculoase; el nu se mai apropia de ea niciodată, iar dacă Hope o făcea, îi dădea impresia că-

l inoportunează. Își aduse aminte de ultima noapte când făcuseră dragoste. Barry căsca non-stop și se simțea cumva jenat.
— Ai chef să facem dragoste, îl întrebă ea, sau vrei să dormi?
— Amândouă, răspunse el. Toată intimitatea durase cinci minute în acea noapte, după care ea l-a lăsat să doarmă. Nu făcuse niciodată sex din milă și n-avea să înceapă la 34 de ani. La o lună după aceea, când el își reclamă libertatea, a înțeles în parte reacțiile lui bizare din ultimul timp.

Se pierduse în gânduri și uitase de Tess, care purta o discuție înfocată la telefon cu Ron, soțul ei. Când termină conversația, se întoarse spre prietena ei și îi spuse că îl bănuiește că o înșală, dar că nu poate încă să demonstreze.
— Dacă n-ai nicio probă înseamnă că ai doar un cumul de informații false care nu servesc la nimic, nu-i așa? Sunteți un cuplu frumos și o aveți pe Isabelle, aveți două cariere reușite și o viață plăcută. Crezi că ar fi în stare să dea la toate acestea cu piciorul, găsindu-și o amantă? Tess veșnic tonică și glumeață, era acum abătută. Nu știa sigur ce să creadă, deși în ultimul timp Ron fusese destul de distrat.
— Am citit undeva, continuă Hope, că „infidelitatea nu este decât un simptom".
— Și cum te-ai simți tu dacă din cauza acestui simptom Barry i-ar trage-o cuiva?
— Marchezi un punct, admise Hope. Știu că este dureros, voiam doar să-ți ridic moralul. Însă adevărul este că nu știi nimic sigur, deci nu te amărî înainte de vreme. Nu crezi că este o posibilitate să te înșeli? Prietena ei se gândi puțin, apoi admise că era posibil.

*

Hope își aștepta prietenele pe prispa casei având pe masa albă din fier forjat o carafă de limonadă proaspătă, fructe și sâmburi de nuci. Pe o altă masă, mai mică, erau tot felul de lucruri anti regim: ciocolată, budincă de căpșuni și macaroni. Salonul era spațios și luminos, mobilat cu canapele albe și fotolii roșii așezate în fața geamului de unde se vedea frumoasa lor stradă.

Julia Harington, prietena ei în vârstă de 33 de ani, povestea ceva, făcând-o pe Tess să râdă cu gura până la urechi. Julia era actriță, înaltă de cam 1 m 75, brunetă, cu părul până la umeri, buzele cărnoase, frumoase, și ochi cu pleoape grele. Avea un aer neajutorat care te făcea să vrei s-o protejezi. Provenea dintr-o familie catolică cu principii sănătoase, era sensibilă, cu suflet bun și cam neîndemânatică, lucru care inspira pe bărbații din jurul ei să-i sară în ajutor. Julia avusese o singură relație mai importantă și când se terminase, rămase cu inima frântă.

Hope o cunoscuse cu trei ani în urmă când se mutase în cartier. Camionul încărcat cu mobilă era parcat în fața casei, iar Julia stătea pe bordură în jeanși uzați și basceți albi, plângând de mama focului.

– S-a întâmplat ceva? o întrebă Hope, apropiindu-se încet de ea. Julia își ridică privirea și sări în picioare ștergându-și nasul cu mâneca puloverului.

– Ești Hope Middlebrooks, zise ea admirativ. Ador cum scrii și n-am scăpat niciuna din cronicile tale.

– Sunt flatată, răspunse Hope, recunoscând-o pe frumoasa actriță. Te-am plăcut enorm în „Cineva trebuie să moară ca tu să trăiești".

Julia aprobă din cap, aranjându-și coada de cal.

– Am fost bine, nu-i așa? întrebă ea ca un copil. Și părinților mei le-a plăcut, mai zise ea după care iar se puse pe plâns. Hope o privea fără să mai înțeleagă nimic. M-au anunțat că se mută, continuă Julia, plângând ca un copil, cu gura larg deschisa. Vor să meargă înapoi în New York. Acolo m-am născut, explică ea, dar ne-am mutat în Los Angeles când aveam 16 ani. Le-am spus că doresc să devin actriță, așa că ne-am instalat aici. Iar acum, mă anunță că vor să se întoarcă la New York. Dar viața mea e aici!

– Pentru că ți-au cerut să te muți și tu?

– Nu, se smiorcăi ea. Dar n-am fost niciodată despărțiți. Și-apoi nu am frați sau surori. Nu înțeleg de ce vor să meargă la New York. Hope o luă în brațe și o consolă, asta aveai chef să faci când o întâlneai pe Julia. Să o iei în brațe și să o protejezi.

Acum o privea cum sporovăia veselă cu Tess, îndreptându-se spre casa ei. Se înțelegeau bine toate, chiar dacă aveau caractere complet diferite. Pe Tess și pe Anna le știa de șapte ani, de când se instalase în suburbie și avea impresia că erau ca și familia ei. Julia era o actriță de succes, plătită cu o avere să facă ceea ce știa ea cel mai bine: să plângă. Anna era căsătorită cu John și erau proprietarii unei cafenele din Brentwood.

Cele patru prietene reușeau să se vadă aproape zilnic, datorită orarelor lor flexibile. În timpul filmărilor o vedeau mai rar pe Julia, dar de multe ori le invita pe platou.

– Hope, mi-a fost dor de tine, zise Julia aruncându-se în brațele prietenei ei. Julia era cea mai tânără dintre ele, cea mai pupăcioasă și cea mai mâncăcioasă. Când dădu cu ochii de măsuța plină cu dulciuri, își abandonă prietena și sării pe ciocolată.

– Oare cum poți să arăți atât de bine și să mănânci așa de mult? întrebă Tess pentru a mia oară. Mânca mult mai puțin decât Julia, dar era plinuță.

– Hope, nu mi-ai terminat povestea cu Jean-Pierre, iubitul tău din Franța. Vă sunați?

– Iubit este mult spus. El în Europa, iar eu în America: este ca și cum aș avea deja gravată pe frunte data expirării. De la început această relație a fost sortită eșecului.

– L-am văzut pe Barry, se scăpă Julia, iar Tess dădu din cap să n-o facă. Arăta groaznic. Și ne-a spus că vrea să-ți vorbească. Nici una dintre ele nu spuse nimic, așa că Julia își înfundă două căpșuni în gură și schimbă subiectul: îl știți pe regizorul lui „Draga de Sara"? Ei bine, este singurul de la Hollywood care a fost căsătorit cu aceeași femeie timp de 30 de ani. Se pare că s-a îndrăgostit de Sara, care are 20 de ani și și-a părăsit soția. E scandal mare la Hollywood și toată lumea vorbește că acest divorț îl va costa foarte scump. Diseară, el și „Draga de Sara" vor lua cina la Marco Polo.

– Poți să te oprești din șușoteală, șopti Hope la rândul ei, nu e nimeni aici.

Julia adora bârfele, dar niciodată n-o făcea cu altcineva în afara prietenelor ei.

– E o mare dilemă pentru Alec, spuse Julia sugând cu poftă o acadea.

Tess dădu din mână ironică:

– Sara are 20 de ani, iar el 60. Singura dilemă pentru Alec este: felație sau biberon? Julia își duse mâna la gură și râse ca un copil ce-a făcut o poznă. Era copilăroasă, sensibilă și uneori prietenele ei se întrebau cum de reușea să doarmă noaptea singură în casa ei mare. Deseori își chema părinții la ea, aceștia fiind obligați să renunțe la planul lor de a se întoarce în New York.

Mobilul lui Hope sună.

– Este Barry, spuse aceasta fără să răspundă.

– Nu vrei să vorbești ? întrebă Tess.

– Bănuiesc ce vrea să-mi spună. Probabil că s-a întâlnit cu Jade, care i-a povestit de Mike și de mine. Cele două prietene o priveau așteptând. Am uitat să vă spun că ea mi l-a prezentat în avion? Julia și Tess ridicară mâinile fără să spună nimic, iar Hope continuă. Da, am călătorit 11 ore și am lăsat-o să scape cu viață.

Telefonul o anunță că are un mesaj. Soțul ei o întreba dacă putea să treacă pe la ea în jurul orei cinci. Oare ce dorea să-i spună? Era convinsă că n-avea legătură cu Kim, fata pe care o adoptaseră împreună și de care se debarasase ca de un Time Share în Mexico unde nu mai voia să meargă.

Îi va strica iarăși ziua așa cum o făcea de fiecare dată când se întâlneau? Prietenele ei o priveau și așteptau să le spună ce voia Barry, dar ea doar dădu din mână. N-avea niciun sens le mai obosească cu poveștile ei.

– În fiecare duminică luăm brunchul împreună, zise Tess, deci suntem prietene. Împărțim brunch-ul, împărțim și necazurile.

Hope luă o poză cu rama argintie de pe măsuță și se uita la cât de frumoși fuseseră ei în ziua nunții. Îi veni în minte începutul relației cu soțul ei.

Îl cunoscuse pe Barry McCartney în Aruba, la barul piscinei de la hotelul în care era cazată. Barry avea 24 de ani, la fel ca ea, și era deja la conducerea unui imperiu imobiliar. Tatăl lui, Bill McCartney, era un investitor renumit pe coasta de vest. Se știa însă că acesta era renumit și pentru legăturile extraconjugale cu starletele hollywoodiene sau mai puțin hollywoodiene, cu tot felul de chelnerițe, locuitoare ale Los Angeles-ului, sau pur și simplu turiste care căutau puțină distracție și mult lux. Bill McCartney nu se jena deloc să se expună cu prietenele lui în toate locurile la modă din Los Angeles. Jessica, soția lui, hotărâse cu ani în urmă să nu mai dea banii psihologilor, ci să-și vadă singură de viața ei. Primul care o ajută să-și uite amarul a fost maseurul ei, un clișeu în LA, dar asta nu mai conta.

După doi ani de kinezioterapie à la carte, Jessica s-a îndrăgostit de profesorul ei de yoga, un fost star de filme porno care avea mare succes la populația feminina a orașului îngerilor. Relația cu acesta nu a durat prea mult. Chiar dacă Jessica nu era vaccinată împotriva monogamiei, nu suporta totuși să se culce cu cineva care călărea jumătate din oraș. Așa că, după două luni, Jessica hotărî să uite aventurile ușoare și să se concentreze pe ceva mai serios, cum ar fi avocatul familiei, Walter York. Acesta avea 45 de ani și nu fusese niciodată căsătorit, iar Jessica avea 60, dar arăta ca la 48, așa că totul se potrivea de minune.

Când Hope îl văzu prima oară pe Barry, i se tăie respirația. Se îndrepta leneș spre bar nefiind conștient de impactul ce-l avea asupra femeilor... și a câtorva bărbați. Era înalt, corp atletic, păr șaten scurt și ochi gri scrutători. Arăta trăsnet, iar Hope se uita la el fascinată. O surprinse privindu-l, iar Barry se apropie zâmbind de ea.

– Pe ce pariem că roșcată care iese acum din bar este irlandeză? o întrebă el cu nonșalanță pe Hope.

– Pe o rochie Dior, răspunse ea rapid.

– Și dacă eu câștig?

– Ți-o împrumut și ție.

Se plăcură din prima clipa. Ea își făcuse multe filme în cap în ceea ce privește iubitul ideal și era greu de ghicit pe care l-ar prefera în viața de zi cu zi, dar acum, cu Barry în fața ei, știa exact ce-și dorea.

– Îmi placi, îi mărturisi el, ești spontană și sigură pe tine. Ești singură aici?

– Cu roșcata irlandeză. Este prietena mea și nu este deloc irlandeză, are un colorist bun. El o privi zâmbind.

A doua zi au luat micul dejun pe terasa hotelului, apoi au înotat și au lenevit la soare. Au vorbit de toate fără să pună țara la cale și-au constatat că aveau multe în comun.

Când îl privea pe Barry avea impresia că admiră o opera de artă. Avea trăsăturile feței puternice și-n același timp delicate. Era bronzat și avea dinți albi perfecți, așa ca marea majoritate a celor din California. S-au distrat de minune în Aruba, iar când au ajuns în Los Angeles au continuat să se întâlnească și după o lună de ieșit împreună, când el încă nu făcuse niciun gest s-o bage în patul lui, ea începu să-și pună întrebări. Când își pierduse orice speranță, într-o seară, când se întoarseră de la aniversarea unui prieten de-al lui, Barry o sărută. Un sărut cald, pasionat și plin de dragoste. Aceea a fost noaptea lor de debut, o noapte fierbinte și lungă. Dimineața când s-a trezit, el îi pregătise deja micul dejun: ouă fierte moi, cafea, bezele și căpșuni. S-au mutat împreună împărtășind totul: prieteni, opinii, inamici, probleme, vacanțe și bucurii. La 27 de ani au hotărât să se căsătorească, spre nefericirea lui Bill, tatăl lui Barry care nu o agrea prea mult pe Hope. Îl deranja prietenia ei cu soția lui și nu o dată îi reproșase în fața mai multor persoane că este o feministă plină de aere. Antipatia era reciprocă, Hope considerându-l un afemeiat nerespectuos și înfumurat. Într-o zi ea îi spuse în față că o place pe Jessica și că nu apreciază faptul că îi cere să nu fie prietenă cu ea.

– Nu doresc să fii împotriva ei, spuse Bill, ci de partea mea, Hope.

– Nu sunt de partea nimănui și nu judec pe nimeni. Doresc doar să fiu lăsată în afara jocurilor voastre bizare.

– Ha, făcu el arătând-o cu degetul, știam eu că sub masca asta de mironosiță bine crescută se ascunde o scorpie frustrată și vindicativă.

– Du-te dracului, Bill! spuse Hope întorcându-i spatele.

Nunta a fost mică și intimă, iar Bill a venit neinvitat. Toată lumea s-a simțit bine, iar Hope aproape că zbura de fericire, până în momentul în care Bill își luă la revedere de la ei.

– Vă doresc să fiți fericiți, le ură el cu un aer sincer. Apoi, când Barry se întoarse să-și ia la revedere de la un prieten, se apropie de Hope și-i șopti la ureche: dar nu veți fi! Sângele apă nu se face, iar lui Barry îi curge sângele meu prin vene.

– Și al lui Jessica.

– Sânge de curvă, baby. Sânge de curvă, râse el cu poftă.

– Du-te dracului, Bill!

Cei doi nu vorbeau prea des, dar când o făceau finalul era întotdeauna același. Cu ea trimițându-l la dracu'.

Timp de șapte ani se dovedi că Barry nu moștenise defectele părinților lui, dar în final Hope a ajuns la concluzia că strigase victorie prea repede. Nu a știut niciodată nimic concret însă ea era convinsă că Barry avea o aventură.

Acum îl aștepta să vină și toate fantomele trecutului ieșiră din cotloane. Oare avea s-o anunțe nașterea primului copil secret? Sau poate venea doar să-și reclame legalizarea libertății. Apăru pe aleea casei în același timp cu Mike, care decise să-i facă o surpriză. Prietenele ei își dădeau coate pe ascuns când cei doi bărbați se salutară. Barry rămase puțin mai în spate ca și cum ar fi vrut să facă stânga împrejur. Era total debusolat și când îl văzu pe Mike depunând un sărut familiar pe tâmpla lui Hope, înnebuni de tot.

Ea era surprinsă că nu e surprinsă de vizita lui Mike. De când se întoarseră din Europa el o sunase de câteva ori. Era prietenos, atent și pus pe planuri.

Barry ajunse lângă ei, iar Mike îi spuse că o așteaptă în casă. Dacă aveau de discutat, el nu voia să-i deranjeze. Pe prispă, le salută pe cele trei femei care-i răspunseră zâmbind, după care se retraseră la casele lor.

– Ce dracu e porcăria asta? vociferă Barry când Mike dispăru. Ea îl privi și se miră de tupeul lui. Nici n-am plecat bine de acasă și l-ai și instalat pe porcul ăsta arogant în locul meu?

– Locul tău e liber de mai bine de un an, Barry. Un an în care nu știu ce ai făcut.

– Dar îți spun eu ce n-am făcut. Nu m-am culcat cu nimeni. Ți-am fost fidel, mă auzi? N-ai dreptul să faci asta, spuse el arătând cu capul spre casă.

– Am toate drepturile din lume, Barry. Acum spune-mi ce dorești?

– Aici, pe alee?

– N-am altceva mai bun să-ți propun.

– Cinci minute în fața casei, asta da ofertă.

– Pe prima, „până când moartea ne va despărți", ai călcat-o în picioare. Deci da, asta este tot ce-ți pot oferi la ora asta.

Ochii lui deveniră triști, iar ei i se făcu milă de el. Împărtășiseră multe împreună, apoi, într-o zi, fără nicio explicație plauzibilă, părăsi scena. Încă îl iubea, chiar dacă uneori l-ar fi luat la palme. Nu-i dorea rău, dar în ultimul an învățase să facă în așa fel încât să-i fie și ei bine. Barry își privi pantofii, evitându-i privirea. Știa că Hope făcea parte dintre cei care nu iertau trădarea și învățase că durerea se stingea doar prin iertare. Ar fi vrut să-i poată vorbi, să-i poată explica, dar nici pentru el nu era ușor. Nu era sigur dacă ar mai fi vrut să fie vreodată cu ea, dar cert era că nu și-ar fi dorit s-o știe cu un alt bărbat. Nu era nebun și știa că n-avea dreptul să-i ceară fidelitate, dar îi plăcea gândul că ea este acolo, așteptându-l.

— Îți aduci aminte de prima dată când am văzut casa asta? o întrebă el privind nostalgic în jur.

— Îmi aduc aminte de toate primele dăți, dar crede-mă mă străduiesc să le uit. Mă torturează și mă fac să-mi fie frică. Frica are un gust oribil, Barry. El pufni pe nas agasat.

— Pentru că tu crezi că eu nu știu? Are același gust pentru toată lumea, de când lumea. Ar fi vrut să spună mai multe, dar pur și simplu nu putea. Ea-l simți că nu-i în starea lui normală, era agitat și parcă suferind. Am impresia că nu am nicio portiță de ieșire, zise el. Totul e un perete. Nici măcar n-o privea când spuse asta. Hope reușise mereu să-l descifreze, dar de data asta nu putea. Avea o mască sub care ascundea ceva. Poate frica de singurătate, frica de eșec, sau poate era doar regretul că distrusese o familie. Îl privi adânc în ochi încercând să priceapă. Am pierdut. Și n-a aruncat nimeni după mine cu flori, continuă el.

— Despre ce vorbești?

— Am avut un coșmar azi noapte, eram într-o sală mică, neagră și cu televizoare peste tot. Pereții erau plini de televizoare care arătau fragmentele oribile ale unei vieți. Apoi mi-am dat seama că e vorba de viața mea. O viață fără tine. Tu nu erai nicăieri și te căutam disperat. Întrebam pe toată lumea – prieteni de-ai noștri, familiile noastre – unde ești, dar nimeni nu te cunoștea. Ceva mă strângea de gât și mă împiedica să respir. Era frica. Frica de-a nu te mai vedea vreodată. Frica de a trăi într-o lume din care tu nu faci parte. M-am trezit plângând. Apoi am realizat că am nevoie de tine, dar că nu sunt încă pregătit pentru o schimbare.

Ea îl privea uimită. Era în mod cert nebun.

— Tot nu înțeleg de ce ai venit aici și ce dorești de la mine, zise ea.

— Am venit să-mi cer iertare pentru faptul că te-am făcut să suferi. Îmi pare rău că nici acum nu pot să îți spun mai multe, dar aș vrea să mă ierți.

— Bineînțeles că ai vrea. De asemenea ți-ai dori să-ți dau binecuvântările mele la tot ceea ce faci, așa nu te-ai mai simți vinovat și ți-ai putea vedea liniștit de viață în timp ce eu m-aș simți în continuare a naiba. Ai venit aici să-mi ceri mie ajutorul, tu care nu demult mi-ai spus că singurul lucru pe care l-ai apreciat la căsătoria noastră a fost faptul că ne-am oferit unul altuia companie limitată. Pe lângă faptul că a fost o aberație ceea ce-ai spus, m-ai și rănit profund, iar acum vii și-mi vorbești de televizoare și pereți. Ce rol am eu în războiul tău interior? îl întrebă.

— Nu ai. Trebuie să înțelegi că vreau să mă găsesc pe mine. E esențial ca să pot avansa.

— Te cauți la cincisprezece ani, spuse ea rece. Se simțea ca un obiect de mâna a doua la buna lui dispoziție. I se încălzise inima de plăcere când îi spusese că nu putea trăi într-o lume din care ea nu făcea parte. Aproape i-ar fi sărit în brațe și l-ar fi iertat. Ce proastă. De fapt, venise doar să plângă ca un băiețandru care nu știe ce vrea. Își imagina că ea îl va aștepta o eternitate, apoi când el se va hotărî, ea îl va primi cu brațele deschise fără să pună întrebări.

— Când la 40 de ani decizi să-ți iei o altă casă și să te muți fără copilul și soția ta, asta se numește părăsire de domiciliu, Barry.

— Poate că într-o zi mă vei ierta.

— Cineva care m-a făcut să sufăr așa cum m-ai făcut tu, nu merită un poate.

— Tristețe și bucurie. Asta e viața.

— Du-te naibii, Barry! Nu sunt soluția ta ușoară pentru a-ți uita erorile pe care le-ai făcut. Considera că-și pierduse destul timpul cu el. Avea doar o zi proastă și în loc să plângă în poala maică-sii, venise la ea. Încercase să umple un gol și ea știa asta. Dar se săturase să fie a cincea roată la căruță. Luni de zile îl așteptase să vină înapoi cu fraze de genul „iartă-mă, nu știu ce am avut în cap, dar nu pot trăi fără tine și Kim". Și după un an de zile n-a putut să găsească altceva decât un ridicol „te iubesc, dar nu știu ce vreau". N-avea decât să-l ia naiba și să rămână prizonier în camera lui mică plină de televizoare și să se dea cu capul de toți pereții.

Când intră în casă îl văzu pe Mike, stând relaxat în fotoliul din micul salon amenajat în camera de zi. Sufrageria era foarte intimă, construită pe două niveluri. Lui Hope îi plăcea să stea acolo și să privească curtea plină de flori și palmieri, cu piscina frumoasă.

Urcă cele două trepte și se așeză pe celălalt fotoliul, lângă el. Avea acolo o măsuță mică din lemn alb iar în pereți erau incrustate rafturi pline cu cărți. Balustrada albă care separa micul salon de restul încăperii era împodobită deja pentru Haloween. Era un loc liniștit unde aveai chef să stai ore întregi cu o carte în mână sau cu un bărbat al naibii de sexy care te privea ca pe a șaptea minune a lumii. Îi făcea bine să fie privită așa după felul în care fusese aruncată la gunoi de propriul ei soț.

– Ți-e bine? o întrebă el.
– O să-mi fie. Puțin mai târziu.
– Disperarea poate induce în eroare disperatul. Nu-l lăsa să-ți facă asta.

Ascultase oare la uși, se întrebă Hope. Cum de știa exact ceea ce simte ea? Într-adevăr, pentru o secundă disperarea lui Barry o destabiliză. Se săturase de maratonul extenuant după căsătoria ei pierdută.

– Decide-te și basta, spuse el calm. Dacă începi să rumegi prea mult, te vei răzgândi. Știa că Mike are dreptate, dar nu era chiar atât de ușor. Pentru mulți ani el fusese singura ei familie. Era greu să se detașeze, dar era conștientă că trecuseră 12 luni de când el plecase fără să explice mare lucru. E adevărat că nici n-avea probe ale infidelității lui.

Gândindu-se în trecut își aducea aminte de Barry, spunând că singura specie incapabilă de adulter pe acest pământ făcea parte din grupul protozoarelor. O luase ca pe o glumă, dar în definitiv asta era el: un om care considera că doar animalele unicelulare pot fi fidele.

– Da, admise ea, va trebui să iau o decizie. Barry mă manipulează de foarte mult timp și sunt sigură că ar fi capabil să îmi manipuleze și visele dacă ar putea.

– Îl iubești?
– Sunt destul de confuză. Cel puțin așa credeam până acum 10 minute.

– Și acum?
– Cred că o căsătorie e ca o pereche de pantofi. Dacă nu e făcută pentru piciorul tău, dezastrul e sigur. Ea își lăsă ochii-n jos privindu-și unghiile frumos manichiurate.

— A trecut un an de zile, Hope. Viața e scurtă, n-o irosi cu un bărbat care nu știe ce vrea la 35 de ani. Meriți mai mult de atât. Ea dădu din cap afirmativ. Când Barry va realiza ce-a pierdut, va dori să revină în viața ta și sper din suflet să ai forța necesară să faci ceea ce trebuie să faci. El o mângâie pe mână și spuse blând: de la moartea soției mele ești prima femeie care mă interesează. Vorbele lui erau ca o blândă mângâiere pentru sufletul ei rănit, dar nu spuse nimic. Cred că ne-am cunoscut prea devreme. Sau prea târziu, zise el privind-o direct în ochi. Nu cred că la ora asta ești pregătită pentru o relație, iar eu nu vreau să sufăr. Poate că într-o zi când vei ști exact ce-ți dorești vom putea fi împreună, dar până atunci prefer să rămânem prieteni, Hope. Ea știa că el avea departe, dar asta n-o făcea să se simtă mai puțin rău. Pierdea un bărbat de milioane pentru că încă mai era atașată de trecutul ei. Mike o pupă pe frunte și luând-o de mână se îndreaptă spre ieșire.

— Caută-mă dacă simți nevoia să-mi vorbești, zise el. Sau dacă nu vrei să vorbești. Ea zâmbi și dădu din cap, apoi el plecă lăsând-o cu gândurile ei.

Era oare acceptarea un concept infantil? De ce nu găsea puterea să vadă realitatea în față așa cum era ea? Soțul ei o părăsise pentru că nu o mai iubea suficient. Îi reproșase că ceea ce ea îi dădea era prea puțin. Renunța la tot ce construiseră în șapte ani, pentru că merita mai mult și pentru că nu puteau să-și ofere unul altuia acest „mai mult". Sau poate o părăsise pentru că era un laș instabil care semăna cu tatăl lui. Ea nu funcționa la modul „ca să fim iarăși apropiați, trebuie să punem puțină distanță între noi", așa cum îi spusese el în ziua în care decisese „să facă o pauză". Așteptase timp de un an ca el să vadă că n-are niciun sens această distanță și acum ea realiza că relația lor mergea în lateral, în spate, oriunde numai în față, nu. Era căsătorită, dar fără soț.

Îi veni în minte cântecul „nu ești nimeni dacă nu te iubește nimeni". Își scutură capul ca pentru a înlătura o amintire dureroasă și realiză că făcea asta des în ultimul an. Pe ea o iubea o grămadă de lume: Kim, April, prietenele ei și poate, de ce nu, Mike. Poștașul pentru care întotdeauna avea o vorbă bună sau puțină cafea, băiatul care tundea gazonul și căruia îi dădea ciubucuri mari, fetele de la Centrul de ajutor pentru cei fără acoperiș, unde Hope era benevolă de ani de zile. Da, o iubea toată lumea datorită caracterului ei plăcut, a sufletului bun și a generozității. Nu era fricoasă sau lașă, era o mamă și o prietenă bună, o jurnalistă respectată. Și în același timp o femeie care se agățase de un vis pierdut. Știa că venise momentul să întoarcă și ea pagina, așa cum făcuse Barry cu un an în urmă. Se spunea că atunci când o ușă se închide, o fereastră se deschide. Era o fereastră spre necunoscut, care o speria, dar avea s-o deschidă.

Capitolul 2

– Dacă află cineva despre noi, chiar voi fi numită prostituata cartierului, spuse Jade trăgându-și peste cap rochia albă din in. Avea forme rotunde, fără să aibă un gram de grăsime pe ea. Făcea patru ore de sport zilnic, fără să mai pună la socoteală escapadele sexuale extraconjugale.

– N-ai nevoie pentru asta de mine, zise bărbatul din pat, descoperindu-și dinții albi, imaculați. Se întinse leneș după care, punându-și mâinile sub cap, o privi admirativ. E cel mai bun sex pe care l-am avut vreodată.

– Nevastă-ta ar fi fericită să audă faza asta.

– Iubito, n-am nevoie de un Freud feminin care să-mi caute în cap gunoaie.

– Mda. Bănuiesc că ești sătul de Freudul de acasă, răspunse Jade ironic, încălțându-și sandalele cu tocuri subțiri.

– Ai 38 de ani, dar nimeni nu-ți dă mai mult de 25, spuse el privind cât de bine îi venea rochița. Tocurile erau un pic prea înalte, iar rochia o idee prea scurtă, dar cumva o cuprindea foarte bine și nu arăta vulgar.

– Știu ce înseamnă privirea asta, râse ea cu o licărire în ochii verzi frumoși, dar n-am timp. Patrick trebuie să ajungă acasă și vreau să-l aștept cum se cuvine.

– Credeam că te minți doar pe tine, dar acum văd că ai început și cu mine. Jade, recunoaște, tu nu l-ai iubit niciodată pe Patrick.

– În felul nostru, ne iubim. Avem o relație deschisă, dar spre deosebire de voi, ipocriții din cartier, noi recunoaștem. Crezi că dacă tu îți ascunzi cât de bine poți aventurile, ești mai bun decât noi? Nu. Tot un trișor și un mincinos rămâi.

– Dacă nevastă mea ar afla că o înșel, căsătoria mi s-ar sfârși înainte să termin de pronunțat cuvântul divorț. Și nu vreau asta. Indiferent ce crezi, o iubesc.

– Ai atâtea personalități, dragul meu, încât ai putea forma o echipa de rugby. Dar, te cred. Nu suntem foarte deosebiți unul de celălalt. În felul meu și eu îl iubesc pe Patrick și, chiar dacă avem o căsătorie neconvențională, nu mi-ar place să divorțez. Vin dintr-o familie unde mama a tolerat toate mizeriile escrocului meu de tată.

În afară de faptul că n-a bătut-o, i-a făcut de toate. Iar ea a acceptat fără să cârtească.
— Probabil că de-asta ai atâţia amanţi. Vrei să-ţi răzbuni mama.
— Ce spuneai despre Freud? glumi ea. Tatăl meu este medic, iar mama i-a fost secretară câţiva ani buni. Îl iubea la nebunie şi credea că dacă o să-i stea pe cap la serviciu, o să ţină toate femeile la distanţă. De la 12 ani ştiam tot ce făcea el şi, de câte ori mă duceam la cabinetul lui, mă aşteptam să văd un bilet pe uşă cu mesajul: „Cabinet închis. Sophie la închisoare, Melvin mort". Din păcate, realitatea a fost chiar mai îngrozitoare decât imaginaţia mea. Când am împlinit 16 ani, mama s-a sinucis. Dar, de fapt, ea murise din ziua în care a aflat că el a încetat să o mai iubească.
— Îmi pare rău, spuse bărbatul sincer.
— Şi lui i-a părut, dar asta n-a mai adus-o înapoi pe mama mea. A fost devastat ani de zile. Nu realizase cât o iubea numai în ziua în care a pierdut-o. Într-o clipă şi-a pierdut şi soţia care-l adora şi singura fată. După înmormântare am fugit la sora mamei din Pasadena, iar el m-a căutat zile în şir. Mătuşa m-a convins să-i spun într-o zi unde sunt şi-am făcut-o fără prea mare tragere de inimă. Dar auzisem de la familie că devenise un cadavru ambulant. La o săptămână după ce i-am zis că nu mă mai întorc în Arizona, a pus totul în vânzare şi s-a mutat în Los Angeles să fie aproape de mine. A dat dovadă de multă înţelegere şi răbdare şi, cu timpul, ne-am apropiat. Îl iubesc, dar întotdeauna va fi cel care mi-a omorât mama. Am încetat însă să-l pedepsesc, se descurcă de minune şi fără ajutorul meu.
— Adică?
— Cred că nu şi-a iertat niciodată faptul că mama s-a sinucis din cauza lui. Nu l-am mai văzut cu nicio altă femeie. Are 60 de ani şi arată trăsnet, are un cabinet privat în Santa Monica şi sunt sigură că femeile roiesc în jurul lui, dar n-a mai avut niciodată o relaţie adevărată. Probabil doar sex ocazional pentru igiena fiziologică, dar nimic mai mult.
Pentru prima oară, Jade lăsase să-i cadă masca. „Poate că dacă ar fi făcut-o mai des, lumea n-ar mai fi considerat-o atât de insensibilă, arogantă şi ilicită. Termen colectiv, căţea", gândi el. Însă nu exista o vârstă limită când nu mai aveai nevoie de iubire sau de o vorbă bună. El o plăcea pentru cea ce era, nu pentru ceea

ce nu era și, într-un fel, amândoi se asemănau. Erau persoanele non grata ale cartierului: ea egoistă și arogantă, el bigot, narcisist, omofon și arhaic. Cuplul ideal care trăiau o aventură în afara căsătoriei.

*

Anna luă o gură din cafeaua neagră, privind-o pe Julia cu mușcă cu poftă dintr-un Burrito vegetarian. Cei de la Urth café din Beverly Hills erau specialiști. Personalul era foarte serviabil și rapid, produsele erau proaspete, iar locația excelentă. Pe terasă se aflau încălzitoare pe butelie care îți permiteau să iei masa în aer liber la orice oră doreai. Acum era o zi ploioasă și Hope dorise să stea în interior, alegând masa rotundă din fața șemineului în care ardea un foc vesel. Era cam gălăgie, dar pe cele trei prietene nu le deranja.

– Am o presimțire proastă în legătură cu Tess, spuse Julia cu gura plină.

– Ai o presimțire proastă despre totul, comentată Anna.

– Când vorbeam cu Jade la telefon, l-am auzit pe Ron. Era cu ea undeva.

– Și asta înseamnă că erau și goi? râse Anna.

– Evident, intră și Hope în discuție. Doar asta se întâmplă când un bărbat se află în compania lui Jade.

– Mă lăsați să termin, zise Julia, sau vreți să spuneți voi povestea în locul meu? Prietenele o priviră așteptând urmarea. Când am terminat conversația, continuă ea, nici una dintre noi n-a închis telefonul și am auzit-o pe Jade spunând: „coincidență sau destin?", iar tipul de lângă ea, care mi se părea a fi Ron, a răspuns:" pentru mine nu e decât finalul a ceea ce nici măcar n-a început. Doamne femeie, n-ai închis telefonul și smiorcăita aia..." De mine vorbea, continuă Julia, iar ele zâmbiră.

– Hai să lăsăm speculațiile de-o parte și mai bine povestește-ne cum a fost aseară cu domnul Parker?

– El a cerut miel, eu creveți. Am mers la același restaurant ca de obicei, ospătarii ne-au întâmpinat extaziați și, ca desert, am ales...

— Stop, făcu Hope ridicându-și o mână. Lista cu deserturi poate fi interminabilă la cât ești capabilă să bagi în tine, dar pe noi nu asta ne interesează. Vrem să știm dacă ai făcut-o.

— Nuuu. Nu sunt încă pregătită pentru asta, șușoti ea ca o liceană.

— Pentru Dumnezeu, femeie, ieșiți împreună de aproape trei luni, el este super sexy, atent, și nici nu mai suntem demult în anii 50.

— Am venit pentru o cafea, spuse Julia fără să fie supărată, și mă aleg cu o cicăleală plictisitoare. Ea nu era o fire supărăcioasă sau ranchiunoasă, lucru pentru care multă lume o iubea. Chiar și pe platou era plăcută, făcând probă de modestie, înțelegere și fără să aibă aere de vedetă.

— Dar nu te-ai atins de cafea, ai înghițit doi burrito și trei croasanți, zise Anna. Julia ridică din umeri, mușcând cu poftă dintr-o pară. Sunt stresată din cauza Tinei, continuă Anna. Biata de ea a avut grave probleme cu familia ei biologică, iar când John și cu mine am adoptat-o acum patru ani, copila era un dezastru, după cum bine știți. Abuzată, închisă în dulap și legată sub pat de propria-i mamă. Nu-i de mirare că nu scotea niciun cuvânt. Acum, după patru ani de terapie s-a mai deschis puțin, dar privirea ei îmi dă încă fiori pe șira spinării.

— Are 16 ani, dar uneori am impresia că e bătrână, zise Hope.

— Să vă spun un secret, șopti Anna, apropiindu-se de prietenele ei, deseori este manipulatoare și rea. Am impresia că ne urăște, în special pe John. Nu sunt sigură și nu vreau să-l încarc pe soțul meu cu toate astea, poate greșesc, spuse ea așteptând o vorbă de consolare de la prietenele ei, însă acestea nu spuseră nimic, pentru că în adâncul sufletului lor erau de acord cu ea. Tina putea fi bizară și răutăcioasă.

*

Anna Washington, blânda grupului, avea câteva kilograme în plus, dar era atrăgătoare. Avea ochi căprui, ușor nostalgici, sâni mici frumoși și picioare lungi. Avea 39 de ani și se născuse în Colorado Springs, unde avusese o copilărie liniștită până în ziua în care colonelul Tom, prietenul și colegul de armată – de la Fort

Carson – al tatălui ei, a violat-o. Anna s-a transformat din fetița veselă și fericită în copilul suferind, terorizat și închis. Părinții ei au fost devastați când au aflat adevărul. Marvin, tatăl ei a părăsit casa ca o furtună în clipa în care a auzit ce s-a întâmplat și aceea a fost ultima lor zi împreună. În amiaza mare, Marvin a sunat la ușa colonelului Tom și, fără să spună un cuvânt, i-a tras un glonț între ochi, în fața soției lui.

A fost ridicat de poliție în mai puțin de 10 minute și, după un proces lung, în care a stat închis, l-au declarat nebun și l-au băgat într-un ospiciu. Marvin n-a făcut nimic ca să se apere, iar Mary, soția lui și mama Annei, după ani de încercări zadarnice de a comunica cu el, a renunțat. Poate într-adevăr înnebunise. Doctorii nu-i mai dăduseră nicio șansă de la început, însă ea refuzase să accepte realitatea. În adâncul sufletului crezuse că acesta era un tertip de-al soțului ei de a evita închisoarea, dar din păcate se înșelase. Din acea după-amiază tragică, nimeni nu l-am mai auzit vreodată vorbind pe Marvin. La trei ani de la catastrofă, Mary a decis să divorțeze și să se mute în California. La început a lucrat ca asistentă medicală la spitalul din Pasadena, unde l-a cunoscut pe Jim, un oftalmolog atrăgător și manipulator. După doi ani de relație s-au căsătorit, și după alți trei ani de minciuni, certuri și iar minciuni, Mary a divorțat pentru a doua oară. Anna și-a terminat terapia la 18 ani, în același an în care a fost acceptată la Universitatea din California de Sud.

Anna l-a cunoscut pe John Washington în anul trei de facultate, iar după un an s-au căsătorit. Blândețea și calmul lui John au cucerit-o pe loc, iar acum, după cincisprezece ani încă se iubeau. John s-a arătat blând și răbdător când ea i-a spus că din cauza violului nu va putea avea copii. A susținut-o moral și a iubit-o chiar mai mult decât înainte.

– Tu vei fi familia mea și eu a ta, îi spuse el, iar dacă vei dori vom adopta un copil.

Până la 35 de ani și-au văzut de carieră, ea fiind animatoare radio la stația The Good Life din Los Angeles, iar el ținând o cafenea în Brentwood.

Anna era foarte apropiată de mama ei, Mary, care la puțin timp după divorțul de al doilea soț, l-a cunoscut pe proprietarul unei librării, Ed Hyland, cu care s-a căsătorit și alături de care și-a găsit liniștea și fericirea. O dată pe an, Anna și mama ei se întorceau în Colorado Springs să-l viziteze pe Marvin, dar acesta nu dădea niciun semn c-ar știi cine sunt. Într-o zi, chiar când ele se pregăteau să părăsească ospiciul el a început să vorbească: "Îmi este atât de dor de voi. Îmi este nespus de dor de noi". Apoi, muțenia obișnuită. Incidentul rupse sufletul celor două femei care-și iubiseră atât de mult familia. Fuseseră fericiți împreună toți trei, viața le fusese ușoară și pașnică, iar acum ele erau căsătorite într-un stat diferit, iar el își petrecea zilele uitându-se într-un colț sus pe tavan și câteodată, fără niciun motiv aparent, ochii i se umpleau de lacrimi. Privirea îi era goală, dar sufletul îi trăia încă și suferea foarte tare. Mary nu a încetat niciodată să se gândească la viața lor din Colorado Springs, și chiar dacă era fericită cu Ed, nu l-a uitat niciodată pe Marvin. La 60 de ani, Mary a murit din cauza unui cancer uterin și Anna a fost devastată. Atât John cât și Ed au susținut-o la maximum; la câteva săptămâni de la moartea mamei ei, Anna s-a dus să-și viziteze tatăl. I-a spus tot ce se întâmplase și sperase ca acesta va ieși din amorțeală, însă nimic. În afară de acea frază, tatăl ei nu vorbise nimic de ani de zile. Acum nu știa dacă el realiza ce se întâmplase. Când două săptămâni mai târziu directorul ospiciului o sună să-i spună că tatăl ei se stinse din viață, Anna înțelese că părintele ei murise de inima rea și că fusese conștient până în ultima clipă. Doctorii o informaseră pe Anna că ani de zile Marvin nu dormise aproape deloc.

O legendă spune că atunci când nu putem dormi noaptea, înseamnă că suntem în visele cuiva. Anna era singură că tatăl ei rămăsese pe veșnicie în visele lui Mary.

Viața ei care începuse atât de bine, fusese de fapt un drum spinos, presărat cu multă pierdere și suferință. Datorită lui John își găsise echilibrul, iar meseria ei de animatoare radio o fascina, însă nimic nu-i putea umple golul din inimă din cauza faptului că nu avea copii. Erau de câtva timp pe lista de așteptare, dar ea nu mai avea răbdare și au hotărât să o adopte pe Tina, chiar dacă avea 12 ani și nu scotea un cuvânt. Violată și maltratată de proprii părinți, copila avea sechele urâte și, de fiecare dată când ajungea la o familie, era adusă înapoi în două zile. Tina era slăbuță, înaltă, cu păr țepos de nuanțe roșcate și maro închis. Avea o privire bizară, dar Anna știa că totul se trăgea din frica pe care o îndurase în anii copilăriei. Anna era o ființă bună și iubitoare și era sigură că, oferindu-i întreaga ei tandrețe, într-o zi o va putea vindeca pe fetiță. În primele luni la familia Washington, Tina nu scosese niciun cuvânt, refuza să mănânce cu ei la masă și odată John a găsit-o devorând un sandvici în dulapul din camera ei. Tatăl ei adoptiv i-a explicat cu blândețea ce-l caracteriza că le-ar plăcea s-o aibă la masă cu ei. După o săptămână, fără ca ei să-i mai spună ceva, Tina a decis să coboare în sufragerie. Nu s-a așezat cu ei la masă, dar era deja un pas înainte, iar soții Washington au acceptat răbdători.

Acum, după patru ani, Tina era integrată în noua ei viață, dar tot bizară era. Nu avea prieteni în afara celor de pe stradă, iar la școală nu o plăcea nimeni. Era prietenă cu o fată și mai bizară ca ea, cu părul ras într-o parte și lung în cealaltă, machiată la ochi și cu buze negre. Isabelle, fata lui Tess s-a obișnuit cu ea, dar spunea mereu că este vulgară. Kim o plăcea și cum amândouă erau adoptate se considerau un fel de „camarade în suferință", Tina fiind foarte drăguță cu Kim. O adora pe Julia, o agrea pe Hope, dar n-o plăcea prea mult pe Tess. Firea puternică a acesteia o destabiliza, iar faptul că era psihoterapeută nu îmbunătăți cu nimic situația, deși în secret o admira. Fata unei prostituate, cutată necunoscut, Tess se descurcase destul de bine în viață, chiar dacă Tina considera că Ron, soțul ei, este un porc libidinos. Tina trăise de mică într-o lume de perverși și simțea de la depărtare când avea de-a face cu unul.

Tess avea 41 de ani, era haioasă, puternică și slobodă la gură. Născută în Kansas City în Missouri, la 780 km de Chicago, avusese o viață agitată cu o mamă labil psihic, plângăcioasă și dependentă de bărbați. Îi iubea pe toți și câteodată era întreținută de doi bărbați în același timp.

La 16 ani, sătulă de plânsul mamei ei, Tess decise să facă psihologia. La 18 ani a fost acceptată la Urbana-Campain în Illinois, Ann Arbor-Michigan, UCLA și Berkley. A ales Los Angeles unde s-a și stabilit, căsătorindu-se cu un profesor de engleză de la UCLA. Căsătoria s-a dovedit a fi dezastruoasă, soțul ei fiind un afemeiat mincinos care o înșelase din prima lună de căsătorie. La un an după ce s-a mărită, a aflat că e gravidă și a decis să avorteze. Așa l-a cunoscut pe Ron, ginecologul ei, cu care s-a măritat imediat după divorț. Din căsnicia lor plină de urcușuri și coborâșuri a rezultat Isabelle, care acum avea cincisprezece ani și un caracter de foc.

Cele patru femei împreună cu soții și copiii lor se considerau ca o familie. Toate avuseseră parte de drame în viețile lor, dar le depășiseră, iar acum profitau de traiul liniștit al suburbiei liniștite.

*

Camera Tinei era mare, avea un pat cu baldachin, dressing și baie personală. Fata era răsfățată și dezordonată.

– Copii, vă aduc ceva de mâncare? îi întrebă Anna.

– Nu vreau nimic, răspunse Tina peste umăr, fără să-i mulțumească măcar.

Kim, fata de 14 ani a lui Hope, ridică timidă mâna și cu ochi albaștri zâmbitori întrebă:

– Mai ai desertul acela vegan din chia, ovăz și cocos? E delicios.

Anna zâmbi mulțumită.

– Și eu vreau, te rog, zise Isabelle.

După ce părăsi camera, Isabelle scoase un bilețel cu un număr de telefon din buzunar și cu voce șoptită, fericită flutură bilețelul:

– E de la Dylan.

Tina i-l smulse răutăcioasă din mână și, după ce-l privi, i-l aruncă înapoi.

– Ce-i ăsta? întrebă ea zeflemitor.

– Cifre care se schimbă între ființele umane atunci când vor să se sune. Știi, telefon, comunicare, viață socială. Isabelle era o tânără frumoasă și dezghețată. Avea prieteni cu carul și nimeni n-o speria, nici măcar bizara ei vecină.

– Nu-mi place deloc de el, minți Tina, în realitate fiind geloasă pe Isabelle pentru că era populară la școală.

– E un tip drăguț, zise Kim, iar când Tina o privi cu ochi ei maro bizari, puștoaica se înroși până la rădăcina părului ei blond.

– Parcă ești albinoasă cu părul ăla, spuse Tina pe un ton răutăcios. În general o plăcea pe Kim și îi părea rău pentru moartea tragică a mamei ei. Tina nu avea un suflet prea bun, dar nici nu era atât de rea pe cât voia să pară. Câteodată făcea nebunii doar ca să atragă atenția.

— Ştii că eşti bizară? zise Isabelle. Kim n-a făcut decât să-şi spună opinia, de ce te iei aşa de ea? Întotdeauna eşti arţăgoasă când opiniile cuiva nu coincid cu ale tale. Dacă nu te linişteşti, să ştii că nu mai venim pe la tine.

— Bine, bine, sări repede Tina. N-ar fi vrut să-şi piardă singurii prieteni şi ştia că dacă Isabelle dorea, putea să-i distrugă în cinci minute puţina viaţă socială pe care o avea.

Când Anna intră în cameră cu carafa de suc de fructe şi prăjituri, fetele mulţumiră gazdei lor. Tina, în schimb, nu spuse nimic, doar îşi rodea unghiile într-un colţ.

— Dacă mai aveţi nevoie de ceva, mă găsiţi în salon cu Tess, le spuse Anna zâmbitoare, după care coborî la prietena ei.

— Mi se pare mie sau nu eşti în apele tale, Anna? întrebă Tess, scoţându-şi pantofii cu tocuri înalte şi întinzându-se pe canapeaua maro confortabilă.

Anna îşi muşcă buzele pline şi se aşeză pe fotoliul de lângă Tess.

— De câteva zile, un tip mă sună la emisiunea de seară. Îşi spune Joe, dar bănuiesc că minte. În prima seară în care mi-a telefonat, vorbeam de femeile bătute, de procentajul celor ce rămân în căsătorie şi procentajul femeilor care au reuşit să plece şi chiar să-şi refacă viaţa cu altcineva. El a sunat imediat după ce am terminat cu o secretară medicală care se plângea că soţul o bătea de cinci ani. Femeia se îndrăgostise nebuneşte de medicul, confidentul şi protectorul ei şi spunea că s-a decis să-şi lase soţul şi să înceapă noua viaţă cu iubitul ei. Am felicitat-o şi am rugat-o să sune la antenă săptămâna următoare. Imediat după ce am închis, am luat apelul lui Joe care, evident, nu era de acord cu cea care îşi părăsise soţul. Şi în general cu toate femeile de pe planetă. N-a spus nimic insultător, dar am simţit valul de ură şi m-am gândit că probabil este soţul ei. De atunci mă tot sună şi am ajuns să-mi fie frică şi de umbra mea. În plus, Payton, secretara medicală, n-a mai sunat şi mi-e frică să nu i se fi întâmplat ceva. Anna îşi privi prietena şi după ce ezită o clipă zise: de câteva seri am impresia că sunt urmărită. Nu i-am spus încă lui John, nu vreau să-l îngrijorez mai tare decât este deja. Se priviră, una pe alta, apoi Anna continuă: mă refer la Tina. Săptămâna trecută am intrat pe computerul ei şi nu mi-a plăcut deloc ce-am găsit acolo. Scrie bine, este fluidă, însă subiectele sunt oribile, continuă Anna, toate povești de groază. Nu e de mirare că de fiecare dată când cineva o abordează, reacționează ca și cum ar avea un pistol la tâmplă.

— Ai încercat să discuți cu ea?

— Da, dar minte. Totul e în regulă, este fericită, la școală e bine și are prieteni cu căruța. Adevărul este că noaptea bântuie prin casă, prieteni în afara goticei de la școală nu are, iar viața ei socială este doar în poveștile pe care le scrie. Povești sinistre. Toate încăperile pe care le descrie sunt sumbre, cu perdele grele, metale și dinți peste tot. John a încercat să comunice cu ea, dar l-a pus rapid la locul lui.

— Și cu tine cum se comportă?

— Mai bine decât cu el, dar suntem departe de-o intimitate mamă-fiică. Când îi propun să facem ceva împreună îmi aruncă fraze de genul: „poți să stai aici cu mine și să-mi strici ziua, sau poți să mergi la soțul tău și să i-o strici pe a lui". Nu o spune cu ură și câteodată am impresia că nu sunt departe să ajung la ea, apoi mă lovesc iar de un perete. Dar cred că dacă am răbdare voi reuși să mi-o apropii până la urmă. Între ea și John este mai complicat.

— Da, spuse Tess, și mie mi se pare că nu-l prea place pe John. Am surprins-o de câteva ori când îl privea, iar când am întrebat-o ce nu-i place la el mi-a răspuns pe nerăsuflate: „e bărbat și respiră".

— Mi-ar place să-mi spună mai multe despre ceea ce simte sau ceea ce vrea, însă n-o face. Și ca să mă determine să o las în pace este capabilă să poarte discuții interminabile pe tema cremei mele hidratante. De multe ori funcționează, mă cunoști, nu-mi place să forțez mâna nimănui și o las în pace. Sper că într-o zi va veni singură la mine și-mi va spune tot ce-i stă pe suflet. Până atunci voi încerca să fiu cât mai iubitoare, să n-o enervez și să o transform într-o tornadă care distruge totul în jurul ei.

Prietena ei o privi cu milă. Știa prea bine ce înseamnă să calci pe un teren minat, să stai cu sufletul la gură că poți sări în aer dintr-un moment în altul. Nici la ea situația nu era prea roză.

— Ron mă agasează din ce în ce mai tare, îi zise ea prietenei ei când aceasta îi ceru să schimbe subiectul epuizată de veșnica ei problemă cu Tina. Nu mai participă deloc la viața de familie și, de doi ani de când este directorul spitalului, este veșnic plecat la toate congresele, iar când vine acasă, este absent.

– Poate ar trebui să vă daţi întâlnire o dată pe săptămână. O seară doar a voastră: restaurant, plimbare, discuţii doar despre voi. Tess râse.

– O seară întreagă să vorbim doar despre noi? Catastrofă garantată.

– John şi cu mine aşa facem de ani de zile şi funcţionează perfect.

– Asta şi pentru că sunteţi compatibili. Sunteţi minunaţi amândoi. Anna roşii, fiind foarte timidă de genul ei.

– Da, am avut noroc cu John, este un soţ minunat. Iubirea mea cea mai mare, mai importantă, mereu şi pentru totdeauna.

– Ce frumos iubeşti, Anna. Şi eşti o oratoare minunată. Nu e de mirare că emisiunile tale au atâta succes. Mi-ar plăcea să iubesc aşa ca tine.

– Ce mai face Jason, colegul tău de facultate?

– Te cunosc, Anna? zise Tess aplicându-se puţin capul la stânga. De ce dintr-o dată îmi vorbeşti de Jason? Vrei să-mi spui ceva ce eu nu ştiu?

– Eu cred că şi tu poţi să iubeşti frumos. Şi mai cred că eşti îndrăgostită de Jason şi el de tine.

– Ştiai asta şi nu mi-ai spus nimic?

– După doi ani de întâlniri platonice, spuse Anna, m-am gândit că poate v-a trecut momentul. Când stai prea mult în faza de bun prieten, rişti să rămâi doar un bun prieten.

– Soţia lui este paralizată, nu va putea niciodată s-o lase, iar eu nu i-aş cere asta niciodată. Apoi, eu stau în Los Angeles, el, în Missouri. Prietenia lui mi-e foarte preţioasă şi mi-ar fi prea greu să nu mai vorbim la telefon sau prin e-mail, să ne împărţim toate gândurile. Se spune că o relaţie platonică poate fi tot atât de puternică, ca un sex grozav.

– Şi cine spune asta? râse Anna. Cineva care n-a făcut dragoste niciodată?

Jason şi Tess se cunoşteau din liceu şi fuseseră unul pentru celălalt, prima dragoste. Apoi ea a trebuit să se mute cu familia în Los Angeles şi după doi ani de corespondenţă s-au pierdut, regăsindu-se pe Facebook mult timp după. Au început să-şi scrie, lucru mult mai simplu 25 de ani mai târziu şi cu timpul acesta a devenit un obicei. Ea îi povestea despre evenimentele din viaţa ei:

faptul că locuia pe aceeași stradă cu prietenele ei, care erau ca o familie pentru ea, peripețiile Isabelei și absențele din ce în ce mai repetate ale soțului ei. Jason avea o viață mult mai simplă, dar era foarte nefericit din cauză că soția lui era bolnavă. Nu aveau copii și nici nu reușiseră să adopte unul. Încercase chiar și piața neagră unde îi ceruseră 100 de mii de dolari fără prea multe garanții: „este mai scumpă o înfiere decât să omori pe cineva și ia și mai mult timp", îi spuse el într-o zi lui Tess, făcând haz de necaz. Îi plăcuse dintotdeauna umorul lui și faptul că în perioadele negre ale vieții lui știa să rămână pozitiv și puternic. Era o persoană integră, de drum lung.

– Ce mâncăm diseară? se auzi Tina din spatele lor, speriindu-le.

– I-am spus lui John să aducă de la restaurantul de lângă cafeneaua noastră limbă de vacă, o gătesc foarte bine acolo. Ce garnitură vrei la ea? întrebă Anna cu blândețea ce-o caracteriza.

– O ambulanță, mârâi fata, după care luă telecomanda și dădu drumul la televizor. Sonorul era la maxim și un zâmbet slab îi răsări în colțul buzelor. Să provoace, asta știa Tina cel mai bine să facă.

– Te deranjează dacă-l dai mai încet, te rog? spuse Anna.

– Mă deranjează, dar n-am de ales, nu-i așa?

Era impertinentă și pusă pe ceartă.

– Te odihnești bine, Tina? o întrebă Tess direct, iar fata se întoarse spre ea cu o mină smerită. Purta masca unei tinere normale: calmă, bine crescută și sarcastică. Calmă și bine crescută erau opțiuni, sarcasmul fiind trăsătura ei de bază.

– Mă mișc în pat cam o oră, iar apoi, când cred că am reușit în sfârșit să depășesc acea oribilă senzație de abandon, trădare și abuzare, închid ochii cu pleoapele grele de la atâta plâns, și gustul de sânge îmi urcă în gât. Deci nu, Tess, nu dorm foarte bine, finaliză fata cu un zâmbet dulce, după care, aruncând telecomanda pe canapea, își întinse picioarele pe măsuța din față. Și dacă totuși reușesc să adorm, continuă ea, nu vrei să știi ce masacru iese în vis.

– Asta pentru că scrii acele povești sinistre, draga mea, se scapă Anna, făcând-o pe Tina să sară de 2 m.

– Ce? Pentru că mi-ai intrat în computer? Știi ce înseamnă aia viață privată? urlă fata, ochii urâți și întunecați deja, devenindu-i înfricoșători.

— Iartă-mă, spuse Anna aproape în lacrimi, dar nu-mi vorbești niciodată și atunci...

— Și atunci te-ai gândit să-mi invadezi și singura parte a existenței mele unde pot face ce vreau și mă simt cât de cât bine! Unde nu văd dulapul în care am fost închisă în anii copilăriei, porcul cu spate păros care mă viola de câte ori putea și bătăile mamei mele.

— „A curs apă pe pod", i-ai spus psihiatrei când ai anunțat că nu mai vrei să faci terapie, plângea Anna.

— Da, urlă Tina, atâta apă încât n-a mai rămas nimic din nenorocitul de pod!

— Bine, bine, cedă Anna dorind să pună capăt acelei discuții dureroase. Era clar că fusese o greșeală să înceteze terapia Tinei. Fata avea încă foarte mari probleme și probabil că urmau să o bântuie toată viața. Nu trebuie neapărat să terminăm discuția aici și acum, Tina.

— Nici măcar nu trebuia să o începi, răspunse fata cu voce joasă, parcă dintr-o dată epuizată, după care se îndreptă spre ieșire, trecând pe lângă Hope și Julia care apucară să asiste la ultima parte a scenei.

— Îmi pare rău, zise Julia, luând-o pe Anna în brațe. Era singura din micul lor grup care avusese o copilărie normală și fericită. Julia era blândă și generoasă, o plăcere să fii în preajma ei. Cu părinții avea o relație minunată și nu ura pe nimeni niciodată. Pot să vorbesc eu cu Tina dacă dorești, propuse ea, ne înțelegem foarte bine.

— Nu are rost acum, dar îți mulțumesc că încerci. Poate altădată.

— Nu e ușor să faci o familie fericită. Știu ce vorbesc, doar am trecut prin asta, zise Hope. Nu e doar o stradă cu două sensuri, ci zeci de cărări care pleacă în toate direcțiile și în același timp. E complex și destul de complicat, dar nu imposibil, și cu multă răbdare și perseverență poți ajunge la rezultatul dorit. Hai s-o întrebăm acum pe Julia dacă tipul cu care a avut ieri întâlnire a ajuns la rezultatul dorit?

— Nuuu, râse Julia. Ți-am spus că ne-am sărutat doar pentru că eram foarte beată. Aș fi făcut-o și cu Sam de la studio la ora aia.

— Sam, fata de la garderobă, sau Sam, cameramanul?

Julia ridică mâinile.
— Oricare. N-ai auzit cât eram de beată? Apropo, lui Sam i-a spart capul Claudia. Cu o sticlă.
— Sam fata sau băiatul? întrebă Hope și cele trei prietene o priviră în același timp.
— Claudia este actrița din filmul „Jumătate din nimic rămâne nimic"? întrebă Tess. E bipolară, nu-i așa?
— Nu. Columbiană, râse Julia. I-a umflat pe toți pe platou. Dar e fată bună, eu o ador.
— Tu adori pe toată lumea, zâmbi Tess. Ești capabilă să-ți iubești și hoțul care-ți sparge casa.
— Pe amicul meu, Arthur, care mi-a distrus tabloul preferat, nu-l mai iubesc.
— Din cauza tabloului ăluia? făcură ele în cor.
— Pictorul e mort, deci n-o să-mi mai facă altul, iar mie îmi plăceau lucrările lui.
O lăsară în pace, altfel nu termina curând cu vociferările.
Pentru tablourile unui anume Dean McLiam, putea face mare tam-tam. La fel și pentru un fir de păr căzut în mâncare sau lângă. Julia era maniacă și se spăla pe mâini din 10 în 10 minute. Când mergea într-un restaurant nou, întâi voia să se uite în bucătărie și dacă bucătarii n-aveau mănuși, nu stătea acolo.
Odată fusese invitată de Johnny Gi, șeful studioului Universal la cină împreună cu două prințese arabe, un scriitor cunoscut și câțiva oameni de afaceri. Când Julia văzu că bucătarul șef nu purta mănuși, i-a făcut pe toți să schimbe restaurantul. Johnny Gi a fost furios, dar pe parcursul serii Julia a fost atât de adorabilă încât la sfârșitul cinei primise deja două invitații, una la Londra și alta la Abu Dhabi. Bancherul de la Paris se îndrăgostise total de ea, iar scriitorul i-a promis o carte în care personajul principal să fie interpretat de ea. Așa era Julia. O ființă adorabilă care putea să bine-dispună o sală întreagă în câteva minute cu firea ei blândă și iubitoare. La Hollywood încă trecea drept un mare star chiar dacă avusese doar două roluri importante în viața ei. Era invitată la cele mai faimoase petreceri și toți știau că într-o zi șansa îi va reveni. Da, Julia era o iubită a sorții.

*

Anna Washington își puse căștile la ureche și apăsă pe butonul radioului:

– Bună seara Los Angeles, sunteți în direct cu Anna, iar în seara aceasta vom continua să vorbim despre relațiile complicate. Nu ezitați să ne sunați.

Butonul de pe telefon se aprinse anunțând că are deja un apel.

– Bună, Anna. Sunt tot eu, cel căsătorit cu un „coșmar ambalat într-un vis frumos".

– Bună seara, Tom. Mă bucur că ai revenit. După două săptămâni de tăcere am crezut că te-ai hotărât să ne abandonezi, dar se pare că ai nevoie de prietenii tăi de la radio.

– De ce am eu nevoie, Anna, este o a doua șansă în viață. Și am crezut c-o să o primesc, apoi ai intervenit tu cu emisiunea ta, și soția m-a părăsit.

Tom era furios, iar Anna-și trecu mâna prin părul blond și își umezi buzele, așa cum făcea de fiecare dată când era stresată.

– Despre ce vorbești, Tom? întreabă ea aparent calmă. Învățase de mică să-și țină emoțiile ascunse.

– Mi-a spus că s-a săturat să-și trăiască viața așa cum doresc eu. A luat un măr din frigider, o valiză mică și a plecat fără să se mai uite înapoi. Și asta este numai din vina ta, asculta mereu emisiunile tale debile, despre cum o femeie trebuie să fie bărbată.

– Tom, fiecare își trăiește viața după bunul său plac. Eu nu fac decât să ajut.

La celălalt capăt se simții un freamăt.

–Anna, nu știi să te îmbraci, se auzi vocea bărbatului care acum schimba subiectul fără niciun sens. Te-am văzut acum o săptămână cu una din prietenele tale, râdeați foarte tare. Prea tare, Anna.

– Ne îndepărtăm de subiectul emisiunii noastre, Tom. Ca să nu mai vorbesc de faptul că recunoști în direct că mă urmărești, mai zise ea pe un ton neutru.

Acest bărbat reușea să o streseze, dar pentru nimic în lume nu ar fi lăsat să se simtă.

– Ai stat mult în oglindă în seara asta, înainte să vii la emisiune, Anna? Femeia se foi jenată pe scaun și-și privii întrebătoare colegul, care ridică din umeri confuz. Nu te-ai decis ce culoare să porți, și atunci le-ai pus pe toate? Nu-ți stă bine cu rochia aceea, iubito.

Anna își mușcă buzele și își îndepărta șuvița blondă de pe fața ca de porțelan. Nu-i plăcea deloc întorsătura pe care o luau lucrurile. Bărbatul părea periculos și în plus declarase cu nonșalanță în public că o urmărise. Probabil știa și unde locuiește.

– Ți-e frică de mine, Anna? șopti Tom cu o voce lugubră. Acum că soția m-a părăsit din cauza ta, voi avea mai mult timp pentru tine. Sunt un tip special. În loc să folosesc soneria, sparg direct ușa. Râsul horcăit îi dădu Annei fiori pe șira spinării. Iubito, am un loc în interiorul meu în care am învățat de mic să mă retrag. Acolo nu mai simt nici umilințe, nici rușinea sau durerea. În schimb, nu reușesc să mă descurc cu abandonul.

Pauză. Apoi un mic horcăit.

– Tom, spuse Anna cu o liniște pe care n-o simțea deloc, va trebui să închid. Ești furios și...

– Și-n realitate, i-o taie el, ești mai agitată decât la telefon, cățea!

Anna închise și ceru să se bage publicitate după ce făcu un mic anunț ascultătorilor. Îi tremurau mâinile, iar inima îi galopa nebunește. Era sigură că în ultimul timp fusese urmărită și își aduse aminte de bărbatul care cu trei zile în urmă o oprise pe stradă și o întrebase dacă se cunoșteau. O cercetase cu ochii lui galbeni-maro urâți, având fața unuia care n-ar fi evitat se taie pe cineva în zeci de bucățele. Tom putea fii oricine, iar frica devenise noul ei stil de viață.

Capitolul 3

Julia stătea întinsă la soare pe frumoasa plajă din Santa Monica. Pălăria enormă albă și ochelarii roșii mari o făceau sa arate exact ce era, un star de cinema. Cele câteva persoane care se plimbau o priveau admirativ fără însă să-și dea seama cine este. Nu venise pregătită de plajă, dar cum întotdeauna avea un prosop cu ea în mașină se decisese să se relaxeze. Se oprise înainte la un butic și își cumpără un costum de baie din două piese care îi punea în valoare silueta atletică. Avea picioare lungi și zvelte, sâni potriviți de mari și un fundulet perfect. Julia era o femeie frumoasă și recunoscătoare pentru faptul că venea dintr-o familie iubitoare, că exersa meseria pe care și-o dorise și că avea prietene minunate.

Nu departe de ea stătea un bărbat de vreo 45 de ani, înalt, sportiv și atrăgător. Purta ochelari de vedere care îl prindeau bine – Juliei îi plăcuseră întotdeauna bărbații cu ochelari. Avea părul castaniu și un slip cam aiurit. Bărbatul făcea mișcări discrete ale picioarelor, apoi începu să-și maseze mâinile. Când o observă pe Julia își întrerupse activitatea de moment și o privi discret. Nu o salută și nici nu îi zâmbi, iar Julia ascunsă în spatele ochelarilor roșii îl studia, știind că el nu-i poate vedea ochii. Nu ducea lipsă de pretendenți, dar se cam săturase de bărbații Hollywood-ului, care ori erau prea aroganți sau snobi, în funcție de cât de celebri erau, ori vânau actrițe doar pentru a fi văzuți în compania lor și a participa la vestitele petreceri. Nu-i plăceau conversațiile de complezență, alcoolul sau bărbații care-i făceau curte în prezența – sau în absența – soțiilor lor.

Nu mai ieșise demult cu un bărbat care nu era actor sau care nu lucra în cinematografie. De altfel, nu prea avusese în viața ei multe legături. Ieșise cu bărbați, dar puțini au fost cei care se trezeau în patul ei dimineața.

Bărbatul de pe plajă scoase din rucsac o carte apoi se puse pe citit, uitându-se din când în când la ea. Julia se ridică și se duse să se plimbe cu picioarele prin apă. Îl văzu cum o urmărea. Costumul alb o prindea de minune și ea știa că avea un corp senzațional. Șireturile costumului de baie îi înfășurau aproape tot bustul, iar slipul era minuscul. Se băgă în apă până la genunchi, era rece, dar îi plăcea. Se duse până la ponton, unde se opri să admire oceanul. Îi plăcea să vină aici în cursul săptămânii, când nu era prea multă lume. Cei care locuiau în Los Angeles nu veneau deseori acolo, fiind mai mult un loc turistic, dar ei îi plăcea să vină când şi când. Odată chiar intrase la Buba Gump şi îşi luase o bere, privind lumea din jur şi discutând cu fetele de la bar care erau studente ziua şi noaptea lucrau acolo. Nu era uşor după o zi de şcoală să serveşti bere şi creveţi pane, iar Julia le mulţumi în sinea ei părinţilor ei care-i asiguraseră tot confortul de care avusese nevoie.

Julia se întoarse la prosopul ei alb pe care scria cu litere mari albastre „logicul este plictisitor şi ilogicul este şi mai rău". Îşi surprinse vecinul privind-o. Nu era sigură, dar parcă acesta îi zâmbise. Poate totuşi o să-i vorbească, gândi ea. Apoi el se puse în „child pose" şi rămase aşa timp de câteva minute. Şi ei îi plăcea yoga, dar privindu-l acum cum se pune în poziţia „pijon", îşi spuse că era destul de bizar ca bărbat. Necunoscutul se ridică şi-şi consultă telefonul, zâmbi puţin, o mai privi o dată discret, apoi scoase două baghete din rucsac, le băgă de-o parte şi de alta a slipului şi o luă la fugă înspre ocean, aruncându-se în apa rece şi lăsând-o pe Julia cu gura căscată. Acum se bucură că el nu o abordase.

Telefonul îi sună şi Hope se auzi la celălalt capăt al firului:

– Ce faci iubita?

– Sunt la plajă în Santa Monica şi mă rog să nu fiu abordată de bărbatul care, în urmă cu cinci minute, aş fi vrut să mă abordeze.

– Sper că nu ţi-ai pus costumul ăla cu buline roz şi volănaşe. Ştii tu, cel din poza în care eşti cu ai tăi şi în care arăţi ca-n anii 90.

– Eram în anii 90.

– Mergem diseară la Anna? John nu este acasă, iar ea vrea să ne spună ceva.

– Probabil că Tina a făcut iarăşi năzbâtii, spuse Julia încrucişându-şi picioarele lungi.

– De fapt vrea să mergem la cafeneaua lui John şi nu am avut impresia că doreşte să ne vorbească de Tina.

– N-ai vrea mai bine să ieşi cu un bărbat? întrebă Julia mai în glumă mai în serios. N-ai mai făcut dragoste de aproape un an.

– Tu vorbeşti? Cea care a făcut-o de trei ori în întreaga viaţă?

– Cu trei bărbaţi, nu de trei ori, se răţoi Julia având aer infantil.

– Oh, da, asta schimbă totul, zise Hope amuzată de inocența prietenei ei. Nu-i venea nici acum să creadă cum o fată născută la New York și crescută la Los Angeles putea fi atât de pură. Era o chestiune de educație, știa asta. Julia venea dintr-o familie burgheză renumită în New York, cu principii sănătoase. Principii care nu includeau: sexul din prima seară, înjurăturile publice, sarcasmul vădit și fructele de mare. De asemenea, unghiile trebuiau să-i fie date cu oja de culoare neutră și să nu aibă conturi: Facebook sau Instagram. De multe ori prietenele ei spuneau că avea reguli la fel de stricte ca și familia regală de la Buckingham Palace

*

Anna intră în librăria tatălui ei vitreg, care era lipită chiar de cafeneaua soțului ei.

– Bună, Ed, zise ea pupându-l tandru pe obraz și privind cu plăcere în jur. Locul era neschimbat de ani de zile și intim ca întotdeauna. Pe pereți erau rafturi cu tot felul de cărți interesante, iar în partea stângă era un loc cu mai multe fotolii, măsuțe din cireș și două canapele mari, confortabile. O ușă din interior dădea direct în cafenea și clienții veneau des să citească la Ed, unde ambianța era plăcută, cu câte un Tchai latté sau un cappuccino.

– John este pe-aici? întrebă ea.

– Nu l-am văzut de două zile, Anna. Chiar mă întrebam dacă nu e supărat pe mine.

– Nimeni nu poate fi supărat pe tine, tată. Ești persoana cea mai respectabilă și generoasă pe care am întâlnit-o vreodată în Los Angeles, New York sau pe Pământ.

– Iar tu ești cel mai bun copil pe care-un părinte-l poate avea.

Anna avea 39 de ani, dar el tot ca pe-un copil o vedea. Se căsătorise cu mama ei când Anna avea cincisprezece ani și asistase la toate perioadele: geci de piele neagră, inimă frântă și psihoterapie. Fusese un tată bun de la început, iar după ce Mary murise la 60 de ani de cancer uterin, el continuase să-i fie tată. Devastat de dispariția soției lui, a făcut tot posibilul să-și aline fata, care avea nevoie de reconfortul lui.

– Serios, nu l-ai văzut pe John?

— Nu. Zilele astea am fost ocupați amândoi, a fost nebunie aici, iar Betty a plecat pentru o săptămână în Wyoming, la lacul Jackson. Fata ei își botează copilul, explică el, și-a trebuit să meargă.

Anna o îndrăgea mult pe Betty și în secret, crezuse că cei doi vor forma un cuplu. Erau amândoi buni ca pâinea caldă, văduvi și aveau aceleași puncte de interes. Ea era angajata librăriei de aproape 10 ani și făcea parte din familie. Ed o plăcea, dar nu se gândise niciodată să se recăsătorească. Era mulțumit cu viața pe care o avea și chiar dacă nu avusese niciodată copiii lui, nu era frustrat. Pentru el, Anna era fata lui adevărată și aveau o relație minunată. Se îngrijora însă pentru Tina. O plăcea de dragul Annei, dar fata îi dădea câteodată fiori pe șira spinării.

— Când se întoarce Betty?

— Sper că repede. Mi-e greu fără ea. Librăria merge mai bine ca niciodată.

— Credeam că ți-e dor de ea.

— La ce te duce gândul, Anna? Ai uitat că am 70 de ani?

— Sunteți perfecți unul pentru altul, Ed. Și nimeni nu-ți dă mai mult de 60 de ani, arăți trăsnet, iar Betty este bună pentru tine. De câte ori o văd, îmi spun ce fain e să fii persoana care pretinzi că ești.

— De ce? Tu joci un rol? râse Ed, care-și considera fata blândețea și autenticitatea personificată.

— Chiar mai multe câteodată, zâmbi Anna. Ce zici de Betty, o inviți la cină când se întoarce din Wyoming?

— Sunt bine așa, draga mea. Am avut doza mea de dureri, acum îmi doresc doar să fiu liniștit. Îmi ajung amintirile cu mama ta.

— Se spune că deseori, când ne simțim singuri, căutăm confort în trecut. Da-i o șansă lui Betty, femeia asta n-o să-ți facă rău niciodată.

— „Dă timp suficient cuiva și o să te rănească", cită Ed, apoi văzându-le pe Tina și Isabelle intrând, se îndreptă spre ele. Ce faceți prințeselor?

— Bună, Ed, zâmbi dulce Isabelle, dându-și pe spate coama bogată de păr de culoarea mierii. Înaltă, cu ochi bleu gri și-n permanență cu un zâmbet pe buze, fata era una din cele mai populare din liceu. Se îmbrăca îngrijit și cu gust și niciodată nu fusese adeptă piercing-urilor sau a tatuajelor. Singurele machiaje ce le folosea erau rimelul negru și zâmbetul minunat de pe buzele pline, de un roșu natural.

– Mi-a fost dor de tine, continuă Isabelle, iar Tina-și dădu ochii peste cap. În realitate, își admira prietena și și-ar fi dorit și ea să poată spune la fiecare persoană cânte ceva frumos, așa ca Isabelle. Însă ea nu putea să-și deschidă gura și să nu jignească. În inima ei nu era așa, dar oricât s-ar fi străduit, nu reușea să scoată ceva bun, iar pentru asta își ura mama biologică. Nici acum nu uitase câte ore stătuse închisă în subsolul rece și umed al casei sărăcăcioase, sau de câte ori mama ei a lovit-o lăsându-i urme pe față și corp. „Urmele iubirii materne", zicea ea a tuturor persoanelor care întrebau de unde avea cicatricile, însă ani de zile nimeni nu o luase în serios

– Și mie mi-a fost dor de tine, spuse Ed, pupând-o pe Isabelle pe obraz. Îi plăcea fata lui Tess, avea clasă, era nostimă și deșteaptă.

– De mine nu? mârâi Tina.

– Cum să nu, doar ești și nepoata mea. O pupă și pe ea pe obraz, apoi le instală în colțul salonului pe canapeaua verde cu maro. Ați venit doar să mă vedeți sau vreți și ceva cărți?

– Ceva, răspunse Tina. Ai vreo carte despre blestemul contemporan?

– Și care ar fi ăsta? întrebă Ed cu o mimică neutră, încercând să-i facă fetei pe plac. Nici după atâta timp nu era obișnuit cu întrebările ei bizare.

– Căsătoria, răspunseră fetele la unison.

– Pentru că acum ați decis că a fi căsătorit este echivalent cu blestemul, întrebă Anna?

– De fapt, zâmbi Isabelle, am ajuns la concluzia că toți bărbații sunt niște mincinoși manipulatori și că mariajul este o instituție arhaică. Scuze, i se adresă ea dulce lui Ed și cu o unghie frumos manichiurată întoarse o pagină din Vogue.

– Ce s-a întâmplat cu Dylan, întrebă Anna, colegul tău simpatic care-ți făcea curte?

– Flirtează cu toate fetele, răspunse Isabelle plictisită, încrucișându-și picioarele lungi, așa că i-am dat liber.

– E doar prietenos, îi luă Anna apărarea lui Dylan, care era servitorul umil al lui Isabelle de peste un an.

— Nu, mârâi Tina, câinele lui Ed este prietenos, Dylan e doar un mincinos.

Un grup de elevi intrară în librărie și Anna văzu pe una dintre fete arătând spre Tina:

— Ia uitați-vă cine-i aici. Bizara favorită a Californiei.

Râsete înfundate. Anna privi spre fata ei și își spuse că aceasta nu a auzit nimic, din fericire.

Câteva minute mai târziu, Tina privi scurt spre Zoe, tânăra din grupul de elevi și, discret, îi făcu cu ochiul. La câteva zile după aceea, Zoe a fost găsită în parcarea unui mall, bătută zdravăn: fata era inconștientă, avea un braț și două coaste rupte și lângă ea era așezat un bilet pe care scria „asta se întâmplă când combați focul cu foc".

*

— Cu ce vă servesc, fetelor? le întrebă John pe Hope, Tess și Anna.

— Încearcă ceva care să nu fie urmat de o angiogramă, glumi Tess, care avea câteva kilograme în plus. În Los Angeles marea majoritate a populației era sportivă sau vegană, și de multe ori, ambele.

— Ce ziceți de un platou cu mai multe crudități, pește rece afumat și cartofi umpluți cu brânză Cedar înfășurați în bacon? Sunt extraordinari și-i puteți servii cu...

— O angiogramă? repetă Tess.

— N-o să mori de la un cartof, spusese John cu un zâmbet plăcut pe fața lui de om bun. Era înalt, cu păr castaniu și ochi căprui calzi, o dantură frumoasă și mereu binedispus. Nu era foarte atrăgător fizic, dar prin bunătatea lui devenea foarte frumos. Venea dintr-o familie modestă și muncise mult ca să aibă traiul pe care-l avea acum. În general, John întreținea relații bune cu toată lumea. Era un soț iubitor și un tată implicat, chiar dacă deseori nu era de acord cu Tina.

Julia își făcu intrarea ca un adevărat star. Era îmbrăcată într-o rochie roz pal din mătase, sandale aurii cu tocuri înalte și o geantă superbă aurie. Cafeneaua lui John era micuță și intimă, iar lumea se îmbrăca casual acolo, astfel că eleganța Juliei nu trecu neobservată.

– Scuze pentru întârziere, dragele mele, spuse ea, după care își sărută prietenele. Vino aici, i se adresă ea lui John deschizându-și larg brațele. Mi-a fost dor de tine. Știi, când mă voi căsători, voi vrea pe cineva ca tine, John.

– Te-ai împăcat cu iubitul tău? o întrebară toate trei deodată.

– N-am fost certați. Aseară aproape m-a sărutat, iar eu aproape l-am lăsat.

– Dumnezeule, gemu Tess, uitându-se la prietenele ei, în final cred că și el e debil. Râsete. Julia se bosumflă, fără să se supere cu adevărat.

– Dacă ne gândim bine, spuse Hope, Parker arată ca Tarzan, dar se comportă ca Jane.

– Asta crezi despre el? De ce n-ai spus nimic până acum? își întrebă Julia prietena.

– Hope nu spune nimic despre multe, zise Tess și ele se întoarseră spre ea.

– Bine, bine, ridică Hope o mână. Acum două seri am luat cina cu Barry, dar nu e nimic important.

– Suficient de important, dacă ai decis să ne ascunzi, comentă Julia, dându-și jos eșarfa bej de la gât. Te împaci cu el?

– Ai devasta-o pe Jade, spuse ironic Tess.

– Susține că nu e cu ea, iar eu îl cred. Hope încă mai avea sentimente pentru Barry, dar faptul că își luase tălpășița aproape pe ascuns o făcuse să-și piardă încrederea în el. Pe Mike nu-l mai văzuse, dar discutau destul de des la telefon. Câteodată avea impresia că el vrea să se angajeze într-o relație serioasă cu ea, iar câteodată se comporta de parcă i-ar fi fost o soră mai mică. În afară de câteva săruturi rapide, relația lor rămase strict platonică. Doi prieteni ocupați care se simțeau bine împreună. Cam așa putea ea descrie relația lor.

– Mi-a zis că îmi pregătește cina la el acasă sâmbătă, dar l-am refuzat, zise Hope, ridicând din umeri și luând o gură din berea lui Tess.

– De ce l-ai refuzat? întrebă Anna.

– N-ai auzit? Gătește el, se eschivă Hope. Ați uitat că e un dezastru în bucătărie?

„Şi nu numai", gândi Tess.

– E un dezastru peste tot, spuse Julia surprinzându-le. Ea niciodată nu vorbea rău de cineva. În special când acel cineva era absent. John îşi privi mâinile, aşa cum făcea de fiecare dată când era jenat şi plecă, bolborosind că are treabă în bucătărie. Da, continuă Julia, el ştie. Mi-am jurat că nu o să zic nimic, dar nu pot. O privea direct pe Hope şi-i părea rău să-şi rănească prietena. M-am văzut cu Justin, soţul lui Jade, continuă Julia, privindu-le pe toate trei, e al naibii de sexy şi joacă tenis ca un zeu.

– Ceea ce este normal, spuse Anna, ţinând cont de faptul că e profesor de tenis. Ştiţi cât ia pe oră? 200 de dolari.

– Mie nu mi-a cerut decât 75, zâmbi Julia. Nu vi se pare că seamănă cu Djokovic, dar mai frumos?

– Chiar? făcu Hope ridicându-şi mâinile. Parcă voiai să-mi spui ceva.

Julia se foi pe scaun, îşi puse un picior peste celălalt, apoi luă paharul lui Tess şi trase o înghiţitură bună de bere.

– Oh, Dumnezeule, se strâmbă ea, cum naiba poţi bea aşa ceva?

– Nu pot, zise Tess, smulgându-i halba din mână.

– Julia! strigă Hope nerăbdătoare.

– După lecţia de tenis, Justin m-a invitat la un suc.

– Haha, râse Tess cu poftă, ştii că te iubesc? zise ea, pupându-şi prietena pe cap. Iubito, ai 33 de ani, dar nimeni nu-ţi dă mai mult de 15.

– Mulţumesc... cred, bălmăji frumoasa brunetă. Am stat de vorbă cu el cam 30 de minute. Dumnezeule, e curtat de toată lumea din acel club. Femei, bărbaţi, copii. Incredibil. Iar el este de-o modestie nemaiîntâlnită. Jade nu-l merită. Mi-a zis că este la curent că soţia lui are o aventură. Îl bănuieşte pe Barry. Se uită tristă la Hope. Îmi pare sincer rău. N-am greşit că ţi-am spus, nu-i aşa?

– Nu, bineînţeles că nu. Doar nu tu te-ai culcat cu el. Îmi vine să-l omor pe nenorocit. Hope era furioasă.

– Nu se face, zise Julia serioasă făcându-le pe toate trei să râdă. Mai bine te culci cu Justin.

– De ce aş face asta? Ca să mă răzbun? Nu sunt genul.

– Nu, zise Julia serioasă, sugând cu poftă acadeaua pe care și-o scoase din geantă, ți-ar prinde bine, mai ales că n-ai mai făcut-o demult.
– Tu vorbești? râse Hope. Virgina Californiei?
– Nu-s virgină! sări ea, aplecându-se spre ele care râdeau. Auziți, am făcut sex de foarte multe ori. Râdeau acum cu lacrimi.
– Oprește-te, te rog, spuse Tess, nu mai vorbi c-o să murim sufocate.
Julia, cu acadeaua în gură, se foia pe scaun ca o școlăriță.
– Și, de altfel, continuă ea, m-am culcat cu mai mulți bărbați, dar nu v-am spus. Acum și John zâmbea pe sub mustață. Inocența Juliei era hilară. Poate chiar o să mă culc eu cu Justin, continua Julia. Parcă e o combinație între Djokovici, Skywalker și Victor Hugo.
– Nici nu e de mirare că nu ți-ai găsit bărbatul potrivit, dacă ceea ce-ți place este combinația dintre cei trei, zise Anna zâmbind.
– Îl voi părăsi pe Parker, își informă Julia prietenele.
– De ce ai face asta? o întrebară toate la unison.
– Totul în viața lui pare ca o urgență națională. Eu nu pot ține ritmul cu așa ceva.
– Tâmpenii, zise Tess, știi că a venit timpul să faci un pas spre sexualitate și tremuri toată de frică.
– Adică vrei să spui că sunt frigidă? Julia era supărată.
– Nu știu, ești? Prietenele ei o priveau așteptând.
– Aaa, și deci toate trei credeți asta?
Anna începea să se simtă din ce în ce mai prost așa că schimbă subiectul:
– Un bărbat mă amenință, zise ea, și cred că e periculos. Julia realiză că subiectul Annei era mai important decât viața ei sexuală sau lipsa acesteia și nu mai spuse nimic. După ce le povesti discuția de pe postul de radio, Anna le mărturisi că are impresia că este urmărită de câtva timp. Azi dimineață pe la cinci, când m-am trezit să beau apă, am găsit fereastra de la bucătărie deschisă. Sunt sigură că am închis-o aseară.
– Ai vorbit cu John? Poate a lăsat-o el așa. Sau poate Tina, zise Tess. Știi bine că bântuie toată noaptea ca o fantomă.
– Voi vorbi cu John și o voi duce iarăși la terapie, oftă Anna, iar prietenele ei aprobară din cap. Anna era blândă și iubitoare, se

potrivea perfect cu John, dar cu Tina o dăduseră în bară. Are nevoie de foarte multă dragoste.

John apăru cu sandviciuri micuțe din salată de pui cu struguri, mere, cranberry, puse pe felii din pâine neagră. Un platou cu tomate violete tăiate gros, asezonate cu ulei de măsline și sare groasă de Himalaya, piper și busuioc proaspăt, mozarella Buffala, cremă de măsline, sardine și un platou cu tot felul de crudități.

– Ce bine arată, spuse Julia. Ești cel mai bun bucătar de pe strada noastră.

– Și cel mai bun vecin și prieten, completă Hope, iar Anna își luă soțul de mână, privindu-l cu dragoste.

– Dacă nu v-aș iubi atât de mult, spuse Tess, aș fi geloasă. Ron și cu mine nu avem nici pe sfert ceea ce aveți voi. Și dacă stau să mă gândesc, nu am avut niciodată. Poate că este vina mea, nu-i știu alege.

– De ce ai divorțat de primul tău soț? întrebă Hope.

– Din același motiv pentru care m-am căsătorit: mă înnebunise. Era un tiran care reușise să-și convingă anturajul că era un tip bine. În realitate, se culca cu toate studentele lui, mințea și manipula cum respira, iar eu mă apucasem de citit cărți cu titluri de genul „Cum să nu faci nimic cu nimeni" sau „Tu singură cu tine însuți". Într-o zi când m-am dus la el la facultate l-am văzut în compania unei studente simpatice, apoi, cu ocazia zilei de naștere a decanului am fost invitați la o petrecere unde era și tânăra aceea și am avut ocazia să discutăm. Se culca și cu ea, iar eu mă obișnuisem cu el să facă sex cu orice proastă care-și deschide picioarele. Apoi, într-o seară, când el mă credea în Wisconsin, am venit acasă și l-am prins în pat cu menajera. Drept scuză, scumpul meu soț mi-a reproșat faptul că dintotdeauna l-am făcut să se simtă ca un pervers care încearcă să tragă cu ochiul la curul studentelor. „Sunt profesor, unul bun, iar tu mă tratezi ca pe un individ ce i-o trage fiecărei bunăciuni care-și arată chiloțeii". Și toate astea mi le spunea când încă menajera era în patul meu. Când am decis să-l părăsesc, prietenele mi-au spus că trebuie să tac și să îndur pentru că el este trenul meu, dar eu nu mai voiam să fiu în acel tren care ducea într-o amărâtă de gară, naiba știe în ce loc. A fost cea mai bună decizie pe care am luat-o vreodată. Acum încă i-o trage fiecărei femei care acceptă să intre în patul lui, iar noua lui soție

este o bețivă care o face în locurile publice. Formează o pereche minunată.
— Ron e un bărbat bun, așa-i? întrebă Julia.
—De abia apuc să-l văd de când a fost numit director la UCLA. Pleacă mereu la tot felul de conferințe și câteodată am impresia că locuiește mai mult în San Francisco decât în Los Angeles. Telefonul Annei sună, iar ea luă apelul. Dintr-o dată se schimbă la față.
— El este, tipul de care vă povesteam, spuse ea aruncând speriată telefonul pe masă. N-a scos niciun cuvânt, dar știu că el este. Avea respirația sacadată...
— Despre ce vorbești? se alarmă John care încă nu era la curent.
După ce-i spuse în mare ce se întâmplase, soțul ei o ceartă blând:
— Trebuia să-mi spui. Nu poți înfrunta asta de una singură.
— Știu dragul meu, dar n-am vrut să te îngrijorez. Te consumi așa de mult cu Tina, nu mai voiam să-ți adaug alte griji.
— Este de datoria mea să te protejez, Anna. Împreună o vom scoate la capăt cu nebunul ăsta de la telefon. Apoi, făcu o pauză mică și, privindu-le pe toate trei continuă: nu sunt atât de sigur în ceea ce-o privește pe Tina. Am găsit în dressingul din camera ei tot felul de poze bizare: un bărbat plin de sânge cu privire speriată în ochi, două pisici în două oale pe un aragaz, și o cameră lugubră cu perdele negre și pereți murdari pe care scria: „cei fără păcat sunt cei fără dorințe".
— Vorbiți de mine? se auzi în spatele lor Tina. N-o văzuseră când intră. Era îmbrăcată toată în verde și purta pantofi bizari cu talpă compensată groasă. Ce tot îndrugi acolo? i se adresă ea nervoasă lui John.
— Te-ai privit în oglindă înainte să ieși afară din casă? Era pentru prima oară când John îi făcea observații în public, dar nu mai putea suporta sarcasmele și răutățile fetei.
— Domnul „aproape-perfect" e ofensat?
— Ce? întrebă el nervos.
— „Aproape-corect", pardon. Sau preferi domnul „nu poate să-și țină scula în pantaloni"?
Julia îl privi jenată pe John, iar el o privi câteva momente pe Tina, apoi făcu stânga împrejur și dispăru în bucătărie.

– Despre ce naiba vorbeşti? se răsti Anna la ea. Nu-ţi permit să vorbeşti aşa cu tatăl tău.

– Tatăl meu e mort, iar tu eşti o proastă!

Anna se ridică şi-o plesni pe fată peste gură. Nu lovise niciodată pe nimeni, dar era prea mult pentru ea. Tina depăşise de mult limita bunului simţ.

– N-am să-ţi permit să ne vorbeşti pe tonul acesta! De ani de zile încercăm să-ţi intrăm în graţii şi nu numai că nu observi, dar eşti din ce în ce mai ostentativă. Te vei opri aici dacă nu...

– Dacă nu, ce? Ce-o să-mi faci? o înfruntă Tina obraznică.

Isabelle îşi făcu apariţia într-o bluză vaporoasă albă, pantaloni scurţi şi sandale cu toc înalt. Era superbă.

– Ce faci aici la ora asta? o întrebă Tess.

– M-a dus Ron la o petrecere. Ai uitat, nu-i aşa? Nu te interesează ce am de spus, poate că dacă te-as plăti aş avea atenţia ta, nu?

– V-aţi drogat sau aţi luat ceva pilule de proastă creştere? le întrebă Tess pe amândouă.

– Eu nu m-am drogat, răspunse Isabelle, fixând-o apoi pe Tina.

– De ce te uiţi aşa la mine? o să creadă că am făcut-o.

– Şi ar greşi? şopti Isabelle, dar toată lumea auzi.

Anna o luă pe Tina de braţ şi o trase după ea în bucătărie. Tess îşi privi furioasă fiica:

– Nu poţi fi şi tu altfel câteodată?

– Câteodată. Dar, regret de fiecare dată, răspunse fata cu un zâmbet angelic pe buze.

– Acum, spune-mi exact ce s-a întâmplat? Tina s-a drogat?

– Ce îmi iese din treaba asta? întreba Isabelle fixând-o cu ochii ei mari, gri-bleu.

– N-o să fii pedepsită pe viaţă, răspunse mama ei, iar Isabelle ridică din umeri:

– Spun tot, doar am făcut mai multe pentru mai puţin, capitulă ea. Am fost invitată la această petrecere. Tess o privea întrebător. Petrecea de care ţi-am spus acum o lună. Tatăl noii noastre colege de clasă a închiriat un bar în Merlose doar pentru clasa noastră, iar eu am luat-o pe Tina cu mine. Lucrurile au degenerat: m-am dus să dansez, iar când m-am întors în colțul în care se băgase, era deja bizară. Mi-e teamă că a luat Ecstasy.

În același timp, în bucătărie, familia Washington încerca să discute cu Tina, care nega faptul că se drogase, spunându-le că Isabelle era o mincinoasă.

— Nu știu ce urmărește mințind așa, dar vă jur că n-am făcut nimic.

Părinții ei se priviră și hotărâră să o lase în pace în acea seară. Știau când trebuiau să se oprească dintr-o luptă care era deja pierdută. Seara nu se anunța prea bună.

Cele două adolescente se puseră la o masă lângă geam, în timp ce Hope, Tess, Julia și Anna, erau la masa de lângă bar.

— De ce ai mințit? întreba Tina.

— N-am spus nimic, crede-mă, deși au încercat cât au putut să scoată ceva de la mine. Dar nici tu să nu spui nimic, ai înțeles? Tina acceptă dând din cap. Nu ți-e frică să mori singură? întreabă Isabelle.

— De ce întrebi asta? Și de ce aș muri singură?

— Nu e nimeni în viața ta. De ce ar fi în moarte?

— Câteodată ești foarte bizară, Isabelle. Nu știu cum reușești să fraierești pe toată lumea care te crede un înger.

— Inteligența, să nu uiți asta niciodată, zâmbi frumoasa blondă cu o licărire diabolică în ochi.

— Ce s-a întâmplat la petrecere? Ai dispărut la toaletă cu Olivia și acolo s-a petrecut ceva. Când ai revenit erai bulversată.

— Nu-mi spune că-mi faci psihanaliza, tu, nebuna școlii. Tina o privi cu ciudă.

— Credeam că suntem prietene.

— Suntem. Atâta timp cât știi să stai în banca ta. Tina dădu să spună ceva, dar Isabelle ridică o mână, oprind-o: sper că n-o să joci iarăși cartea copilăriei tale îndurerate. Treci mai departe, s-a întâmplat acum 100 de ani, iar eu nu mai am răbdare să te ascult.

— Am doar 16 ani, Isabelle. Un an mai mult ca tine, iar când tu mergeai acompaniată la balet în frumoasa mașina Aston Martin, eu eram violată în subsolul casei, care a fost pușcăria copilăriei mele. Când tu mâncai la cele mai luxoase restaurante, eu plângeam înfometată, rugând pe Dumnezeu să găsesc o coajă de pâine sau să mă ia la el şi să pună capăt acelei suferinţe. Dacă îndrăzneam să le cer părinţilor mei de mâncare, tot ce obţineam era un dos de palmă peste gură, aşa că vezi tu, lucrurile astea nu le poţi uita nici într-un milion de ani. Dar o răsfăţată egoistă şi superficială ca tine n-are cum să înţeleagă.

Isabelle ridică din umeri:

– Înţeleg totul, dar mă oboseşte dubla ta personalitate. Că eşti zâna bună sau zâna rea, sunt furioasă pe amândouă.

– Du-te naibii, Isabelle! spuse Tina calmă, apoi se ridică şi părăsi restaurantul fără să-şi ia la revedere de la nimeni. Anna se alarmă şi ieşi afară, dar Tina dispăruse deja.

– Unde s-a dus? o întrebă pe Isabelle când intră înapoi în cafenea.

– Nu mi-a spus. Cred că s-a supărat pentru că am certat-o în legătură cu petrecerea. E foarte sensibilă si supărăcioasă.

Seara se termină înainte să înceapă. Anna îşi luă la revedere de la prietenele ei, iar Hope, Tess şi Isabelle părăsiră şi ele restaurantul.

– Vreţi să mergem la mine? le propuse Julia.

– Nu pot, spuse Hope. Trebuie să vină Larry să o vadă pe Kim.

– Îmi place de tip, spuse Tess, e ceva foarte sexy la el, nu ştiu sigur ce, şi nu mă refer la fizicul plăcut.

– Este bărbatul unei singure femei, zise Julia, eu asta găsesc cel mai sexy într-un bărbat. În plus, este medic şi sportiv. Nu a avut nicio iubita după moartea surorii tale?

– Nu ştiu sigur, probabil ceva trecător. Kim nu mi-a vorbit niciodată cum că ar fi văzut vreo prietenă de-a lui sau haine în apartamentul pe care l-a închiriat în West Hollywood.

– Larry ăsta, se băgă şi Isabelle în discuţie, mi se pare ca un porc de Guineea. Cele două femei o priviră mute. E un lucru bun ce vreau să spun, se justifică ea imediat. Se spune că masculilor acestei specii le scade stresul în faţa unei singure femele.

– Ai luat droguri? o întrebă încă o dată Tess privindu-i pupilele mai de aproape.

– Nu, vorbesc serios. Dacă nu crezi caută pe Google şi o să vezi. Tess o privea fără să zică nimic. Ştii, Google, fondat de Brin şi Larry. Larry Page, nu Larry guineea.

— Ai impresia că dacă am 40 de ani și sunt mama ta, sunt retardată?

— Glumeam, ridică Isabelle o mână în semn de scuze, iar dacă am deschis acest subiect de care vorbim de 30 de minute în fața restaurantului, este pentru că, Larry chiar mi s-a părut bărbatul unei singure femei. Acea femeie ești tu, Hope. Știi ce înseamnă asta?

— Că dintr-odată am devenit o scroafă de guineea? întreabă Hope.

— Nu. Că e îndrăgostit de tine. Bagă-te pe el, nu-l lăsa să-ți scape, zise adolescenta făcând-o pe Hope să râdă.

— Povestim pe trotuar de mai bine de o jumătate de oră, zise Julia. Dacă nu veniți la mine, atunci o să merg la Four Seasons, au muzică live până la unu dimineața și DJ-ul e super.

— Nu e prea târziu pentru un lapte cu sirop de căpșuni? o întrebă Hope zâmbind. Toată lumea știa că Julia nu bea alcool decât foarte rar, iar în ultimele luni, aproape deloc.

— Haha, făcu Julia ironic, mă duc pentru muzică, nu pentru alcool.

Cele trei prietene își luară la revedere, iar Julia opri un taxi și se îndreptă spre Beverly Wilshire. Barul era plin de lume și un pianist cânta nocturna de Chopin. Juliei îi plăcea să vină aici, era un loc șic și se mânca bine. Era unul din locurile care obținuseră critici bune în LA Times, Esquire magazine și James Beard Foundation. Era cotat ca Steakhouse-ul numărul unu în SUA, cu servire bună, mâncare extraordinară și design perfect.

Julia se așeză pe una din canapelele din piele neagră și se uită în jur. Nu vedea pe nici unul dintre prietenii ei.

— Cu ce vă servesc, domnișoara Harington? întrebă chelnerul tinerel și bine făcut.

— Buna, Greg, zâmbi Julia amabilă ca de obicei, adu-mi te rog salată de crab, creveți și avocado. Greg dădu din cap și își zise că era o plăcere să o privești pe Julia. Ea își puse o mână pe mâna lui: să nu le spui alor mei că mănânc fructe de mare, săptămâna viitoare când voi veni cu ei aici.

Chelnerul zâmbi. Știa lecția. Fără crustacee în familia Harington.

— Vă aduc și un lapte cu sirop de căpșuni? O cunoștea bine.

– Nu, în seara asta vrea să fiu mai puțin previzibilă, zâmbi ea.
– Punem sirop de mentă în schimb? glumi Greg, arătându-și dinții perfecți. Se chinuia demult ca actor să prindă rolul vieții lui, la fel ca mii de tineri și tinere din Los Angeles, dar, în afara câtorva reclame la pastă de dinți și lenjerie intimă, nu obținuse nimic și între timp făcea pe chelnerul la Four Seasons.

Un bărbat cam la 30 de ani se apropie de masa ei și se așeză fără să întrebe. Arăta așa ca mulți bărbați din orașul îngerilor: tânăr, bronzat, cu freză, dinți perfecți și sigur pe el.

– Mă cheamă Ted, pot să stau la masa ta? o întrebă fiind deja instalat.

Julia îl privi o secundă calm apoi spuse:
– De obicei, pui această întrebare înainte să te așezi, zise ea. Iar răspunsul este nu.
– De ce?
– Chiar credeai că o să spun „da"?
– Nu credeam c-o să spui „nu". Îți promit c-o să fiu cuminte dacă mă lași să-ți țin companie. Julia îi ceru încă o dată să plece, însă el era foarte insistent.
– N-ai auzit ce-ți cere domnișoara? se auzi vocea unui bărbat, iar când Julia se întoarse, dădu cu ochii de Barry.
– Oh, tu, se scăpă ea, neștiind sigur acum de-a cui companie vrea să descotorosească mai repede. Teddy se ridică fără un cuvânt și pleacă.
– Pot? întrebă Barry frumos ca un zeu în cămașa lui albă și pantalonii crem, iar Julia acceptă fără niciun chef. Multe femei din bar se uitau după el, dar Barry se părea că nu observă. Aștepți pe cineva? o întrebă, iar ea dădu din cap că nu. Ce vrei să bei?
– Nimic. Am comandat doar de mâncare.
– Ai accepta să bei un pahar de Moët cu mine?

Greg veni la masa lor și Barry comandă două cupe de șampanie, fără să-i aștepte răspunsul, enervând-o de-a binelea. Rămase însă politicoasă. Julia era tot timpul politicoasă.
– Mai ești cu Parker?

Julia îl privi o secundă după care își bagă mâna în părul castaniu închis. Era machiată foarte puțin, doar rimel și luciu de buze, dar arăta trăsnet.

— Avem o relație care nu ne obligă la nimic, zise ea nedorind să dea amănunte.

Julia nu vorbea niciodată de viața ei personală sau de viața altora. Poate doar cu cele trei prietene ale ei și asta pentru că eram sigură că ele nu vorbeau mai departe.

— Aplici metoda cântecului „dacă vrei să-l apropii, dă-i drumul"?

— Despre ce cântec vorbești?

— Toate.

Julia îl găsea bizar în ultimul timp și se întreba dacă nu cumva avea probleme cu alcoolul sau drogurile. Asta ar fi explicat comportamentul irațional din anul ce trecuse. Oamenii mureau din cauza drogurilor, pentru ele și de la ele.

— Tocmai m-am despărțit de Hope, schimbă ea subiectul, dar pe el nu-l interesa, părea fascinat de ea, iar Julia începea să se simtă prost. A abandona e lucrul cel mai simplu pe care-l putem face, spuse ea cu o urmă de reproș.

— Crezi că mi-a fost simplu? O privea fix cu ochii lui frumoși gri, iar Julia își spuse că părea trist. Sunt „o greșeală pe picioare", recunoscu el, dar chiar am avut un motiv serios când am plecat.

— Da, îmi imaginez că trebuie să fi fost așa, din moment ce tot repeți asta. Ca să nu mai vorbim de faptul că le-ai lăsat cu ochii în soare de pe-o zi pe alta. Hope e adult, dar Kim n-a înțeles niciodată ce s-a întâmplat, Barry.

— Nu este fata mea, deși o iubesc mult, și am plecat pentru că n-am vrut să fiu ipocrit. Eu sunt bărbatul unei singure femei și din păcate, acea femeie nu este Hope. Am realizat asta mai târziu. Julia, nu am mai spus niciodată nimănui ce-ți voi zice acum și dacă dorești va rămâne doar între noi. Sau, dimpotrivă, poți să spui tuturor. Julia îl privi, așteptând, fără să întrezărească ce urma să audă. De ani de zile sunt îndrăgostit de tine. Ea păli brusc, simțind că nu mai are aer. Te iubesc de trei ani și te rog să mă crezi că am făcut tot posibilul să nu simt ceea ce simt pentru tine, dar fără succes. După ani de suferință am hotărât că tu ești cea cu care vreau să-mi trăiesc restul vieții. Julia făcu ochi mari și vru să spună ceva, dar el n-o lăsă. Nimeni nu știe ceea ce simt eu și de aceea Hope mă consideră un mizerabil pentru ca am plecat fără să-i spun motivul. Cum aș fi putut?

– Exact, spuse Julia, așa ceva este de neconceput și nici măcar mie nu trebuia să-mi spui. Ea se îndreptă în scaun, apropiindu-se puțin de el și, privindu-l fix în ochi, îi spuse: între noi doi nu va fi niciodată nimic! Hope este prietena mea cea mai bună și nu voi face niciodată nimic care să strice asta, Barry. Îmi pare rău să-ți spun, dar ți-ai stricat căsătoria și i-ai frânt inima lui Hope pentru ceva care va rămâne doar în fantasmele tale.

– Julia, nu spune asta, te implor! Știu că este o situație delicată, dar înainte să mă arunci la gunoi, dă-mi o șansă. Trebuie să analizăm pro și contra.

– Totul este contra! zise ea pe un ton apăsat. Hope este prietena mea, iar tu ești soțul ei și niciodată nu va fi altfel. Te sfătuiesc, din respect pentru soția ta, să-i spui despre ce este vorba, dar îți cer să-mi dai câteva zile. Va trebui să o pregătesc cumva înainte.

– Faptul că te iubesc nu înseamnă nimic pentru tine? întrebă el umil.

– Ești nebun? Ești soțul prietenei mele, cum poți să uiți așa ceva? Este totul în capul tău, ai făcut obsesie și ai impresia că mă iubești. Nu poți să iubești pe cine nu cunoști. Am făcut trei BBQ-uri împreună, crezi că este suficient?

– Știu totul despre tine. Știu că ai un suflet incredibil, că nu vorbești pe nimeni de rău, îți respecți și iubești părinții. Știu că pe platoul de filmare te comporți cu foarte mult profesionalism și, în ciuda celor două Oscaruri pe care le-ai obținut, nu te-ai schimbat niciodată. Ești modestă, frumoasă și dormi pe partea stângă a patului. Dacă dormi pe partea dreaptă, a doua zi ai ghinion. Adori scriitorii și pictorii celebri, dar deseori dai o șansă celor noi, ești corectă, iar culorile tale preferate sunt: alb, roșu și bleumarin.

Ea îl privea cu gura căscată.

– Va trebui să informez poliția, spuse ea ridicând un deget la el. Mă spionezi? Asta faci? Ai angajat un detectiv particular, nu-i așa?

– Să-mi spună ce culori îți plac sau ce suflet ai? Te observ de ani de zile...

– Ești nebun, spuse ea dând din cap, asta este, ești nebun de legat, iar eu sunt prietena soției tale!

– Şi dacă n-ai fi? insistă el. Nu putea să se lase bătut acum. Nu după atâtea aşteptări, suferinţă şi compromisuri. Doar nu-i frânsese inima lui Hope pentru un vis care n-avea niciodată să se realizeze? Îşi părăsise familia, fiind sigur că într-o zi va putea fi cu ea. Era exact ce îşi dorea la o femeie. Şi de la viaţă. Trebuia să se bată acum şi aici, pe teritoriu neutru. Nu mai era loc pentru marje de eroare sau compromisuri.

– Nici nu se pune problema, Barry, spuse ea pe un ton hotărât, nu vom dezbate aici subiectul „cum ar fi fost dacă". Ai greşit şi ai făcut rău, iar în viaţă n-ai prea multe ocazii ca să îndrepţi răul făcut, aşa că trebuie să te mişti rapid, altfel vei regreta şi mai tare.

– Prefer să regret ceva ce am făcut decât ceva ce n-am făcut şi să mă întreb toată viaţa cum ar fi fost dacă? Te iubesc demult şi am încercat să-mi refulez sentimentele, dar nu mai pot trăi aşa. Sunt nefericit, Julia, şi indiferent că vei veni într-o zi cu mine sau nu, eu la Hope nu mă mai întorc. Sunt un om întreg, cu principii sănătoase şi nu pot trăi în minciună. Nu vezi cât de tare ne asemănăm?

– Tot ce văd este un bărbat căsătorit cu prietena mea cea mai bună, un bărbat care a înnebunit. Dacă nu opreşti tâmpenia asta, vom avea toţi de suferit, Barry.

– Suferinţele şi schimbările fac parte din viaţă. Nu le iubim şi încercăm să le evităm. Logic şi irealist, din păcate. N-ai de unde şti cum aceste schimbări îţi vor ameliora viaţa. Trebuie să încerci, Julia.

– Viaţa mea este perfectă aşa cum este, spuse ea supărată. Tocmai atunci chelnerul sosi cu cele două cupe de şampanie. Sunt pentru domnul, îi spuse ea lui Greg, considerând că nu are nimic de sărbătorit. Din cauza ta acum sufăr ca un câine. A fost un timp în care te respectam, dar acum... Nu termină fraza, dar dezgustul de pe faţa ei reuşi să-l facă să se simtă ca Warren Jeffs, guru poligam căutat de FBI. Nu vreau ca Hope să se supere pe mine sau să creadă că vreodată a fost ceva între noi.

– Dar a fost! Ai uitat noaptea aceea în care ai dormit la mine? zise el, aducându-i aminte de noaptea în care, habar n-avea cum, ea aterizase la el acasă.

Își derulă filmul în cap, când în urmă cu două luni îl întâlnise pe Barry la o petrecere din Bel Air. Băuse șampanie și vorbise mult cu el, mâncase căpșuni și apoi i se rupse filmul. Se trezi a doua zi dimineață la el acasă. Rochia gri perlă din mătase era aruncată pe jos, lângă bikinii de culoarea roz bej, iar sandalele argintii cu tocuri subțiri erau pe pat. Se îmbrăcă cu viteza luminii și își coafă părul lung cu mâinile tremurânde, apoi se duse în sufragerie unde el dormea gol pușcă pe canapea. Îl împinse cu piciorul și-și puse mâinile la ochi. El se trezi buimac, iar ea îi întinse o pernă să-și acopere părțile intime.

– De ce ești gol și ce caut la tine în dormitor? Goală!

– Ne-am îmbătat aseară și te-am adus aici. Te-am lăsat să dormi în camera mea.

– Goală. Cum am ajuns eu goală? întrebă disperată, având aerul unei păpuși supradimensionale. „Oh, am frisoane", zise ea, iar el zâmbi ca un băiat poznaș excitat. „Frisoane ca atunci când vrei să vomiți", îi explică ea supărată, după care ieși. Când ajunse afară își dădu seama că-și uitase sutienul, și se întoarse înapoi în casă. El era încă pe canapea cu mâinile sub cap și corpul în toată splendoarea lui. Avea un zâmbet satisfăcut pe față, iar ea nu voia să știe de ce.

– Mi-am uitat sutienul, se justifică Julia în timp ce se îndrepta spre dormitor. Nu l-am găsit, zise ea când se întoarse.

– Poate nu l-ai avut. De fapt nici n-ai avea nevoie, ai sâni perfecți.

– Cum poți tu să știi asta? îl întreabă ofensată, încercând să-și ascundă sânii cu mâinile. El nu spuse nimic, doar zâmbi. Niciun cuvânt despre asta lui Hope, ai înțeles? Și nimănui, de altfel. Apoi ieși ca o tornadă și dispăru.

De atunci nu se mai întâlniseră și nici nu-i spusese nimic prietenei ei. Ce rost avea? Doar nu se întâmplase nimic. Acum însă, după declarația de dragoste făcută de Barry, lucrurile erau diferite. Trebuia să-i spună lui Hope totul înainte ca el să-i frângă inima definitiv. Trebuia să știe că între ei doi nu a fost și nu va fi nimic niciodată. Se ridică în picioare și privindu-l pe Barry de sus îi reaminti că va trebui să vorbească cu soția lui, dar nu înainte ca ea să o poată pregăti. El o privi disperat, realizând abia atunci greșeala pe care o făcuse. Ca de obicei, a reacționat înainte să știe exact cum stăteau lucrurile, iar finalul era că rămăsese singur. Flirtase cu dezastrul toată viaţa lui şi singura perioadă stabilă şi echilibrată fusese în timpul căsătoriei lui cu Hope. Nu avea habar ce va face în continuare şi nici măcar nu ştia dacă şi-ar mai fi dorit viaţa lui de altădată, dar în mod cert, toate acestea nu mai depindeau de el. Când Hope va afla motivul plecării lui, nu se va mai uita la el nici cu coada ochiului. O privi pe Julia depărtându-se şi îşi spuse că semnalele ei fuseseră întodeauna clare, dar el le ignoră intenţionat, preferând să se agaţe de o femeie care nu dădea doi bani pe el. O femeie care niciodată nu va fi cu el. Asta spunea multe despre felul lui de a fi şi cum distrugea el tot ce atingea, cum compromitea totul, inclusiv pe el însuşi.

Capitolul 4

– Cum e baconul ăla fals? o întrebă Hope pe Isabelle, care era îmbrăcată într-o pijama cu pisicuțe. Arăta ca o fetiță de 10 ani, iar Tess o pupă cu drag pe cap. Isabelle mai luă o mușcătură și răspunse:
– La fel ca baconul... cu excepția gustului. Zâmbete.
– Duminica viitoare, spuse Tess, va trebui să anulez ședința de yoga, o colegă de-a mea vizitează o casă în cartier și i-am promis că o să merg cu ea.
– Urăsc vizitele astea, spuse Isabelle dându-și ochii peste cap. Toți străinii care vin la Open House mă obosesc. Singura diferență între ei și hoți este că, pe așa-zișii vizitatori nu poți să-i împuști.
– Când se întoarce Kim de la Larry? o întrebă Tess pe Hope.
– În seara asta. Dar săptămâna viitoare va rămâne la el, o va duce la școală și la activitățile sportive.
– Parcă ați fi divorțați, constată Tess.
– Ar fi păcat, spuse Isabelle, băgându-și o căpșună în gura mare cu dinți albi, perfecți. Sunteți cuplul ideal, spuse ea, ridicându-și sprâncenele bogate, parcă pictate de Michelangelo.
Ron apăru în sufragerie cu părul zbârlit. Purta un pantalon de trening gri și un tricou alb imaculat.
– Bună, Hope, salută el, apoi își pupă fata pe cap și îi trase o palmă peste fund soției lui. Iubito, ce poponeț tare ai. Să nu te lași de yoga.
Venind din partea lui, omul care nu făcea niciodată complimente, era ceva. Ron era potrivită de înalt, brunet, cu ochi căprui, deseori ursuz și rareori acasă. De când fusese numit director la UCLA, stătea mai mult la spital sau prin San Francisco la conferințe medicale. Tess nici nu își mai aducea aminte de când el nu mai participa la activitățile familiale sau când făcuseră dragoste ultima oară. Viața lor sexuală se limita de la o dată pe lună la... aproape niciodată.
– Bună Ron, îi răspunse Hope. Nu știam că ești acasă.
– Te asigur, nici eu, glumi Tess doar pe jumătate.
– Dormeai astă noapte când am ajuns, iubito, nu am vrut să te deranjez, spuse el, mai dându-i o palmă peste fund. Poți să-mi reproșezi asta?

— Nu. Dar pot să-ți reproșez că în ultimul timp nu faci altceva decât să te concentrezi pe fundul tău.
— Mi se pare mie sau ești furioasă? o întrebă fără să-i pese în realitate.

Îi era ciudă pe el. Ea încă ar fi putut să-l iubească, dar simțea că pentru el ea nu mai era de actualitate. Avea 40 de ani și își dorea mai mult de la viață decât palme ocazionale peste posterior, mai ales de la un tip care-i critica felul în care se îmbrăca sau mergea. Părea să creadă că era de datoria lui să facă acest lucru.

— Ai văzut ce tonică este de când face yoga? i se adresă el lui Hope, doar ca să schimbe subiectul. Eu am împins-o să meargă.
— Tu m-ai împins și afară de pe pârtia de schi.
— Doar o dată. Și m-am scuzat de atâtea ori, iubito. Detesta felul lui de a-i spune „iubito". Suna ca o insultă.
— Am stat în ghips o lună.
— O să divorțați și voi ca părinții Lanei? întrebă Isabelle privind de la unu la altul.
— Suntem catolici practicanți. Noi nu divorțăm, murim, zise Tess.

Îi cunoscuse și admirase pe părinții Lanei. Ea era decoratoare de interior și el arhitect. Se completau perfect. Până când ea s-a îndrăgostit de băiatul primarului, care era blond, înalt, cu multe relații și 10 ani mai tânăr ca ea.

— Erau total incompatibili, spuse Isabelle. Ei îi plăcea să citească, lui îi plăcea berea, ea făcea sport, el era puturos și republican. Apoi, ea l-a întâlnit pe Jim și n-a mai interesat-o de faptul că și el i-o trăgea pe ascuns secretarei lui.
— Chiar? făcură toți în cor. Cumva, Isabelle era la curent cu toate. Nu bătea toba, dar când știa ceva, pasa informația. „Doar în cercuri restrânse și de încredere", cum îi plăcea ei să spună.
— Da. Așa că Lana a rămas cu taică-su, care, în loc să-și ia un Porsche sau Prozac, stă toată ziua cu gura pe ea sau e depresiv în dormitorul lui întunecos.

Anna și Tina intrară în sufragerie cu un coș plin de croasanți, pain au chocolat și melci cu glazură de zahăr și scorțișoară.
— Ați mâncat deja? îi ceartă direct Tina fără să salute.
— Nu, răspuns Tess zâmbitoare, doar Isabelle.
— Știai că venim și noi, puteai să aștepți.

– Pot mânca și cu tine, monstruleț gălăgios. Iar ai nervi? Tina zâmbi. Întotdeauna Isabelle reușea s-o calmeze, dacă dorea. Avea capacitatea de a înlătura cu nonșalanță orice tensiune nervoasă. Sau de a crea una.

Anna pusese un jurnal pe masă și pe prima pagină apăru chipul Oliviei.

– Dumnezeule, nu este colega voastră? întreba Tess, luând jurnalul în mână. E moartă în Downtown Los Angeles! Ce căuta oare acolo în plină noapte?

– Întodeauna căuta prea mult și în locuri greșite, spuse Tina indiferentă. Isabelle luă ziarul și se albi.

– Doamne, chiar e moartă. Era prietena mea... Tina o privi cu coada ochiului. După câteva minute fetele se retraseră la Isabelle în cameră.

– Ai cearcăne la ochi, Anna, spuse Hope. Nu dormi bine?

– Ca să dormi, trebuie întâi să te culci. Aseară, pe la 12, când mă pregăteam să merg în dormitor, am văzut pe peluza casei mele o femeie cu păr lung negru, îmbrăcată într-o cămașă de noapte albă. Avea un voal pe cap, care acoperea parțial fața bărbătească parcă. Hope își duse mâna la gură. M-a privit în ochi câteva secunde, continuă Anna cu voce joasă, și parcă a zâmbit. Apoi a plecat. Nu pot să vă descriu acea privire. Ceva între animal, ură și dispreț.

– Este posibil să fi fost un bărbat cu perucă?

– Așa părea. Mi-e frică să închid ochii, pentru că îi văd pe ai lui sau ai ei. Nu i-am spus lui John, are atâtea probleme cu cafeneaua, care a fost spartă acum două zile.

– Te-ai gândit la posibilitatea că s-ar putea să fie vorba de aceeași persoană? întreabă
Ron.

– Nu, șopti Anna, dar acum că-mi spui, cred că este posibil. De fapt cafeneaua a fost doar vandalizată, nu s-a furat nimic, iar pe o masă se găsea o poză de-a mea în care vorbeam la telefon și lângă ea, era un bilet pe care era scris cu litere roșii „Formează M de la moarte". Da, spuse Anna, va trebui să-i spun lui John, să aflăm cine se ascunde în spatele tuturor acestor orori. Realitatea nu poate fi mai rea decât ceea ce-mi imaginez.

– Și dacă este? se auzi Ron, și amândouă îl priviră.
– Ai grijă că nu sunt acasă, iubito, zise Ron, ridicându-se și pupându-și soția pe gât. Tess îl privi mirată, prea puțin obișnuită cu astfel de drăgălășenii din partea lui. De ce te uiți așa la mine? o întrebă. Nu fac decât să încerc să-ți arăt dragostea mea.
– Încerci prea mult. Am impresia că sunt căsătorită cu un străin.
– Putem să rămânem concentrați pe subiectul zilei? întrebă Anna, care cu orice preț voia să evite o nouă ceartă a soților Roberts, iar ei dădură din cap că da. Tess servi cafea cu lapte și scorțișoară, apoi puse pe farfuria roz a serviciului din porțelan câțiva croasanți. Avea lucruri frumoase în casă și un interior primitor. Scara, care lega partenerul de etaj, cobora direct în sufrageria în care domina culoarea maro și cea a mierii. Avea parchetul lucios, mobile din cireș lucrate manual, iar în fața ferestrei imense erau patru fotolii și o măsuță rotundă. În partea stângă a șemineului se afla locul mesei unde trebuia să urci două scări micuțe. O lampă din cristal Svarovsky era așezată în colț lângă tejgheaua ce separa sufrageria de bucătăria deschisă. Din salon puteai ieși în curtea din spate sau pe prispa din față pe care aveau fotolii din fier forjat alb și un balansoar frumos, roz cu alb.
– Unde este John? o întrebă Ron pe Anna.
– Cred că la cafenea. Poate treci pe la el, i-ar place să te vadă. Este atât de stresat în ultimul timp.
– Da, așa voi face, minții Ron, știind că a doua zi trebuia să plece la San Francisco și pentru nimic în lume nu ar fi ratat asta.

*

Anna se mișcă de pe-o parte pe alta, zbătându-se într-un vis agitat. Lenjeria albă a patului era mototolită sub ea, iar volănașele din dantelă îi zgâriau pielea. Se visa într-o pădure urâtă, pădurea din desenele Tinei, iar casa micuță avea pereții murdari de sânge. Pe prispa casei stătea o femeie hidoasă care-o privea ciudat. Era îmbrăcată într-o cămașă de noapte albă și avea pete de pipi pe ea. Femeia observă și își scoase peruca neagră în semn de salut. Își deschise gura într-un rânjet știrb, înfiorător, și Anna își spuse că era de fapt un bărbat. Un bărbat știrb, urât, care acum își freca sexul prin cămașă. Sexul era enorm și ea vomită numai sânge. Când își deschise ochii, bărbatul era lângă ea și urla cu voce ascuțită „A fost un test, iar tu ai pierdut, cățea!"

Anna se trezi brusc din coșmar și încercă să respire normal, dar panica o strângea de gât. Se duse la baie și-și turnă apă în pahar, bău două guri și apoi observă că John nu era în pat. Era trei dimineața și el nu era în camera lor. Coborî scările mochetate în alb și se duse în sufragerie, dar nu era nici acolo. Îl căută în mica bibliotecă de la parter și atunci îl găsi. John zăcea pe podea, iar ea habar nu avea dacă mai respira. Se duse repede la el și-i puse mâna la gât, căutându-i disperată pulsul. Sună repede la 911 și-apoi la Hope. Julia ajunsese odată cu ambulanța și împreună au mers la Centrul Prezbiterian Medical din Hollywood, iar Hope rămase acasă cu Tina.

Hope dormea pe canapea, când Julia o trezi la patru dimineața și-i spuse că John făcuse un preinfarct. Trebuia să-l țină câtva timp în observație, dar era stabil. O lăsase pe Anna la spital și îi ceruse Juliei să meargă acasă și să le informeze pe Hope și pe Tina despre cele întâmplate.

*

Când Larry o aduse pe Kim a doua zi, îi ceru scuze lui Hope pentru întârziere. Ea făcuse o carafă mare de citronadă și prăjiturele din cocos, ovăz, ciocolată și unt de arahide.

– Sunt bune, spuse el, zâmbindu-i blând lui Hope.

– Nici măcar n-ai gustat. Ești cam slab. Ți se întâmplă să mănânci vreodată? întrebă ea.

– Nu te îngrijora, voi supraviețui.

– Și câteodată asta este lucrul cel mai greu de făcut. El o privi fără să spună nimic. Să supraviețuiești, explică ea.

– Sunt mai fericit decât par, Hope. Lucrurile pe care lumea nu le vede fac din noi ceea ce suntem.

– Uneori suntem așa cum ne văd ceilalți. Și câteodată nu suntem, pentru că așa decidem.

Larry avea 42 de ani și un suflet de aur. Provenea dintr-o familie bună: mama lui era o pianistă talentată, iar tatăl lui era medic. Operase toată viața pe coloana vertebrală, iar la 60 de ani, după ce suferise un accident de maşină şi cinci operaţii majore, cariera lui a luat sfârşit.

— Ai pe cineva în viaţa ta, Larry? întrebă Hope.

— N-a fost nimeni serios după... Sora ta. Désespoir, îi şopti el numele. Suna mai mult ca o chemare. De ce oare mama ta i-a dat acest nume fatidic? Şi de ce pe tine te-a numit Hope? Speranţă...

— De ce au murit în floarea vârstei? veni răspunsul ei retoric. Şi da, Hope este un nume optimist, plin de speranţă, dar asta n-a făcut din viaţa mea ceva spectaculos, cum spuneai tu.

— Păcat că nu te vezi cu ochii mei, Hope. Eşti cea mai spectaculoasă fiinţă pe care-am întâlnit-o vreodată. Ea îl privi mirată, iar el continuă: da, chiar mai spectaculoasă decât sora ta. Vei fi bine până la urmă, spuse el, iar ea aprobă din cap. Tu eşti cu cineva? Ea dădu din cap că nu. Eşti superbă, ai 35 de ani şi eşti jurnalistă de succes. Cum se face că nu ai pe nimeni?

— Am decis să nu mă mai obosesc cu niciun bărbat a căror fraze conţin un „dacă", „dar" sau „poate că". După asta, nu mai rămân mulţi disponibili, glumi ea. Şi nici nu mai sunt atât de maleabilă ca înainte. Ca să mă placă un bărbat, înainte trebuie să mă cunoască. Şi câteodată nici asta nu este de ajuns, zâmbi ea. Ai ştiut din prima că Dé e cea bună? Femeia inimii tale? El zâmbi trist.

— Din prima clipă.

— Cum ai putut fi sigur?

— Simplu, spuse el cu acelaşi calm ce-l caracteriza. Atunci când închideam ochii, nu îmi imaginam viaţa fără ea. Privea într-un punct fix pe fereastră, iar Hope îşi spusese că ea nu fusese iubită aşa niciodată. Îi plăcea felul lui de a iubi. Total şi necondiţionat. Îmi doream, continuă el, parcă nemaiputându-se opri, să-mi petrec tot timpul cu ea. Îmi plăcea să o privesc când râde sau când roşea. Zâmbi dând din cap. Era puternică şi hotărâtă, dar roşea des. Găseam asta foarte sexy la ea.

Hope îl privi şi gândi că el era foarte sexy cu felul lui de-a iubi. Ar fi vrut să-i mângâie faţa ca să îi înlăture tristeţea şi dorul neîmplinit. Să-i atingă buzele şi... „Opreşte-te", urlă vocea din capul ei, „este cumnatul tău!"

*

— Vă daţi seama, le spunea ea a doua zi prietenelor ei, el era acolo în faţa mea, gata să leşine de dor după sora mea moartă, iar eu imaginam tot felul de tâmpenii. Ce înseamnă asta? le întrebă Hope turnându-şi un pahar mare de smoothie din castraveţi, ananas, ghimbir şi portocală. Că sunt îndrăgostită de el?

Julia sorbi şi ea cu paiul din pahar şi cu un zâmbet pe gura mare, dădu din cap afirmativ.

— Da' de unde, spuse Tess. Ai doar nevoie de o partidă adevărată de sex. Eşti ne...

— Şi ea, arată Hope spre Julia, ea n-are nevoie? Are şi mai puţină viaţă sexuală ca mine.

— Hei, făcu Julia. Apoi se întristă brusc gândindu-se la Barry. Se gândi că era poate momentul să-i spună ce se întâmplase. Sau poate că era mai bine dacă aştepta puţin? Cam până la 90 de ani? Cu John în spital şi Anna devastată, era mai bine să nu zică nimic, concluzionă ea, ştiind că nu era soluţia ideală.

— Haideţi să schimbăm subiectul, spuse Hope, apoi întorcându-se spre Julia: ai vreo şansă pentru cele două roluri ce-ţi plăceau?

— Nu. Au zis că sunt prea tânără pentru primul şi prea bătrână pentru al doilea. Toată noaptea m-am visat cu buldogul de regizor. Ce căuta cretinul ăla în visul meu sexy, nu ştiu.

— Ha, sări Hope, deci şi ea are vise sexy, nu numai eu.

— Şi de ce ar fi un lucru atât de rău să te cuplezi cu Larry? o întrebă Julia. Sora ta e moartă de mult şi nu cred că ar deranja-o. Ba ar fi un lucru extraordinar pentru copilă.

— Ca să nu mai spunem câtă plăcere vei avea să faci copii cu el, zise Tess cu umorul ei obişnuit.

— Vorbiţi tâmpenii, zise Hope. Omul ăsta se gândeşte la mine ca la sora lui Dé sau ca la cumnata lui. Nici prin cap nu îi trece că aş vrea să mi-l bag în pat.

— Într-o seară am dormit la Barry, turui Julia dintr-o dată, privind disperată de la una la alta. Hope se uita la ea fără să înţeleagă. Sunt o oribilă persoană, plângea acum Julia cu gura larg deschisă. Nu ştia nici să plângă ca un adult.

— Când? întrebă Hope, ca şi cum ar fi avut vreo importanţă.

Julia avea faţa udă de lacrimi şi sughiţa, arătând ca o fetiţă de cinci ani.

— Acum câteva luni, răspunse ea plângând în hohote. Dar situația se înrăutățește și mai tare.

— Cum poate fi mai rău, Julia? întrebă Hope apăsat. I-ai făcut un copil pe ascuns și îl ții la subsol? Era furioasă și se simțea trădată. Cum putuse prietena ei să-i facă asta? De un an de zile se chinuia să afle ce anume se întâmplase cu căsnicia ei și de ce el plecase. Își reproșase lucruri care le făcuse sau pe care nu le făcuse, iar acum afla că, de fapt, nu fusese vina ei. Ea fusese doar o proastă naivă, bătaia de joc a cartierului.

— Nu, nu, plângea Julia și o implora din priviri să o asculte. A fost doar o noapte.

— În doar într-o noapte, așa cum spui, poți concepe un copil, sau distruge o familie! strigă Hope la ea.

— Eram beată. Nu știu cum s-a întâmplat, crede-mă. M-am trezit a doua zi in dormitorul lui, iar el dormea pe canapea. Era gol. Și eu dormisem goală, plângea ea, apoi el nu mi-a spus că am făcut-o, dar nici nu a negat. Nu îmi amintesc nimic. Poate m-a drogat, zise ea ștergându-și nasul cu dosul mâinii ca și copiii și uitându-se cu ochi disperați de la una la alta. Jur, Hope, jur că nu știu cum s-a întâmplat. Mă cunoști doar. Știi că nu aș fi capabilă de așa ceva. Nu sunt o persoană rea.

Dar asta însemna că era una bună? se întreabă Hope. Nu mai știa decât că, peste noapte soțul ei devenise armăsarul cartierului, și că prietena ei cea mai bună probabil îl călărise. Julia aștepta ca Hope să-i zică ceva și hotărî să nu-i spună că Barry era îndrăgostit de ea și că a plecat de acasă din cauza aceasta.

— Ce poate fi mai rău de atât? mitralieră Hope. Spune-mi tot. Julia își mișcă capul de la stânga la dreapta. Vorbește! urlă Hope, iar Tess se făcu mică. Îi părea rău de Julia care din priviri o implora s-o ajute, dar era una din acele situații în care nu putea face nimic.

— E îndrăgostit de mine, șopti Julia parcă cerându-și scuze. Se simțea ca la ruleta rusească și totul depindea de reacția lui Hope.

— Oh, în definitiv nu ești chiar atât de inocentă, nu-i așa? Ba ești o adevărată amazoană în pat. O singură noapte cu tine și gata, te iubește!

— De fapt mă iubește demult, spuse Julia, apoi se opri. În capul meu suna mai bine, se justifică ea încet. Era un lucru bun, nu mai știu de ce.

— Oricum ai spune-o, țipă Hope la ea, nu poate fi un lucru bun, imbecilo!

— Nu, nu. Voiam să spun că din nu știu ce motiv s-a îndrăgostit de mine cu ani în urmă. Eu n-am aflat decât de curând. Și pentru asta a plecat de-acasă, n-a mai suportat să sufere. Și a sperat că așa, poate într-o zi, îl voi accepta în viața mea.

Hope se înroși și-și duse mâna la frunte.

— Oprește-te din vorbit! îi ceru Tess Juliei.

— Nu, nu. E un lucru bun ce vreau să zic. Hope, o luă ea de mână, niciodată nu voi fii cu el. Nu este vina mea. A căzut peste mine tot așa cum a căzut și peste tine acest ghinion. Nu am făcut și nu voi face niciodată ceva ca să încurajeze această situație. Nu cred că am făcut-o cu el, mi-aș aduce aminte, nu? le întreabă pe amândouă din priviri. Nu e vina mea.

— Ce importanță mai are a cui vină este? spuse Hope tristă. Căsătoria mea e terminată pentru totdeauna. Omul pe care l-am iubit mai mult ca pe viața mea și pe care îl așteptam, este îndrăgostit de altcineva. Credeam că avem o căsătorie perfectă. De fapt, în toți acești ani eu eram într-o relație de iubire pasională, în timp ce pentru el era doar un mariaj bazat pe minciună. El o părăsise, iar ea îl aștepta de un an, trăind într-o durere constantă. Se obișnuise cumva cu această durere, dar în clipele în care nu muncea sau era singură, aceasta se intensifica, revenea, aruncându-și tenebrele oribile în toate colțurile sufletului ei. Până și Mike observase că ea încă își iubea soțul.

„Poate într-o zi", îi spuse el, „când vei fi pregătită, voi reveni. Soțul tău e încă foarte prezent în viața ta, și nu te condamn, dar eu am suferit destul în viața mea și cred că mi-a venit timpul să fiu și eu fericit. Din păcate nu cred că tu poți să-mi dai ceea ce-mi doresc, deși ești o femeie extraordinară".

Da, atât de extraordinară încât nu încercase mai mult de cinci minute cu ea. Concluzia era că se săturase de perioada de reflecție și vindecare. De fapt, n-avea la ce să mai reflecteze. Barry era îndrăgostit de prietena ei cea mai bună, iar ei nu-i mai rămăsese decât perioada de vindecare, de care se săturase până peste cap. Era o persoană plină de compasiune, dar asta nu însemna că nu era capabilă de cruzime. Venise timpul ca soțul ei să plătească.

— Te implor, iartă-mă, Hope! o rugă Julia. N-aș putea suporta să te pierd. Toți am trecut prin foc și înapoi. Avea lacrimi în ochi și suferea crâncen.

— Călătoria mea n-a fost dus-întors. Sunt tot acolo, Julia! îi spuse ea tristă, dezamăgită și obosită.

Anna își făcu apariția în curtea din spate a casei lui Julia unde erau toate. Înaltă și elegantă, parcă purta întreaga durere pe umerii ei.

— Bună. Ce faceți?

— Doar povesteam cum Julia s-a culcat cu Barry, răspunse repede Hope.

Tânăra brunetă se puse și mai tare pe plâns, Anna rămase mută în picioare, iar Hope o privea pe Tess care nu știa ce să facă.

— Nu acum ar fi momentul să intervii? o certă Hope. Doar asta ți-e meseria, nu? Relațiile interumane! Țipa și nu știa de ce. Tess n-avea nicio vină. Și nici ea nu era vinovată. Aceeași situație și cu Julia. Dacă stătea bine și se gândea, nici măcar Barry nu era vinovat. O poveste debilă, fără personaje negative și în care totul se termina prost. Asta era viața ei: scena unei drame patetice. O poveste din care nimeni nu ieșea fericit sau învingător. Se simțea ca și ca și cum ar fi avut un rât în loc de nas și un inel de aur în el.

Julia plângea cu sughițuri și Hope țipă iar la ea, speriind-o:

— Taci, nu te mai smiorcăi atât! Ai voce de copilaș, dar ești un rechin când vrei ceva. Julia o luă la fugă în casă. Ea nu știa să se certe.

— Țineți minte că de fiecare dată, de ziua Juliei, Barry îi cumpăra cadouri extravagante. Îmi spunea: „lasă, iubito, mă ocup eu, tu ești prea aglomerată săptămâna asta", iar eu îmi ziceam ca o proastă, că sunt norocoasă să am un astfel de soț. El de fapt îi cumpăra hainele acelea scumpe doar pentru că voia s-o vadă goală. În timp ce ei îi oferea cadouri somptuoase, ale mele rareori erau speciale și întotdeauna lipsite de intimitate, simbol al căsătoriei noastre.

— Îmi pare atât de rău, spuse Anna, punându-și mâna pe a ei.

— Și mie, zise Tess, dar ești conștientă că Julia nu e vinovată. Hope o mitralieră din priviri. Și nu, sări Tess, nu sunt de partea ei, dar o cred când spune că nu-și amintește.

— Nu este genul, spuse și Anna. Dă-i o șansă când vei fi pregătită. N-o văd pe Julia prostituata cartierului, oricât cineva ar vrea să mă convingă.

— Nu există persoană mai bună și sinceră ca ea, adăugă Tess, doar știi asta. Cred că este o conjunctură nefericită.

— Această conjunctură nefericită, cum o numești, e viața mea, spuse Hope privind iarba. Dar trebuie să recunosc, nu cred că este vinovată. Nu se poate să-mi pierd în același timp soțul și cea mai bună prietenă. Ca și cum destinul și-ar fi bătut joc de ea, telefonul ei sună și se afișă numărul lui Barry. Se priviră toate trei.

—Hope, se auzi Barry la capătul celălalt când acceptă apelul, trebuie să-ți vorbesc. A știut că aceea era ziua în care căsătoria ei va lua sfârșit oficial. Era furioasă și nu se putea abține. Deschide ușa, sunt în fața casei noastre.

„Casa noastră", gândi ea furioasă simțind cum i se umflă vena de pe frunte.

— Sunt la Julia, vino aici, îi ceru ea dintr-o dată dispusă să-l poată pune într-o situație jenantă.

— Ăăă...

— Mda, i-o tăie ea, după ce termini de făcut asta, poți să vii. Apoi închise.

— Doar n-o să o faci în fața noastră, zise Anna.

— Cu două dintre noi s-a culcat deja, deci treaba cu intimitatea este ratată. Ce-i așa de rău să caut și eu un pic de alinare în răzbunare? E o victorie mică, dar dacă mă face să mă simt mai bine, accept.

Barry își făcu apariția îmbrăcat în costum elegant de serviciu. Arăta bine, iar Hope simți un junghi în inimă.

— Unde e Julia? întrebă el direct.

Cât de insensibil putea fi un om să-i pună femeii cu care era încă însurat această întrebare? Nicio introducere, niciun „bună, ce mai faci?"

— De ce, vrei să o ceri de soție în fața mea? zise Hope cu răutate.

— Nu vorbi așa, îi ceru el blând. Nu ești tu asta.

— Dar cine exact sunt eu, Barry? Spune-mi tu.

— Unde este Julia? întrebă el iarăși, mutându-și greutatea de pe un picior pe altul, frecându-și ceafa.

— Am omorât-o şi aruncat-o în piscină, răspunse Hope enervată că el nu mai avea alte cuvinte în vocabular.
— Nu e vina ei, continuă Barry.
— Dar a cui vină este? A mea? A ta?
— De ce trebuie neapărat să fie cineva vinovat? M-am îndrăgostit de ea cu ani in urmă, spuse el nefericit, împrăştiind tristeţea în jurul lui. La început am crezut că e un moft, apoi, o obsesie. M-am zbătut luni întregi între negaţie, vinovăţie şi suferinţă. Lunile s-au transformat în ani şi, în final, am decis să mă izolez.
— De câţi ani, Barry, o iubeşti aşa devotat? 1 an? 3? 7? Vrei să-mi spui că în tot acest timp, în care eu te adoram şi te credeam soţul ideal, tu visai la prietena mea? Cu mine cum rămâne?
Julia veni încet pe terasă şi o luă pe Hope în braţe, plângând. Când Barry dădu cu ochii de ea, privirea i se umplu de tandreţe, iar pe Hope o şocă. Niciodată pe ea nu o privise aşa.
— Îmi pare atât de rău că-ţi provoc nefericire, plângea Julia.
— Hope, spuse el, te rog nu o pedepsi pe ea. N-aş putea s o ştiu nefericită. Şi ca să-ţi arăt cat de mult te iubesc, i se adresă el Juliei, mă voi retrage, acesta fiind lucrul cel mai dificil pe care a trebuit să-l fac vreodată în viaţa mea. Ştiu cât înseamnă pentru tine prietenia ta cu Hope, ştiu că ai suferit enorm dacă nu v-aţi mai vorbi, aşa că te voi lăsa în pace. Nu-mi doresc decât să fii fericită, Julia. Regret tot răul pe care ţi l-am făcut. Şi ţie la fel, i se adresă el lui Hope. Era a doua pe listă. Şi se pare că aşa era de ani de zile. 1? 3? 7? Venise să îngroape securea odată pentru totdeauna şi pentru asta trebuia să i-o scoată ei din spate. Regret, Hope, ce ţi-am făcut, dar crede-mă, am încercat...

Ea îi privi tristă faţa aceea, pe care o iubise sincer, mâinile frumoase şi puternice ce-o ridicaseră de atâtea ori în sus, mâini care-i oferiseră plăceri şi care construiseră o viaţă împreună. Viaţa lor. Peste noapte destinul i se schimbase pentru totdeauna, iar acum venise momentul care o obliga să accepte sacrificiul şi să-l lase pe cel pe care-l iubise să plece. „Poate în final despărţirea lor avea să fie o afacere extraordinară", îşi zise ea cu amărăciune. „Parcă aşa spuseseră şi despre Titanic, înainte să se scufunde", gândi ea, rugându-se să nu se scufunde la fel ca acel vapor.

Capitolul 5

Moartea Oliviei, colega de liceu a Isabellei și Tinei, făcuse mare vâlvă. Fata fusese găsită cu craniul spart, în parcarea unui restaurant chinezesc. Se spunea că fusese atacată pe la 1:00 dimineața și că-i furaseră ceasul, cerceii cu diamante și banii pe care îi avea. Cotrobăiseră în mașină și toate actele sau lucrurile fără de valoare erau împrăștiate pe jos. Părinții fetei tocmai divorțaseră și trăiseră ultimii doi ani în coșmar.

Înmormântarea fusese fastuoasă, erau flori mari albe peste tot, pe ea o îmbrăcaseră în rochie de mireasă, iar corul Bisericii cânta Amazing Grace și Ave Maria. Colegii din clasa ei, precum și nenumărați profesori stăteau aliniați în spatele familiei. Toți erau triști sau sub șoc. Olivia nu fusese o elevă eminentă, dar fusese o fată sufletistă și prietenoasă. Odată cu divorțul părinților ei, viața i-a scăpat din mâini.

Părinții ei erau devastați, iar acum când își îngropau unica fată, nici măcar nu se băgau în seamă. Oare cum o dragoste mare se putea termina așa? Tess, care venise împreună cu Isabelle și cu Tina, se întreba ce anume putea să se întâmple într-un cuplu, încât să ajungă să nu se mai suporte în aceeași încăpere?

Când s-au dus acasă la familia Oliviei, toți vecinii aduseseră câte ceva de mâncare. Tess s-a dus până în bucătărie și, fără să vrea, auzi cearta soților Douglas.

— N-ai alte farfurii? îl întrebă ea cu reproș pe fostul ei bărbat. Pomana se petrecea în casa pe care el o închiriase cu câteva luni înainte.

— Nu. Le-ai luat tu pe toate. La fel ca și lenjeriile, tacâmurile... și casa!

— Te-ai culcat cu psiholoaga, care cu o săptămână înainte mă sfătuise să fac totul pentru a fi fericită!

— Măcar o dată în viața ta comportă-te normal, chiar dacă pentru asta e nevoie să îngurgitezi mai mult alcool ca de obicei sau să iei una dintre pilulele tale bleu, șuieră el cu dispreț.

— Adică sunt alcoolică? De asta m-ai părăsit? Sau poate că asta este ce știi tu să faci cel mai bine? Să pleci.

— Nu. Să disting răul de bine, asta este ce știu să fac cel mai bine. Iar tu ești răul.

Tess se mișcă, iar ei o priviră surprinși.

– Îmi pare rău că am auzit asta, n-a fost intenția mea, se scuză ea. Dacă îmi pot permite, v-aș da un sfat. Ei se uitară la ea în tăcere, așteptând fără niciun interes. Faceți pace astăzi. Oliviei i-ar fi plăcut să vă vadă așa.

– Nici nu știu cum pot să mai stau cu el în încăpere, spuse doamna Douglas cu scârbă pe față. Apoi întorcându-se spre el: cel mai mult am urât la tine faptul că ai vrut să știi lucruri care nu te priveau și pe care ulterior le împărtășeai unor persoane pe care le privea încă și mai puțin.

– Vorbești despre blenoragia ta? Ea îl privi șocată. Ești o proastă! Fata ta era băgată într-un grup bizar, iar eu am avertizat poliția, singurii pe care-i privea. Dacă ți-ai fi făcut datoria și ai fi procedat la fel, poate azi nu era moartă. Dar se pare că ai fost mult prea ocupată cu viața ta sexuală.

– Ce vrei să spui? întrebă mama Oliviei șocată.

– Că a fost ucisă de cineva din gașca ei secretă. Femeia se prăbuși pe scaun disperată. Cum ea nu era la curent cu toate acestea? Dacă nu te-ai fi înecat în alcool poate ai fi văzut mai bine ce se întâmpla în jurul tău, veni răspunsul la întrebare ei silențioasă.

Deci era vina ei.

– Ce ușor ți-e ție, escroc nenorocit, să-mi pui totul în cârcă. Ai plecat cu târfa ta spre o nouă viață, iar acum mă învinuiești pe mine și de păcatul original. Du-te dracului, Dave Douglas! Toate astea sunt numai din vina ta.

– Da. Spune asta cât de des poți și o să ajungi să crezi în final, dar nu asta o va aduce pe Olivia înapoi.

Tess se retrase încet. Nu mai era nimic de făcut acolo. Tristețea cuplului se transforma în ură. Vinovăția, inocența, viața și moartea, lumină și întuneric, toate aceste lucruri mărunte sau mai puțin mărunte, formau o existență. Viața, cadoul cel mai de preț, de care deseori nu mai ținem cont. Credem că se pot întâmpla nenorociri doar altor persoane, ș-apoi într-o zi, realizăm că am pierdut totul și că nu ne-am bătut de ajuns să păstrăm ceea ce avem. Acel ceva pe care îl consideram inutil sau enervant. După o viață împreună trecem de la „o mică pauză" la „nu vorbim" și apoi la o ură profundă.

Cum e posibil ca o persoană care-ți cunoaște toate visele și amintirile, care e mândră să fie cu tine, ajunge să te urască?

Tess regreta situația familiei Douglas și se întreba dacă Dave avusese dreptate. Era oare posibil ca Olivia să fi fost într-adevăr ucisă?

*

Isabelle și Tina ieșiră de la cinema.
– De ce a trebuit să-l omoare în film? întrebă Isabelle.
– Pentru că altfel am fi murit noi de plictiseală.
– Nu-i adevărat, a fost un film bun. Ți-am spus, vreau să te scot mai des în lume, să-ți prezint prieteni și să o prezint pe noua Tina.
– Asta numești tu socializare? Să stau într-o cameră pe întuneric cu o grămadă de persoane necunoscute?
– Să zicem că este un început, zâmbi Isabelle. Spune-mi ce vrei tu să facem și aia vom face, îi propuse prietenei ei, iar aceasta sugeră că ar dori doar să se plimbe. În acea seară Tina îi mărturisi prietenei ei cele mai sumbre secrete. Casa copilăriei ei în care fusese bătută, violată și batjocorită. Locul unde își ucise cu sânge rece tatăl. Ultimele lui cuvinte au fost: „când o să termin cu tine tot ce o să-ți mai rămână va fi proverbiala dorință de a nu te fi născut niciodată!" Avea 11 ani, dar știa că o asemenea frază nu poate fi spusă de un părinte iubitor sau bun. Când el veni spre ea, era deja pregătită. Nu se născuse pregătită, dar devenise. Dintr-o mișcare sigură, luă ciocanul de bătut șnițele și i-l înfipse direct în frunte. Ștersese amprentele, apoi plecă la mătușa ei, care locuia la două case distanță. Emily era singura ființă de pe lume care îi dăduse afecțiune. Era sora mamei ei și, chiar dacă nu făcuse mare lucru pentru ea, făcuse mai mult decât ceilalți. Chemase poliția de mai multe ori și le spusese că Tina nu era în siguranță. Părinții ei îi interziseră fetei să mai meargă la ea, dar Tina nu-i asculta și o făcea de câte ori putea. Când a rămas orfană, Tina a sperat că Emily o va lua la ea, însă aceasta nu putea pentru că era foarte bolnavă. La doi ani după aceea femeia s-a stins luând cu ea speranța unei zile mai bune.

*

Anna stătea la patul lui John și se gândea. Viața se putea schimba de la o secundă la alta. Știm cu toții asta, dar nu realizăm până nu se întâmplă. Persoanele dragi pot să moară sau să plece, să te abandoneze sau să te înșele. Lucrurile se schimbă în permanență și când nu merge, trebuie să strângi din dinți, să spui o rugăciune și să mai încerci o dată.

Starea lui John nu se îmbunătățea, spuseseră că fusese un mic infarct, dar ei i se părea ceva enorm. Îi era dor de el și frică să nu-l piardă de tot. Văzuse la televizor sau auzise în jurul ei atâția oameni care mureau de inimă sau cancer și de fiecare dată o afectase, însă când asta se întâmpla cuiva drag, lucrurile se schimbau.

Annei îi era greu și stresul venea din toate părțile: acel Tom care o urmărea, probleme la cafenea și faptul că John era bolnav. Cu câteva ore înainte să ajungă la spital, un polițist bătuse la ușa ei să-i pună întrebări despre colega Tinei care fusese omorâtă – toți cei care o cunoșteau pe Olivia erau cercetați. Sergentul, unul din prietenii familiei Washington, o informă printre altele de moartea tatălui Tinei.

– Ea a făcut-o, Anna, zise acesta dându-i lovitura de grație. O plăcea pe Anna și părea rău pentru ea, dar considera că este de datoria lui s-o informeze în legătură cu fata adoptată. S-a pledat pentru nebunia temporară, pierderea capacității de gândire din cauza maltratărilor prin care copila trecuse, mai spuse el. Tina nu a fost pedepsită, văzuse prea mult partea urâtă a vieții. Mult prea repede. La 12 ani știa deja că oamenii pot să se îmbolnăvească și să moară, pot să fie călcați de mașină sau violați. A fost internată într-un centru psihiatric și au ajuns la concluzia că, într-o familie iubitoare, fata ar putea avea într-o zi o viață normală, a închis el

Anna nu dorea decât asta, ca totul să intre în normal: fiica ei să nu mai scrie sau să deseneze povești de groază, niciun domn din lumea asta s-o mai urmărească vreodată, și soțul ei iubit să iasă cu bine din spital. Așezată la capul lui, îl privi tandru și ca și cum i-ar fi simțit prezența, John gemu încet, iar ea îl prinse de mână, sperând să deschidă ochii. O făcea din când în când, dar nu rămânea mult treaz. O privi obosit și ea îi zâmbi.

— Bună, îl salută ea drăgăstos, iar el îi zâmbi slab. Cum te simți?

— Ca și cum m-ar fi lovit un autobuz sau aș fi avut un infarct. Tu cum ești, Anna?

— Bine, minți ea. Am avut câteva probleme cu marfa la cafenea, dar le-am rezolvat rapid. Greg e un manager perfect. John zâmbi și aprobă din cap. Îl angajase cu doi ani în urmă și avea doar 23 de ani, dar era responsabil și inteligent.

— Acasă totul este în ordine? întrebă el, gândindu-se la Tina.

— Da, minți ea în continuare. „Ajungem repede nicăieri", își spuse în cap.

— Te cunosc mai bine de atât, zise el obosit, dar cu nespusă dragoste în ochi, aducându-și perfect aminte de ziua în care o cunoscuse.

O iubise pe Anna din prima clipă în care-o văzuse intrând la el, în cafeneaua ce se afla peste drum de facultatea ei. Era înaltă, subțire, cu părul blond, drept, până la umeri, cu ochii căprui, mari și frumoși. Avea obiceiul să-și umezească mereu buzele roșii natural și râdea fericită, fiind în mijlocul unui grup de fete. Îmbrăcată în jeanși albaștri, cu tricou și teniși albi, arăta sportivă și sexy. Deși era politicoasă cu toată lumea, nici nu îl băgă în seamă când îi comandă un cappuccino și un suc de coacăze, iar el nu îndrăzni să spună nimic. John era amuzant, inteligent și plăcut, dar cu ea nu reușea să scoată un cuvânt. Venea zilnic la cafenea, dar era mereu înconjurată de prietene sau admiratori. Când, în sfârșit, într-o zi își făcu apariția singură, el se hotărî să-i vorbească.

— Cappuccino și suc de coacăze? o întrebă, iar ea îl privi de parcă atunci l-ar fi văzut pentru prima oară.

— Nu. Dă-mi un Irish coffee, te rog.

El se pierdu total, vărsă whisky pe pantofi, scăpă zahărul lichid pe caietul ei și, în final, când îi întinse ceașca, îi ceru 50 de dolari. În mod cert, îngerii hotărâseră să-și bată joc de el.

— Vine la pachet cu vreunul din rinichii tăi? întrebă ea zeflemitor, lucru care nu o caracteriza, dar avusese o zi proastă și, în plus, se săturase să mai fie în cuplu cu un dobitoc. Avea o grămadă de admiratori, dar niciunul nu o interesa și dacă la 12 ani nu ar fi fost violată de prietenul tatălui ei, poate că la cei 21 de ani ar fi avut și ea o relație normală.

– Scuze, se fâstâci John, am vrut să spun 7 dolari. Ea îl privi cu atenție. Înalt, șaten cu păr zbârlit, chip frumos și timid. De fapt nu trebuie să-l plătești, spuse el neîndrăznind să o privească în ochi, și se ura pentru asta. Lui nu-i plăceau oamenii ascunși care nu erau capabili să privească direct în ochii cuiva. Și el nu era așa, dar în prezența ei devenea un debil profund. Se hotărî să o invite undeva. Ce putea pierde? Cum ar fi să ieșim împreună? întrebă el, luându-și inima-n dinți.

– De ce? îl întrebă și el roși jenat. Anna îl privi mai atent. Îmi cer scuze, spuse ea, de obicei nu sunt atât de nepoliticoasă. El zâmbi timid.

– Iar eu atât de tăntălău. Ea continua să-l privească în timp ce luă o gură de cafea.

– Uau, e doar whisky aici.

– Îți fac alta, spuse repede.

– Nu, lasă. Oricum am o oră la dispoziție, o să-mi treacă beția. Râsete. Gheața se sparse și parcă debilul din el își luase tălpășița. Ea se puse la o masă, nu departe de tejgheaua lui și-l întrebă: ai un minut?

– Nu, dar ce dracu, spuse el aruncând prosopul din mână, ducând-se la masa ei.

– Lucrezi aici de mult?

– De câțiva ani. Nu-i spuse că era cafeneaua lui. În ce an ești? o întreabă.

– În anul trei, spuse ea sorbind din whisky-ul cald. Mmm, îmi face bine.

– Zi grea? Ea dădu din cap că da. Ești la jurnalism, nu-i așa?

– De unde știi?

– Știu că-ți place culoarea roșie, că prietenii te adoră, ești bună, amabilă și ambițioasă. Câteodată obraznică. Locuiești în campus cu o fată Dora care râde foarte puțin și mănâncă foarte mult. Exact opusul tău." Ea îl privi cu ochii mijiți:

– Trebuie să mă îngrijorez? întrebă relaxată, și pentru prima oară el râse.. Nu avea față de psihopat, gândi ea. Știi foarte multe despre mine, iar eu, nimic.

– Mă cheamă John și vreau să mă însor. Dacă se poate, cu tine. Să fac 2-3 copii și din când în când câte o colonoscopie. Sunt bogat și puternic pe dinăuntru, nu am vicii, sunt politicos, sănătos și, când nu sunt în jurul tău, sunt și amuzant. Nu dau doi bani pe ce spun republicanii sau pe chestia aia de ieri cu evreii din campus, și vreau să te muți cu mine. Ea râse. Într-adevăr era amuzant.

După două luni se mută la el și, după un an, era căsătorită.

*

John o privea acum din patul de spital și își spuse că, după aproape 19 ani, Anna era neschimbată. N-avea riduri deloc și arăta ca o fetișcană la cei 39 de ani ai ei. Făcea yoga, Pilates și kickboxing de patru ori pe săptămână.

– Deci ce-mi ascunzi? întrebă John. Tina îți face mizerii?

Anna lăsă ochii în pământ oarecum jenată.

– O iubesc, dar nu întotdeauna o plac. Putem găti sau grădinări împreună, dar orice interacțiune umană, în afara oalelor sau a buruienilor, nu există.

– A văzut prea multă durere pentru prea mult timp, spuse John istovit.

– Oh, ce dulce ești că-i iei apărarea. Ai dreptate, nu știu ce m-a apucat.

– De fapt încercam să spun că nu cred că își va mai reveni vreodată.

– Mă doare inima când vorbești așa, John. E o fată atât de deșteaptă.

– Și atât de nebună.

– E bizară, dar inofensivă. El o privi cu dragoste.

– În lumea ta, iubito, toți sunt inofensivi.

Ea se cuibări la pieptul lui și îi spuse că îi este dor de el.

– Abia aștept să vii acasă. Nu-mi place deloc fără tine acolo.

El o mângâie pe cap. O protejase din totdeauna și n-avea de gând să abandoneze acum. Anna îi povesti apoi ce se întâmplase cu Julia și Hope, iar John închise televizorul. Cu asemenea vești cine mai avea nevoie de televizor?

– Și am făcut infarct înainte să aud asta? Biata Julia trebuie să fie devastată.

– Sunt amândouă.

– Hope e mai tare decât ea, zise John, dar trebuie să recunosc că este jenant pentru biata Hope, zise John. A avut și ea o viață grea de mică. A fost târâtă prin orfelinate după şocul morţii părinţilor ei, apoi divorţul familiei adoptive, de care se ataşase, cancerul lui April, moartea surorii ei. Singura ei stabilitate era Barry, care de pe-o zi pe alta a lăsat-o cu ochii-n soare.

— Ea spera că e ceva pasager şi că se vor împăca. Ce şoc ieri, când Barry şi-a declarat deschis flama în faţa noastră. Despărţirea lor a devenit oficială, definitivă şi nici măcar nu-l poate urî. N-a înşelat-o cu Jade, aşa cum credea ea. A plecat de unul singur pentru că nu considera corect să rămână în acea căsnicie cât timp era îndrăgostit de o alta. Evident că Hope o trăieşte ca pe-o trădare. În toţi aceşti ani în care ea îl iubea şi îi era devotată, el iubea o altă femeie.

*

Hope stătea pe fotoliul din faţa geamului privind pe stradă. Nu vedea nimic din cauza lacrimilor. Furia îi trecuse, dar rămăsese durerea, ceea ce era mai rău. Ar fi preferat să-l poată urî, dar nu putea. Barry se îndrăgostise de prietena ei, se străduise să n-o iubească, dar din păcate nu reuşise. Hope se duse la etaj în dormitorul alb cu galben şi se aruncă pe pat sperând se depăşească acea oribilă senzaţie de abandon şi trădare. Apoi făcu marea greşeală să închidă ochii şi-i văzu pe amândoi goi, frumoşi şi îndrăgostiţi. Imaginaţia putea fi mult mai cumplită ca realitatea.

Când auzi soneria de la uşă, îşi şterse repede ochii, şi-şi aranjă părul, apoi îi deschise lui Larry care, văzând-o cu ochii mânjiţi de mascara şi părul ciufulit, o întrebă pe un ton blând ce are. Ea îşi netezi rochiţa scurtă de casă şi îşi privi picioarele goale.

— Te-ai bătut cu ursul? o întrebă el drăgăstos, luând-o de mână şi trăgând-o după el în sufragerie.

— Mai rău.

— Oh, deci Barry a trecut pe-aici.

— De unde ştii? îl întrebă ea slab.

— Ce poate fi mai rău ca o bătaie cu ursul, dacă nu războiul psihologic cu fostul soţ?

— Nu suntem încă divorţaţi, şopti ea. Nu era încă pregătită sufleteşte să accepte adevărul, chiar dacă se pare că ultimii lor ani de căsătorie fuseseră o fraudă. Eram atât de sigură că uniunea noastră va dura o viață. Pentru mine căsătoria este o promisiune care vine din suflet, în timp ce pentru el nu este decât prima cauza divorțului.

Larry o privi blând, fără să-i dea drumul la mână și spuse calm:

– Căsătoria e un pariu bazat pe legea probabilității și are la bază frica. Mai mult sau mai puțin, viața noastră depinde de asta și câteodată ne întrebăm, dacă, nu cumva, temelia existenței noastre este fondată din păcate pe momente disperate.

– Ne jelim trecutul care e dus pentru totdeauna, nu-i așa?

– Da, răspunse el. Nu e simplu să întorci pagina, dar te asigur, într-o zi va fi mai bine.

– Îți este ție?

El făcu o pauză mică, apoi răspunse trist:

– Nu mai bine. Doar mai ușor. Se spune că păcatele vechi au nevoie de timp mult ca să moară. Tot așa și cu o dragoste adevărată. Barry măcar e în viață, în definitiv poți să-l vezi când vrei. E doar un divorț.

– Watergate a fost doar un hotel. El o pupă pe cap și ea continuă: n-a fost alegerea mea să întorc pagina, dar nici nu pot să forțezi un om, care e îndrăgostit de prietena mea, să stea legat de mine. Și nici nu îl condamn, continuă ea tristă. Și eu m-aș îndrăgosti de Julia, dacă aș fi bărbat... sau lesbiană. E dulce, bună, frumoasă și disperată, calități pe care mulți bărbați le apreciază.

– Nu mi-o pot imagina în postură de amantă nicicum, zâmbi Larry. De fapt nu mi-o pot imagina decât cu o acadea în gură și cu codițe.

– Pe unii bărbații asta i-ar excita, râse ea amar. De fapt, nu este amanta lui. S-au îmbătat odată și el i-ar fi dat de înțeles că au făcut dragoste, dar Julia nu-și aduce aminte. Iar eu nu cunosc nimic în plus din ce mi-a spus Julia. Ce situație tâmpită, mai zise ea gânditoare. Dacă mă întrebi pe mine, poeții n-au întotdeauna dreptate. Dragostea nu învinge totul. Se juca cu franjurile de la pernița de pe canapea. Și nici măcar nu pot să-l urăsc pe ticălos. Mi-ar fi fost mai ușor dacă ar fi fost într-o relație cu cineva ca Jade. Larry o privi, așteptând. Prea mult penis în discuțiile ei, explică Hope, nu pot să admir sau să-mi fie ciudă pe asemenea persoană.

— Dar pe Julia ți-e ciudă? Ea se gândi o secundă, lăsa capul în jos și-l mișcă de la stânga la dreapta, iar el o mângâie pe mână. Și știi de ce, Hope? Pentru că ești o femeie bună și generoasă.

— Păcat că Barry nu mă poate vedea cu ochii tăi.

— Dă-l naibii de Barry. Habar n-are ce a pierdut. La 50 de ani o să fie singur și chel, bând cafea Kopi Luwak prin cine știe ce colț al lumii. Ea îl privi și el râse. Îți imaginezi, continuă el, o cafea recoltată din excrementele unei civette asiatice, care digeră prost sau deloc. Și toată lumea bogată plătește o căruță de bani ca să bea ceva în timp ce în Africa copiii mor de sete și de foame. 1000 $ kilogramul pentru o cafea ieșită din fundul unui mamifer carnivor hermafrodit, al cărui suc gastric este compus din enzime miraculoase.

Hope râdea. Larry avea un umor plăcut, era sensibil, atent și un bun psiholog. O înțelegea pe Dé că se îndrăgostise nebunește de el.

— Ce-ai zice ca weekendul ăsta să mergem cu Kim în Hampton? o întrebă el.

— La trei mii km de aici? Acel Hampton?

— Da. Trei ore de zbor. Am o căsuță pe plajă și cred că ne-ar face bine tuturor să plecăm puțin din Los Angeles.

Hope se gândi puțin. N-o reținea nimic în oraș, își putea termina treburile de la gazetă înainte să plece și putea foarte bine să-și scrie articolele în Hampton.

— Da, spuse ea, cred ca o să ne facă bine.

*

— În Hampton, cu Larry? întrebară Tess și Anna în același timp.

— Și cu Kim. Am venit să vă cer o valiză și săriți în sus de trei metri.

— De obicei valiza servește pentru haine, ori pentru ce mergi tu, n-ai nevoie de haine, spuse Tess serioasă. Prietenele ei râdeau cu gura până la urechi.

— Va fi o excursie în care vom încerca să ne relaxăm. Toți avem nevoie. Un weekend în care vom încerca acceptarea, iertarea și...

— Sexul, îi termină Tess fraza. Încearcă s-o faci în apă, este foarte senzual.
— Chiar dacă aş vrea, spuse Hope apăsat, ceea ce nu este cazul, apa este foarte rece.
— Îţi iei la revedere de la Julia? întrebă Anna.
— Nu sunt încă pregătită să o văd, recunoscu Hope. Ştii ce se spune: „dragostea este o locuinţă pe care picioarele noastre o pot părăsi, dar nu şi inimile". În cazul meu, chiar dacă nu mai împart aceeaşi locuinţă cu Barry, sufletul meu încă este legat de al lui, şi de aceea probabil îmi este greu să fiu deocamdată în prezenţa Juliei. Dar sunt din ce în ce mai pregătită să accept că nu este vinovată. Ştiu că se simte culpabilă, dar va trebui să aibă răbdare până când mă voi simţi eu mai puţin proastă, insignifiantă şi naivă.

Tess o privi o secundă, apoi spuse:
— Nu subestima puterea vinovăţiei. Ea împinge oamenii să facă lucruri incredibile şi de cele mai multe ori, nu favorabile.
— Se pare că incredibilul l-a făcut deja şi fără să se simtă vinovată, nu-i aşa?

Anna o privi oarecum cu reproş şi lui Hope nu-i scapă.
— Nu ştim care este adevărul. Eu nu cred că Julia s-a culcat cu el. Iar dacă într-adevăr a făcut-o înseamnă că era foarte beată.
— Cum ai fi reacţionat tu dacă s-ar fi culcat cu John? Beată.

Anna se gândi o clipă apoi scoase un Ăăă...
— Exact, i-o tăie Hope. Mai fă aşa trei zile şi o să ajungi exact unde sunt eu acum. E mult mai uşor să iertăm când lucrurile rele nu ni se întâmplă nouă.
— Ai dreptate, zise Tess, dar Julia este prietena noastră şi ştim că nu e capabilă să facă rău nici unei muşte. Se simte oribil. Mi-e frică să nu facă vreo prostie. Ştii, culpabilitatea nu e un sentiment pe care poţi să-l ignori.
— La fel şi trădarea, nu se lasă Hope.

Auziră un zgomot şi când întoarseră capul, o văzură pe Julia care stătea în pragul uşii de la terasa lui Tess.
— Te implor nu mai fii supărată pe mine, Hope. Ştii bine că sunt o persoană corectă.
— Dacă ai fi corectă n-ai sta aici în faţa mea şi ţi-ai cere scuze, nu-i aşa?

Julia făcu stânga împrejur și o la fugă ca un copil. Apoi căzu. Făcea des și asta. Anna și Tess se duseră s-o ridice. Avea sânge la genunchi și puțin la cap, iar acum plângea și din cauza loviturilor. Hope trecu pe lângă ele fără măcar să privească. Tess o prinse de mână și o forță să se așeze pe fotoliul.

– Nu pleci nicăieri!
– Ba da. Îl voi ruga pe Larry s-o ia Kim la el și să mă lase un timp să stau la casa din Hampton. Am nevoie să mă regăsesc. Anna se ridică după ce o ajută pe Julia să se instaleze pe canapea și veni și ea lângă Hope.

– Ții minte acum doi ani când plecam des la cure de slăbit sau în pelerinaj? De fapt plecam să mă „regăsesc", așa cum vrei și tu. Și după șase luni de izolare, știi ce-am înțeles? Că mi-e dor de oameni. De voi, de prietenele mele și de viața pe care o am aici cu voi. Nu-ți irosi timpul ca s-ajungi la această concluzie. Julia o privi cu drag pe Hope.

– Știu că este o situație oribilă, dar s-ar putea să fie cel mai bun lucru ce ți s-a întâmplat vreodată, Hope.

– Cum posibilitatea că te-ai culcat cu soțul meu va putea fi vreodată ceva bun? Din două lucruri rele, nu poate să iasă nimic bun.

– Poate că weekendul la Hampton cu Larry va fi cel mai bun lucru din viața ta. Întodeauna am crezut că voi doi sunteți făcuți unul pentru altul.

– Vorbești tâmpenii, i-o tăie Hope agasată. Și apoi ce siguranță o să am că n-o să vină un alt uragan pe tocuri ca tine și-o să mi-l sufle?

– N-am suflat nimic, abia șopti Julia cu disperare în ochii frumoși ca de căprioară.

– Tu cu vulnerabilitatea ta și vocea de copil, ești de fapt un monstru rău.

Julia se ridică în picioare și-și privi prietena tristă:

– Tu nu uiți nimic, iar eu nu-mi amintesc niciun rahat! Chiar crezi că este posibil să faci dragoste cu cineva și să nu-ți amintești? Indiferent cât de beat ești, tot îți amintești ceva. Tu ești prietena mea și mă cunoști, de ce n-ai puțină încredere în mine? Nu ești sigură de nimic, dar mă condamni. Își luă sandaua cu tocul rupt și plecă șchiopătând.

Tess o prinse din urmă:

– Mai stai puțin. Nu pleca supărată și fără să-ți iei la revedere.

– De ce? Ea nici „bună ziua" nu-mi mai poate spune. Sunt foarte supărată pe tine că nu mă crezi, i se adresă ea iarăși lui Hope. Apoi, privindu-le pe toate trei le spuse că va merge cu familia ei la New York. Își luă la revedere de la ele și plecă.

Cele trei prietene rămaseră împreună și Anna le spuse că i-ar prinde și ei bine o vacanță, dar nu putea să-l lase pe John. Îi era greu cu el în spital și Tina pusă toată ziua pe ceartă. Ed pleca și el într-o croazieră, iar pe Tina o înscrisese o săptămână la Columbia să ia cursuri de jurnalistică. Dacă John n-ar fi fost bolnav, ar fi plecat și ea la New York.

– Plecați toate și mă abandonați aici cu o adolescentă nebună și un soț veșnic absent, se plânse Tess. Nici nu știu ce să răspund când lumea mă întreabă dacă sunt căsătorită sau singură. Aș vrea să le spun, „amândouă", dar nu vreau să-mi plângă nimeni de milă. Nici nu sunt sigură că mai locuiește aici. Sunt psihoterapeut și ajut lumea să se regăsească, să-și caute dragostea, identitatea sau orice altceva ce le este lipsă în viață. În schimb, eu nu fac nimic pentru mine. Simt de ceva timp că ceva nu e în regulă și conștiința îmi spune să acționez. Îmi spune asta de aproape un an de fapt, dar atât „i-am închis gura" conștiinței, încât nu mai sunt sigură că mai am una. Întotdeauna am fost mai abilă în relația altora decât în a mea.

– Dacă ești nefericită, spuse Anna, ar trebui să faci ceva.

– Voi angaja un detectiv privat. Unul în San Francisco. Și am să-i spun de la început să nu mă obosească cu detaliile pe care le știe toată lumea. Vreau să-i cunosc cele mai sordide secrete. Pentru că sunt sigură că are o grămadă.

Tina și Isabella își făcură apariția, fiind parcă surprinse să le vadă pe toate trei acolo.

– Bună fetelor, le salută Anna cu un zâmbet chinuit, ce faceți?

– Chiar te interesează? răspunse obraznic Tina. Era îmbrăcată în blugi rupți, cu un maieu din care i se vedea tot sutienul și la ochi avea mult prea mult negru.

– Da, mă interesează, schimbă Anna tonul, sătulă să tot calce pe becuri cu ea. Și aș vrea să știu unde ai dormit azi noapte? La patru dimineața când am văzut că nu ești in camera ta, am vrut să chem poliția. Data viitoare o voi face.

– Am dormit la Isabelle, doar te-am avertizat ieri.

– Nu, nu m-ai avertizat.

– Of, așa tânără și senilă deja...

Isabelle zâmbi, apoi tinerele părăsiră încăperea și urcară la etaj.

– Ești la curent c-a dormit la tine? o întrebă Anna pe Tess.

– Dacă a venit, a venit după 10:00 seara, lucru care îmi spune că va trebui să fiu mai vigilentă. Oricine poate să vină noaptea la ea, spuse Tess gânditoare. Seamănă cu Ron, continuă ea cu o urmă de amărăciune în glas. E greu de descifrat, e isteață și afurisită. Cel puțin cu Tina știi la ce să te aștepți.

– Mda, și pentru aia va trebui să-mi închid ușa de la dormitor cu cheie, zise Anna tristă. Singurul semn al ei de afecțiune este intimidarea.

*

La etaj, cele două fete se aruncară pe fotoliile din pânză albă cu carouri verzi. Isabelle era îmbrăcată în pantaloni albi clasici, o bluziță simplă din mătase cu culori pastel, sandale plate cu barete subțiri și o buclă cu pietre. Părul îi era prins într-un coc puțin dezordonat și câteva șuvițe îi încadrau fața de înger.

– Ce făceai cu cei din gașca Oliviei? o întrebă Tina.

– Ca de obicei, ți s-a părut.

– Te-am văzut vorbind cu Zack.

– A, da. Pot să-ți explic asta.

– Da, întotdeauna o faci, spuse Tina abia auzit, iar Isabelle o scană rapid, reproșându-i că nu are încredere în ea. Cum ar fi putut să-și construiască încrederea pe secrete? gândi Tina, care nu mai știa ce să creadă. Isabelle avea o grămadă de prieteni și toată lumea o adora, dar Tina știa că în spatele măștii se ascundea o adolescentă plină de secrete. Isabelle avusese o copilărie normală, doi părinți care probabil odată s-au iubit și o viață în lux. Tina privi camera luminoasă albă, cu pat mare din fier forjat alb. Într-un colț avea o comodă cu oglindă ovală în două culori pastel, roz cu mov, o bibliotecă din lemn alb, brodat pe margini, un televizor ultimul model și un dressing de invidiat. Tina se ridică și se duse să-i admire biblioteca. Luă „Divina comedie" a lui Dante și o răsfoi, spunându-i prietenei ei că-i plăcuse cartea. Isabelle recunoscu scurt că ea nu o citise.

– Descrie coborârea lui Dante în infern, trecerea prin purgatoriu și ascensiunea în Paradis, pentru a termina cu apoteoza unirii lui cu Divinitatea. Isabelle era impresionată și îi spuse că este foarte deșteaptă, iar Tina îi mulțumi modestă, zâmbindu-i. Părea chiar drăguță când o făcea. Lupta dintre cele două părți ale identității noastre, cine suntem cu adevărat, sau cine pretindem că suntem, nu e întotdeauna ușoară, continuă Tina. O poveste poate avea două versiuni, o persoană două fețe: una pe care o arătăm lumii și alta pe care o ținem ascunsă.

– Ar trebui să te faci scriitoare, sugeră Isabelle impresionată.

– Am scris deja o carte, răspunse Tina modest și prietenei ei iar i se păru că vede o frumusețe ascunsă.

– Am o idee. Ce-ar fi să mă lași să-ți fac un nou look. Felul în care te îmbraci și te machiezi îți ascunde frumusețea.

Când mai târziu cele două tinere coborâră în sufragerie, Hope, Tess și Anna scoaseră un „ooo" admirativ la unison. Tina avea părul roșcat– de obicei dezordonat– întins, ochii căprui erau machiați doar cu puțină mascara și pudră aurie, iar buzele îi erau date cu ruj roz pal lucios. Isabelle îi dăduse o rochiță albă vaporoasă cu ancore mici negre prinsă în două bretele subțiri și lungă până la jumătatea pulpelor, iar în picioare avea balerini bej. Tina zâmbi fericită și, pentru prima oară în viața ei, se simți frumoasă și admirată. Chiar era. Făcu o piruetă și își privi mama.

– Draga mea, spuse Anna venind încet spre ea, ești atât de frumoasă.

Tina zâmbi fericită și o îmbrățișă.

– Mulțumesc, mama. Îmi cer scuze c-am fost oribilă cu tine, cu voi toți, spuse ea privindu-le pe toate pe rând. Voi face totul ca să te ajut, știu cât îți este de greu că John e în spital. Vreau să știi că te poți baza pe mine.

Anna își privea printre lacrimi de fericire prietenele și apoi se uită la Isabelle. Mimă un mulțumesc, iar ochii ei exprimau o recunoștință infinită. Isabelle își luă prietena de mână și le spuse:

– Mergem să ne plimbăm puțin. Vreau s-o arăt lumii pe noua Tina, iar cele trei prietene dădeau fericite din cap. Bravo, spuse

Isabelle când ieșiră din casă. O schimbare spectaculoasă. Dacă știam că o rochie îți poate schimba atitudinea, o făceam demult, glumi ea.

Gândindu-se la ce-i spunea Isabelle, Tina își zise că va face tot posibilul să fie mai bună. Știa că cei ce uită trecutul sunt condamnați să-l repete, iar cei ce refuză să-l uite sunt condamnați să-l retrăiască și ea nu voia nici una nici alta. La naștere a tras lozul necâștigător, dar dacă își schimba atitudinea, își schimba și destinul. Știa ingredientele de care avea nevoie pentru a fi fericită. O atitudine pozitivă, iertare și multă dragoste. Îi va fi greu, dar nu imposibil.

Capitolul 6

Ron era un bărbat de statură mijlocie, cu părul ondulat, dat peste cap, purta ochelari de vedere și un zâmbet antipatic pe față. Era un ginecolog bun, dar din cauza infatuării nu era apreciat la justa lui valoare.

Acum stătea pe terasa unui restaurant în Fishermans Wharf din San Francisco și bea un ceai verde cu gheață. Avea privirea dusă în depărtări, ai fi spus că suferă, dar cine îl cunoștea pe Ron știa că el nu suferă niciodată. Pentru asta trebuia să aibă o inimă.

Ron se întoarse cu gândul la Tess și fruntea i se încreții. O cunoscuse când era în anul trei la UCLA. Era ginecologul ei și îl solicitase pentru un avort. Soțul ei o trișa de câte ori putea și asta încă din prima lună de căsătorie. Tess, o fire veselă, puțin prea gălăgioasă, dar inteligentă și haioasă, îi captă atenția de la început. Micuță de statură și puțin cam dolofană, Tess nu era stilul lui de femeie, dar cumva, după ce ea a divorțat, au început să se vadă regulat. Erau mai mult prieteni, dar el se simțea bine cu ea si după nici opt luni de la avort, cei doi își jurară respect și dragoste eternă. Apoi, el își dădu seama că nu este făcut pentru monogamie.

Când blonda decolorată de 1.75 m, cu picioare interminabile și sâni falși se așeză la masa lui, Ron zâmbi fericit, uitând de jurământul făcut în biserică și de angajamentul față de Tess. Durere, bucurii, iubire sau trădare. Totul era o chestiune de percepție și pe acest considerent, Ron nu se simțea niciodată vinovat.

– Credeam că ai nevoie de companie, spuse blonda cu reproș, dar te tot uiți la ceaiul ăla fără să mă bagi în seamă.

– Scuze, sunt preocupat.

– Chiar? făcu ea ironic. N-am observat. Apoi scoțându-și ochelarii spuse pe un ton jos: prea puțin mă interesează de problemele tale ascunse, la fel cum nici pe tine nu te interesează ale mele. Suntem împreună de doi ani și mi-ai spus că vei divorța, dar ai mințit.

– N-aș putea să mint în legătură cu un lucru atât de important pentru tine.

– Tu poți să minți în legătură cu totul, Ron. Și pentru asta drumurile noastre se vor despărți aici.

– Nu am ales să mă îndrăgostesc de tine, Helen, dar s-a întâmplat. Și când m-ai acceptat în viața ta știai situația. Știai de la început că trebuie să mă împarți.

– Să te împart, da, nu să mă mulțumesc cu resturi.

– Știu că am defectele mele, dar în adâncul meu poți găsi frumosul.

Blonda își încrucișă picioarele și cu privire ironică spuse:

– Am căutat „adâncul" dar tot de suprafață am dat și, în ultimul timp, tot ceea ce facem este să ne străduim să nu ne certăm. Ochii i se umeziră și își șterse pe ascuns o lacrimă.

– Plângi? Știi bine că nu rezist unei femei care plânge.

– Probabil că de aceea te-ai culcat cu toate femeile din Los Angeles și San Francisco. El se foi jenat pe scaun. Începea să-l agaseze din ce în ce mai tare. Cum îți petreci timpul când ești în Los Angeles?

– N-are nicio importanță, răspunse el plictisit.

– N-are importanță pentru că nu mi-ar plăcea sau pentru că n-aș înțelege?

– Amândouă.

– Acum chiar vreau să știu.

Ron o privi și își spuse că este foarte frumoasă, dar că nici o pereche de sâni din lume nu merita atâta bătaie de cap. Venise momentul să încheie acea relație, și cum diplomația nu era punctul lui forte, trecu direct la atac:

– Recuperezi jucăriile stricate, mobilele uzate, bărbații altora. Îți plac cauzele pierdute, Baby?

– Mă cheamă Helen și sunt mai mult decât un vagin pe picioare. Nu ți-e rușine să mă tratezi așa? Ești un escroc mincinos și un manipulator oribil, dar ai dreptate într-un singur loc: mi-am bazat toată viața pe o decizie luată într-un moment disperat al existenței mele. Am sperat că lucrurile vor evolua și nu mă gândeam deloc că evoluția constă în faptul că nevastă-ta va fi iarăși gravidă. Și să nu-mi spui că ai băut și n-ai știut ce faci. Te-ai culcat cu ea pentru că nu-ți poți coordona sexul cu creierul și pentru că ești un animal dezgustător.

Lui nu-i plăcea să fie tratat așa de nimeni, dar se străduia să-și păstreze calmul.

– Foc și gheață, zâmbi el slab, începutul și sfârșitul.

– Nu înţeleg...
– Nu mă aşteptam s-o faci, zise el privind o rece în ochi. Şi dacă tu vrei ca drumurile să ni se separe aici, îţi voi respecta dorinţa.
– Nu face să sune totul atât de nobil, în realitate eşti un porc libidinos! Nu-ţi pasă decât de tine.
– Mda, spuse el ridicându-se şi aruncând o bancnotă de 20 dolari pe masă, cred că s-a spus totul aici. N-are sens să ne obosim unul pe altul. Îi întoarse spatele şi plecă.
– Să te ia dracu, Ron McDowell! ţipă blonda după el fără să-i pese că cei din jur o priveau.
El însă plecase fără să se mai întoarcă înapoi. Ron ne se mai uita înapoi niciodată când hotăra să meargă înainte.

*

Anna părăsi spitalul târziu. Era obosită şi abătută. John nu putea încă ieşi din spital, iar ea nu înţelegea de ce. Doar doctorii îi spuseseră că nu fusese grav. Atunci de ce nu-l lăsau acasă? Îşi luase o săptămână de concediu ca să se poată ocupa de el. Tina era plecată la New York, la fel ca Julia, iar Hope era în Hamptons. Rămăsese doar ea cu Tess, dar prietena ei era ocupată cu urmărirea lui Ron, în timp ce ea personal era ocupată să scape de urmărirea lui Tom.

Detectivul îi spusese lui Tess de legătura soţului ei cu o tânără blondă, şi chiar dacă nu fusese foarte surprinsă, vestea a reuşit să o rănească profund. Anna se gândi la cum un lucru imprevizibil, cum ar fi, o blondă cu sâni mari, un răufăcător, o catastrofă naturală, sau un preinfarct, puteau să-ţi schimbe definitiv viaţa. Erai sau nu pregătit, viaţa nu te întreba nimic. Doar se întâmpla. Tragediile ne fac să ne reevaluăm priorităţile şi nu mai vedem doar ceea ce suntem pregătiţi să vedem. Lucrurile care altădată erau atât de importante pentru noi, după o tragedie, numai contează atât de mult. La fel şi mâncarea, are gust diferit, iar culorile sunt şterse. Pierdută în gânduri Anna nu văzu namila din spatele ei care cu o mână sigură îi puse o cârpă cu formol peste gură şi nas, apoi... nimic.

Carmen Suissa

*

Nu știa cât a stat inconștientă, iar acum, încerca să-și deschidă ochii, când realiză că este legată de pat. Totul era confuz în mintea ei. Își deschise pleoapele și simți că mâinile o dureau foarte tare. Apoi își dădu seama că nu poate să-și miște picioarele. Când se dezmetici de-a binelea și privi în jur, își aduse aminte și o cuprinse panica. Era într-o cameră cu podele din lemn. La fel și pereții. Se afla într-o cabană, iar prin geamul mare se vedea pădurea verde. Apoi îl văzu pe el. Stătea pe un scaun balansoar în colțul camerei, lângă o noptieră din lemn de culoarea mierii, cu ursuleți pe ea. Mocheta de sub scaun era maro deschis cu desene animate în culori pastel. O măsuță mică în centrul piesei și două scăunele, completau mobilierul acelei camere de copil.

– Bună, Anna, spuse bărbatul înalt. N-avea mai mult de 38-40 de ani. Îmbrăcat în jeanși bleu și cu pulovăr roșu, arăta mai repede ca un manechin decât ca un răpitor.

– Cine ești? îl întrebă ea speriată dând din picioare și reușind să se desfacă din legăturile ce-o țineau de pat.

– Sunt Tom. Îți amintești de mine?

– Ar trebui?

– Mi-ai distrus viața, deci da, chiar ar fi bine.

– Ești Tom... de la radio? Acel Tom?

El o privi furios un moment scurt, apoi răspunse sec:

– Da. Dai sfaturi la antenă care pot afecta rău viețile oamenilor, zise el cu durere în ochi.

– Nu asta mi-e intenția...

– Gura! strigă el ridicându-se în picioare și venind lângă pat. Săptămâni întregi soția mea bipolară a mințit în direct pe postul tău de radio și m-a făcut să par ca un monstru. Se opri o secundă, apoi continuă. Nu sunt un monstru, Anna. Nu am bătut-o niciodată, așa cum a zis, nici măcar n-am strigat la ea. A fost diagnosticată acum doi ani cu această boală. La început a fost vorba de ciclotimie, care este o formă mai ușoară. Din păcate, episoadele maniaco-depresive au devenit regulate, iar tulburările ei mintale au făcut-o să devină agresivă, chiar psihotică. A-nceput să aibă halucinații, iluzii paranoide și manifestări de gândire dezorganizată. Cât timp și-a luat medicația antipsihotică, lucrurile au fost mai mult să mai puțin normale, apoi însă a negat boala și-a încetat tratamentul. De la depresie a trecut la stările maniacale, vorbea mult și deseori fără sens. Asta a coincis cu perioada în care a început să intre în emisiunea ta. Anna îl privi și i se făcu milă de el. Părea un bărbat nefericit, nu un criminal. Deși putea fi un schizofrenic care îi punea în cârcă soției lui toate simptomele personale. Sau poate era doar un om pierdut, fără familie, fără prieteni, care-și inventa o viață. Se întâmpla deseori așa ceva. Era posibil însă ca el să aibă dreptate și ea să-i fii distrus viața.

– Într-o zi mi-a aruncat verde-n față că are un amant, continuă el așezându-se iar pe scaun, băgându-și mâna în părul șaten deschis. Nu am crezut-o, dar într-o seară a lăsat pe masa din bucătărie două poze cu ea și cu un bărbat. Erau într-un parc cu fiica noastră de doi ani. Bărbatul arăta ca un boschetar și la început am crezut că l-a agățat pe acel om doar ca să-și fac o poză cu el. În ziua în care a dispărut de acasă, luând-o pe Mira cu ea, am înțeles că spunea adevărul. A trecut o lună, Anna, de când eu nu mai știu nimic de ele. O lună de tortură, o lună în care nu mi-am mai văzut fetița.

Se plimba prin cameră cu pași mici și din când în când privea pădurea. Avea ochii de aceeași culoare ca a copacilor și genele negre. Sprâncenele bogate se încruntau ușor când și când, iar Anna observa că avea mâini frumoase, îngrijite. Nu părea criminal sau nebun.

– Anna, continuă el, îndoiala este o boală care ne atacă mintea, care ne face să nu mai credem în nimic, să ne reevaluăm pe noi sau pe toți cei ce ne înconjoară și pe care îi știm dintotdeauna. Aproape că am înnebunit de durere în această lună. Știind-o pe Mira în pericol mă face să-mi pierd mințile, iar incertitudinea și toate aceste confuzii, îmi torturează sufletul.

– Îmi imaginez.

– Crezi? o întrebă el supărat. Ți-a dispărut și ție vreodată copilul de doi ani de-acasă? Ea negă din cap și el urlă: atunci n-ai cum să-ți imaginezi, Anna! Se plimba ca leul în cușcă și părul îi era ridicat. Am iubit-o, iar acum o urăsc din tot sufletul. Îmi vreau copilul înapoi, iar ea cu secretele ei se poate duce la naiba.

– Mai devreme sau mai târziu toți dăm socoteală, Tom. Plătim pentru răul făcut și tot ce vrem să ținem ascuns iese la iveală, spuse ea tristă.

– Ce secrete ai tu, Anna? Tu cu viața ta perfectă, cu casa ta în cartier șic, cu soțul tău perfect și serviciul la radio care te pasionează. Ce știi tu ce înseamnă durerea?

Ea se ridică în șezut și îi vorbi, privindu-l direct în ochi:

– Am fost violată la 10 ani și chiar dacă mi-a fost rușine și am vrut să țin totul ascuns, nu am putut. Violatorul meu a fost un personaj celebru al armatei, iar scandalul a apărut pe toate posturile de televiziune și-n ziare mai repede decât s-a uscat sperma lui pe mine. Ani de zile am fost un tabloid uman, iar când mergeam la ședințele de terapie mă lăsam pe burtă în mașină și la școală frecam pereții și mă făceam mică. Nu mi-a fost ușor nici când tatăl meu a fost închis și a murit într-un ospiciu de nebuni pentru că n-a suportat șocul care l-a determinat să-l ucidă pe „prietenul lui", din cauza căruia nu voi avea niciodată un copil al meu. Mai vrei picanterii, Tom? Avea fața udă de lacrimi și nici măcar nu realiza că plângea. Mâinile îi tremurau și inima-i bătea nebunește, iar el stătea chircit într-un colț al camerei. Nu se așteptase la așa ceva. Mi-a murit și sufletul odată cu tatăl meu, Tom. Deci da, cred că știu ce simți. Nu mi-a dispărut niciun copil pentru că n-am avut șansa să am unul. Tu însă mai ai o speranță. Se spune că zilele rele fac pe cele bune, mai bune. Ei bine eu le urăsc și nu consider că sunt utile în viața nimănui, dar am zile în care încă mai pot spera.

– N-am știut...

Ea nu-l asculta, plângea în hohote. Lacrimi ținute în ea de o veșnicie. Sentimente refulate: negare, furie, depresie... și zâmbete false. Asta era viața ei. O mascaradă. În ședințele de psihoterapie i se spusese că va veni și acceptarea. Tragedia se întâmplase cu 29 de ani în urmă și ea încă nu se împăcase cu gândul.

– Dup-atâția ani încă tot n-ai acceptat ce s-a întâmplat, spuse el mai mult ca pentru sine. Cum e posibil așa ceva? Și ce mai urmează după asta?

– Câteodată acceptarea nu vine, iar viața ți se transformă într-o pedeapsă perpetuă. Dar trebuie să mergem mai departe, iar când nu putem, ne târâm. El o privea trist. Tom, moartea este inevitabilă. Nu trebuie să precipiți lucrurile. Ai răbdare, fă ceea ce ai de făcut și nu face lucrurile doar pe jumătate dacă nu-ți dorești să fii doar pe jumătate viu. Timpul le va rezolva pe toate mai devreme sau mai târziu.

— Cum o să mă convingi pe mine de asta, când tu însăți ești nevindecată? N-o voi putea ierta niciodată pe Pam pentru ce mi-a făcut.

— Va trebui. Pentru tine. Iertarea nu spală păcatele, dar îți restituie viitorul compromis. Tom își lăsa capul în mâini, iar ei i se făcu milă de el. Vedea un om chinuit, nicidecum un criminal în serie. Când ai mâncat ultima oară? îl întrebă. Sau dormit?

— Nu-mi mai amintesc. Se ridică și veni să se așeze pe pat lângă ea. Îmi pare rău că ți-am făcut ce ți-am făcut, Anna.

— Știu, zise ea atingându-i mâna. Va trebui să mă duci înapoi acasă, altfel vei putea avea probleme.

El dădu din cap de sus în jos.

— Nu poți să mai stai cu mine aici o zi sau două, nu-i așa? o întrebă, fiind conștient cât de bizar era ceea ce-i cerea. Știa bine că alianțele făcute la durere sau ananghie, rareori erau durabile. N-am mai vorbit cu o ființă umană de-o eternitate.

— Și atunci te-ai gândit să răpești una, spuse Anna pe un ton comic și amândoi zâmbiră.

— Dacă mă dai pe mâna poliției sunt un om mort. Te rog, iartă-mă!

— Te iert. Va trebui doar să-mi sun soțul. Este la spital. Știi, locul unde ne-am întâlnit aseară, glumi ea. Dacă-l sun acum, este în regulă. Se ridică, iar eșarfele cu care îi fuseseră legate picioarele, încă-i fluturau la glezne. Își privi picioarele, apoi pe el. Ești cel mai incompetent răpitor pe care l-am întâlnit în viața mea. Râsete.

— Mi-era frică să nu te rănesc dacă ți le strângeam mai tare. O privi cu ochi care n-aveau nimic de un criminal. Nu sunt un răpitor sau un om rău, Anna, și sunt conștient că ceea ce am făcut este stupid. Am vrut să mă răzbun pe Pamela, pe tine și pe întregul univers. Credeam că asta mă va face să mă simt mai bine, dar ca de obicei, m-am înșelat. Nu riști nimic cu mine și când dorești te voi duce acasă, îți promit.

Ea zâmbi.

— Nu te cunosc, dar cred că ești un bărbat bun. Totul se va rezolva în final, vei vedea. Cineva a spus odată că pentru inocenți trecutul poate rezerva o recompensă. Evident aici cuvântul „inocent" este exagerat, dar sunt convinsă de asta.

– Și în ceea ce te privește, Anna?

– Am și lucruri bune în viața mea. De exemplu, soțul meu este un om minunat. Așa cum ai spus, locuiesc într-un cartier frumos și am un serviciu care îmi place

El dădu din cap nu prea convins, dar simțindu-se mai bine.

– Am nevoie de un pahar de alcool, vrei și tu unul? o întrebă și ea îl refuză spunând că i-ar plăcea o cafea. Ți-am pus geanta sus pe mobilă, îi arăta el cu capul, sună-ți soțul, apoi vino pe prispa casei. Voi bea cafea cu tine și îți voi arăta locul. E foarte frumos aici, mai spuse, dar nu-i păsa de frumusețea peisajului, de faptul că era ziuă, seară, sâmbătă sau luna septembrie. Durerea din ochii lui îi aduceau aminte de durerea ei și ea știa că ecoul amintirilor nu murea niciodată, indiferent cât de tare ne străduim.

*

După ce a vorbit la spital, și asistentele i-au spus că John avusese o noapte plină de insomnii, Anna a închis. Știa că John va dormi aproape toată ziua, iar ea-i ceruse asistentei s-o sune când el putea vorbi. Îi spusese că nu era în oraș și că va trece în cursul zilei pe la spital, iar asistenta spuse că John va dormi probabil până seara. Anna deschise ușa camerei și ieși pe holul larg. Era la etaj și cabana era din lemn de culoare portocalie-roșiatică. În mijlocul holului era un covor gros de lână rotund, în culori pastel, și o măsuță rotundă cu două fotolii de culoarea verde praz. De sus privi sufrageria spațioasă în care trona un șemineu frumos. În fața lui era o canapea maro cu perne colorate care se potrivea perfect cu stilul cabanei. Pe fiecare fotoliu era aruncată câte-o pătură din cașmir roz pal, iar lângă cele două geamuri se afla o masă mare din lemn masiv. Anna privi admirativ decorul intim al casei. Într-o nișă cu geamul mare era instalat un birou din lemn, rafturi cu cărți și un laptop, două fotolii din piele maro și un bar micuț. Anna se uită la cărți când, el ajunse în spatele ei.

– Ești scriitor.

– Am fost cândva. De când Pam s-a îmbolnăvit n-am mai fost capabil să scriu o pagină bună. Am făcut cafea și am găsit ceva pișcoturi în dulap. Nu-mi mai găsesc locul nicăieri, spuse el, deschizând ușa și instalându-se pe veranda largă unde fotolii din lemn alb erau așezate în jurul unei mese rotunde. Într-un colț al terasei se afla un balansoar frumos de unde puteai vedea pădurea.

Este un loc superb, gândi Anna.

— A fost casa de vacanță a părinților mei, spuse el, parcă citindu-i gândurile. După ce au murit, mi-am vândut apartamentul din Long Beach și m-am mutat aici. În copilărie veneam des aici, iar prima mea iubită locuia la casa aceea mare. Ea privi uimită în jur și atunci o văzu. Era impozantă, albă și elegantă.

— O iubită bogată, spuse ea.

— Victoria. Este frumoasă și cu clasă. Singurul ei defect era fratele pe care nu-l suportăm. William.

— Pe toți bogații îi cheamă William, zâmbi Anna. Și ce s-a întâmplat cu Victoria?

— M-a părăsit pentru un vânzător de droguri bine camuflat. Nu m-a crezut când i-am spus cu ce se ocupă, dar după un timp am înțeles că nici ea nu era discretă ca persoană. Avea multe secrete. În fine, din toată afacerea asta m-am ales cu inima frântă și un picior rupt. Anna îl privi întrebător. La una din serile lor celebre din casa lor somptuoasă, continuă Tom, Lorenzo traficantul a țipat la ea. Fiindcă încă eram îndrăgostit de ea, n-am suportat și ne-am luat la bătaie. I-am spart doi dinți, apoi el mi-a făcut vânt și am picat de la etajul unu. Două luni de ghips pe lângă un an de suferință, ce mai contau? Am iubit-o dintotdeauna, zise el cu regret, dar în final cred că a fost mai bine așa. Nu eram compatibili. Ea credea că regulile se aplică doar la alții, nu și la ea. Mă făcea des să mă simt inferior și uram asta.

— Ce mai știi de ea?

— După ce m-a părăsit, timp de doi ani, nu a mai venit aici și le-am interzis alor mei să îi spună unde sunt. Eram student la litere, aveam tot viitorul în față și începeam să mă simt viu din nou. Apoi m-a găsit. Angajase un detectiv și într-o zi m-am trezit cu ea la mine în Boston. Era mai frumoasă ca în amintirile mele. Lorenzo intrase în pușcărie la o lună după ce ea îl părăsise. Nu i-a trebuit mult să mă convingă să ne împăcăm. Eram mort după ea și aș fi făcut orice. Când, după șase luni am cerut-o de nevastă, mi-a spus c-o va face, dar doar după ce voi absolvi Facultatea. M-am transferat în Los Angeles tot din același motiv pentru care alesesem Bostonul. Din cauză și pentru ea. Când am surprins-o în parc cu prietenul meu cel mai bun, am încetat ca printr-o minune să o mai iubesc, am văzut-o așa cum era ea în realitate, jos de pe podiumul pe care o urcasem. Victoria a fost întotdeauna o egoistă manipulatoare, lipsită de sentimente, iar eu căzusem în ghearele ei. Iarăși. Ne-am certat urât și am făcut-o târfă. Nu era obișnuită cu un astfel de comportament din partea mea. M-a privit cu dispreț și mi-a spus că mi-am pierdut clasa. Am plecat fără să mă mai uit înapoi. Când m-am căsătorit cu Pam, am făcut o petrecere la casa de-aici. A venit neinvitată. Se căsătorise cu un bărbat de afaceri de vârsta ei, un tip bine, impozant, care-o ignora 90 la sută din timp. Ulterior am aflat că avea câți amanți putea, iar în noaptea nunții mele, ca și cadou, mi s-a oferit pe ea. A venit după mine la baie și într-o secundă s-a debarasat de rochia vaporoasă de mătase. N-avea nimic pe dedesubt și mi-a trebuit enorm de multă voință să nu cedez văzându-i corpul perfect. Nu o mai iubeam, dar era încă stăpână pe mine, dacă asta are vreun sens. Corpul meu plângea după ea, iar Victoria știa asta. Văzându-i sânii mici rotunzi și coapsele ferme, mă simțeam ca reînviat. Conceptul învierii este atât de seducător încât uităm deseori că înainte să învii, trebuie să petreci câteva zile în iad. În noaptea nunții mele am înțeles în adevăratul sens această frază.

— O mai iubești?

— O urăsc. După o scurtă pauză adăugă: și când o urăsc, o iubesc. Probabil că într-o viață anterioară am trăit în Amsterdam. Acolo sunt ruinele unei catedrale construite în secolul al 15-lea pe care este o inscripție: „Este așa. Nu poate fi altfel". Probabil că eu am scris asta și apoi, Victoria m-a omorât.

— Și cum rămâne cu Pam? Ai iubit-o vreodată?

— Da. Dar altfel. Ca pe o verișoară de gradul trei. Nu făceam sex foarte des. Este foarte religioasă deși nu pare.

— Și din cauza religiei nu voiai să faci dragoste cu ea?

— Ea nu voia. Îi aduceam deseori flori, eram prezent și drăguț, dar fără succes. Într-o zi mi-a spus că de fapt nu o durea niciodată capul sau burta, aceasta fiind doar o formă de politețe prin care voia să mă facă să înțeleg că nu-și dorește intimitate cu mine. Dar, în general, ea nu era politicoasă.

– Am citit undeva, spuse Anna, că mariajul perfect constă în a-ți rezolva singur problemele și a nu aștepta ca cel de lângă tine să dea mai mult decât poate.
– Crezi că așa trebuie să fie un cuplu? Ea ridică din umeri. Cum este soțul tău?
– John este un bărbat bun, grijuliu și foarte muncitor. Avem o cafenea și eu nu-l văd decât seara, dar când este acasă, este prezent. Nimic nu mai contează în afara mea. N-avem secrete, ne susținem unul pe celălalt și avem multe în comun.
– Sex? o întrebă el timid, iar ea zâmbi.

Avusese întotdeauna o relație bună cu John, dar asta nu datorită sexului. Din contră. El nu era prea insistent de frică să n-o rănească, fiind conștient că Anna rămăsese cu sechele de la viol.

– E atâta liniște aici că-mi aud inima bătând, schimbă ea jenată subiectul, iar el nu mai insistă.

Poate așa erau toate cuplurile vechi. Fără sex, doar cu ceai și conversație. Însă el era sigur că dacă ar fi fost cu Victoria, lucrurile ar fi stat altfel.

*

Hope își despacheta valiza în dressingul din camera ei de la etaj. Hampton era un loc liniștit și frumos, iar casa lui Larry era pe plajă. Se întâlniseră în drumul lor cu câțiva vecini, care erau fericiți să-l revadă. Larry era apreciat de toată lumea. Modest, calm, săritor și cu un umor plăcut, era o binecuvântare să-l ai în preajmă. Kim alerga deja pe plajă, abia așteptând să-și vadă prietenii care veneau în Hamptons pentru weekendul muncii. Hope privi camera spațioasă și confortabilă cu vedere la ocean. Avea un pat mare deloc pretențios, dar curat și confortabil, două fotolii și o măsuță rotundă cu geam puse în fața ferestrei, un balcon pe care se afla o altă măsuță, un șezlong și două fotolii din lemn, unul mov, celălalt portocaliu. Coborî în sufragerie și îl văzu pe Larry făcând limonadă. Era deja echipat pentru plajă. Avea un șort în toate culorile și un tricou alb imaculat. Când dădu cu ochii de ea, zâmbi.
– Te-ai instalat?
– Da. Îți mulțumesc. Este o casă foarte frumoasă.

— Mă simt bine aici. Am cumpărat-o acum cinci ani, dar am impresia că-mi cunosc vecinii de-o viață.

— Lui Dé i-ar fi plăcut.

— Ea era mai mult genul seriilor mondene, dar cred c-ar fi iubit locul ăsta.

O terasă mare înconjura toată casa. Scaunele frumoase din lemn în culori pastel, măsuțele albe și lămpile colorate făceau o ambianță primitoare. Plajă era la 200 m și, în depărtare, se vedea un ponton.

— Mă bucur că am venit, zise Hope privind oceanul. Aproape că l-am și uitat pe Barry. El nu spuse nimic. Știa că din păcate lucrurile nu erau albe sau negre. Sau atât de simple. Hope atinse gingaș orhideea albă de lângă fereastră.

— Cypripedium – orhideea temperate – numită Papucii Doamnei, zise ea și el zâmbi admirativ. Crezi că am greșit că nu m-am împăcat cu Julia? îl întrebă ea, privindu-l în ochi.

— Cred că facem ceea ce putem. Nu fi atât de dură cu tine, ai trecut prin multe și tu. Dar există posibilitatea ca weekendul ăsta să-ți uiți problemele.

— Ca și posibilitatea de a fi trăsnită de fulger, spuse ea privind cerul înnorat.

— Posibilitatea de a fi lovită de fulger este de unu la 350000.

— Ești sigur?

— Da. Mai ales că văd pe fața ta că habar n-ai, deci pot să-ți spun ce-mi trece prin minte, zise el pe un ton serios.

— Pot să caut pe Google, râse ea, și chiar o făcu. Domnule doctor, sunt impresionată. Cifra este exactă. Ești o enciclopedie ambulantă. Cum de cunoști atâtea lucruri?

— Fiecare dimineață când știu că am companie, caut pe Google cinci lucruri și le memorez. Apoi le servesc de câte ori pot. Funcționează, vezi?

Hope râdea.

— Și când nu ai companie?

— Tot le memorez, apoi merg la magazine sau la restaurant și le servesc vânzătorilor, ospătarilor sau persoanelor cu care mă bag în seamă, glumi el.

— Ai atras multe femei așa? râse ea.

— Doar una, dar cu atâtea liftinguri încât aveam impresia că se va întoarce în timp dintr-un moment în altul. Ea râdea cu lacrimi acum, iar el îi servi un pahar mare de limonadă cu gheață și câteva prăjiturele pe care ea le adusese din Los Angeles.

— Sunt bune, spuse el gustând dintr-una. Cine ți-a spus că nu știi să gătești?

— Copiii din cartier, câțiva doctori și un polițist. Râsete.

Kim, Tina și vecina lor, Jane, urcară în fugă treptele verandei. Tina venise special din New York și era fericită să petreacă o seară cu ei. Luni dimineața trebuia să se întoarcă la Columbia, iar seara urma să mănânce cu Julia, care era și ea în New York. Era fericită că o cunoscuse pe Jane, o newyorkeză sofisticată de 21 de ani.

— Bună, salută Jane veselă. Era desculță și purta cel mai scurt șort alb din jeanși pe care Hope îl văzuse vreodată. Avea picioare lungi, sâni mici și păr drept lung până la umeri, de un blond luminos. Fata era de-o frumusețe frapantă și-o știa, fără să fie totuși antipatică. Dădu mâna cu Hope, și, zâmbind călduros, i se aruncă în brațe lui Larry. N-ai mai venit demult. Hope îl privi și ridică o sprânceană, făcându-l să zâmbească. Se părea că fata era foarte fericită să-l vadă și voia ca el să știe asta.

— Și eu mă bucur să te văd, Jane. Îți mulțumesc pentru felicitarea de Crăciun. Te-ai distrat bine la Aspen cu prietenele tale?

— Nu prea. Beverley era ocupată să-și găsească un post de manechin, iar Naomi era ocupată să se găsească pe ea însăși. Apoi nu mi-am găsit niciun iubit. Băieții de vârsta mea sunt prostovani. Eu îi prefer mai învârstă.

„Bineînțeles că îi preferi în vârstă", își spuse Hope. Larry le servi tuturor limonadă, fără să bage în seamă ocheadele fetei.

— Nu mai pleci în Africa, nu-i așa? întrebă ea încrucișându-și picioarele lungi cu unghii maro închis și un inel pe degetul din mijloc.

— M-am stabilit în Los Angeles și îmi place, zâmbi el, privind-o pe Hope, iar lui Jane nu-i scăpă și-o fulgeră pe aceasta cu privirea.

— Și tu stai în Los Angeles? o întrebă politicos, dar rece, iar Hope dădu afirmativ din cap. Apoi, mai puțin politicoasă o întrebă dacă sunt împreună.

Deși Hope considera că nu-i treaba ei, vru să îi răspundă că nu erau un cuplu, dar Larry i-o luă înainte și-i spuse că este mama adoptivă a lui Kim.

– Cel mai simplu ar fi să vă căsătoriți, spuse Tina mușcând cu poftă dintr-o prăjitură. Amândoi sunteți singuri și în plus vă înțelegeți excelent.

– Astea nu-s motive pentru care două persoane ar trebui să formeze un cuplu, spuse Jane repede.

– Dar după tine care ar fi? o întrebă Tina curioasă. Admira nesimțirea și frumusețea noii ei prietene. O găsea sofisticată și interesantă, chiar dacă uneori era băgăreață.

– Sunt într-o perioadă în care „cuplul" nu îmi spune nimic. Prefer să mă distrez.

– Sex ocazional? întrebă Hope, regretând pe loc.

– De ce nu? spuse Jane fără jenă. Atâta timp cât ne protejăm, nu văd ce e rău în asta. Apoi dacă se întâmplă să mă îndrăgostesc, mai văd eu.

– Pentru că faci sex, chiar dacă nu iubești? întrebă Kim cu inocența ei de copil.

– Ești prea mică să înțelegi, spuse tânăra newyorkeză ca și cum, la cei 21 de ani, ar fi avut deja viața în spatele ei. Vei vedea că nu este atât de extraordinar să fii legată de cineva. Eu am învățat câteva lucruri: să nu-mi arăt niciodată sentimentele și să-mi țin gura închisă. Omul este o mașină de interpretare a lucrurilor și cu cât o persoană știe mai puține despre tine, cu atât ești mai puternic. Spune-ți secretele, fă conversație și îți pierzi puterea.

– Adevărata putere nu poate fii câștigată sau pierdută, Jane, spuse Hope. E în tine.

– Probabil, ridică fata din umeri, dar n-ai să mă convingi că e genial să fii în cuplu. Nu cunosc unul fără probleme.

– Da, spuse Hope calm, multe familii au probleme. Dar știi ce au în comun toate aceste familii? Secretele, non comunicarea și lupta pentru putere.

Jane o privi pe Hope din cap până în picioare, fără pic de rușine, apoi cu un zâmbet sarcastic spuse:

– Nu mă pot pune cu tine, trebuie să recunosc. Ai mult mai mulți ani de experiență ca mine, nu-i așa? Zâmbea ca un îngeraș, dar în spatele măștii se ascundea o viperă de prima clasă. Se ridică rapid în picioare și veselă spuse: trebuie să merg la dentist să-mi albesc dinții, altfel o să creadă lumea că sunt franțuzoaică. Îi trase cu ochiul lui Tina, își luă zâmbind la revedere de la toți, apoi atingând mâna lui Larry, îi spuse iarăși că i-a fost dor de el, după care plecă veselă. Larry o privi pe Hope.

– Simpatică fată, nu? zâmbi el și ea îi spuse pe un ton nonșalant că este un monstru ascuns într-un ambalaj de cinci stele. Larry râdea, dându-i dreptate invitatei lui. Începeau să se cunoască din ce în ce mai bine și vorbeau de toate, de bune și de rele. Lui nu-i era jenă să-și arate slăbiciunile, să-și spună opiniile sau să vorbească despre ceea ce simțise la moartea lui Dé, iar ea îi vorbea de Barry, de temerile sau proiectele ei.

Revelațiile sunt oglinda personalității noastre, a ceea ce suntem cu adevărat. Răul și binele. Dar tot ce vedea ea la el, era doar bine. Larry, un medic angajat să respecte jurământul lui Hipocrate, Larry un soț bun, iubitor, care mai apoi, devastat de moartea soției lui, n-a stat să-și plângă de milă sau să se înece în alcool, ci a străbătut lumea în lung și-n lat, oferindu-și știința, dragostea și serviciile. Un tată implicat, iubitor și răbdător, o persoană de excepție gata să ajute de câte ori poate.

– La ce te gândești? o întrebă.

– La nimic, minți ea, jur pe viața lui Jane. Râsete.

– Ce-ar fi să mergem pe plajă? Abia aștept să te prezint vecinilor, spuse el entuziasmat și când ea îl întrebă de ce, el îi zise că nu știe, apoi bufniră râs.

– Lasă-mă să-mi dau cizmele de cowboy jos, spuse Hope și să mă îmbrac adecvat pentru Hamptons, altfel o să mă întrebe prietenii tăi dacă am venit din Los Angeles cu calul.

– Îmbracă-te cum vrei, dar nu te uita prin colțuri. Am dat afară menajera și e praf peste tot.

– De ce ai dat-o afară?

– Avea probleme cu închisul lucrurilor. Ea îl privea așteptând. A sticlei, a ușilor, a gurii.

Tina apăru pe terasă cu o geantă urâtă și o întrebă pe Kim ce crede.

– Că ai tăiat pe cineva în bucățele și l-ai ascuns în ea? spuse Kim serioasă.

— Ai doar 14 ani, spuse Tina, de ce eşti aşa serioasă mereu? Fata ridică din umeri şi muşcă dintr-o prăjitură, apoi se strâmbă, privind-o pe Hope.

— Berk, le faci din ce în ce mai proaste.

— Una din opţiuni ar fi să te opreşti din mâncat, spuse mama ei, după care urcă la etaj, îşi puse nişte pantaloni scurţi din in albastru şi un tricou alb imaculat, îşi prinse părul într-o coadă de cal şi apoi coborî. Larry o privi atent, dar nu spuse nimic. Îi plăcea cum arăta Hope şi considera că este o persoană bună şi plăcută, dar fără prea mult noroc la bărbaţi. Avea un prieten celibatar şi se gândea să i-l prezinte. Era medic, văduv, şi serios. Îi zâmbi lui Hope şi-i spuse că dorea s-o prezinte familiei Smith. Era o familie simpatică care părea bizară la început, dar foarte simpatici după ce te obişnuiai cu ei.

— Mda. Chiar aveam de gând să rămân la ei o lună, două. El râse vesel.

— Se tachinează mereu, dar sunt împreună de 20 de ani. E un cuplu care va dura o veşnicie.

— Câteodată veşnicia se poate termina foarte repede, răspunse Hope cu o umbră de amărăciune.

Plaja era liniştită, doar câţiva sportivi care făceau surf, alergau sau se jucau pe plajă cu câinii. Casa familiei Smith era aproape de cea a lui Larry şi în câteva minute erau deja instalaţi pe terasa lor cu câte un pahar de Cosmopolitan în mână. Ada Smith era brunetă cu părul până la umeri, ochi căprui şi, în ciuda nasului puţin proeminent, era drăguţă. George, soţului ei, era înalt, bine făcut, blond şi avea ochii cenuşii. Ada îi servi lui Hope un smoothie verde, iar George îşi dădu ochii peste cap şi ea îl văzu.

— M-am săturat de atâta verde, se justifică el încet.

— Mereu se smiorcăie, îi zise ea lui Hope, făcând-o să zâmbească. Trebuia să-l părăsesc când l-am văzut prima oară cu coastele de porc în gură.

— Iar eu, când mi-ai cerut să-mi dau cu briantină în păr ca Rhett Butler în „Pe aripile vântului". Îţi imaginezi? îl întrebă el pe Larry, care râdea. Dumnezeule, nu mai eram în secolul optsprezece şi se purta părul creţ, iar ea îmi cerea asta. Evident, n-am făcut-o, spuse el mândru. Dar apoi m-a părăsit.

– Te-am părăsit pentru că ai mers la cinema cu Eleonora, zise ea, plictisită gustând băutura roz.
– Ai știut?
– Da, zise soția lui, după care făcu o mică pauză și, privindu-i pe toți pe rând, adăugă: ea semăna cu Clark Gable.
– Nu este adevărat, ripostă George. Avea părul lung...
– Și mustață, completă Ada, iar el se gândi o secundă, apoi aprobă din cap râzând.
– Chiar mai frumoasă ca a lui Rhett Butler.

În după-amiaza aceea Hope îi cunoscu și pe copiii familiei Smith, Dora 17 ani și Matt 14, precum și pe sora Adei, poreclită Hollywood, care la cei 30 de ani era încă singură, spre disperarea părinților ei. Au povestit despre ce vor face de ziua Muncii, de meciul câștigat de Lakers împotriva New York Knicks, de Halloween și de sânii lui Tyra Banks. Erau adevărați.

– George, cum mai e să lucrezi în asigurări? își întrebă Larry prietenul.
– Oamenii mor, noi plătim. Au accident de motocicletă sau alunecă în bucătărie, plătim. Dacă silicoanele nu sunt bune sau clima face ravagii, plătim.

Hope se simțea bine în compania familiei Smith care erau foarte amuzanți.

– Mâine la prânz mergem la bunici la masă, își anunță Ada familia, iar ei gemură instantaneu toți la unison.
– Dar sunt foarte plictisitori cu „savoir vivre" a lor, iar eu n-am dreptul nici la alcool, nici să omor pe cineva, spuse Dora.
– Poți să vii cu Cris, dacă te poate ajuta, spuse mama ei.
– Dar nu mai sunt cu el demult.
– Of, păcat, făcură părinții ei, zâmbind pe sub mustață. Fata îi privi cu ochii mijiți.
– Când eram cu el nu-l plăceați.
– Aveai 15 ani și l-am prins cu mâna în sutienul tău. Ce voiai? Să-ți organizăm o petrecere pre-post împerechere?
– Câte prânzuri mai trebuie să luăm cu ai tăi, o întrebă George încet?
– Tu, niciunul, dacă vei continua să-mi eviți părinții și să-i ațâți pe monștrii ăștia, șopti Ada.
– Aș putea veni cu Dylan, sugeră Dora, știind deja răspunsul.

– Nu ne place de el. Fumează, bea și scuipă mult. Fata lor îi privi mirată. Da, te-am spionat, recunoscu Ada fără pic de jenă, iar Dora pufni furioasă.

– Nici mie nu mi-a plăcut piesa pe care ai scris-o, își fixă ea mama, apoi privindu-i pe ceilalți: de câte ori vine în Hamptons să se recreeze, face pe scriitoarea. Ultima ei piesă este ceva despre o sărbătoare debilă, inspirată dintr-un mit debil în care doi bolnavi mintal este posibil să nu fi existat vreodată.

Toți petrecură o după-amiază minunată și Hope s-a bucurat când a aflat că familia Smith locuia Los Angeles, la câteva străzi depărtare de ei. Ea și cu Ada aveau multe lucruri în comun, în timp ce George prefera mai bine să fie împușcat decât să meargă la teatru, muzee sau grădini botanice. Apoi fata lor, Dora, îi spuse că Ada era o mamă oribilă, dar o vecina minunată, în timp ce tatăl ei era când abuziv, când drăgăstos. „Un fel de întărire intermitentă și nevrotică", adăugă Ada, făcându-i să râdă.

Capitolul 7

La casa lui Tom din pădure, Anna îi admira biblioteca. Acum ținea în mână una dintre cărțile scrise de el, cu o copertă înfiorătoare: o casă pe fond negru – parcă cea a lui Hitchcock din Psihoza – scufundată în întuneric și o fată cu ochi îngroziți și plină de sânge care fugea încercând să scape de cineva. O răsfoi puțin: „această dualitate se născuse dintr-o luptă între lumină și tenebre". Anna îl privi pe ascuns și îl văzu făcând în oglindă același tic bizar ca și cu o seară în urmă. Își aranja sprânceana stângă, apoi își mângâia buza superioară. Răsfoi mai departe: „haosul se combate prin haos... în întunericul momentelor noastre cele mai negre, orice ajutor ne este binevenit. Atunci lăsăm garda jos și vulnerabilitatea ne poate duce la pierdere. Pe asta se baza el în acel moment? Pe vulnerabilitatea ei? Încet, scoase cuțitul de la spate și i-l arătă, savurând fiecare moment al suferinței ei. Eva se zbătea fără nicio șansă de scăpare. Frânghiile de la mâini și de la picioare o strângeau foarte tare, dar nu putea să facă decât să privească ochii lui nebuni, ochi pe care îi iubise odată. Înainte de a înnebuni. Sau poate fusese întotdeauna nebun, dar știuse să-și țină boala bine ascunsă." Anna era din ce în ce mai contrariată, dar Tom o opri din lectură, aproape smucindu-i cartea din mână. Ea îl privi surprinsă și îl întrebă când a scris cartea, iar el i-a spus că în urmă cu trei ani.

Îi spusese că nevasta lui se îmbolnăvise cu doi ani în urmă, deci cartea fusese scrisă înainte. Făcea el oare transfer de boală? Dacă era el cel bolnav și nu soția? Anna realiză că era în pericol acolo. Cum putuse să fie atât de naivă și să accepte să mai stea o zi? În definitiv ce știa despre el? Că este arătos, că avea o casă în pădure și că o răpise din fața spitalului.

– Ți-este frică de mine? o întrebă, surprinzând-o.
– Nu, de ce? răspunse ea mult prea repede, iar el făcu un semn spre carte.
– Te-am speriat cu scrisul meu, nu-i așa? Ea nu mai spuse nimic, era total debusolată. Dacă vrei te pot duce acasă.
– Chiar?

El zâmbi, iar ei parcă-i mai trecu puțin frica.

— Chiar, răspunse el. E normal să fii speriată, nu știi nimic despre mine. Un bărbat bizar care te-a răpit și te-a adus într-o cabană plină de cărți de groază. Acum du-te sus și ia-ți puloverul, te voi duce acasă.

Nu mai așteptă să-i spună o dată, iar când se instală în mașină și se înfundă în pădurea neagră, aproape că-și ținu respirația. În nici 10 minute ieșiră din pădure, iar ea fără să realizeze, răsuflă ușurată, făcându-l să râdă.

— Chiar credeai că te voi tăia în bucățele și te voi îngropa aici, nu-i așa? Ea nu spuse nimic. Am început-o prost, recunosc, dar să știi că tot ce ți-am zis este adevărat. Sper să mă lași să-ți demonstrez asta în timp. Vreau să fim prieteni, Anna. Mă simt foarte bine în prezența ta. Nu-ți fac curte, sunt doar prietenos, o asigură el, iar ea dădu din cap dorindu-și să-l creadă.

Ajunsă pe strada ei, fu surprinsă să vadă poliție peste tot și vecinii în stradă. Tom se simți dintr-o dată agitat și, după ce aproape o aruncă jos din mașină, călcă accelerația, dispărând în noapte. Anna privi nedumerită în urma lui, după care o la fugă spre casa lui Tess, unde întreabă un polițist ce se întâmplase, iar acesta îi răspunse că domnul Chesterfield a fost găsit mort în casa abandonată de la ieșirea din suburbie. Murise cu 10 zile în urmă și nimeni n-a observat. Bărbatul nu avea familie, iar polițistul a spus că totul avea aerul unei crime. Anna își puse instinctiv mâna la gât.

— Ucis? De cine? De ce?

— Sunt mulți bolnavi mintal în libertate, doamnă Washington, spuse polițistul care o cunoștea pe Anna de câțiva ani. Mânca des la John în cafenea, iar lui îi plăcea acea suburbie. Era ca un mic sătuc unde toată lumea se cunoștea, își vorbeau și se ajutau. Diferența între Pacific Palisade și un sat oarecare era că oamenii erau mai deschiși la minte, mai moderni și mai eleganți, făceau sport zilnic și aproape jumătate dintre ei erau vegani. După ce o întrebă ce mai face John, omul legii plecă, fără să le spună că toate acele crime neelucidate puseseră pe gânduri întreaga poliție din Los Angeles.

*

Anna termină de împachetat lucrurile lui John, aşteptându-l să vină de la RMN-ul cerebral. Avea dureri cumplite de cap de câteva zile, dureri pe care le avusese cu ani în urmă şi care încetaseră cu timpul. Anna se aşeză pe fotoliu, aranjându-şi rochia albastră în care arăta tânără, frumoasă şi... stresată. Îşi privi unghiile scurte date cu alb, gândindu-se la Tom şi la cărţile lui cu monştri, care aveau capacitatea de a se camufla. Era oare şi el unul dintre acei monştri, se întrebă ea. Nu-l auzi pe John când intră în salon şi, când dădu cu ochii de el, tresări.

– Ce naiba sari aşa? o întrebă el arţăgos, iar ea se ridică repede şi se apropie zâmbitoare, atingându-i braţul.

– Ce mă bucur că vii acasă, dragul meu, zise ea sinceră.

– Da, îmi imaginez.

Ea se opri uimită şi-l privi în ochii căprui trişti.

– Ce vrei să spui, John?

El se întoarse şi privi în jos spre ea.

– Unde ai fost zilele astea?

John era un bărbat înalt cu părul şaten frumos şi caracter blând, dar în momentul acela semăna mai mult cu un nebun. Un nebun care avea dreptate.

– Ţi-am spus, minţi ea, am avut nevoie de puţin timp pentru mine şi am profitat că Tina este la New York.

– Asta nu răspunde la întrebarea mea! urlă el. Ea-şi lăsă capul în jos şi îşi privi unghiile, aşa cum făcea de fiecare dată când se simţea stresată. „Cel ce seamănă nedreptate seceră nenorocirile", cită el, uimind-o.

Nu era genul de bărbat care citea mult. John nu era un bărbat prost, dar nu urmase nicio facultate şi nici nu-i plăceau activităţile intelectuale. Sau Biblia.

– Hai să mergem, îi ordonă el când văzu că ea nu mai spune nimic.

Drumul spre casă era oribil de silenţios, iar când am ajuns, el se duse direct în dormitorul lor, aruncându-se pe pat îmbrăcat. Ar fi vrut să-i spună că nu este igienic, dar se gândi că nu era momentul potrivit. Nu ştia cum să se apropie de el. Nu-l mai văzuse aşa arţăgos decât o dată, cu ani în urmă, când fusese gelos pe unul dintre prietenii lui care, după spusele lui, îi făcea ei curte. Primi un SMS şi ea citi mesajul Tinei pentru el: „Am aflat ceva şi trebuie neapărat să discutăm. Să nu-i spui Annei". Iar devenise Anna. Oare ce avea Tina de discutat în secret cu John? Fata nici măcar nu-l întrebă cum se simte.

— Ştii despre ce vorbeşte? îşi întrebă ea soţul, după ce îi citi mesajul şi lui.

— De parcă am ştiut vreodată! Ai pe cineva? întrebă el cu ură în ochii căprui, altădată blânzi.

— Bineînţeles că nu, John. Ce întrebare e asta?

— Minciună! urlă el. Un concept atât de familiar ţie.

— Eşti nedrept şi o ştii. Nu te-am minţit niciodată.

— Mi-ai ascuns în primii ani ai căsătoriei c-ai fost violată, îi reproşă el.

— Asta nu înseamnă că sunt o mincinoasă, John. Nu este uşor să vorbeşti despre lucrurile astea, zise ea, gândindu-se că lui Tom îi făcuse un rezumat al vieţii ei în prima zi. Cu toate secretele ei sordide şi ruşinoase. Fusese capabilă să-şi descarce sufletul în faţa unui bărbat care o răpise, după doar câteva ore.

— Ţi-au trebuit ani, femeie. Ce fel de soţie ascunde asta soţului ei?

— N-am crezut niciodată că secretele apropie, spuse ea. Din contră. Cine-a spus asta a greşit.

— Ieşi afară din cameră! urlă el, speriind-o. Vreau să rămân singur. Habar n-am cine eşti.

*

Anna se răsuci în pat şi în vis fugea de un bărbat. Nu putea să-i vadă bine faţa, dar ştia că e rău. Bărbatul reuşise s-o prindă de păr şi acum o trăgea de cap cu toată forţa. Transpirată, Anna se trezi şi văzu că John nu era în cameră. Coborî în bucătărie şi îl văzu luând medicamente. Erau multe, iar Annei i se făcu milă şi voi să meargă la el când îl auzi începând să vorbească singur: „oamenii care se tem pot face lucruri periculoase atunci când sunt obligaţi". Se opri şi mai luă o pastilă, apoi continuă: „Este nevoie de 46 de muşchi ca să te încrunţi la ei, dar de numai patru pentru a le trage un pumn în faţă". Anna se uita speriată la el. Din senin se puse pe un râs lugubru, iar când a văzut-o, s-a oprit brusc şi pe un ton normal a început să vorbească de Hipocrate și de cum a inventat acesta aspirina.

— Deci dacă din coaja copacului de salcie s-a făcut aspirina, de ce dintr-o curvă iese tot o curvă? urlă el.

Ea se apropie stinghera de el. Nu îl mai văzuse niciodată așa și îi făcea frică.

— John, iubitule, ești bine?

— Da. De aia iau atâtea pastile. Proasto! urlă el dintr-o dată cu toată puterea, iar Anna sări instinctiv înapoi. Maică-ta a fost o curvă și la fel ești și tu! Du-te dracului la culcare!

O luă la fugă pe scări și tremurând se băgă în pat unde începu să plângă de frică. Într-un final adormi, un somn greu și agitat, iar când deschise ochii îl văzu la capătul patului în picioare, privind-o. Se uită la ceasul de pe noptieră care arăta trei jumate dimineața și se chirci în pat înspăimântată. Persoana care era cu ea în cameră în acea noapte n-avea nicio legătură cu soțul ei.

*

Când Tina a revenit de la New York situația între părinții ei era tensionată, dar Anna se străduia să ascundă adevărul. Toți trei luau cina în fața geamului și tocmai o văzură pe Julia dându-se jos din taxi și luptându-se cu valizele multe și grele.

— Iar a devastat buticurile din Soho, zâmbi Anna, dar John nici nu o băga în seamă. Se juca cu boabele de mazăre și împrăștia curcanul prin farfurie.

— Au venit Hope și Larry? o întrebă Tina, luând puțin din piure și evitând sfecla roșie.

— Ieri, răspunse Anna, forțându-se să pară naturală.

— Despre ce voiai să vorbești? o întrebă John pe Tina fără ca măcar s-o privească. Fata se agită pe scaun jenantă și o privi pe Anna.

— Nimic care nu poate aștepta, răspunse ea, luând din greșeală o gură de sfeclă pe care o scuipă instantaneu, pătând fața de masă alb imaculată.

— Cum dorești, spuse John slab. Oricum nu cred că ai ceva interesant de spus. N-ai avut niciodată.

Tina îl privi şi ochii maro i se umplutură iarăşi de ură, devenind hidoşi.

– Cum a fost la New York? schimbă Anna subiectul, dorind cu orice preţ să evite scandalul.

– Mmm, ia să văd, spuse fata în batjocură, m-a impresionat mult viaţa celor două jurnaliste, Paula Zahn şi Christiane Amanpour, dar şi mai interesant a fost o discuţie despre venirea pe lume. Am aflat că viaţa noastră se datorează unei alianţe care câteodată se bazează pe dragoste, altădată pe greşeală şi interes... şi aproape întotdeauna, făcută în secret. Nu-i aşa, tată? suflă ea plină de ură. John o privi fără interes, apoi aruncă furculiţa în farfurie, dar ea nu se lăsă şi continuă: care a fost interesul tău când, în secret, te-ai unit cu drogata mea de mamă şi din greşeală m-aţi adus pe mine într-o lume ostilă?

John o privi şi-n continuare nu înţelegea nimic. Anna era şi mai confuză.

– Roberta Banks, nu-ţi spune nimic? întrebă Tina scârbită, iar John începu să-şi mişte ochii bizar, săpând după amintiri parcă în fundul memoriei lui. Apoi îşi reaminti.

– Bingo! urlă fata de 16 ani, văzându-i expresia din ochi.

– Nu se poate... mormăi el. Eşti fata Robertei?

– Şi a ta, şuieră Tina, dându-i lovitura de graţie.

– Nu înţeleg, făcu Anna aproape tremurând.

– Ce parte nu pricepi? continua tânăra. Cea în care John, care era deja căsătorit cu tine, i-o trăgea Robertei sau faptul că mi-e tată biologic? Dar hei, urlă fata având aerul unei nebune scăpată de la ospiciu, vestea bună este că atunci când aşa-zisul meu tată mă viola, de fapt n-a fost un incest. Deci, cum se spune, în tot răul e un bine. Dar eu tot violată am fost, chiar dacă nu de tatăl meu biologic. Anna simţea cum părul i se ridică în vârful capului, iar John, el, nu simţea decât că locul lui nu era acolo. De fapt habar n-avea unde-i era locul. Tina se ridică brusc, făcând scaunul să cadă cu zgomot pe parchet şi fără un cuvânt părăsi casa.

– În anul căsătoriei noastre ai îndrăznit să ai o aventură? întrebă Anna apăsat.

– Sexul între noi n-a fost niciodată genial, veni răspunsul lui ca un pumn în plex.

Oare cine era persoana din faţa ei? Sigur era că acela nu era bărbatul cu care ea se căsătorise cu 17 ani în urmă.

– Şi atunci de ce te-ai căsătorit cu mine?

– Pentru că te credeam normală.

– Normală în comparaţie cu ce? Cu viaţa ta degradantă şi ascunsă? Cu amanta heroinomană? întrebă Anna pe un ton care nu-l folosea niciodată cu el. Ea era blândă şi întotdeauna evitase discuţiile neplăcute, fugise de scandaluri, urându-le, dar aceea era o situaţie pe care nu o putea anula sau ascunde în spatele unui surâs diplomat. Îi reproşa faptul că nici măcar nu se simţea vinovat.

– „Culpabilitatea este o oportunistă furioasă", cită el pe naiba ştie cine.

– Ai îndrăznit să-mi faci un copil pe la spate şi nici măcar nu te simţi vinovat?

– Unul dintre noi trebuia să facă un copil. Şi nu tu erai aceea, nu-i aşa?

O înşelase, iar acuma o făcea stearpă în faţă.

– Câte amante ai avut, John? Pentru că dacă am fost atât de inutilă în pat şi de stearpă, probabil că ţi-ai căutat fericirea în permanenţă.

– Nu. N-a fost decât data aceea, spuse el cu ton normal redevenind parcă cel de altădată. Îţi promit. Se ridică încet de la masă şi, târându-si picioarele, urcă la etaj şi se închise în dormitor.

Ea rămase ţintuită locului, nevenindu-i să creadă că de-acum încolo aceea era viaţa ei. Oare cu ce a greşit de a fost pedepsită încă de mică? Violată la 10 ani de colegul tatălui ei, părintele pe care îl adoră ajunge în puşcărie şi apoi într-un ospiciu, s-a mutat din Colorado Springs în California şi şi-a lăsat în urmă prietenii, casa copilăriei şi stabilitatea familiei, singurele ei repere. Căsătoria ratată a mamei ei cu un oftalmolog pervers, apoi divorţul acestora şi schimbarea domiciliului pentru a patra oară. Când mama ei l-a cunoscut pe blândul Ed Hyland, viaţa ei a intrat pe un făgaş normal şi încet, rănile i s-au cicatrizat. A mers la facultate, apoi, la 22 de ani s-a căsătorit cu John. După ce s-au hotărât să facă un copil, Anna a aflat că nu poate. Violatorul ei nu i-a furat doar copilăria, ci şi viitorul şi plăcerea de-a simţi în pântec propriul copil. În timp, s-a obişnuit cu viaţa lor şi era chiar satisfăcută, iar acum asta! La aşa ceva nu se aşteptase. Stătea în semiîntuneric şi privea fără să vadă sufrageria spațioasă și frumoasă, cu nișe în perete pe care erau cărți valoroase, bibelouri și poze de familie. „Surogat de familie", gândi ea. Când acceptase să se căsătorească cu John, se gândea plină de speranțe la nunta frumoasă, la casa șic cu gărduleț mic, alb și la copiii drăgălași pe care ar fi urmat să-i aibă. Avusese casa și mașina de lux, dar copiii, ce era mai important, nu veniseră niciodată. Aprinse cele două veioze cu abajur galben de la geam și o văzu pe Tina cum intra în casă la Tess. Fără să stea mult pe gânduri se duse și ea la prietena ei.

Când intră în sufrageria lui Tess, Anna îl văzu pe Dwight, noul vecin, și pe Isabelle. Tina râdea cu poftă și Anna o întrebă dacă-și rezervă crizele de nervi doar pentru familie. Isabelle se puse pe canapea, încrucișându-și picioarele sub ea, avidă să asiste la un spectacol live. Vecinul bizar, cum i se spunea în cartier, se ridică, scuzându-se că are ceva de făcut și părăsi casa.

– Îmi pare rău pentru scena de-acasă, se scuză Tina. Nu așa trebuia să afli. Anna o privea așteptând și fata continuă. Am angajat un detectiv ca să-mi găsesc mătușa, dar în loc de asta am aflat că tatăl meu biologic este John, iar eu peste noapte am devenit persona non grata.

Isabelle privea scena fascinată și Tina o întrebă dacă vrea popcorn. Prietena ei plecă privirea jenantă, în timp ce Anna ceru mai multe detalii, însă fata a spus că este obosită și vrea să meargă la culcare.

*

– Deci mă înșală de-o viață, zise Anna când a rămas singură cu Tess. Nici măcar nu a negat. Din contră, mi-a spus că nu sunt bună la pat și că sunt stearpă. Nu-mi vine să cred ce mi se întâmplă. Acum 10 zile eram fericită, iar acum, noul John nu mai are nicio legătură cu bărbatul cu care m-am căsătorit. Tina este din ce în ce mai obraznică, iar eu sunt complet pierdută. De mici ni se spun nouă, fetelor, tot felul de povești cu prințese. Ceea ce nu ni se spune este că diferența între poveste și viața reală este mare. În timp ce poveștile cu prințese se termină întotdeauna bine, în viața reală poți fi violată, bătută și umilită. Epuizată, Anna însăși îi ceru prietenei ei să schimbe subiectul. Era sătulă de coșmarul ei de viață.

— Am angajat un detectiv care m-a informat că Ron mai are o soție în San Francisco, spuse Tess, șocând-o pe Anna. A, da, este însărcinată. Doar un băiețel cu ea nu i-a fost de-ajuns. Prietena ei o privea mută. Și mai are și o amantă, continuă Tess. Blondă, sâni mari siliconați și picioare de 2 m. Bine ai venit în coșmarul meu! zise ea, lăsând-o pe Anna cu gura căscată.

— Îmi pare atât de rău, draga mea, spuse Anna tristă, iar Tess ridică din umeri.

— Să nu-ți pară. Nu tu m-ai înșelat. Și nu tu ai lăsat gravidă câte-o târfă în fiecare stat. E posibil ca nenorocitul sa aibă copii mai peste tot.

— Ai vorbit cu el?

— Când vocile din cap o să înceteze, zise Tess, încă reușind să glumească.

Era o persoană puternică și putea trece prin orice în viață, își spuse Anna, dar ea personal era epuizată. Nu credea că va putea trece peste toate singură. Se simțea teleportată undeva între iad și mai rău.

— Am sunat-o o dată pe mireasa lui, continuă Tess cu amărăciune, dar am închis. O privi fix pe Anna apoi spuse: bine, bine, am sunat-o de opt ori.

— Ce vei face?

— De omorât, nu se face, așa că îl voi lăsa fără niciun ban, dar mai întâi de toate, îl bag în pușcărie pentru bigamie.

— E tatăl lui Isabelle.

— Și nu numai. Mai este și soțul a două femei și amantul al unei a treia!

— Cum a putut să se căsătorească în San Francisco?

— Simplu. Noi ne-am căsătorit în Nevada.

— Mă refeream cum o ființă umană poate să-i facă așa ceva unei alte ființe umane? Dai totul din tine și-apoi într-o zi, afli că soțul tău este un ordinar. Tess nu mai era sigură că încă vorbeau de ea. Unde este Ron acum? o întrebă Anna.

— La San Francisco, evident. A spus că rămâne peste noapte acolo pentru că este foarte obosit, iar când i-am zis că e mai degrabă nevroză narcisistă clasică, mi-a spus că eu îl epuizez. Eu, persoana pe care o vede cinci minute pe lună. Când o să termin cu nenorocitul ăsta, epuizarea va fi doar o ședință la SPA pentru el.

— Pe Hope ai văzut-o de când s-a întors?
— Da, spuse Tess. Crede că este îndrăgostită de Larry, dar el nu. I-a propus să-i prezinte unul dintre prietenii lui.
— Bărbații ăștia câteodată sunt orbi. Ce căuta vecinul cel bizar la tine?
— Mi-a spus că pleacă pentru trei zile și m-a rugat să-i ud florile din casă. S-a oferit Tina, se pare că se înțeleg bine.
— Este tot timpul murdar de ou la gură. Chiar și atunci când nu mănâncă ou. Poate le fabrică, spuse Anna, uimită că încă mai putea face glume. Nu știu să trăiesc singură, Tess. Ce mă fac dacă trebuie să divorțez? Am nevoie de o prezență masculină în viața mea.
— John trece printr-o fază proastă. Își va reveni. Și dacă totuși nu, îl ai pe Ed, tatăl tău vitreg, care este un om de milioane. În schimb, eu nu am pe nimeni. Singura prezență masculină din viața mea va fi poștașul. E cumsecade, îl cunosc de mult și am mai mare încredere în el decât în orice alt bărbat din viața mea.
— Cum ieși din impas, Tess, când simți că nu mai ai aer să respiri și te panichezi?
— Merg la veceu și vomit. Sau doar vomit pe unde apuc. Apoi mă spăl pe față, fac câțiva pași, mă lamentez puțin, plâng mai mult, apoi mă duc la culcare, spun o rugăciune și sper ca doua zi să-mi fie mai ușor. Și-n general îmi este. Tess își privi cu compasiune prietena, apoi continuă. Anna, din păcate nu există un buton pe care sa apăsăm și să ne amorțim durerea. Ca să trecem de ea trebuie să trecem prin ea. Trebuie s-o iei de la început de câte ori este necesar.
— Știi ceva, zise cu voce joasă Anna, acum când am aflat ce mi-a făcut John, aproape regret că atacul de cord nu i-a fost fatal.
— Nu spune asta, Anna. Moartea e un hoț la drumul larg sau pe mici cărări, care ia și păstrează totul definitiv. John nu este un bărbat rău, nu-l poți compara cu Ron al meu. A făcut o greșeală. Până nu știi sigur dacă au fost și altele, nu te poți gândi să-l părăsești. Dă-i o șansă.
— Poate ai dreptate. Vezi, eu nu știu să reacționez la stres. Acum mă simt furioasă și rea. Dar se spune că răutatea e doar un mecanism de apărare, nu-i așa? Prefer asta, decât să știu că sunt un monstru, zise Anna tristă și fără chef să se întoarcă acasă.

Acasă unde era el, impostorul. Acela nu mai era căminul ei sau a lor. Trăiseră un basm frumos, care acum se transforma în coșmar. Bărbatul cu care locuia părea ignorant, lipsit de empatie, insolent, fără trecut și fără viitor. Acum parcă i se părea și urât fizic. Avea ori urechile prea mari, ori capul prea mic. Crezuse că împărțise cu ea totul și acum, după 17 ani de viață împreună, realiză că împărțise doar casa și secretele. Căsătoria fenomenală care, crezuse ea, va dura o veșnicie se transformă într-un fel de instituție în care trebuia să lucrezi ore lungi, să te bați cu tot felul de probleme: asigurări de viață, șederi în spital, facturi care trebuiau plătite și compromisuri zilnice. Venise timpul să accepte că visele ei erau un fel de sponsor al proiectelor fantasmagorice ale unei vieți pierdute din start. Mii de gânduri îi treceau prin cap și acum înțelegea mai bine anumite lucruri, cum ar fi faptul că lui John îi plăcea întunericul. Normal că-i plăcea. În întuneric putea să fie el, cel adevărat. Nimeni nu-i vedea fața. Sau ce simte. Anna se târî epuizată până la casa în care nu era, dar se simțea mai singură ca niciodată.

*

Dwight McLenon, vecinul cel bizar", era un bărbat de 57 de ani care părea mai în vârstă decât era. Se mutase în Pacific Palisade cu patru luni în urmă și nu socializase mult. Unii spuneau despre el că este politicos, alții, că e bizar, dar nimeni nu-l cunoștea într-adevăr, lucru destul de comun în Los Angeles. Tina a spus că într-o zi a vorbit cu el și că era un oropsit al sorții. Bărbatul a trăit toată viața în Michigan, era inginer la Ford și cândva fusese căsătorit, având unul sau doi copii. Tina nu știa amănunte sau ce se întâmplase cu familia lui, iar Dwight nu povestea niciodată. Era deja complet cărunt, cu tendințe de îngrășare și cu un tic la ochi. Nu era bogat, dar moștenise de la un unchi o sumă frumușică de bani, așa că reuși să-și cumpere o casă mică în cartierul lor. Nu avea niciodată vizitatori, iar vecina care avea casa lângă a lui, spunea că uneori, noaptea, auzea zgomote bizare venind de la el. Nimeni nu știa exact ce făcea Dwight, dar de câte ori se întâlnea cu vreun vecin, era politicos.

Tess era uimită că el i-a cerut să-i să-i ude florile, dar și mai surprinsă să vadă că el și Tina se cunoșteau. Când îl întreabă unde se împrieteniseră, el îi spuse că la barul de sucuri de lângă studioul de yoga. Fetei îi lipsea un dolar, așa că el i l-a dat, lucru firesc. Tina i-a promis lui Dwight să-i ude florile în fiecare seară la ora 7:00, iar el i-a spus că-i convine, apoi i-a zis că a avut o fată de vârsta ei. Dintr-o dată ochii i se întristară și se gârbovi. Parcă în două secunde luase 10 ani. Tess îl privi cu milă.

– M-am despărțit și de soția mea. Nu ne mai înțelegeam deloc. Locuiam într-o casă de groază, cu o atmosferă oribilă. Ceva ca-n casa din Scary Movie, dar fără momentele bune. La început am iubit-o. Ne știam din copilărie, apoi în adolescență am devenit iubiți. Ne certam des, dar ne împăcam și-mi spuneam că este normal, că toți prietenii se ceartă, dar că cei adevărați se și împacă. Doar că într-o zi a dispărut, luând o parte din mine cu ea. Am suferit ca un câine. După 10 ani am reîntâlnit-o. Tot frumoasă era și mi-am spus că probabil încă o iubeam. Am întrebat-o ce-a făcut de când nu ne-am văzut și mi-a zis că s-a măritat, a divorțat și, undeva între cele două, s-a tatuat. Mi-a arătat o inimă roșie și mi-am zis că probabil era un raport cu inima mea frântă. Mi-ar fi plăcut ca ea să regrete și să-și ceară scuze pentru tot răul ce-l provocase în viața mea, dar n-a făcut-o. Cineva ar fi trebuit s-o oprească demult pe prostituata din Babilon, zise el dintr-o dată serios și cu ură în ochi.

Tess îl privi fără să înțeleagă, iar el își reveni rapid. Prea târziu, ea sesizase deja o străfulgerare de răutate. Era ceva bizar în omul acesta. Ce legătură avea soția lui cu Ierusalimul și tainele biblice? Se spunea că prostituata Babilonului avea controlul asupra traseului fiarei. Era el fiara oare?

Capitolul 8

Îmbrăcat în pantaloni bej și cămașă albă, Barry arăta bine. Hope se întreba de ce soțul ei s-a autoinvitat la micul dejun. Nu se mai văzuseră de când își declarase pasiunea arzătoare pentru Julia. În halat și pantalonași de mătase, Hope, arăta proaspătă și tânără. Era frumoasă când se trezea.

– Bună, Hope, mulțumesc ai acceptat să mă vezi. Mă bucur că nu dormeai aseară când te-am sunat.

– M-ai sunat de 20 de ori. Și un mort s-ar fi trezit.

El nu a negat. S-au instalat în curtea din spate, iar el privi în jur cu dor. Piscina era îmbietoare, iar pe măsuța albă din fier forjat, era o baghetă franțuzească, cornuri, dulceață, fructe, cafea neagră și nuci.

– N-ai ceai? o întrebă, iar ea negă din cap. Știa că el bea ceai verde de dimineață, dar asta nu mai era problema ei.

– April este bine? întreabă Barry de mama ei.

– De trei luni este în Vermont la prietena ei, dar săptămâna trecută mi-a spus că se simte tot obosită. Când se întoarce va face iarăși analizele. Sper că nenorocitul de cancer n-a revenit.

– Sunt sigur că totul va fi bine, încercă el s-o asigure, dar demult nu mai avea o influență liniștitoare asupra ei. De când îi spusese că era îndrăgostit de Julia, Hope se retrase în carapacea ei. Trecuse de la stadiul confuzie și suferință, undeva între acceptare și suferință, continuă-ți viața, suferință, multă yoga și Larry, Larry, Larry. Nu știa încă ce sentimente avea exact pentru acesta din urmă. Era atracție, frica de singurătate sau dorința de a-l face pe Barry să sufere? Poate puțin din toate, gândi ea. Păcat că Larry era total detașat.

– Despre ce doreai să vorbim? îl întrebă ea. Păreai serios la telefon.

A lăsat capul în jos jenat, apoi a spus repede:

– Te implor, poți să faci ceva în legătură cu Julia? Sunt disperat. M-am săturat de atâta suferință, iar ea nu vrea să-mi vorbească deloc.

Lui Hope nu-i venea să creadă că îndrăznise să-i ceară asta. Crezuse că-i era dor de Kim și că dorea s-o vadă.

– Neaţa, se auzi Larry în spatele lor. Îmbrăcat în pantaloni scurţi albaştri şi tricou alb, arăta superb, iar faţa ei radie când îl văzu. Barry, luat prin surprindere, îl privi din cap până în picioare, apoi zise:

– Eşti desculţ.

– De obicei nu dorm încălţat, spuse prompt Larry, care veni zâmbind spre Hope şi-o pupă pe sprânceană.

Lui Hope nu-i venea să creadă, dar pe faţa ei nu se citi nimic, în schimb Barry era aproape de anevrism.

– Sunteţi împreună? îi întrebă el cu ton răutăcios.

Hope se pregătea să răspundă, când Larry îi acoperi gura cu un sărut. Se simţi recunoscătoare că stătea jos, pentru că genunchii i se înmuiaseră atât de tare, încât ar fi fost un miracol să poată să stea în picioare.

– Da, zâmbi Larry, suntem împreună.

– Dar nici măcar nu suntem divorţaţi, continuă el pe un ton ostil.

– Nu mai staţi împreună de peste un an şi eşti îndrăgostit de secole de o altă femeie. Nu cred c-o bucată de hârtie pe care scrie „divorţat" are importanţă. Sau că trebuie să te superi pentru asta, Barry.

– Nu-mi spune tu mie ce să fac, se răţoi el.

– Nu-ţi spun ce să faci, ci ce să nu faci. Dar, în realitate chiar nu mă interesează, aşa că dacă ai chef să te comporţi ca o victimă, este alegerea ta.

Barry se întoarse nervos spre ea şi o întrebă:

– De când durează mascarada asta? Eraţi împreună în timp ce noi eram încă un cuplu? V-aţi căsătorit şi ar trebui să ştiu? Poate trebuie să naşti sau ai deja vreun copil pe-aici?

Ea îşi dădu ochii peste cap.

– Singurii copii de aici sunt Kim şi tu însuţi.

– Nu ţi-a trebuit prea mult timp ca s-o bagi în pat pe sora soţiei tale, nu-i aşa?

Larry se aştepta la o asemenea remarcă, ştia bine cât de caustic putea fi Barry.

– Dé ar fi fericită să mă ştie cu Hope. Kim este fericită şi noi doi la fel. Restul nu prea are importanţă. Cred că sunt îndrăgostit de Hope de mai bine de doi ani. Ţii minte, o întrebă el, când neam dus la cinema cu Kim, apoi la restaurant şi la Karaoke?

Ea dădu fericită din cap, ştiind că el minte. Nu avuseseră niciodată o asemenea seară.

– Atunci mi-am dat seama că te iubesc, continuă el. De aia am luat-o iarăşi din loc. Nu voiam să-ţi tulbur existenţa. Credeam că voi doi chiar sunteţi fericiţi. Am avut dreptate să revin, spuse el blând, mângâindu-i faţa cu un deget.

– Eşti îngerul meu păzitor, Larry, îi intră ea în joc, iar el zâmbi abia perceptibil şi-şi ridică o sprânceană.

– Da, a coborât din ceruri să te anunţe potopul, şuieră Barry enervat la culme de întorsătura lucrurilor. Sunteţi Cernobîl şi Hiroshima la un loc. Ce aveţi de gând să faceţi? îi chestionă el, considerând că are toate drepturile din lume.

– Să luăm micul dejun, spuse Larry sorbind din cafea.

– Ăsta nu e un răspuns.

–Este singurul pe care o să-l ai, spuse Hope, ridicându-se în picioare şi forţându-l să plece. Nu mai reveni şi n-o mai bate pe Julia la cap, nu eşti genul ei.

– Nu sunt genul ei? Frumos, bogat şi inteligent nu este genul Juliei?

– Eşti prea bătrân pentru ea. Apoi ştii bine că ea preferă blonzii fără burtă.

– Fără burtă! urlă el rănit. Puteau fi multe lucruri, dar gras nu era. Nu-mi spui decât tâmpenii, zise el îndreptându-se spre ieşire. De altfel, nu-mi spui mare lucru demult.

Ieşi furios trântind uşa în urma lui. Când se întoarse în curte, Larry lua liniştit micul dejun. O întâmpină zâmbind.

– M-am gândit că nenorocitul are nevoie de o lecţie. Sper că nam sărit calul.

– Nu, nici vorbă, zise ea, cu gândul la scena sărutului pe care ar fi repetat-o oricând.

– O să fie bine până la urmă, Hope, vei vedea. Dar va trebui mai întâi să ierţi. Şi la fel ca iubirea, iertarea necondiţionată nu funcţionează. Câteodată trebuie s-o luăm puţin în spate, să facem pace şi abia după aceea vom putea avansa.

Ştia că el are dreptate, dar nu era deloc simplu. Fără niciun motiv, viaţa pe care-o iubise luase sfârşit, iar ea n-a putut să facă nimic. Era nefericită și știa că nu ar fi trebuit să-i fie rușine, dar îi era. Nu era vina ei că se simțea așa. Sau că fusese părăsită. Ea era doar victima. „Când o bancă este jefuită, nu banca este acuzată". Începea să simtă o durere mută în tâmple, așa că se hotărî să schimbe subiectul. I-ar fi plăcut să mai vorbească despre ei, dar nu era sigură că era o idee bună. Sau că el ar fi într-adevăr interesat. De altfel, nici ea nu era în totalitate disponibilă psihic.

– Abia aștept să-i vedem mâine pe Ada și George, zise ea.

– Ce-ar fi să-l invit și pe Kevin Hill? Ea îl privi, așteptând detalii. Prietenul acela de care ți-am vorbit în Hampton. V-ați intersectat odată la o petrecere, dar probabil nu l-ai văzut.

„După tot cinemaul care-l făcuse cu 10 minute înainte, acum asta", gândi ea agasantă.

– Nu pari prea interesată.

– Interesată de ce? De un bărbat pe care nu l-am văzut niciodată la o petrecere de care nu-mi aduc aminte?

Avea ton ușor răstit, iar el o privi mirat. „Ce bou", își spuse ea ridicându-și părul blond platinat într-un coc. Noua ei culoare o prindea de minune. Ochii verzi frumoși erau triști și-și umezea buzele des, așa cum făcea de fiecare dată când era contrariată.

– Am înțeles, încă nu ești pregătită pentru un nou bărbat. Ești poate încă îndrăgostită de Barry, dar într-o zi am să ți-l prezint pe Kevin și o să-mi mulțumești. Doar fă-mi un semn. „Bou", își zise ea iarăși.

– N-ai mai ieșit cu nimeni de când te-ai despărțit de Barry? întrebă el, hotărât s-o cupleze cu orice preț.

– Două tentative. Una cu Mike, cu care în timp am devenit prieteni și atât, iar numărul doi a fost doar o seară. Mi-a vorbit numai de vin și de nu știu ce lemn de Palermo mucegăit, de mana viței de vie și câtă recoltă a fost distrusă în 1980 din cauza ploilor.

– Și tu ce-ai spus? râse el.

– I-am zis c-am vomitat când m-am îmbătat prima oară cu un vin, provenit sigur dintr-o viță infestată cu mană, a cărei struguri au fermentat în butoaie de Palermo, mucegăite din cauza ploilor din 1980. Larry râdea cu poftă.

– Mi se pare o conversație amuzantă.

– Nu și lui. Am mai făcut și alte glume, dar dacă nu râdeam la sfârșit, nu-și dădea seama că glumeam și mă privea tâmp. A trebuit practic să-mi explic toate bancurile... şi să râd singură la ele. A fost o seară foarte obositoare pentru amândoi. Dar tu? Ai avut întâlniri?

— Nimic important şi toate de genul: „vreau un cappuccino, repede. Nu pot repede. Ia doar o cafea". A mai fost cineva, continuă el în timp ce ea râdea. Am scos-o la cină şi toată seara mi-a vorbit de rochia ei din tafta. Dumnezeule, chiar avea multă tafta în ea. Râsete. Apoi mi-a spus că o plictiseau nunţile, pentru că toată lumea trebuie să zâmbească, să danseze pe cântecele lui Al Green şi să asculte promisiunile unui cuplu care avea 50 la sută şansa să divorţeze. Sărea de la o stare la alta. M-a sunat de câteva ori să ne vedem, iar eu nu mai ştiam ce motive să invoc ca să n-o rănesc, dar ea nu înţelegea şi insista să ne revedem. Îi era teamă că mi-a făcut o impresie proastă şi voia să schimbe asta. În final, i-am zis că nu există o a doua şansă pentru o „prima impresie" şi că o a doua „prima întâlnire" este un eventual start „pe picior greşit". Nu m-a mai sunat niciodată.

— Eşti foarte drastic, glumi Hope.

— Nu sunt încă pregătit probabil pentru o relaţie nouă, spuse el, iar ochii frumoşi căprui i se întristară. Sau poate n-am nimerit pe cine trebuia. O femeie, cred eu, ar trebui să aibă clasă, simplitate...

— Senzualitate?

— Cred că atunci când există iubire şi complicitate, senzualitatea este prezentă. Vine la pachet. Crezi că te vei mai căsători vreodată, Hope?

— Întreabă-mă asta după ce divorţez, spuse ea, dorindu-şi ca el să o observe aşa cum era, nu doar ca sora lui Dé.

*

Isabelle îşi prinse părul lung într-un coc în vârful capului, îşi puse bascheţii de alergat, căştile la urechi şi ieşi afară. Cartierul era liniştit şi-i plăcea să admire casele frumoase. Nu făcu decât 100 m până ajunse la casa Juliei. Aceasta stătea pe prispă cu Anna şi cu Tina, beau citronadă şi discutau liniştite. Isabelle le întrebă dacă poate să stea cu ele, iar Julia îi spuse că este întotdeauna binevenită, apoi îşi continuă povestea.

— Toată seara am stat fără să scoatem un cuvânt, povestea ea, iar când părinții mei s-au retras lăsându-mă pe terasă la Rockefeller cu el, m-am panicat. N-aveam nimic să-i spun acelui bărbat. Era atrăgător, dar simplul fapt că era o întâlnire programată mă bloca. Se uita zâmbind la mine, ucigându-mă la foc mic cu tăcerea. Într-un final s-a decis să vorbească:

— Îmi place de tine, Julia și dacă și ție îți place de mine, poate mai facem asta și altădată.

— Să stăm jenați pe scaune fără să vorbim? l-am întrebat, convinsă că fac o glumă bună și că voi sparge gheața. S-a enervat și, ridicându-se în picioare, mi-a zis pe un ton morocănos:

— Atunci e bine că ne-am răzgândit la timp.

— La timp pentru ce? l-am întrebat amuzată și a plecat, lăsându-mă pe mine să-i plătesc supa de ceapă și humusul. Nu alegem de cine ne îndrăgostim, dar totuși există o anumită selecție.

— Reprezentarea amplă și dramatică a realității, departe de spiritualitatea tipică a peripețiilor pe care le trăiești în această perioadă, te fac foarte drăguță, spuse Anna amuzată, luând un aer de profesoară.

— Ce deșteaptă ești, mami, zise Tina.

— Iar tu, amabilă, o premieră, zâmbi Isabelle.

— Voi încerca totul măcar odată în viață, zâmbi Tina, trăgând cu ochiul. Poate de două ori, dacă merită.

— Ce se mai știe de moartea vecinului nostru Chesterfield? întrebă Julia.

— La început poliția a zis că s-ar putea să fie o mână criminală, apoi au zis că a murit de inimă. Se poate să nu fi avut nicio pistă și i-au pus bietului om un infarct în cârcă. Probabil vor abandona cazul, tot așa cum au făcut și cu Olivia, colega voastră de liceu. Și moartea ei a fost suspicioasă și sunt sigură că mulți dintre elevii care s-au aliat să ascundă ceva, așa cum spun gurile rele, vor plăti scump într-o zi. Alianțele fondate pe frică, șantaj și neîncredere sunt precare, nu rezistă în lumina crudă a adevărului.

— Dac-a fost o crimă, cel care a făcut-o a fost expert, spuse Isabelle mușcând dintr-un măr.

— Adevărul iese întotdeauna la iveală, zise Tess. E ușor să încalci regulile și toți putem găsi un motiv să facem rău, dar cei mai mulți nu o facem pentru că trăim într-o lume civilizată.

– Tâmpenii, spuse Tina luând o gură de citronadă. Fata se droga la greu. Și-a făcut-o cu mâna ei. Întotdeauna a fost o indisciplinată, iar lipsa disciplinei provoacă haosul.

*

John trecea strada în halat de casă și picioarele goale. Arăta de parcă ar fi ieșit de la ospiciu de nebuni. Cu părul ciufulit și bale la gură, începu să urle șocând pe toată lumea prezentă. El era calmul cartierului, omul pe care te puteai baza.

– Cine dracu e Tom și de ce spune că-i e dor de tine? țipă el la soția lui, arătându-i telefonul.

Luată prin surprindere, Anna căuta frenetic un răspuns. Sub nicio formă nu putea să-i spună că Tom este răpitorul și prietenul ei.

– E fratele meu vitreg din partea tatălui, minți ea.

– Felicitări! sări Julia imediat. E extraordinar ce ți se întâmplă. Tare mi-aș dori și eu un frate sau o soră. John, hai stai jos la o cafea. Mi-a fost dor de tine. Tu ești fratele pe care nu l-am avut niciodată. John se calmă puțin și spre surprinderea Annei, acceptă să se așeze.

– Fratele tău zici? întrebă el cu voce normală.

– Da. Se pare că tata avut o aventură – „tot așa ca tine", se abținu ea să zică –, care s-a soldat cu un copil. M-a căutat și m-a găsit.

– Vrei puțină limonadă, John? schimbă Julia subiectul.

– Sau whisky cola? Fără cola, zise el serios.

– La 10:00 dimineața? Anna îl privea mirată.

– Da, răspunse el sarcastic. Asta e rezoluția mea pe anul acesta, e clar?

– Despre ce rezoluție vorbești? Și ce an? Suntem în septembrie.

– De ce? Pentru că așa spui tu?

O privea cu ură, iar ei i se făcu frică de el. Julia era și ea șocată de comportamentul lui John.

– Nu, spuse Anna aproape șoptit, pentru că e chiar septembrie.

– Știați că rezoluția noului an este o tradiție din Roma precreștină? întrebă el redevenind normal.

– Știai că ești nebun de legat? zise Tina cu tonul cel mai natural din lume. Toți de-aici credem asta, dar numai eu am curaj să-ți spun. De când ai ieșit din spital te porți ca un schizofrenic și o sperii pe biata femeie, arătă ea cu capul spre Anna. Mie mi-este indiferent, nu mai poți să-mi faci nimic ce nu mi s-a făcut deja, dar te previn, dacă te atingi de un fir de păr din capul ei, pun acid pe tine noaptea când dormi. O spuse pe un ton calm și toată lumea amuțise, inclusiv el. Mama ar vrea puțin respect din partea ta, dar știi ce aș vrea eu? Un divorț mare. Din păcate nu eu sunt cea care decide, așa că, dacă vrei să rămâi căsătorit cu ea, va trebui să mergi la psihiatru și să iei un tratament, înainte să înnebunești de tot.

În ciuda faptului că Tina era deseori nerezonabilă sau că-i spunea „femeie", Anna se simțea protejată și era de părere că John chiar avea nevoie de un șut în fund ca să meargă la un psihiatru.

– Îmi pare rău... bălmăji el într-un final.

– Nu ne interesează, i-o tăie Tina. Du-te la un medic și rezolvă-te, dacă nu, va trebui să te muți. Nu suntem obligate să stăm în teroarea unui nebun.

– Tina, stop! interveni Anna, este tatăl tău și merită puțin respect.

– Să vezi ce mult o să-l respecți când o să-ți fotografieze colonul cu mobilul!

– Opriți-vă! ridică John o mână, Tina are dreptate. Mă simt bizar și vă promit că luni o să mă duc la un doctor. Acum vreau să mă culc, sunt epuizat. Plecă gârbovit, iar cele patru femei se uitau în urma lui.

– Am lipsit cât timp? întrebă Julia.

– Da, de la o zi la alta viața mi s-a transformat în coșmar. E ca și cum aș fi adormit în rai și m-aș fi trezit în iad. El a înnebunit total, iar eu...

– Mi-am tras un amant, termină Tina fraza în locul ei. Poate el a înghițit faza cu fratele vitreg, dar eu, nu. Știu când minți, femeie. Faci tot timpul gestul acela cu mâna.

– Ce gest? întrebă Ana.

– Ca și cum ți-aș spune, spuse Tina, redevenind adolescenta furioasă. Și dacă chiar ți-ai tras un amant, fii mai deșteaptă pentru că, dacă John te prinde, drumul de aici până la farmacia din colț, o să ți se pară un voiaj pe lună.

– Despre ce vorbiți? întrebă Julia, iar Anna se mișcă jenată pe scaun.

– N-am niciun amant. Și niciun frate vitreg, dar nu am niciun chef să povestesc despre asta acum. De altfel, nici nu știu ce este de spus, totul este varză în capul și în viața mea.

Cele două adolescente schimbară priviri și hotărâră tacit să se împace. Aveau mult prea multe dezastre familiale și bârfe ca să nu-și vorbească.

*

Tess, îmbrăcată în halat lung de casă și cu ciorapi groși în picioare, stătea în spatele geamului și-l privea pe Ron cum își scoate geamantanul din mașină. Profită de faptul că Isabelle nu era acasă și își propuse să aibă o discuție cu el.

– Bună, o salută el plictisit când intră în casă.

De-abia o privea, iar ea realiza că îl urăște din ce în ce mai mult. De ani de zile nu o mai privise ca pe-o femeie atrăgătoare. De fapt, ca pe-o femeie și atât. Slăbise 10 kg și el nici măcar nu a observat. Striga întotdeauna prezent când era vorba s-o critice, dar niciodată nu-i făcea un compliment. Cum putuse să fie atât de oarbă? Era un psihiatru renumit pentru flerul ei și o femeie cu o forța de caracter incredibilă, de ce permisese unei alte ființe umane s-o trateze ca pe ultimul om? Dar ea știa că Ron era departe de a fi o ființă umană. El era ca un animal de pradă care te devora într-o secundă sau te reducea la stadiul de nimic.

– Bine ai venit, zise ea decisă să se joace puțin cu el.

– Arăți obosită, îi spuse abia privind-o.

– Nu dorm prea bine noaptea. Care este scuza ta?

– O să-ți povestesc imediat ce-mi torn un pahar de whisky... sau două, zise el, lăsându-și valiza într-un colț al camerei.

Se duse la barul de lângă geamul ce dădea în curtea din spatele casei și-și servi un pahar, fără să o întrebe dacă dorea și ea unul. Tess nu se aștepta ca el să fie galant, deși nu l-ar fi costat mare lucru să-i propună și ei o băutură. Veni și se așeză pe celălalt fotoliul, luă o gură de whisky și-și întinse picioarele încălțate pe măsuța din față.

– Noi doi nu ne-am iubit niciodată, spuse el direct, luând-o prin surprindere. Se aştepta la orice din partea lui, dar nu la asta. Te-am rănit, dar nu asta mi-a fost intenţia. Îmi pare rău.

– Nu, nu-ţi pare.

– Indiferent ce crezi, să ştii că nu-mi place să te văd nefericită, Tess. Iar tu eşti foarte nefericită. Ştiu că nu ţi-a fost uşor să creşti cu o mamă prostituată, labilă psihic şi veşnic îndrăgostită de X şi Y, dar nu este rolul meu să te fac fericită. „Nu, rolul lui era să o facă nefericită", gândi ea. Am încercat, continuă el, dar eşti prea complicată şi negativă. Ea îl privea şocată, dar nu-l lăsă să vadă asta. Ai atâtea frici în tine încât nu cred că vreodată vei putea fi fericită. Ea continua să-l privească fără să spună nimic. Dacă vreo secundă avusese vreodată vreun regret că-l va părăsi, acesta îi dispăruse pe loc, ascultându-l cum o reducea la o nimica toată. Ţi-e frică de sânge, ţi-e frică de noapte, bolile te înspăimântă – chiar dacă e vorba de o simplă răceală – şi ca să ţi-o spun pe aia dreaptă, mănânci mult prea multă brânză de capră.

– Adică sunt grasă, spuse ea, dorindu-şi din tot sufletul să-l poată plesni.

Apoi se hotărî brusc. Se ridică în picioare, veni lângă fotoliul lui şi-l privi de sus. Părea debusolat dintr-o dată, iar când ea îi luă paharul de alcool din mână şi i-l puse pe masă, el se ridică la rândul lui şi îi înfruntă privirea. Nu era cu mult mai înalt ca ea. Tess ridică mâna şi fără să ezite îl plesni cu toată forţa peste faţă, şocându-l.

– Ce dracu faci, nebuno?

Ea se apropie de el mai tare ca să-i arate că nu-i este frică şi-i suflă în faţă:

– Ştiu totul despre viaţa ta dublă din San Francisco, porc nesimţit! Şi aceasta este o jignire adusă porcilor. El căzu pe scaun şocat, fără să se aştepte la aşa ceva. De fapt nu mai aştepta nimic de mult de la ea, însă, din nu se ştie ce motiv, o credea încă îndrăgostită de el şi gata să accepte orice doar ca să-i împărtăşească viaţa. Se pare că se înşelase. Ai văzut, continuă ea, fata curvei, plină de fobii şi grăsuţă, e capabilă să te aducă la tăcere pe tine, taurul comunal al Californiei.

Broboane de sudoare îi apărură pe frunte şi avea impresia că gâtul îi va lua foc.

– Fac ce-mi ceri, zise el cu voce tremurândă, dar te implor, nu mai băga în pușcărie.

Îl scuipă în față, șocându-se pe ea însăși de gestul făcut, apoi întorcându-i spatele se îndreptă spre ieșire în timp ce-i spunea:

– Dacă-ți cer să sari, tu să mă întrebi, cât de sus. Fă exact ce-ți cer să faci și poate nu vei înfunda pușcăria. Dar vorba aia, nu se știe niciodată. Un lucru e cert însă: te voi bântui până în ultima clipă a vieții tale nenorocite!

Trânti ușa în spatele ei și ieși pe strada frumoasă, simțindu-se liberă. Da, ar fi trebuit să facă asta cu ani în urmă. Nu mai erau în epoca în care femeile divorțate se chinuiau cu rușinea sau gripa. Era independentă, plină de viață și, chiar dacă avea frica bolilor sau nopții, era o persoană pozitivă, veselă și fericită.

– De ce zâmbești singură? o întrebă Hope, care tocmai se pregătea să vină la ea. Îi recunoscu prietenei ei că demult nu mai fusese atât de fericită. Și liberă. Hope înțelesese că luase hotărârea să-l părăsească pe Ron și o întrebă ce va face în continuare.

– Nu știu exact până unde voi merge, dar un lucru e sigur, nu voi mai sta cu el nici măcar o secundă. Tess privi cerul înnorat și-și mângâie bărbia. Apoi mai e și suferința. Vreau să sufere ca un câine.

– Îmi pare rău, iubito, spuse blând Hope, știind că prietena ei era în stare de șoc. Ești o femeie genială.

Tess dădu din cap de la stânga la dreapta.

– Nu și în lumea lui, spuse ea cu lacrimile curgându-i pe obraz. În lumea lui sunt fata unei prostituate, plină de fobii, o grasă neinteresantă, căreia îi place prea mult brânza de capră. Nu cred că l-am iubit cu adevărat niciodată, continuă ea plângând și luând-o pe Hope de braț. Aproape ajunseră la capătul suburbiei, în părculețul cu băncuțe albe din lemn și tobogane. Se așezară pe una dintre bănci și atunci realiză că e doar în ciorapi. Mi-era frică de abandon și suferință, continuă ea, și asta m-a ținut pe loc, dar trebuia să plec demult. N-am mai avut viață sexuală de peste cinci ani. Hope era surprinsă, dar nu lăsa să se vadă. Am fost angajată în această căsătorie pentru ca așa credeam că trebuie să fii. S-a adeverit însă că mariajul meu a fost un drum întunecos cu cărări întortocheate, fără nici o ieșire spre lumină. De partea cui este dreptatea?

– Cineva a spus odată că dreptatea, ca și frumusețea, este subiectivă.

Tess privi cerul cu ochii triști apoi reveni la subiectul dureros al zilei.

– El crede că dacă și-a plecat capul în fața mea, toate păcatele-i și vor fi iertate. Mărturisirea nu spală toate păcatele, Hope.

– Unde este el acum?

– În salon. Bea whisky sau tremură de frică. Poate amândouă. Îl urăsc așa cum n-am mai urât pe nimeni în viața mea, Hope. De abia acum realizez că de ani de zile mă tratează ca pe un rahat. Dar voi reînvia, crede-mă.

– Asta înseamnă că acum...

– Sunt moartă și în iad, termină Tess fraza. Dar totul o să fie bine, îți promit.

– Te simți ușurată?

– Întreabă-mă asta mâine. Astăzi nu știu decât că i-aș scoate ochii. Revelația pe care tocmai am avut-o – și anume că merit ceva mai bun decât un pervers care mă tratează ca pe un gunoi – mă face să regret toți anii pierduți cu el. Ce pierdere de timp și energie. Revelațiile sunt oglinda personalității noastre și scot la iveală secretele pe care ne străduim cu disperare să le ținem în întuneric. Secretul meu este că de ani de zile sunt avidă după un compliment sau o vorbă bună de la el. Nu mi-a mai vorbit cu dragoste de o eternitate. De fapt cred că niciodată nu mi-a vorbit cu dragoste, doar că înainte era mai amabil. Ordinarul naibii și-a bătut joc de mine pe tot parcursul căsătoriei noastre. O mascaradă.

– Amnistia oferă șansa unui nou început, spuse Hope blând. Fără iertare nu vei putea avansa.

– Deocamdată nu vreau să avansez, ci să-l fac pe el să devanseze. Și atât am să-l împing în spate până când va ajunge în infern, locul unde mă aflu eu acum. De-abia atunci mă voi resuscita. Îmi voi face din asta scopul meu prioritar.

– Știi ce se zice „în timp ce ne facem atâtea planuri, viața merge înainte".

Tess nu asculta.

– Am citit undeva o glumă, cum că, femeia este incompletă până la măritiș... după, este într-adevăr terminată. Asta nu-i o glumă, este purul adevăr.

Un zgomot le întrerupse conversația și când se întoarseră o văzură în spatele lor pe Isabelle.

– De când ești aici? o întrebă mama ei.

– Undeva între: „porc nenorocit" și „ordinarul dracului și-a bătut joc de mine".

– Deci știi tot.

Isabelle dădu din cap, își luă mama în brațe și îi promise că-i va fi alături, apoi o rugă să nu-l bage în pușcărie. Era un soț oribil, dar un tată bun, îl iubea și nu voia să-l vadă putrezind într-o închisoare. În plus, i-ar fi fost rușine în fața colegilor. Umerii lui Tess se lăsară în jos, purtând pe ei greutatea anilor pierduți, ai trădării oribile și umilinței trăite, dar și a indeciziei. Nu știa ce este mai rău: frica de a lua o decizie greșită sau indecizia? Dar nici nu putea să șteargă totul cu buretele. Dacă ignora lucrurile oribile pe care i le făcuse, asta nu însemna că și dispăreau. Ar fi vrut să facă ce era mai bine pentru Isabelle, cu condiția ca, acel bine să nu fie lucrul cel mai rău pentru ea. Își dorea să-l pedepsească pe Ron, merita asta, dar știa bine că Isabelle avea dreptate.

– Astăzi nu vreau să mă mai gândesc la nimic, spuse Tess mângâindu-și fata pe părul frumos, lung. Vreau doar să stau aici în șosete cu prietena mea. Îți dai seama, am ieșit în șosete? zâmbi ea trist. Isabelle se uită de la una la alta, apoi spuse repede:

– Am venit pentru că Julia m-a trimis să vă întreb dacă poate să vină și ea.

Tess o privi pe Hope fără să spună nimic.

– Sunt încă supărată că nu mi-a povestit de la început de aceea noapte, dar sunt sigură că zice adevărul. Se gândise mult în ultimele zile la Julia și ajunsese la concluzia că era furioasă pe ea pentru că era geloasă. Nu geloasă pentru că ar crede că cei doi ar fi avut o relație, ci din cauza iubirii pe care soțul ei i-o purta.

– Ziceai ceva de amnistie mai înainte, spuse Tess. E universal valabil, nu-i așa?

– Spune-i să vină, acceptă ea, iar Isabelle o luă la fugă fericită. Dorea din tot sufletul ca prietenele să se împace. Julia o văzu de la distanță, iar când Isabelle ajunse lângă ea și-i dădu vestea bună, se luară în brațe și săriră ca două fetițe. Apoi, o luă la fugă spre parc. Când ajunse la ele, respira sacadat și era îmbujorată, și, ca un copil poznaș, se opri în fața lui Hope, cu mâinile în poală și așteptă.

Hope zâmbi. Nimeni niciodată nu putuse sta supărat pe Julia prea mult.

— Mi-a fost dor de tine, îi spuse, iar tânăra de 33 de ani îi sări în brațe.

— M-a înnebunit tăcerea ta. Au rămas așa un moment cu Tess, privindu-le fericită, apoi Julia întrebă: suntem OK sau mai trebuie să discutăm?

— Îți place de Barry?

— Nu, spuse ea cu vehemență. Nu este genul meu. E bătrân și brunet, dar în primul rând, este soțul tău. Chiar dacă tu nu-l mai vrei, eu nu voi fi niciodată cu el. Eu nu sunt așa, știi bine.

— Și dacă te-ai îndrăgosti?

— Nimic nu s-ar schimba. Dar repet, nu este cazul.

— Am auzit că la New York ai organizat o petrecere, schimbă Tess subiectul considerându-l închis pentru totdeauna. Cum a fost?

— Doar trei persoane din 40 au vomitat și am făcut doar două să plângă. Deci, a fost o reușită. Prietenele ei râdeau. Julia era cunoscută pentru incapacitatea de a găti, iar vomitatul devenise un obicei la modă la petrecerile ei. Cum ești cu Ron?

— Nu sunt. Am aflat azi părerea pe care o are despre mine. Sunt o grasă neinteresantă, fata unei curve și sunt plină de fobii.

— Este injust. N-a văzut cât ai slăbit? Arăți foarte bine, Tess, nu-l lăsa să te demonteze așa. În ceea ce privesc fobiile, mai bine ca tine: ți-e frică de noapte, nu ieși noaptea singură, deci ești prevăzătoare. Dacă-i era și lui un pic frică de pușcărie, poate nu s-ar fi însurat în San Francisco.

Hope dădu din cap.

— Hai să nu ne mai gândim la nimic rău azi, sugeră Julia, și să sărbătorim prietenia. Mergem s-o luăm și pe Anna. Biata de ea, acum 10 minute John urla cât îl țineau plămânii. Cred ca are nevoie de noi.

*

Când au ajuns la Anna, John deschise ușa cu părul răvășit și încă în pijamale. Nu le salută, ci urcă la etaj jenant. În casă era o dezordine de nedescris, ca și cum cei doi s-ar fi bătut. Apoi văzând-o pe Anna au realizat că acesta chiar o bătuse. Anna tremura toată și cu lacrimi în glas le spuse:

— E nebun de legat. Nu l-am mai văzut niciodată așa. M-a strangulat aproape un minut, am crezut că mă va omorî.

— De ce? întrebă Julia speriată.

— Am primit iar un mesaj de la Tom. Julia o privi fără să înțeleagă, iar Anna îi spuse că o să-i povestească mai târziu cine era Tom. Mi-a scris că-i e dor de mine și că ar vrea să mă vadă, iar eu i-am răspuns că nu-i corect pentru John. Era chiar în spatele meu și și-a dat seama că Tom nu mi-este frate vitreg.

— Ți-e amant? întrebă Julia surprinsă. Ai amant?

— Nuuu. Suntem doar prieteni.

— Prieteni care în curând vor fi amanți? întrebă Tess.

— Dacă n-o să mă omoare înainte, spuse Anna. Chiar am crezut că mi-a sunat ceasul. Eu nu-l mai recunosc pe John deloc. Vorbește vulgar, jignește, lovește. Nu voi uita niciodată ce s-a întâmplat azi aici.

Tina și cu Isabelle intrară în casă, iar Anna încerca să-și ascundă puloverul rupt.

— Te-a lovit? urlă Tina, care înțelesese totul imediat ce dădu cu ochii de mama ei. A îndrăznit să te lovească, nebunul naibii? Ori pleacă, or mă țin de cuvânt și-l ard cu acid noaptea în somn. Fata era furioasă. Chiar și acum când aflase că John îi este tatăl biologic, tot pe Anna o prefera. Era blândă, bună și iubitoare, avusese mereu răbdare cu ea și întotdeauna a iubit-o necondiționat. De fapt, era cam singura persoană care o iubise vreodată. Ea și cu o mătușă din partea mamei.

Capitolul 9

Era aproape întuneric când Tina luă cheia de sub ghiveciul mare de pe prispă și intră în casa vecinului lor pentru a-i uda plantele, așa cum îi promisese. Dwight McLenon era deja plecat de două zile și Tina uitase să treacă cu o seară în urmă. Deschise ușa și un miros greu o lovi în față. Era ceva între șosete murdare și naftalină. Casa era cufundată în întuneric, iar când Tina a aprins becul chior a văzut pentru prima oară interiorul urât. Totul era gri, iar undeva în mijlocul încăperii exista o mobilă maron închis care făcea ca totul să arate și mai urât. Nimic nu se asorta acolo și parcă mobilierul fusese cumpărat dintr-o piață de vechituri. Pe peretele din stânga, lângă un înfiorător cap de urs, era expus un tablou în care o lesbiană oribilă fuma pipă. Era tunsă scurt, avea cărare pe partea stângă, purta pantaloni înalți cu bretele pe burta grasă și o cămașă albă masculină. Ochii îi erau urâți și vicioși în timp ce privea o dansatoare frumoasă.

Tina se uită împrejur, fără să vadă nicio plantă, apoi intră în bucătăria mică și întunecoasă unde o amărâtă de floare era așezată într-un ghiveci, pe pervaz, iar fata se întrebă dacă nu e cumva artificială. Casa urâtă-i dădea frisoane, așa că udă repede planta acoperită cu pete albe, o stropi, așa cum o rugase Dwight, cu pesticidul așezat lângă ghiveci și plecă cu viteza luminii. Când trase ușa, în spatele ei i se păru că aude un zgomot în casă, dar nu se mai întoarse. A luat-o la fugă și când a ajuns la 10 m se opri brusc și se uită înapoi ca și cum ar fi fost chemată de ceva sau cineva. La micul geam de la etaj i se păru că vede pe cineva după perdea. S-a întors brusc și a luat-o la fugă, când o văzu pe Isabelle, discutând aprins cu un băiat de la ele din liceu. Tina nu s-a oprit să vorbească cu ei, iar când a ajuns aproape de casa ei, l-a văzut pe John cum părăsea căminul conjugal cu o valiză în mână și pe Ed care-o ținea pe Anna după umeri. Aceasta plângea în hohote, iar tatăl ei vitreg încerca s-o liniștească. Acum că John pleca, toți anii lor frumoși i se perindau în fața ochilor și toată ființa ei plângea și tânjea după bărbatul de altădată. Știa însă că, dacă ar mai fi stat cu el, ar fi omorât-o.

Tina a ajuns în pragul ușii, l-a pupat pe Ed pe obraz, apoi a luat-o pe Anna în brațe.

– E mai bine așa.
– Da, dar este soțul meu...
– N-are nicio legătură cu el și o știi. Dacă nu se tratează poate să ne facă rău. Lasă-l să plece înainte să se producă o dramă. Crede-mă, nu mai suport atâta nefericire în viața mea. Anna dădu din cap și toți trei intrară în casă, fără să-l observe pe bărbatul în negru de pe trotuarul din față, care-i privea.

*

Ultimele articole ale lui Hope au avut mare succes și au atras felicitări entuziaste ale șefului ei. I-a mulțumit, neobișnuită cu drăgălășeniile lui. Secretara a anunțat-o la interfon că un anume Larry o aștepta la recepție. Hope ieși pe hol și-i văzu acolo: doi bărbați înalți și chipeși la un loc. Asta nu i se întâmpla zilnic. Larry a făcut apoi prezentările. Kevin arăta bine. Era îmbrăcat într-o cămașă albă, călcată perfect, și o pereche de blugi bleu ciel. Avea pantofi din piele de căprioară și ochi gri, o idee cam mici. Kevin era încântat să o cunoască și ia spus că Larry i-a vorbit mult de ea. Atât de mult încât la un moment dat a crezut că este îndrăgostit. Hope a râs și i-a spus că și ea a crezut asta. Larry i-a privit pe amândoi, după care le-a propus să meargă la restaurantul italian de peste drum. Au petrecut o oră minunată, Kevin era un tip plăcut și făcea glume bune, apoi Larry a trebuit să plece, și ei doi au rămas singuri. La sfârșitul mesei Kevin îi mulțumi pentru dejunul plăcut și-a întrebat-o dacă poate să o sune.
– Nu știu, poți? zâmbi ea.
– Da, dacă-mi dai numărul. Acum câteva luni am avut întâlnire cu o femeie drăguță, care mi-a plăcut, și am crezut că sentimentul este reciproc așa că i-am cerut numărul. Mi-a zis că, dacă ne este destinat să fim împreună, o să-l ghicesc.

Ea râse cu poftă, luă un șervețel de pe masă și îi scrise numărul.
– Dacă te-aș suna diseară ai spune ca sunt tăntălău? o întrebă făcând-o iarăși să râdă. Îi plăcea faptul că nu era complicat. Era onest și amuzant și acceptă să-l vadă săptămână următoare. Nici nu ajunsese bine la capătul străzii, că Larry o sună.
– Ai avut dreptate, spuse ea veselă, Kevin e un tip fain.

– Vreau să plec la Vegas în weekend, zise el fără nicio legătură, poți să o ții pe Kim la tine?

– Oh, Vegas. Nu e deloc stilul tău.

– Da sau nu? o repezi el.

Părea supărat pe ea și nu știa de ce. Nu-i făcuse nimic. Sau îi făcuse?

– Mă faci să mă simt vinovată, dar habar n-am de ce.

– Dacă te-ai hotărât să încalci regulile va trebui să te obișnuiești și cu vinovăția. Vine la pachet.

– Nu știu despre ce vorbești, Larry, și dacă ai chef să-mi spui ce te roade, să știi că putem discuta mai târziu, acum trebuie să fug la birou. Iar pentru sâmbătă, e OK, Kim poate pot sta la mine, știi bine că sunt flexibilă.

– Când totul este cum vrei și unde vrei tu.

Ea făcu o pauză mică, întrebându-se dacă nu cumva înnebunise și el ca John.

– Ai vrut să mergi la Vegas și ai vrut să fie sâmbătă, deci locul și data îți aparțin, iar flexibilitatea este a mea. Data viitoare înainte să mă faci troacă de porci, mai gândește-te. Pa, mai spuse ea înainte de a închide telefonul.

*

Era ultima seară în care Tina mergea să-i ude lui Dwight amărâta de plantă. I-a promis să meargă zilnic, însă nu vedea utilitatea. A vrut să meargă când încă era lumină afară, dar Anna nu s-a simțit bine și Tina n-a vrut s-o lase singură. Vomitase toată după-amiaza și avusese migrene oribile. Tom îi trimisese câteva mesaje pe care Tina le citise pe ascuns. Se părea că acest Tom voia să-i fie mai mult decât un prieten fidel. „De ce nu?" și-a spus Tina, deschizând ușa și apăsând pe întrerupător. Becul nu s-a aprins și, la fel ca prima oară când a intrat în casa aceea, Tinei i s-a făcut pielea de găină. N-a urcat niciodată la etaj, iar scările înguste arătau ca într-un film de groază. Când a ajuns în bucătărie și se pregătea să ude ridicola plantă, telefonul din casă a sunat și a intrat direct mesageria: „Sunt Dwight, faceți ce aveți de făcut după bip".

– Nenorocitule, crezi că poți să distrugi vieți și apoi să dispari în natură? urla o femeie pe fir. Tina, cu sticla de pesticid în mână, se apropie de telefon și ascultă mirată. "Știu unde ești și știu ce-ai făcut, așa că, pregătește-te!" Fata stătu ca bătută în cuie, ascultând vocea aspră, acuzatoare, a femeii, când, la un moment dat, i s-a părut că aude la etaj ceva. Femeia de la telefon închise și Tina s-a apropiat încet de scara îngustă care ducea la dormitoare. Știa că n-ar fi trebuit să urce, dar o forță indescriptibilă parcă o împingea s-o facă. Rând pe rând calcă pe trepte, care scârțăiau ca-n filmele de groază și când ajuns la etaj a auzit iarăși zgomot într-unul din dormitoare. „Poate Dwight avea colibri în cușcă și uitase să-i ceară să-i hrănească", gândi ea mai mult ca să-și facă curaj. Cu mâna tremurândă a apăsat pe clanța soioasă a ușii și, cu frică, își băgă capul în cameră. Era încă mai urâtă ca parterul casei. Aproape în întuneric, camera își dezvăluia cu greu detaliile sordide. Pereții erau îmbrăcați într-un tapet vechi, rupt pe la colțuri, cu motive mari galbene pe un fond verde. În mijloc era un pat negru cu baldachin pe care erau suspendate draperii opace de culoare gri. Probabil odată fuseseră albe, gândi fata, uitându-se prin camera sordidă. Totul părea murdar și vechi, își zise ea, deschizând ușa dulapului în care nu era nimic. Casa nu avea niciun obiect personal, părea părăsită de ani de zile și nimeni vreodată nu și-ar fi imaginat că în acel cartier șic putea să existe așa ceva. Dintr-odată a realizat că nu trebuia să fie acolo, că nu știa nimic despre Dwight și că acestea nu era tipul de om care să aibă grijă de plante sau animale de companie. Cu inima bătându-i în gât, a închis ușa dulapului hotărâtă să plece cât mai repede de-acolo. Când se îndrepta spre ușă, a auzit zgomotul unei monezi care a căzut pe podea, undeva lângă măsuța care servea drept noptieră și pe care, de-abia atunci văzu o lumânare care ardea. Tina, simțind că ochii îi iau foc, a înțeles că nu era singură acolo și dori s-o ia la fugă când o mână îi imobiliză gâtul și capul. Luată prin surprindere nu se zbătu, iar persoana din spatele ei o aruncă pe podea cu burta în jos și o încălecă pe la spate, ridicându-i fusta și rupându-i chiloții dintr-un singur gest.

Agresorii sunt ca animalele sălbatice, cu simțuri ascuțite. Dacă-și simțeau victima că scapă, deveneau mai violenți. Hotărî să nu-l enerveze. Ar fi strigat, dar nu putea pentru că avea gura acoperită de mâna care mirosea a usturoi și naftalină. Coșmarurile copilăriei i s-au derulat în minte cu rapiditate. Urletele înăbușite de atunci, neputincioase, s-au transformat acum într-un val de ură și curaj. Refuza să mai fie victimă. Mai bine murea, decât să fie înc-o dată violată. Își înfipse dinții în degetele lui, gata să-i rupă carnea de pe oase. Un icnet scurt și strânsoarea lui slăbi pentru o secundă. Atacatorul s-a dezechilibrat și Tina, mai mult într-o rână, s-a întors și l-a lovit cu sticla de pesticid pe care o avea în mână. A dat atât de tare încât nici nu l-a auzit să scoată vreun sunet– a căzut într-o parte, lângă perete cu fața în jos. Pe cap avea o șapcă stranie, croșetată, care-i acoperea acum jumătate din față. Tina a țâșnit în picioare și, pentru o fracțiune de secundă a fost tentată să se uite la figura de sub cozoroc. Se aplecă un pic, fără să respire. Geamătul lui scurt o sperie atât de tare încât se întoarse și se împiedică, în încercarea de a fugi. Căzu cu capul la picioarele lui. Pe călcâiul unuia dintre pantofii negri era o pată decolorată, pe care aproape că i-o atingea cu nasul. Ciudat cum mintea înregistrează lucruri atât de banale când, poate, ești la o respirație distanță de sfârșit. A fugit cum nu a făcut-o vreodată și pereții păreau să nu se mai sfârșească. Ca un tunel întunecos, rece, infinit. Aproape că a scos ușa de la intrare din balamale, când se năpusti afară. Aerul i s-a părut nefiresc de rece. Alerga pe strada pustie și nu s-a oprit până acasă.

*

Când Anna a văzut-o cu părul în dezordine și fusta strâmbă, a știut că s-a întâmplat ceva rău. Tina s-a așezat pe canapea lângă ea și i-a povestit totul. Își reproșa că nu văzuse fața agresorului, dar știa că făcuse alegerea bună. Anna era de acord cu ea. Apoi Tina i-a zis mamei ei că de la început i-a urât casa lui Dwight. Simțise că nu trebuie să meargă acolo. Citise undeva că, pericolul este un semnal chimic al creierului. Undeva în subconștient simțise că ceva rău i se va întâmpla în acel loc. De aceea își spusese că era ultima seară când îi va uda planta lui Dwight. Probabil că el era ascuns în casă, pândind momentul de la început. I s-a părut doar, cu două seri înainte, că a văzut pe cineva la etaj. Apoi mai era mesajul femeii de la telefon. Dintr-o dată își aduse aminte că în ultimele săptămâni îl întâlnise deseori: Dwight era la coadă în spatele ei și i-a dat un dolar la magazinul cartierului. Dwight, care tocmai trecea prin fața şcolii, când ea era să fie călcată de o motocicletă, iar el a salvat-o. Dwight în rândul din spate la cinema, în parcul suburbiei când era şi ea acolo. Dwight fusese omniprezent, iar ea nu şi-a dat seama.

– Mă bucur că ai scăpat cu bine, draga mea, i-a spus Anna, luându-şi fata în braţe. Sunt sigură că vom descoperii dacă a fost sau nu Dwight. Adevărul iese întotdeauna la suprafaţă. Aşa le găsi John când intră pe neaşteptate în casă.

– Ce dracu faceţi? le întrebă el agresiv, ţinând o pungă în mână şi arătând ca naiba.

Tina s-a apropiat de el şi-a început să-l miroasă.

– Miroşi a mentă! De ce miroşi a mentă? Vrei să ascunzi mirosul usturoiului? îl întrebă ea, privindu-l cu ură. Arată-mi ce ai în sacoşă!

– O nebună în libertate, zise John. Dintre toţi schizoizii din lume, ai ales-o pe ea! Asta e chiar nebună de legat, i s-a adresat el Annei, apoi încet, profitând de neatenţia soţiei lui, îi şopti Tinei: boabele de cafea estompează mirosul usturoiului, curvă mică.

Fata îl privea şocată, incapabilă să mai spună ceva, după care se duse în baia de la parter să facă un duş. Trebuia să înlăture mirosul agresorului de pe ea. Anna i-a propus s-o ajute însă fata n-a vrut. S-a întors spre John şi l-a întrebat ce doreşte.

– Ai un motiv anume sau ai venit doar să ne răneşti?

– Te-ai aliat cu ea împotriva mea! Eu care sunt familia ta, singurul lucru stabil dintr-o viaţă irosită. Eu te-am făcut ce eşti şi acum m-ai dat afară din casă.

– Da, John, tu m-ai făcut ce sunt, şi anume o plângăcioasă nevrotică care a fost expulzată din lumea ei într-un coşmar nenorocit.

– Sunt bolnav de inimă şi m-ai dat afară din casă.

– Eşti bolnav cu capul, de aia te-am rugat să pleci. Dacă accepţi să faci terapie şi să iei medicaţie, te voi ajuta şi poate într-o zi vom putea fi iarăşi cuplul de altădată.

– Adică, eu sluga unei muieri cu tendinţe moralizatoare? Ei bine, acest aranjament nu-mi mai convine deloc.

– Când spui „aranjament" la ce te referi? La căsătoria noastră?

– O parodie, doamnă. M-ai umilit şi exploatat o viaţă întreagă.

— Da, săracul de tine, spuse Anna enervată de oribila lui transformare, tocmai în momentul în care avea atât de mare nevoie de el.

— Ah, și încă ceva, completă el, ar trebui s-o lași mai încet cu zahărul și alcoolul. La fel și cu bărbații altora.

Nu mai avea energia necesară să se bată cu el.

— M-am debarasat de zahăr și tot așa mă voi debarasa și de tine. Acum ieși afară și nu mai veni neanunțat, zise ea luându-l de mână și conducându-l la ușă.

Spre mirarea ei, n-a ripostat, și Anna s-a întors la Tina care tocmai ieșise din sala de baie, simțindu-se tot murdară. S-au așezat amândouă pe canapeaua maro, iar Anna a mângâiat-o pe față. A privit-o și a înțeles că agonia va rămâne mereu întipărită în ochii ei.

— Urăsc toți bărbații din lume, a spus Tina. Doamne, cât îi urăsc! Într-o zi mă voi răzbuna. Am 16 ani, dar mă simt de 70. Mai mult de jumătate din viață am fost violată, apoi încă 4 ani abuzată psihic și-n alte forme. De când sunt cu voi am început să cred că în sfârșit lucrurile au intrat pe făgașul bun. Apoi, s-a îmbolnăvit John, și acum asta. Știu că nu s-a întâmplat nimic, dar m-am speriat foarte tare. Câteodată îmi spun că poate ăsta este destinul meu. Să fiu victimă. Oare așa va fi toată existența mea? Voi avea parte doar de persoane care vor intra în viața mea prin spart de uși și tras de păr? Nu contează cât de repede fugi sau că nu te mai uiți niciodată înapoi. Trecutul tot te prinde din urmă.

— Va trebui să mergem amândouă la terapie, zise Anna. Și eu am nevoie de ajutor.

— Iarăși de trei ori pe săptămână la psiholog? Nu crezi c-ar fi mai simplu să mă tai în bucățele? M-am săturat de toată mascarada asta care oricum nu ajută la nimic. Vreau doar să fiu lăsată în pace. Nu voi mai face niciodată vreun efort pentru nimeni, nu vreau să pretind că sunt cineva care nu sunt. De ce să vreau să impresionez persoane pe care nici măcar nu le cunosc sau plac?

— Nu e vorba de a-ți schimba identitatea, Tina, ci de a te ajuta să mergi mai departe.

— Știi ce m-ar ajuta să avansez? Să nu mă mai agreseze niciun nenorocit de bărbat vreodată! Asta ar fi un lucru bun. Viața mea este o tragedie de-a lui Shakespeare și-n permanență mă aflu în clasica situație în care, orice aș face, pierd.

— Va trece, iubita mea, îți promit. Poate nu definitiv, dar va veni o zi în care îți va fi mai ușor.

— Adică, doar voi supraviețui. Dar asta fac din totdeauna, mamă. Mă târăsc, încerc cu disperare să mă ridic și, când în sfârșit cu greu ies la liman, intervine ceva și iar mă doboară. Unele lucruri sunt permanente, înțelegi? A început să plângă, iar Annei i s-a rupt inima. Nu te mai strădui atât să anulezi asta. N-am chef să uit nimic, vreau doar ca cel care a vrut să mă violeze în seara asta, să plătească. Și vei vedea, mă voi răzbuna chiar dacă ar trebui să fie ultimul lucru pe care-l voi face în această viață oribilă.

— Nu, nu vorbi așa, Tina.

— Crezi că nenorocitul de „taică-meu" care m-a violat de mică, a murit de moarte naturală? Anna nu spuse nimic. Persoanele care se furișează și se freacă de spatele tău nu sunt cele mai periculoase, ci cele care te privesc în față, continuă fata. Dwight le-a făcut pe amândouă și într-o zi voi afla dacă el este cel care m-a violat. „Sau poate scumpul tău soț, care mirosea a usturoi și naftalină", își spuse Tina, încă nesigură.

— De la bun început mi s-a părut că ceva e suspect la el, zise Anna, arăta ca un criminal în serie deghizat în călugăr. Și felul de a se îmbrăca era bizar, întotdeauna avea ceva mototolit pe el, care distona puternic cu freza lui perfectă și demodată.

Totul însă era tardiv și istoria avea tendința să se repete pentru biata fată, care nu avusese parte decât de ghinion în scurta ei viață. Cel care voise s-o violeze, nu putea fi decât un bolnav mintal care, spera ea, va fi prins cât de repede.

*

La nicio lună după ce Tina a făcut plângerea la poliție, John a avut o criză de rinichi și a fost internat la spital. Anna mergea din când în când la el, dar era foarte irascibil, așa că ea își rări vizitele. Tom o suna aproape zilnic și au devenit apropiați. Nu era nimic romantic, doar prietenie. Deși le avea pe prietenele ei, Anna aprecia conversațiile cu Tom, care știa să asculte și dădea întodeauna sfaturi bune. Încă nu avea nicio veste despre fetița lui și îi lipsea teribil.

Tina, retrasă în carapacea ei, acum stătea marea majoritatea a timpului în camera ei. Toată lumea știa ce se întâmplase, iar pe Dwight nu-l mai văzuse nimeni prin cartier. Tina a terminat de scris o carte despre adolescenți și fericirile lor pe care o intitulase „O altă zi perfectă în iad". Anna i-a dat-o pe ascuns lui Tom s-o citească, iar acesta i-a spus că este de-a dreptul bună. Complimentul a fost cu atât mai prețios, cu cât Tom se dovedise a fi chiar un scriitor cu renume. Când i-a spus Tinei, s-a enervat și i-a cerut să nu-i mai scotocească atât prin viață. N-o mai vedea nici măcar pe Isabelle, care parcă dispăruse și ea, înghițită de pământ.

Anna avea impresia că nimeni nu mai era fericit pe strada lor. Tess își intoxica viața, urzind planuri morbide împotriva lui Ron, pe care îl mutase în garaj, obligându-l să renunțe la slujba și viața din San Francisco. Într-o zi, chiar a sunat-o pe cealaltă nevastă a lui și i-a propus să se întâlnească.

Hope era prinsă între muncă, Kim și cancerul lui April, care revenise. Trecea iarăși printr-o situație disperată, dar Larry se dovedi un prieten minunat. O ajuta cât de mult putea, trecea zilnic și-o lua pe Kim de la școală sau o acompania la April la spital. Vorbeau mult, iar ea putea să-i spună orice. Într-o zi el a întrebat-o dacă era atașată sufletește de Kevin și ea a fost onestă cu el și i-a zis că-l plăcea, dar că o parte din ea murise odată cu părinții ei biologici, cu Dé și cu Barry. Era greu să riște să-i mai pese atât de mult vreodată. Primise atâtea lovituri de la viață încât hotărâse ca în viitor să joace în siguranță.

Nu-i spusese însă că dacă prefera să păstreze distanța cu el, în ciuda sentimentelor ce începea să le nutrească, era doar pentru a evita durerea ulterioară. Avusese parte de prea multă suferință în viața ei și nu-și mai dorea decât să fie liniștită. Tânjea după o pasiune arzătoare, dar știa că asta venea la pachet cu suferința, așa că era capabilă să renunțe la dragoste pentru liniște. Un târg corect, încerca ea singură să se convingă.

Într-o seară, a ieșit cu Kevin la restaurant, apoi el a condus-o acasă. I-a spus că este mai sigur așa, ținând cont de faptul că a avut multe pahare. I-a răspuns că a avut multe motive și i-a acceptat oferta. Mai ieșise cu el înainte și, ca de fiecare dată, petrecuse momente bune. Kevin era un bărbat amuzant și un ascultător foarte bun. I-a povestit cum cancerul lui April a recidivat, fapt care o deprima. Doctorii nu-i mai dăduseră decât câteva luni de viață. Ar fi vrut să fie furioasă, dar n-avea pe cine. Era mai ușor să te simți furios decât să simți durerea pierderii.

    În acea seară a făcut dragoste cu Kevin. Nu-l iubea și nici el pe ea, dar au făcut dragoste cu o pasiune mistuitoare. Erau compatibili și totul fusese ca un foc de artificii, dar, odată terminat, nu mai era nimic de spus. Simțea un gol între ei și nu înțelegea de ce. Sexul fusese grozav, dar din păcate magia luă sfârșit repede. Își spuseră la revedere și ea avea impresia că și el abia aștepta să plece. A doua zi se trezi mahmură. O durea capul îngrozitor, așa că-și făcu o cafea dublă și se duse în curtea din spate, la soare, cu un Vogue în mână. Atunci își făcu Larry apariția pe nepusă masă. Câteodată Hope regreta că-i dăduse o dublură a cheilor. Mai ales în acea dimineață în care o certa că se culcase cu Kevin. „Oare nenorocitul după ce s-a dat jos din patul ei, s-a dus direct la ziar să dea anunț?". Ulterior, Larry o informase că nu era singurul la curent, apoi a întrebat-o de ce se culcase cu el dacă nu-l iubea, așa cum susținea ea.

    — Voiam doar să verific dacă vreo parte din mine mai este vie. Și răspunsul este NU. Sunt moartă sufletește. El dădea dezaprobator din cap, iritând-o. Ce deștept ești tu, Larry! Imediat o să-mi spui că tu ai inventat cele 10 porunci. Eu nu te-am criticat când ai băut până la patru dimineața și ai decis să fii obosit, distras și nervos deși la 11:00 trebuia să operezi un tip. Care avea al dracului de mare încredere în tine! Și-a dat viața pe mâna ta și aproape l-ai omorât și nu ți-am spus cât de imbecil ești, chiar dacă asta credeam. Și-o cred și acum. Ai ales să fii un medic iresponsabil atunci și un prieten de pomină acum. Va trebui să decizi ce anume te deranjează mai mult: faptul că m-am culcat cu Kevin, bărbatul pe care tu mi l-ai prezentat sau că ești prea laș să-mi spui exact ceea ce simți? El a privit-o rușinat. Ți-e mai comod să-mi judeci mie viața, Larry, nu-i așa? Să-mi arunci în față că sunt o destrăbălată care se culcă cu cine poate. Ți-e mai ușor să-ți spui că sunt o persoană rea, nu? Altfel ți-ar fi prea frică că te-ai putea îndrăgosti de mine?

    — Nu încerc să fac nimic, Hope. Îmi trăiesc doar viața așa cum lui Dé i-ar fi plăcut să mi-o trăiesc.

– Dar ţie ce-ţi place, Larry? Dé e moartă de ani, iar tu te chinui să ţii o promisiune pe care nimeni nu ţi-a cerut sau ar vrea să ţi-o ţii. Îmi faci mie teorie cum trece viaţa pe lângă mine, dar cel mai bine ar fi să-ţi ţii acelaşi discurs. N-ai niciun vis în viaţă, doar obiective. De ani de zile n-ai pe nimeni, Larry, iar dacă încă nu ştii, Dé n-o să se mai întoarcă niciodată.

El ştia asta şi i-a spus că şi-ar dori să facă pace cu trecutul. Să nu se mai întrebe „ce-ar fi fost dacă". Apoi a mai spus ceva ce-a marcat-o. Nu credea că mai poate iubi. Nu-şi mai putea permite acest lux, de frică să nu se întâmple iarăşi o tragedie.

– Dacă o fac, ori o să dea un camion peste ea, ori o să facă cancer, ori o să fie ucisă într-o pădure nenorocită dintr-un loc blestemat. O spuse pe nerăsuflate, ca pe o spovedanie inconştientă a minţii. Era mult mai afectat decât părea şi ea i-a spus că va trebui să încerce să iubească pe cineva, dar mai întâi, să se iubească pe el însuşi, lucru imposibil ţinând cont de faptul că nici măcar nu se plăcea la ora aceea, i-a zis el. Cu tandreţe i-a luat faţa în mâini şi l-a pupat pe obraz, aproape de colţul gurii. A privit-o surprins, apoi şi-a pus mâna în locul în care ea l-a sărutat. Nu a întrebat-o nimic, dar întrebarea din ochii lui era clară: „ce-a fost asta?"

– A fost ce vrei tu să fie, Larry.

El o privi blând. Era acolo ceva familiar, un fel de dragoste, însă situaţia era confuză.

– Tu întotdeauna ai încercat să vezi în mine ce eu am renunţat să mai văd. Pentru asta te ador", spuse el zâmbind. Pentru asta şi pentru faptul că ai nişte picioare trăsnet.

Ea râse. Gheaţa se sparse şi amândoi au ştiut că au avansat spre ceva care, într-o zi, când vor fi disponibili sufleteşte, putea fi soluţia salvatoare pentru amândoi.

*

Tess se afla în avionul des San Francisco. Urma să-şi cunoască rivala. Sau, mai bine zis, „cealaltă victimă". Privea norii pufoşi şi, la fel ca în copilărie, se întreba cum ar fi fost dacă ar sta pe unul dintre ei. Sufletul îi era greu ca plumbul, în mod cert ar fi căzut.

Şi-a adus aminte de începuturile ei cu Ron şi de prietena ei, Patty, care lucra pe atunci cu el la spital. O pusese în gardă cu faptul că era un fustangiu și o sfătuise să nu se căsătorească cu el. Nu voise să audă nimic. Nu l-a iubit din prima clipă dar, s-a atașat repede de el.

– Te-ai culcat cu el de la prima întâlnire? o întrebă Patty.
– Îl știu de mult și suntem apropiați, spuse Tess.
– Care e numele lui de familie?

Ea se gândi puțin apoi răspunse fără să ezite:
– Ron... Ron Ginecologul. Râsete Bine, bine, n-are nume de familie. La fel ca Bambi sau Moise.

Acum știa că prietena ei avusese dreptate. Ron ieșise din iad doar ca să-i distrugă ei viața. Gândindu-se la anii căsătoriei lor, nu-și putea aminti prea multe gesturi de tandrețe. Fusese întodeauna un egoist și nimeni în jurul lui nu conta. Nici măcar Isabelle. Avusese întodeauna o grădină a lui secretă, o viață socială misterioasă, iar acum ea aflase că avea mai mult de atât. Își făcuse pe ascuns o altă familie.

Pe parcursul carierei ei a avut de-a face cu multe cazuri bizare, dar el merita medalia de aur. Și ea merita o medalie a ei, medalia cele mai naive femei din lume. Cum putuse oare să fie atât de oarbă în ultimii șapte ani de căsnicie? El avea o fetiță de șapte ani! Ajunsese să se plictisească și de cea de-a doua soție și îndrăznise să-și ia o amantă. Sau poate că detectivul se înșelase și el o luase și pe Miss Silicon în căsătorie. Nu știa încă ce avea să-i spună „celeilalte neveste", dar știa că trebuia s-o vadă.

Și-au dat întâlnire la Pier 39, un restaurant de pe strada plajei. Era îmbrăcată în pantaloni și tricou alb, teniși albi cu roșu și albastru, și un pulover bleumarin. Vremea în San Francisco era destul de capricioasă și seara putea fi foarte rece.

A ajuns cu 10 minute mai devreme, și-a comandat o cafea și s-a uitat în meniu: pește, pește și supă de pește cu multă smântână. Nu era înnebunită după pește, dar era la Fishermans Wharf, deci trebuia să comande pește, locul era renumit pentru asta. În plus dăduse cu greu cele 10 kg jos și voia să se mențină. Acum arăta bine, făcea sport și încerca să se debaraseze de toate lucrurile negative din viața ei.

A văzut-o de la distanță: era blondă, cu burtică rotundă, îmbrăcată într-o rochiță vaporoasă albă și balerini bej cu auriu. Era tânără, frumoasă și habar n-avea ce-o aștepta. Era senină, surâzătoare și plină de încredere. Tess nu-i dădea mai mult de 28 de ani. Nenorocitul, aproape că-și luase o minoră.

– Bună ziua, spuse tânăra zâmbind și întinzându-i mâna. Tess era surprinsă că venise direct la masa ei și probabil că-i citise asta pe față pentru că femeia continuă: cum de vă știu? Google n-are nicio vină. Bob Hanks, da. Și cum Tess o privea așteptând, Adelaide continuă. Bob este detectivul pe care l-am angajat acum doi ani, când Ron s-a transformat dintr-un soț iubitor în taurul comunal al Californiei. Am aflat repede de existența dumneavoastră și nu trebuie să vă spun șocul pe care l-am avut. Mă așteptam ca Ron să aibă o aventură, nicidecum o altă familie în Los Angeles. A făcut o pauză ca să-i dea timp lui Tess să proceseze informația. Aceasta o privea uimită deoarece a crezut ca ea va conduce conversația, dar blonda din fața ei nu era o copilă așa acum o crezuse, ci o tânără puternică, inteligentă și la curent cu toate murdăriile soțului ei. Soțul lor.

– Și de ce ai mai rămas cu el? În plus... Tess privi spre burta ei.

– „Răzbunarea e o masă care se consumă rece". Am fost șocată când am aflat că Ron mai are o altă familie. Că, de fapt, eu sunt cea care am permis bigamia. M-am simțit vinovată, dar sunt tânără și noi tinerii nu ne simțim vinovați mult timp. Eu mă iubesc pe mine și iubesc viața, așa c-am refuzat să-mi plâng mult de milă și mi-am făcut un plan.

– Copilul face parte din acest plan? întrebă Tess sceptică.

– Copilul este al lui Bob, zâmbi Adelaide fericită. Ron și cu mine nu mai făceam sex demult. Și stau cu el doar ca să mă răzbun. Mai am puțin să-l torturez, apoi îi voi da lovitura de grație.

– Ai stat cu el să-l torturezi?

– Da. Și am savurat fiecare clipă. N-ați observat că de un an și ceva e total înnebunit? I-am jucat cele mai demonice feste. I-am trimis până și un polițist fals la el la serviciu. La un moment dat am vrut să vă contactez, să vă pun în gardă, dar m-am răzgândit. Nu voiam să fiu eu cea care vă dădea vestea proastă. Vă făcusem deja prea mult rău. Și chiar dacă a fost neintenționat, știu că am creat multă suferință. Tess ridică din umeri.

– Evident, am fost șocată când am aflat. Apoi mi-am analizat căsătoria și mi-am dat seama că ne pierdusem cu ani în urmă. Am început să mă analizez și pe mine: Unde greșisem, cu ce greșisem?

Ce am făcut ca să ajungem aici? Sau ce nu am făcut? „Pentru că este nevoie de doi ca să dansez tangoul", nu-i așa? zâmbi Tess tristă.

— Cum a fost înainte de..., Adelaide își căuta cuvintele, de a afla că mai are o familie?

— Niciodată n-a fost foarte bine, a recunoscut Tess și deseori ne certam. Acum câțiva ani l-am bănuit că are o legătură extraconjugală și am fost torturată de gânduri negre. Mi-a fost foarte greu, dar mi-am spus că pot să controlez ceea ce simt sau ceea ce decid să fac. Nu putem controla cutremurele sau inundațiile, dar iertarea, a doua șansă sau a face un lucru bun depind de noi. Am decis, după zile întregi de gândire și tortură, să nu cercetez cazul. Nu voiam să știu adevărul, fiind convinsă că n-aș fi putut să trec peste o eventuală aventură. Am hotărât să continui să-i dau dragostea mea, spuse Tess și Adelaide o privi mirată. Dragostea este singurul lucru care schimbă lumea aceasta dintr-un loc dezolant într-unul magic, explică ea. Dragostea în toate formele ei. Odată ce luasem această decizie mi-a fost mai ușor, pentru că dragostea ne dă speranță. Speranțele mele din păcate au fost deșarte, am realizat asta repede, la fel cum am realizat că tradiția cuplului nostru era minciuna, indiferent ce aș fi făcut eu. Dragostea este o forță, dar dacă nu este împărtășită, rezultatul este catastrofic. Tess a zâmbit trist: le spun deseori pacienților mei că nu este important de știut cine are dreptate și cine greșește. Că viața înseamnă mai mult decât atât, altfel ar fi prea simplu. A trebuit se trec prin eșecul propriei mele căsătorii ca să realizez că această frază este total greșită. Este important să știm cine greșește și cine nu. Adelaide nu spunea nimic, doar dădea afirmativ din cap. Sunt greșeli mari și greșeli mici, și știu că și eu am greșit. De multe ori i-am vorbit urât sau l-am repezit. Asta este o greșeală, dar când îți construiești o a doua familie, este mai mult de atât. În final am realizat că nu era vina mea. Faptul că am ales să mă căsătoresc cu un escroc sentimental lipsit de respect era singura mea vină. Evident, după ce am aflat de existența ta, am început să-l urăsc și i-am spus-o, apoi, la fel ca tine, am început să-l torturez. L-am mutat în garaj, i-am cerut să renunțe la slujba și viața de aici. Pauză. Scuze pentru asta.

— Nu te scuza. Mi-ai făcut un favor. Nenorocitul mi-a spus că e trimis în Europa pentru două luni. A venit acasă într-o zi, dar nu a stat decât o oră. Era foarte agitat și înainte de plecare l-am pupat și i-am spus că aștept tripleți. Nu mi-a fost dor de el nici măcar o secundă. Atitudinea lui de „eu știu tot, eu sunt cel mai bun" mă plictisea copios. La fel și faptul că se consideră un geniu ilariant care avea de-a face doar cu ignoranți.

Tess zâmbi.

— Ești mai demoniacă decât mine. Știi, în ultimul timp este palid și vomită des și iarăși îmi este milă de el. Nu mai vreau să mă răzbun, cred că viața s-a răzbunat de ajuns. Îl voi lăsa să plece, nu mai vreau nimic toxic în jurul meu.

— Are noroc cu tine, ești foarte cumsecade. Eu nu sunt așa. Când s-a căsătorit cu mine eram un copil, aproape m-a crescut. În toți anii ăștia cu el n-am cunoscut mila, deci ce mi-a dat aia va primi.

— Ce este asta, furie sau acceptare?

Adelaide zâmbi:

— Un pic din acceptare și mai mult din furie. Voi angaja cel mai mare rechin dintre avocați și-l voi băga în pușcărie pe nenorocit. A mers prea mult în sens greșit pe o stradă cu sens unic. Cineva trebuie să-l amendeze și aceea voi fi eu. Îi voi lua libertatea, casa frumoasă pe care o avem aici și celelalte două investiții pe care le-a făcut în ultimii cinci ani în San Francisco. Vin dintr-o familie de fermieri cinstiți și buni, care nu sunt bogați. Nici săraci. Cu Ron m-am obișnuit cu un stil de viață la care nu mai vreau să renunț. Nu mai am serviciu, dar de doi ani am început să scriu. Am fost întotdeauna pasionată de literatură și am scris povestioare cu care am câștigat deseori la concursuri. M-am decis să public o carte și sunt sigură că voi avea succes într-o zi, dar până atunci vreau să-mi trăiesc viața la aceleași standarde, iar scumpul nostru soț va fi sponsorul meu. Îmi este dator. Ne este dator. Amândurora ne-a promis dragoste eternă, apoi ne-a înșelat. La bază este dragostea, dar persoanele s-au schimbat. Asta înseamnă trădare. Adelaide a lăsat capul în jos și timp de o fracțiune de secundă fața i s-a întristat, apoi am privit-o pe Tess și i-a spus: de nenumărate ori m-a tratat ca pe ultimul nimic. Ca pe o analfabetă. De câte ori îi puneam o întrebare sau îi spuneam că nu înțeleg, mă înjosea: „asta se întâmplă când fertilizezi, în loc să mergi la școală". Mama m-a învățat să mă port mereu cum trebuie, dar aceasta nu este o situație civilizată, deci nu mă voi purta civilizat, a decretat Adelaide. Am să-l bag în pușcărie după care-mi voi continua viața. Așa să faci și tu. Nu mai sta să-ți plângi de milă, o tutui ea iarăși, simțindu-se apropiată de Tess. Povestea asta nu este una de dragoste sau iertare. Aș putea să iert, dar am altă opțiune și o aleg. În ziua în care a început să-mi spună că am un nume de curvă scumpă sau de prostituată ieftină– în funcție de dispoziție– mi-am jurat că am să-l pedepsesc. I-am spus de nenumărate ori că mă doare când mă tratează așa, că o persoană nu e o curvă pe tocuri, ci o ființă căreia-i pasă de o altă ființă.

Tess vedea că suferea mult, chiar dacă făcea pe viteaza. Venea dintr-o familie simplă, unde așa ceva nu era permis și chiar dacă obținuse un apartament somptuos și independență materială, știa că acela era eșecul vieții ei. Durerea era universală, indiferent câți bani aveai în cont.

– Înghite tranchilizante câte poate, este aproape o legumă, i-a zis Tess. Poate ar fi bine să-l lăsăm în pace. Eu am ajuns la concluzia că răzbunarea îmi distrugea sufletul și turmentă spiritul. Toți putem face rău. Sau bine. Dar, numai cei capabili să vadă frontiera dintre cele două dețin puterea.

– Crede-mă, puterea e mâna mea. În casa din Fisher Island, în tablourile Pollock și Renoir. Spuse asta cu cea mai mare seninătate. Tess, pari o femeie cumsecade și inteligentă, așa că voi face tot posibilul să nu te deranjez în timpul procesului, dar te rog, nu te obosi să încerci să mă convingi să abandonez. Nu vei reuși.

Au mai stat de vorbă 20 de minute, după care și-au luat la revedere. Tess nu se așteptase la așa ceva, dar măcar acum știa cum stătea situația și nu mai avea de ce să se gândească la ce ar trebui să-i facă sau nu lui Ron. Zarurile fuseseră aruncate și viața ei anterioară, măturată. La fel ca libertatea lui Ron. O respecta pe Adelaide că nu îi propusese să comploteze împreună. Tess ura asta, dar câteodată îl ura mai mult pe Ron. Ea știa că un complot creează alianțe neașteptate, deseori nesănătoase. La fel și durerea sau fericirea, dar ea nu avea nevoie de o asemenea alianță.

S-a întors în Los Angeles, iar Ron o aștepta zâmbind la intrarea din spate. I-a pregătit paste cu sos tomat, salată verde și a desfăcut o sticlă de vin roșu, preferatul ei. Avea în ochi o privire de câine bătut, iar ei i s-a făcut iarăși milă de el.

– Îmi pare rău, Ron, dar în seara asta nu mă simt în stare.
– Poate mâine? a întrebat el, bâlbâindu-se și ea și-a dat seama că era complet sedat. Înghițise naiba știe câte medicamente, fapt care a determinat-o să amâne ce avea să-i spună. A decis să-l pună în gardă cu intențiile lui Adelaide, dar s-a hotărât să o facă a doua zi, când avea mintea mai limpede. Pe zece cărări s-a întors în garajul lui, iar Tess a strâns masa. Când Isabelle a trecut prin salon, mama ei s-a speriat când i-a văzut cearcănele.
– Iubito, te simți bine?
– Da. Am ciclu și mă doare burta, dar nu e nimic grav.
– Ai cearcăne negre la ochi.
– Am învățat toată noaptea trecută. Apoi, l-a privit pe Ron cum se târa spre garaj și i-a zis mamei ei: ai grijă de el! Este un Valium uman ambulant.

Tess a vrut să se ducă să-l ajute, dar apoi l-a văzut că s-a întins pe canapea și se uita liniștit la televizor, așa că și-a zis că va merge a doua zi la el să aibă o discuție. Voia să-l ajute cumva.

*

A doua zi, când s-a trezit, Tess a făcut cafea și s-a dus să discute în pace cu Ron. Trebuia să-l pună în gardă în legătură cu intențiile lui Adelaide. A bătut la ușă, dar el nu a răspuns. Îl vedea prin geamul mare, era întins pe canapea, dormea. Era doar șapte dimineața, dar în general era matinal. Tess a deschis ușa și cu stupoare a văzut cutiile goale de medicamente căzute lângă canapea. O armă 38 era așezată pe masă lângă biblie și o poză din ziua nunții lor. A fugit spre el i-a luat pulsul. Nimic. Era rece ca gheața și nu mai respira. Atunci am văzut pe masă un bilet pe care scria un simplu „Îmi pare rău". Nu erau decât trei cuvinte, dar care spuneau atât de multe: regretul unei vieți irosite, regretul a ceea ce făcuse și din cauza cărora nu mai putea face nimic în viitor. Televizorul mergea tare și un preot fals dintr-un film de groază urla: „Sfinții sunt păcătoși care se descurcă!".

Tess privea televizorul în stare de șoc și lacrimile-i șiroiau pe față. Cu mâna tremurândă a luat telefonul și a sunat ambulanța, poliția, si-apoi pe prietenele ei. Avea nevoie de ajutor și susținere pentru că nu știa cum să facă față. Dorise să-l ajute, dar n-o făcuse.

A amânat cu un „mai târziu" care peste noapte a devenit „prea târziu". „Niciodată". Secretele existenței lui s-au întors împotriva lui, curmându-i viața. Tess s-a așezat pe fotoliul din fața canapelei și îl privi. Parcă se odihnea. Avea fața relaxată ca și cum și-ar fi găsit în sfârșit liniștea. Dar ea nu era liniștită, nu mai fusese de mult timp și nici nu știa când urma să mai fie.

Carmen Suissa

Capitolul 10

Înmormântarea a fost somptuoasă. Toată elita medicală a Los Angels-ului era acolo. Şirul de limuzine negre era interminabil. Venise chiar şi preşedintele Austriei, a cărui nevastă născuse prematur cu Ron. Erau o sumedenie de somităţi din lumea medicală. Adelaide nu venise. Tess a anunţat-o printr-un mesaj când are loc înmormântarea, iar tânăra a răspuns cu un simplu „mulţumesc". A trimis o coroană enormă din lalele negre care se diferenţiau de celelalte, marea majoritate albe. Pe panglică scria „Tralalala". Şi atât. Tess a luat panglica şi a pus lugubra coroană lângă celelalte. Prietenele ei erau lângă ea, la fel şi Isabelle, care arăta ca o stafie. Cumva normal, se gândi Tess. Nu în fiecare zi îţi îngropi tatăl. Tina stătea şi ea îmbrăcată în negru, cu ochii goi, arătând ca fantoma cimitirului. Atâtea dezastre într-un tip atât de scurt, îşi spuse Tess, punând un trandafir alb pe sicriul lui Ron. Fusese prima floare pe care el i-o dăduse. O pusese pe perna patului după prima lor noapte de dragoste. Îi făcuse cafeaua şi micul dejun, iar pe tavă îi pusese un trandafir alb şi un bileţel pe care scria „O floare perfectă, de o frumuseţe desăvârşită, la fel ca tine".

De ce oare oamenii aveau tendinţa să-şi amintească doar de lucrurile frumoase, atunci când pierdeau pe cineva? Dintr-o dată lui Tess i se perindau prin faţa ochilor secvenţe din viaţa lor: ei doi fericiţi la turnul Eiffel, ei făcând dragoste pe vaporul superb cu care s-au dus în Saint Tropez. Ron cu ea în croazieră, vizitând Fiordurile. Apoi Isabelle leşină şi filmul se rupse.

*

Trecuse aproape o lună de la înmormântarea lui Ron şi vieţile lor intrau încet pe făgaşul normal. Tess muncea mult, la fel şi Hope. Anna era încă separată de John, dar acesta începuse să vadă un terapeut. Se pare că femeia avusese o influenţă benefică asupra lui. Când, două săptămâni mai târziu, John i-a cerut smerit să se întâlnească, Anna a acceptat cu drag. Se ataşase de Tom care a fost prezent la toate greutăţile ei, dar soţul ei rămânea soţul ei. John a fost bărbatul vieţii ei, căruia-i jurase credinţă şi fidelitate în biserică, iar în acea seară ea voia să-l primească înapoi. Era puţin perturbată de prezenţa lui Tom în viaţa ei, dar nu avea ce să-şi reproşeze, erau doar prieteni şi nimic mai mult.

Anna a intrat în cafeneaua lor unde Greg le-a pregătit o cină ca-n poveşti. Era multă lume, dar ei aveau o masă retrasă undeva lângă şemineul în care ardea un foc plăcut. Ambianţa de dinaintea Crăciunului era întotdeauna festivă. Anna şi-a scos pelerina crem din caşmir şi i-a dat-o chelnerului s-o pună pe cuier. Arăta tânără şi frumoasă în blugii albaştri şi în puloverul alb din mohair, iar John se ridică emoţionat când a văzut-o. Pe masă erau lumânări, o şampanie la gheaţă, şi într-o vază de sticlă, câţiva bujori, florile ei preferate. A pupat-o pe obraz şi a invitat-o să se aşeze. Nu se mai văzuseră de câteva zile şi nu mai avuseseră o convorbire civilizată de secole. A întrebat-o cum era, iar ea a început să-i spună că, în sfârşit, pe strada lor lucrurile intrau pe făgaşul normal. Era agitat şi parcă nu asculta, apoi, în timp ce ea îi povestea cum Julia a făcut jumătate din stradă să vomite cu tarta ei, el a început să turuie pe nerăsuflate, întrerupând-o:

– Sunt îndrăgostit de Jessica, e fantastică, n-am vrut să se întâmple asta, dar s-a întâmplat. Vorbea fără să respire, iar creierul ei era bombardat cu mii de lucruri din toate părţile. Nu mai eram fericiţi, recunoaşte că nici tu nu erai, apoi mai este şi Tina. Eu nu pot locui cu ea în aceeaşi casă, mi-e frică c-o să mă omoare într-o noapte.

– Cine dracu' este Jess? întrebă Anna, care simţea că-i explodează capul.

– Jessica. Terapeuta mea.

– Adică femeia care-mi spunea acum trei zile să-mi trăiesc viaţa, să nu aştept fericirea să mi se târască la picioare?

– Anna...

– Când ne confruntăm cu imposibilul, mintea raţională caută logicul. Dar eu nu găsesc nimic logic în ceea ce faci tu. Ea se uită la şampanie şi, făcând un gest din cap întrebă: şi asta pentru ce e? Mai ai ceva de spus care merită celebrat? Ai omorât-o poate? Spune-mi c-ai omorât-o, altfel nu văd ce am avea de sărbătorit. El şi-a lăsat capul în jos, fără să aibă curajul s-o privească în ochi. O să ai nevoie de o nouă terapeută şi un prosop, zise ea după care i-a golit toata şampania în cap. Du-te dracului, John! i-a mai zis ea după care părăsi cafeneaua. Nu-i venea să creadă că a întors pagina, în timp ce ea era pregătită să-l întâmpine cu braţele deschise. Se purtase ca un nebun excitat şi ea a crezut că avea emoţii pentru că voia să se întoarcă acasă. Agitată, a chemat un taxi şi s-a dus la restaurantul unde prietenele ei luau masa. Când au văzut-o, au privit-o uimite şi au întrebat-o dacă John a anulat.

– Da. Căsătoria noastră. S-a îndrăgostit de Jessica, terapeuta lui. M-a corectat când i-am spus JESS, apoi i-am turnat sticla de şampanie în cap.

– Nu-i aşa rău, a încercat Julia s-o liniştească.

– Da, ar fi putut să mă omoare! „Nu-i aşa rău"? Nu-i bine deloc! spuse Anna. Chelnerul a venit să le ia comanda şi Anna l-a întrebat dacă el a „cules" ouăle de la găină. Bărbatul le-a privit pe toate patru pe rând şi când i-a văzut privirea lui Hope, a dat afirmativ din cap, iar Anna s-a pus pe un râs nebun. Julia a întrebat-o cu blândeţea care o caracteriza de ce râde atât de tare în public, iar ea a răspuns că se simte ca o proastă când o face singură. Apoi, privindu-le pe toate trei le-a spus că era la modă să râdă un minut pe zi. Aşa învăţase la yoga.

– Ar fi prea clişeu dacă m-aş culca cu instructorul de yoga? le întrebă.

– Este femeie, spuse Hope, în timp ce îi umplea paharul cu şampanie. Anna a ridicat din umeri şi s-a plâns că nimic nu-i merge în viaţă cum trebuie.

– Ce mai face Tom? a întrebat-o Hope.

– Nu ştiu dacă mă curtează sau doar mi se pare, mă înşel atât de des în ultimul timp cu atât de multe lucruri.

– O face demult, dar nu ai dat tu importanţă, spuse Julia.

– Câtă lipsă de diplomaţie, a spus Anna tristă, privindu-şi prietenele, să-mi arunce aşa în faţă noua lui dragoste.

– A văzut o armată de medici, zise Tess, şi tot ce-a găsit să facă a fost să i-o tragă terapeutei? Asta este soluţia lui? S-a înhăitat cu ea într-o seară, au disecat o viaţă şi o familie, apoi, a doua zi la prânz s-au gândit că puţin sex nu le-ar strica. Cine naiba e muierea asta? Dacă vrei, poţi să-i faci un proces, s-o usture fundul ăla plimbăreţ. Asta e o luptă pe care dacă vrei, o vei câştiga. Doar ea va pierde.

– Am văzut-o de două ori, spunea Anna, aranjându-şi părul blond drept. Mi s-a părut din prima clipă că nu mă place, dar mi-am zis că sunt paranoică. A doua oară am fost convinsă că nu mă place. Nici măcar nu se străduia să ascundă acest lucru. Acum știm și de ce.

– Ce ironie a sorții să fim toate patru singure în același timp, zise Hope.

– Dar tu ești încă măritată, a spus Julia. La fel și Anna.

– De aceea am spus singure și nu celibatare.

– Tu-l ai pe Larry, a șicanat-o Tess, și Hope și-a dat ochii peste cap. În plus, trebuie să recunoaștem, este un bărbat incredibil.

– Mda, probabil de-aia nu mi-e ușor să mi-l bag în pat, comentă Hope, fără să fie sigură că asta își dorea cu adevărat.

– Dacă ar fi ușor n-ar mai fi „atât de incredibil", nu-i așa? a întrebat-o Julia, zâmbind și ridicând o sprânceană.

– Da, exact, spuse Hope. Cam același tratament pe care i-l aplici tu lui Barry. Julia a privit-o cu ochi mari, speriați și Hope a zâmbit și a bătut-o pe mână: Stai calmă, n-o să mă enervez. Păcat că Larry nu este atras de mine. Aș trece mult mai ușor peste toate greutățile. O soluție ar fi să-l leg și să-l sechestrez în garaj, dar n-am voie. Sau da?

S-au uitat pe geam și-au văzut-o pe Isabelle care parcă vorbea singură.

– S-a izolat total după moartea lui Ron, a oftat Tess tristă. Anna le-a zis că Tina era la fel. Era convinsă că fata va fi fericită când va afla că John și cu ea divorțează. Nu și-l mai dorea deloc acasă, și îi ura mai mult ca niciodată pe toți bărbații.

– Parcă poliția din orașul ăsta doarme, a spus Hope. Cum este posibil să nu aibă nicio pistă? Două morți și o agresiune în doar câteva luni și nimeni nu știe nimic încă. Este revoltător!

– Tina crede că este Dwight, dar n-are nicio probă, a spus Anna. Omul ăsta parcă a fost înghițit de pământ. A spus că pleacă trei zile și dus a fost. Nimeni nu mai știe nimic de el. Poate că Dwight a omorât-o și pe colega Isabellei și Tinei. La fel și pe vecinul nostru din „casa cu fantome". Poate este un ucigaș în serie. Toate nenorocirile au început de la mutarea lui în cartier, a spus Anna, iar ele au dat din cap. A apărut pe nepusă masă în suburbie și și-a adus camionul cu mobile noaptea. Cine face asta dacă nu o persoană care ascunde ceva?

În continuare, misterul plana în suburbia care se transformase în mai puțin de jumătate de an într-o scenă a divorțurilor, agresiunilor și a morții, iar până când poliția nu elucida valul de crime, nimeni din Palisade nu mai putea dormi liniștit.

*

În Pacific Palisade nimeni nu simțea că sărbătoarea Crăciunului era aproape, iar în urmă cu trei zile o casă fusese jefuită. Poliția era peste tot și interoga marea majoritate a locuitorilor. Nimeni nu văzuse nimic, iar responsabilul cu ancheta, un omuleț chel și frustrat, cu un costum maroniu ieftin, dorea cu orice preț să închidă pe cineva în seara sfântă. Își găsise nevasta în pat cu prietenul lor de familie și acum îi trebuia un vinovat pentru crima comisă, parcarea neplătită sau pentru simplu fapt că se născuse. Dorea cu disperare să acuze pe cineva, pe oricine, pe toată lumea și pe fiecare-n parte. Se lua de toți, era insistent și agresiv, iar după o săptămână de bântuit prin cartier, reușise performanța de a agasa pe toată lumea. Era îmbrăcat prost și mirosea a ură și loțiune de ras ieftină. Avea un comportament abuziv, impunându-le tuturor ce să facă sau să nu facă, îi speria spunându-le că sunt bănuiți, că s-a găsit ceva împotriva lor. Dup-o săptămână de lătrat în cartier, lumea a început să se plictisească și să-l trimită la plimbare. Într-o zi s-a dus la Tess acasă și, ca deseori în ultima săptămână, a agresat-o cu stilul său antipatic.

– Arestează-mă, dacă ai pentru ce, dacă nu, lasă-mă în pace, i-a spus ea dintr-o respirație.

– N-ai dreptul să nu colaborezi.

– Tu nu vrei colaborare, vrei doar vărsare de sânge, indiferent al cui sânge este, vinovat sau nevinovat.

– Nu, doamnă, îmi fac doar meseria.

– Faptul că te ascunzi în spatele meseriei tale nu înseamnă că poți să ai un comportament abuziv.

– Te-am lovit? Arată-mi vânătăile.

– Comportamentul abuziv nu este numai când lovești, domnule Floc.

– Sunt sergent și mă cheamă Flox.

Tess nu-l ascultă și continuă.

– De-o săptămână ne agresezi verbal și te joci cu nervii noștri. Asta este o formă clasică de comportament abuziv și este la fel de dureroasă, la fel de periculoasă și la fel de letală ca și cele care lasă vânătăi. Sunt psihiatru, știu despre ce vorbesc, domnule Floc. Colombo se apropie de ea și-și ridică puțin bărbia pentru a putea fi la nivelul ei:

– Ești prea mică pentru o luptă atât de mare, zise el cu ochi amenințători. Statura lui îl făcea să pară caraghios și Tess îl compară cu un Yorkshire care atacă un Pitbull. Privi în jos spre el:

– Du-te dracului, Floc! Dacă vrei să elucidezi cazul, dă-ți demisia și cere să pună în locul tău pe cineva competent. Sau normal. Îi trânti ușa în nas și Colombo plecă bodogănind.

*

Era ajunul serii de Crăciun și cele patru prietene au hotărât să sărbătorească la cabana lui Tom din Heaven Woods. Era mai degrabă ca o evadare decât ca o sărbătoare. Toți erau triști și bulversați de câte ceva: o despărțire, un divorț nepronunțat, o moarte neașteptată sau o moarte pe care ar fi făcut-o, acesta din urmă fiind cazul întregului cartier în ceea ce-l privea pe Floc.

Hope o ajuta pe Tess să aranjeze masa în salon, iar Larry punea colinde de Crăciun. Un foc vesel ardea în șemineu, iar Tom, îmbrăcat în blugi și cu un pulover cu Moș Crăciun, servea băuturi lui Ed și copiilor. Tess o coafa pe Isabelle și inima i s-a strâns când i-a văzut ochii triști, încercănați. Fata nu reușea nicicum să depășească moartea tatălui ei.

Tina, îmbrăcată într-o rochiță neagră cu sclipici și balerini argintii, arăta drăguț. Se privea încântată în oglindă, însă Anna știa că era încă afectată și furioasă.

Hope, îmbrăcată în pantaloni și pulovăr din mohair alb, arăta proaspătă și odihnită. Era tristă pentru că starea lui April nu-i permisese să se deplaseze, dar aranjase o masă frumoasă pentru ea, prietenele și asistenta care o îngrijea. Hope decorase toată casa și curtea interioară cu zeci de ghirlande luminoase, a aprins becul din piscină și le-a făcut o selecție cu cele mai frumoase colinde de Crăciun. Totul era perfect. La fel și cabana lui Tom. Acesta pusese pe o rază de 20 m în jurul casei zăpadă artificială. Câțiva oameni de zăpadă luminoşi, sănii cu reni şi Moşi Crăciuni stăteau pe peluza casei şi pe acoperiş. În nici o oră de la sosirea lor acolo, toţi au intrat în ambianţa de sărbătoare. În ciuda tuturor evenimentelor din ultimul an, începeau să se destindă.

Atracţia serii însă era Mira, fiica regăsită a lui Tom, un ghemotoc de doi ani şi jumătate, cu părul negru ca abanosul, lung şi drept până la umeri şi cu un breton perfect, ce-i ajungea până la sprâncene. Fetiţa era îmbrăcată festiv într-o rochiţă lucioasă roşie, ciorapi lungi albi cu paiete şi balerini verzi. Vorbea bine pentru vârsta ei, nu era ruşinoasă şi părea incredibil de matură; probabil că suferinţa şi perioada pe care-o petrecuse cu mama ei pe drumuri, contribuise la maturizarea rapidă.

O găsiseră plângând în stradă, lângă mama ei, care leşinase. O femeie a sunat Salvarea şi Poliţia şi în acest fel Tom a putut să-şi recupereze copila, pe care o căuta de luni de zile. Pamela, soţia lui, era acum internată la Los Angeles, în Secţia de Psihiatrie, unde el o vizita cât de des putea. Tom spunea că biata de ea era aproape tot timpul pe altă planetă.

Mira a început să-şi mişte funduleţul plin de volănaşe pe ritmul muzicii şi toată lumea râdea amuzată. Chiar şi Tina şi Isabelle păreau să-şi mai fi revenit.

– Doamne cât eşti de frumoasă, ştii asta? îi spuse Anna Mirei, iar Tom le privi cu drag pe amândouă.

– Păi da, răspunse Mira făcându-i iarăşi să râdă.

– Vrei nuci? o întrebă Isabelle. Sunt foarte sănătoase.

– Păi da, repetă Mira, întinzând mânuţa. Spunea deseori „păi da" şi era de acord cu tot.

– E uşor să iubeşti un asemenea îngeraş, a spus Anna, iar Tina o privi o clipă.

N-avea cum să fie geloasă pe ghemotoc-ul acela de fată, Anna avea dreptate, era imposibil să n-o iubeşti. La moment dat, Tina credea că era atrofiată sufleteşte, dar, văzând-o pe Mira, inima i se topii.

– Cum te simţi, draga mea? a întrebat-o Tom pe Anna.

– Surprinzător de bine. Aproape că mă simt vinovată. La început n-aveam chef să vin, dar trebuie să recunosc, ai avut dreptate să organizezi această seară. Îţi mulţumesc! Tuturor ne face bine o mică pauză, departe de tragediile noastre, de întrebările fără

răspunsuri care ne obosesc zilnic. În final, am decis să accept întâlnirea cu John și să pun capăt odată pentru totdeauna la... la nu știu ce mai avem noi.
– De-asta vrea să te vadă?
– Mi-a zis că e o chestiune personală.
– Cum ar fi să te omoare?
– Este proprietarul unei cafenele, nu criminal în serie, a spus Anna zâmbind. Mi-e greu să cred că după ce servește sendvișuri o zi întreagă, iese noaptea la tăiat oamenii. Și-a revenit, se pare că dragostea i-a dat aripi, l-a vindecat, spuse ea parcă cu amărăciune. Era un capitol al vieții ei neînchis. Nu era ușor să ștergi cei 17 ani ca și cum n-ar fi existat vreodată. Totul se întâmplase atât de rapid încât acum, când el dorea să-i propună un târg, ea nu putea fi decât sceptică. Se pare că Jess, terapeuta anului, adusese lumină în parte întunecată a sufletului lui, iar Anna o ura. Discutase cu ea la telefon, dar nu simțise niciun regret din partea femeii care se presupunea că ar fi trebuit să-i ajute să-și repare căsătoria. Când Anna i-a reproșat că a eșuat total ca psiholog, aceasta a replicat că nu a făcut decât să-i dea o doză dublă de trezire la realitate lui John. Fusese un om disperat pe care ea l-a vindecat. După ce i-a mai ținut câteva teorii în legătură cu cât era ea de expertă în dimensiunea disperării lui John și a întregului univers, i-a zis că-i înțelege perfect furia, chiar dacă nu este justificată. Avea voie să simtă exact ceea ce dorea și dacă ea dorea să se simtă mizerabil, asta era doar problema ei. Anna nu i-a mai spus nimic, dar, după două săptămâni de la acea conversație, când Jessica a sunat-o s-o întrebe dacă este mulțumită că-și pierduse licența din cauza ei, i-a răspuns calm că și-a pierdut-o din cauza lipsei de profesionalism. I-a mai spus că nu va renunța la proces, indiferent cât va încerca ea să cosmetizeze adevărul, apoi a înștiințat-o că era la curent cu toate greșelile ei anterioare. John și cu ea nu erau primul cuplu distrus de abordarea ei „freudiană", foarte personală.

De la acea conversație, n-a mai avut nicio veste de la ei, până cu două zile în urmă când John i-a propus o întâlnire. Hotărâse să accepte să-l vadă, dar în seara aceea dorea să nu se mai gândească la nimic și să sărbătorească ajunul nașterii lui Isus cu persoanele dragi.

Larry o ajuta pe Hope să pună în brad niște globuri care căzuseră. Avea o cămașă albastru ciel, pantaloni negri și o curea Hermes. Era calm ca întotdeauna și părea fericit să fie acolo cu Kim și cu prietenii.

— Ai salutări de la Kevin, spuse el surâzând pe sub mustață.
— Ce deștept te crezi, a răspuns Hope deloc supărată.

O lua des peste picior în legătură cu prietenul lui. Domnul doctor umpluse tot Los Angeles-ul de cum au făcut ei dragoste, de cât de înfometate și fierbinți erau femeile de 35 de ani.

Hope s-a întors cu gândul la ziua în care l-a părăsit pe Kevin. Nu i-a spus că este la curent cu toate bârfele lui umilitoare, iar el a încercat disperat s-o facă să se răzgândească.

— La nivel sexual nu ne înțelegem deloc, Kevin, îi zise ea blând, cu intenția, reușită, de a-l destabiliza. N-am vrut să te rănesc, dar este epuizant să ai de-a face cu așa ceva. Mi-ar fi greu zi de zi. Disperat, i-a spus că spera să nu fi vorbit cu nimeni despre așa ceva.

— Nu, Kevin, evident. Intimitatea nu se discută. Of, a făcut ea ca și cum atunci și-ar fi adus aminte, i-am zis lui Larry... și lui Tess. Lui Jade și încă la două tipe care erau cu mine în ascensorul de la yoga. El nu zicea nimic, doar asculta șocat. Una dintre ele, pe care se pare că o cunoști, a spus că sexul cu tine este ca și schiul dar, fără zăpadă.

Larry a bătut-o pe mână, întrerupându-i gândurile.

— Te gândești la acum l-ai distrus pe Kevin? îi spuse el râzând lui Hope, în timp ce punea un îngeraș în vârful bradului. Cred că i-a pierit cheful de femei.

— Să încerce cu bărbați atunci. Mi-ai spus că mi-l prezinți pentru că merită și când colo este un porc de prima mână. Treaba lui a fost să mă ducă cu preșul și atât.

— Iar a ta?
— Să-mi dau seama când o face și să-i trag un picior în fund.

Acum, în ajunul serii sfinte, Larry o privea cât era de frumoasă îmbrăcată în alb. Era suplă, avea gură frumoasă, zâmbitoare și după cum auzise, se descurca al naibii de bine în pat. Era conștient mai mult ca niciodată de magnetismul ei, dar nu știa exact ce simțea pentru ea. Sau ce ar trebui să simtă. Telefonul lui sună și Hope a văzut afișându-se numele de Benny. El a luat apelul, iar

Hope a plecat la bucătărie să o ajute pe Anna. Când s-a întors cu legumele și castanele aburinde, el tocmai închise.

– O prietenă, s-a justificat fără să fie întrebat.

– Prietenă din copilărie? Sau poate ți-a salvat viața? Ori e vorba doar de sex amical?

El a zâmbit. Da, categoric era geloasă.

– Ai vrea să ne-ntâlnim într-o seară? a întrebat-o el în timp ce ea punea tacâmurile de argint pe masă.

– Pentru ce? a zis Hope, continuând să aranjeze farfuriile cu margine argintie.

Oare a înțeles el greșit semnalele? Poate că n-au fost semnale decât în capul lui nebun. Fusese prea curajos. Sau prea prost? Probabil puțin din amândouă. Cum el nu a răspuns la întrebarea ei, Hope s-a oprit și l-a fixat.

– Nu doresc neapărat un răspuns, doar arunc întrebări în aer, încercă el o glumă.

Ea era total relaxată, lucru care l-a debusolat și mai tare. Ar fi bătut în retragere, dar nu prea știa cum. Nu fusese niciodată un expert în arta curtatului. Cu Dé fusese simplu, natural, nu trebuise niciodată să-și caute cuvintele sau să se întrebe ce anume i-ar plăcea sau nu ei. Știa instinctiv. Asta era compatibilitatea. După Dé, mai fuseseră câteva femei, dar el nu le curtase, fusese doar un bun prieten, prezent când trebuia. O companie plăcută. Aflase cu timpul că asta înnebunea multe femei. Frânsese multe inimi fără să știe, iar acum, când în sfârșit se decisese să facă un pas, Hope nu înțelegea.

– Voiam să vii la mine să-ți prepar cina, spuse el stângaci.

– Dar tu nu știi să gătești, a venit răspunsul lui Hope, iar Julia care a auzit conversația, a trecut pe lângă ea și i-a dat un cot în coaste. Prea tare.

– Auuu, s-a auzit Hope gemând și Larry a privit-o mirat. Mi-ai rupt o coastă, strigă Hope în urma Juliei care își văzu de drum.

Masa de Crăciun a arătat ca un veritabil ospăț. Anna a adus fois gras, somon și bisque de homar, Tess a făcut cea mai mare plăcintă cu mere din lume, iar Julia a adus plăcintă cu afine, făcută de ea, și macaroni. Hope se ocupase de șampanie, iar Tom, de curcan și legume.

— Ei, a început Julia fericită când s-a întors din bucătărie, cine face cele mai bune deserturi? Singura tartă care s-a mâncat este a mea.

Toți dădeau din cap, zâmbind politicos, iar Tom își privea îngrijorat labradorul care se uita într-un punct fix.

— Crezi că-i e rău? o întrebă el în șoaptă pe Anna.

— E făcută de Julia. E posibil.

— De ce nu m-ai avertizat?

— Am crezut că ai înțeles când toți ne-am debarasat de tartă pe ascuns.

— De ce câinele meu?

— Pentru că el era cel mai aproape și voia. Ș-apoi mai bine să moară un animal decât un om, nu crezi?

— De ce trebuie neapărat să moară cineva!? întrebă Tom disperat.

Julia vorbea mulțumită.

— Ai mei sunt în croazieră în Australia și se simt excelent.

— Normal, îi șopti Larry lui Hope, nu-s obligați să mănânce plăcinta ei cu afine. Dumnezeule, ai văzut că n-avea pic de zahăr? Hope râdea încet. A uitat să pună zahăr la desert! Cum e posibil așa ceva? Hope se distra de minune, fiind obișnuită cu veleitățile culinare ale Juliei. Nu-i spune nimeni că n-ar trebui să intre în bucătărie?

— Fă-o tu dacă poți, a spus Hope, arătându-i-o cu capul pe Julia, care gesticula fericită ca un copil, iar el a zâmbit când a văzut-o.

— Sunt doctor, o să vă prescriu ceva pilule, a spus el, iar Hope a dat din cap zâmbind.

— Mmm, e delicioasă, a spus Julia cu gura plină de tarta ei fără zahăr, ar trebui să deschid o patiserie.

— Nu! a zis Larry și toți s-au pus pe râs în timp ce Julia l-a întrebat uimită, de ce. Pentru că nu se face, a venit răspunsul lui direct. Tu nu știi să gătești!

Liniște. Julia i-a privit pe toți pe rând. Prietenele ei au ridicat din umeri ca și cum nu știau despre ce vorbește și tocmai atunci câinele a râgâit.

— Mi-ai otrăvit labradorul, a spus Tom îngrijorat, ridicându-se repede să-l controleze. De la tarta ta face așa.

— Cum am putut eu să-ți otrăvesc câinele? l-a întrebat Julia surprinsă. Nu e deloc otrăvit, doar prost crescut. Câinele vomită, iar Tom l-a privit disperat pe Larry, care după ce l-a consultat i-a spus că n-avea nimic grav. Doar indigestie. Mâncase prea mult și prea prost.

— Prea prost!? a sărit Julia. Am pus doar produse Bio.

— Prea prost! au repetat în cor Tom și Larry, iar câinele a mai tras un râgâit ca și cum ar fi validat zisele celor doi.

— Julia, știi că te ador, a spus Kim, dar chiar avea gust de șosete.

Julia dădea din cap cu barba tremurândă și prietenele ei se rugau să nu se pună cumva pe plâns. Dar iarăși, n-ar mai fi fost la fel o seară festivă fără bocetele Juliei. Plânsetele și vomitatul făceau parte din cotidianul lor „festiv".

— Și câte șosete ai gustat tu ca să spui asta? s-a rățoit ea la Kim care și-a plecat privirea timidă. Julia și-a frecat fruntea, ca de fiecare dată când avea mustrări de conștiință și i-a șoptit lui Hope: sunt oribilă cu copiii. Hope a negat din cap. Adu-ți aminte, anul trecut am ars-o cu lumânarea pe fiica ta.

— Doar o dată și n-a stat pansată decât trei săptămâni, a consulat-o prietena ei, aducându-și perfect aminte de catastrofa Crăciunului anterior, când Julia era cât pe ce să dea foc la casă.

Kim s-a dus lângă Isabella și a încercat să lege o conversație cu ea. Fata era foarte deprimată. Arăta ca o stafie și slăbise mult. Nici în acea seară nu mâncase. Se închise în ea și nu mai comunica cu nimeni, iar notele de la școală scăzuseră considerabil. Anna, în partea cealaltă a mesei se juca cu cuțitul în farfurie și zâmbea fără să realizeze.

— Zâmbești, a spus Hope încet.

— Sunt fericită.

— Sex?

— Nu chiar atât de fericită. Tom este un om bun și un prieten de nădejde. Iar Mira este o dulce, o îmblânzește până și pe Tina. Dar tu cu Larry, cum stați?

Curioasă să audă răspunsul, Julia, li s-a alăturat.

— Doar stăm. Cred că habar n-are ce vrea, iar eu am atâtea pe cap cu boala lui April și divorțul, încât las lucrurile să curgă cum vor. Deși, trebuie să recunosc că mi-ar prinde bine puțină acțiune în viața mea.

– Am putea juca iarăşi golf, a zis Julia. A fost foarte amuzant data trecută.
– Dar nici măcar n-ai atins mingea, draga mea, spuse Tess liniştită.
– De trei ori! a sărit Julia ca o căpriţă.
– Da, dar nu mingea ta.
– Bine, bine, dar mi-ai văzut swing-ul? întreabă Julia fericită, ridicându-se şi făcând mişcarea.
– Coxartroză? glumi Tom, iar ea l-a privit un moment cu ochi mici, apoi îi şopti lui Hope:
– Asta e din cauza potăii ăleia sensibile. Tarta mea a fost foarte bună. Hope privea tăcută în farfurie, rugându-se ca prietena ei să nu înceapă să vorbească iarăşi despre mâncare. De mică m-a învăţat mama să gătesc şi a spus că aveam un talent înnăscut, a continuat Julia, iar Hope se holba la ea.
– Mama ta găteşte? a întrebat-o.
– Nu. Nu ştie. Sunt femei care pur şi simplu nu sunt capabile s-o facă. Noi aveam o bucătăreasă, pentru că tata era foarte sensibil şi avea ulcer.
„Înainte sau după ce s-a căsătorit?" a vrut Hope să întrebe, însă nu a făcut-o.
– Victor Parker mi-a spus că gătesc foarte bine, a spus Julia, iar Hope nu înţelegea de ce prietena ei făcea asemenea obsesie cu mâncarea.
– Pe ăsta n-ar trebui să-l scapi, a zis Hope, ridicând mâinile. Căsătoreşte-te cu el!
– O sună prea des pe maică-sa.
– Şi tu o faci, a zis prietena ei, având impresia că discută cu o puştoaică.
– Pe mama lui? Nu, n-am sunat-o niciodată, turuia Julia, iar Hope îşi dădu ochii peste cap. Aaa, pe-a mea... Ştii bine că noi avem o relaţie specială. Mama mea şi cu mine, vreau să spun. Hope zâmbi. Nu va ieşi mare lucru cu Victor, a recunoscut Julia. Cred că stă cu mine numai pentru că îi gătesc, mai spuse, iar Hope se forţa să nu geamă. Nu am noroc la bărbaţi. Nu demult mă curta unul dintre actorii cu care joc în film. Super sexy tipul şi eram fericită să ies cu el, până când mi-a cerut să merg la un bal mascat unde tema

era infernul. I-am spus să meargă la dracu singur și de atunci nu m-a mai căutat niciodată.

Ca de obicei, Julia era iarăși centrul atenției, dar nimeni nu se plângea. Au petrecut o seară liniștită, au vorbit de croaziere, de fotbal american și de nașteri. Kim a vrut să știe dacă era dureros când nășteai, iar Larry a sfătuit-o să rămână virgină, apoi Tina a stricat totul ca de obicei.

– De ce să rămână virgină? Ca să profite un nenorocit de ea? Apoi întorcându-se spre Kim: ar trebui s-o faci de câte ori ai ocazia, atunci când îți place un băiat!

Auzind-o, Anna s-a întristat.

– Ești o persoană foarte curajoasă, draga mea, zise mama ei, mângâind-o ușor pe mână.

– Și crezi că nu mi-e frică? a replicat Tina. A fi curajos nu înseamnă mare lucru. Curajul nu m-a salvat și nici nu m-a scos din mocirla mea.

Din păcate seara se terminase și mai repede decât și-ar fi dorit, toți s-au retras în dormitoarele lor.

Când toată lumea dormea, Hope a coborât în salon să-și ia o carte și l-a văzut pe Larry pe verandă. Și-a strâns halatul pe ea și s-a pus lângă el pe balansoarul gri cu dungi albe. Copacii din fața casei erau împodobiți cu ghirlande luminoase, la fel și proprietatea vecină. Casa mare, albă, arăta festiv și se auzea muzica.

– Ce lună frumoasă, a spus Hope.

Larry s-a întors spre ea și a privit-o.

– Tu ești frumoasă, a zis el cu tupeul dat de cele câteva pahare de coniac. Unde ești cu divorțul?

– Ne apropiem de sfârșit. Nu credeam că noi vom divorța vreodată, a zis ea nostalgic. Am avut o viață bună împreună.

– Toți avem tendința să înfrumusețăm trecutul odată ce suntem în prezent.

Ea s-a gândit puțin și i-a dat dreptate, după care a spus:

– Am citit un articol în care scria că perioada perfectă a vieții este undeva între tinerețe și bătrânețe, când ești încă suficient de tânăr pentru a nu te gândi la eșec și suficient de bătrân pentru a ști să apreciezi lucrurile, să te bucuri de micile plăceri ale vieții și să nu-ți pierzi timpul cu persoane care nu merită.

– Da, este adevărat. Stăteau amândoi liniștiți și priveau cerul înstelat. Nu vedem așa ceva în Los Angeles, a spus Larry, turnându-i două degete de Courvoisier într-un pahar de cristal aflat în barul mic luminat de beculețe colorate.

Hope a luat o gură de coniac și-a simțit căldura plăcută arzându-i gâtul.

– Mmm, e bun, a zis ea, iar Larry i-a zâmbit. Se simțea bine în prezența ei. Era ușor să fii cu ea. A fost o seară plăcută, cu excepția comentariilor de la sfârșit. Cel puțin noi adulții ne-am distrat. Partea cealaltă a mesei, unde stăteau copiii, era diferită. Parcă eram în 1498 la „Cina Cea de Taină" a lui Da Vinci. Până când Tina a început să vorbească de viol și atunci am migrat în iad. Larry, îți imaginezi că iadul ăsta este viața ei?

Au stat câteva minute calmi, au privit luna și au profitat de noaptea liniștită. Apoi el a întrebat-o dacă ar fi de acord să iasă cu el într-o seară.

– Sau într-o dimineață, dacă asta te face să te simți mai confortabil, a adăugat el când a văzut că ea nu zice nimic. Alege ora, eu sunt OK cu orice parte a zilei sau a nopții.

– Trei dimineața? a râs ea, iar el a acceptat cu o mișcare a capului. Ce faci, Larry, mă curtezi?

– Cred că da. Ce zici?

S-a gândit puțin, a mai luat o gură de coniac și, privind paharul, i-a spus:

– Sincer, nu știu. M-ai luat prin surprindere. Și apoi, mai sunt și celelalte întâlniri ale mele care variază între dezastruos și mai dezastruos.

– Nici eu nu sunt mai breaz, stai liniștită, a recunoscut el și Hope a zâmbit. Știa că el este timid și departe de a fi un expert în a face curte, dar cumva asta era un plus la șarmul lui. Lui Hope nu-i plăcuseră niciodată bărbații care fugeau după femei. Prefera o privire discretă în locul unui tip insistent.

– Doi nuli împreună, care ar fi rezultatul?

– Poate ca și cuplu vom fi geniali, a zis el și ea a făcut ochii mari. Nu te cer în căsătorie, a adăugat Larry repede, doar o cină și un film, nimic extraordinar.

– De ce? Crezi că nu-s bună de nevastă? Sau crezi că nu merit ceva extraordinar?

– O, ba da, meriți. De ce? Ai vrea să te căsătorești?
– Nu știu, dar nu-mi place să ies cu cineva care din start nu mă vrea de nevastă. Zâmbea calmă.
– Dar n-am spus asta.
– Tu vrei să te însori?
„Fois gras, șampanie, lună plină... și teren minat", își zise el. Și își mai spuse că era foarte beat. La fel și ea.
– Poate într-o zi.
Îi convenea ca răspuns. În definitiv nici ea nu știa ce-și dorește. A privit-o zâmbind și Hope și-a spus că era foarte arătos cu părul lui zburlit și ochelarii puțini strâmbi.
– Nu mai zici nimic. Credeam că și tu simți ceva, a continuat el, puțin îngrijorat de tăcerea lui Hope.
– Oo, dar simt, a spus ea repede.
El aștepta privind-o și când a văzut că ea nu mai zice nimic a întrebat-o:
– Gata, ai terminat fraza?
Ea a luat încă o înghițitură de coniac și a dat să spună ceva, când Tess și-a făcut apariția:
– Deranjez? îi întrebă.
– Când? Acum sau în general? zise Hope după care bufniră în râs.
Tess și-a privit prietena și a zâmbit:
– Îmi place cât de relaxată te simți cu un pahar bun de alcool în mână.
– Câteodată și cu unul prost, a răspuns Hope, ridicând paharul în semn de noroc și dându-l peste cap. Vorbeam de băiețelul colegului meu, minți ea, care pe zi ce trece se transformă în bărbat... și de mine care ar trebui să-mi găsesc unul.
Tess i-a privit pe amândoi cum se amuzau, beți criță. Larry parcă era și mai beat ca ea.
– E ceva în legătură cu energia și materia, țipa el, iar Tess se hotărî să meargă la culcare. Ajunsese 30 de minute și o jumătate de sticlă de coniac prea târziu.

Capitolul 11

A doua zi de dimineață Tom s-a trezit primul și a pregătit micul dejun: șuncă, suc de portocale, cafea, cârnăciori și pancakes. Copiii săreau bucuroși în jurul bradului și așteptau ca toată lumea să se trezească pentru a deschide cadourile. Până și Tina și Isabella erau bine dispuse, iar Mina, îmbrăcată în pijama albă cu maimuțele roșii, era foarte drăgălașă.

— Vrei puțin suc de portocale? a întrebat-o Kim.
— Păi, da, a răspuns ghemotocul.

Fetele se amuzau cu Mina, râdeau și glumeau, iar Tom era încântat de veselia din casă. Apoi, Tina și Isabelle i-au forțat mâna lui Tom și i-au cerut să le convingă pe mamele lor să le lase singure oraș. Cum el nu zicea nimic, fetele l-au amenințat că dacă nu le ajută, o să-i zică Annei ce sentimente are el pentru ea. Îl vor demasca. Anna era prea naivă ca să-și dea seama, dar ele au înțeles totul.

— Ăsta-i șantaj? le întrebă Tom.
— Funcționează? a zâmbit Isabelle dându-și coama de păr într-o parte.
— Nu cu mine. Niciodată, a spus Tom calm. Și dacă mă gândesc mai bine, poate chiar mi-ați face o favoare. Eu habar n-am cum să-i spun, iar ea nici măcar nu bănuiește.

Douăzeci de minute mai târziu toți erau la masă, mâncau, vorbeau și râdeau. Când Hope și-a făcut apariția îmbrăcată toată în cașmir roșu, ceilalți s-au simțit ridicol în pijamalele lor.

— Să fii jurnalist e rentabil, a spus Tina, privindu-i ținuta impecabilă.

— Reușesc să fac mai multe decât să-mi cumpăr pulovere din cașmir, să știi, a zâmbit ea, apoi le-a propus tuturor să se îmbrace elegant și după deschiderea cadourilor să meargă la biserică. După ce copiii au terminat cu vociferările, au urcat la etaj să se pregătească pentru biserică. Când Kim a coborât câteva minute mai târziu, Larry aproape a căzut de pe scaun:

— Ce s-a întâmplat? Când ai urcat în cameră aveai 14 ani, acum ai 24 și gata de închisoare.
— Am machiat-o, a spus Isabelle mândră.
— Dar ziceai că n-ai machiaj, a zis Hope, frecându-i fața lui Kim cu un șervet. Am zis că mergem la biserică, nu la bal mascat.

Tom a debarasat masa, ajutat de Anna. L-a felicitat pentru veleitățile lui culinare și Tom i-a promis că după o lună de stat la el, o să-și dorească să-l ia de bărbat.

– Da, a râs ea, pentru asta trebuie mai întâi să divorțez.

– Sau să rămâi în viață, s-a băgat și Tina în discuție. Anna a privit-o, iar fata a continuat. Păi da, ți-a cerut să-l vezi într-o seară. Nu ziua, ci seara. Iubita lui este pe șomaj din cauza ta, iar el e nebun de legat. N-ar fi o așa mare surpriză să te taie în bucățele și să te transforme în tartar uman.

Tom și Anna s-au privit fără să mai spună nimic.

*

După biserică s-au strâns cu toții în fața focului. Era seara de Crăciun și erau bucuroși să fie împreună acolo. Tess le privea pe Isabelle și Tina. Se întreba dacă nu cumva erau bete. Râdeau și vorbeau vesele, așa cum nu le mai văzuse de mult. Tess n-a spus nimic. Dacă alcoolul era responsabil pentru bunul lor umor, n-avea de ce să se plângă. Nu în seara aceea.

Pe sub masă, Larry i-a atins mâna lui Hope, iar aceasta a tresărit, făcându-le pe adolescente să râdă pe înfundate. Ocupate sau nu, fetele observau totul.

Julia s-a apropiat de ei și, punându-și o mână pe umărul lui Hope, a întrebat-o ce prăjitură își dorește de ziua ei.

– Una din care să iasă Larry, a răspuns Tina, iar Kim și Isabelle au explodat în râs.

– De ce vă tot hlizâți acolo? Între noi doi nu este nimic, s-a justificat Hope, făcându-le pe fete mai tare să râdă.

– Din vina cui? a șoptit Larry.

Telefonul Juliei a sunat și ea le-a spus că este Parker, după care s-a scuzat și s-a dus în bucătărie să vorbească liniștită. După 30 de secunde a revenit nervoasă:

– Un idiot, a spus ea. Am început să-i zic ceva de reclama la care lucrez, dar îl auzeam cum se scarpină în cap și apoi a zis ceva de varice sau hemoroizi. Deci i-am închis.

– Să revenim la Hope, a sugerat Isabelle. Pentru două persoane care nu fac sex, a zis ea, punând cu degetele ghilimelele imaginare, petreceți cam mult timp împreună.

– De ce, viaţa mea e plictisitoare? a sărit Julia. Am multe poveşti interesante de spus şi chiar am cunoscut un bărbat ieşit din comun. Excentric.

Din păcate puştoaicele nu erau interesate de viaţa „tumultoasă" şi imaginară a Juliei, pe ele le interesau „lipsa de sex" din viaţa lui Hope..

– Tu eşti cea puternică în relaţia pe care nu o ai cu Larry, a continuat Tina şi fetele o priveau dând din cap, zâmbind. Chiar şi Kim avea o privire diabolică, parcă înnebuniseră de tot.

– Puterea revine celui care se implică mai puţin, s-a băgat şi Isabelle, luând aerul unei experte în relaţiile interumane.

– E momentul să te opreşti, a atenţionat-o Tess încet.

–Nu ţi-am zis că mă alătur unei mişcării fasciste, mamă, vreau doar să-i dau un sfat lui Hope. Părerea unui tânăr contează întotdeauna.

– Pentru că noi suntem bătrâne?

– Nu pentru cineva de 80 de ani, a râs Tina şi fetele au aprobat-o. Chiar şi Mira care nu înţelegea o boabă râdea fericită cu gura plină de ciocolată.

– De ce e murdară de ciocolată la gură? a întrebat Anna. Nu avem nimic cu ciocolată pe masă. Tom dădu din cap aprobator:

– Este întotdeauna plină de ciocolată, chiar şi atunci când nu mănâncă.

Restul serii a decurs bine şi toţi au căzut de acord că sejurul lor acolo a fost în final o idee bună. Au hotărât să stea la Tom până după anul nou.

– Familia Smith doreşte să vină pe 30 decembrie aici, a spus Larry, eşti de acord? l-a întrebat pe Tom, care a acceptat cu drag.

Îi părea bine că prietenii Annei şi-au prelungit şederea la el, asta însemnând mai multe zile cu iubita lui. Nici nu a terminat bine Larry fraza, că Isabelle a căzut lată de pe scaun pe podelele de lemn. Tess ştia că fata-i ascunde ceva, dar n-avea idee încă ce. Slăbise mult şi bănuia că, din când în când consuma alcool. După ce Larry a consultat-o, a sfătuit-o pe Tess, ca după sărbători, să-i facă analizele complete. Isabelle şi-a revenit încet, Tess însă, nu.

*

John era în noul lui apartament din Santa Monica, unde se mutase cu Jess, crezând că e o idee bună. Nu era. De când își pierduse slujba „din cauza lui și a frigidei de nevastă-sa", așa cum i-o repeta de 20 de ori pe zi, certurile erau frecvente.

Acum, Jess intră în casă și a rămas surprinsă să-l vadă pe John cocoțat pe un scaun și mâzgălind ceva pe perete, în colțul de sus, cu carioca neagră. Șocată l-a întrebat ce naiba face, iar el s-a speriat și s-a dezechilibrat, dar nu a căzut.

– Te-ai întors deja! a constatat el nemulțumit.

– Nu mi-ai răspuns la întrebare.

– Asta pentru că n-am chef, a mârâit el, trecând prin sufrageria întunecoasă și băgându-se în dormitorul la fel de sumbru. Apartamentul era urât și negru.

– Ți-ai luat medicamentele, Michelangelo? l-a întrebat ea urmându-l în dormitor, iar el a sărit ca ars, și din două mișcări era lângă ea, atingându-i nasul cu nasul lui.

– Îți jur, a mârâit el printre dinți un început de amenințare, apoi s-a oprit. S-au înfundat câteva secunde, apoi i-a zis: ești doar o incompetentă cu diplomă, știi asta?

– Mi-am pierdut dreptul de a practica din cauza ta și a...

– Da, da! Schimbă placa, i-a tăiat-o el. Ești proastă și plictisitoare și dacă nu mai ai dreptul să lucrezi, e doar spre binele națiunii.

Ea l-a privit șocată. Certurile lor deveneau din ce în ce mai violente.

– Credeam că ne iubim, a spus ea încet.

– Tu spui te iubesc doar ca să faci lucrurile să pară mai bune. Ei bine, nu sunt. Iubirea nu e doar un cuvânt. E ceea ce simți. Dar tu ești un robot și nu simți nimic. În fiecare zi îți descopăr defectele și mi se face silă, a urlat John, având o privire de nebun.

– Ție ți se face silă!? Dar eu ce să mai spun când te găsesc mâzgălind peretele cu carioca neagră? În ceea ce privește defectele mele, trebuie să recunosc că am unul foarte mare: acelea de a mă îndrăgosti de toți proștii.

– Da, din păcate, mai ales pe mine dintre toți bărbații cu care te-ai tăvălit, nimfomană
  nenorocită!

– Eu nimfomană? Doar sunt cu tine, nu?

– Ce vrea să însemne asta?

– Haide John, știi bine ce înseamnă. Tu nu ești un bărbat adevărat; tu n-ai habar ce înseamnă să faci plăcere unei femei. Anna a stat cu tine pentru că a fost victima unui viol și în mod cert a devenit frigidă. Tu mi-ai spus că ai fost singurul bărbat în viața ei, deci evident singurul mod de comparare este cu violatorul ei. Evident, în comparație cu el, tu ești genial.

A plesnit-o cu toată forța după care a părăsit apartamentul întunecos. Ea și-a frecat obrazul, plângând.

Cu două seri în urmă John și cu ea au fost invitați la niște prieteni acasă, iar când Clara, gazda lor, i-a întrebat veselă cum sunt, John a răspuns sec, că merge, apoi și-a umplut gura de sushi. Parcă vorbea de trenuri, nenorocitul. Frigida de nevastă-sa câștigase pe toate planurile. A lăsat-o pe ea fără muncă și s-a debarasat de nebun.

„A atinge ce nu e de atins", gândi Jessica care era o catolică semi-practicantă. N-ar fi trebuit să se bage în viața unui bărbat căsătorit. Dar o făcuse. Și nu numai o dată. Iar acum plătea. Credea că dacă nu erau copii la mijloc, păcatul nu era atât de mare. Dar se înșelase. Iarăși. De fapt viața ei era un lanț de înșelăciuni, dezamăgiri și greșeli. Acum avea 40 de ani, era șomeră, fără copii și într-o relație cu un schizofrenic. Își distrusese viața. Anna avusese dreptate, se descurcase perfect singură. De obicei, când erai la greu, îți rămâneau cei pe care-i iubeai. Dar ea n-avea pe nimeni. Îl avea doar pe John, nebunul satului care nu mai avea ca preocupare nimic altceva decât să-i facă ei viața un coșmar. Nici pe la cafenea nu mai trecea. Îl dăduse afară pe Greg, iar afacerea era un dezastru.

Simțea cum panica i se strecoară în suflet. Ar fi dat timpul înapoi când încă nu-l cunoștea, sau când cheltuia sume astronomice pe pantofi și genți. N-avea niciun ban pus deoparte și era obligată să stea cu el. De când era cu John, nici măcar la film sau teatru nu mai fusese. N-aveau aceleași gusturi și ea nu credea că contrariile se atrag. Erau o adevărată catastrofă. S-a dus la dulăpiorul cu medicamente din baie și a luat cutia cu Diazepam. Abuzase în ultimul timp, era conștientă. S-a dus în salon și s-a așezat cu mâinile în poală, pe un fotoliu. Cândva fusese cineva în acel oraș. Vânduse vise, idei și mult Xanax, apoi încet, clientela de elită a părăsit-o. Anna avusese dreptate, fusese o greșeală să se bage în alte familii. Ajunsese în iad, iar Dumnezeu o pedepsea și pentru asta. Era în cuplu cu maniacul cartierului, toate prietenele i-au întors spatele și nu mai avea serviciu. Da, nici măcar în purgatoriu nu era. Era clar iadul. Iar John era un nebun cu acte ascunse. În loc să-l interneze, ea îl recompensase cu propria-i persoană. Era ca și cum lui Hitler i s-ar fi dat Cehoslovacia doar pentru a-i opri furia. Auzise o dată fraza asta undeva și-i plăcuse. Era o femeie inteligentă, îi plăceau teatrul, pictura, muzica clasică și cititul. Cum putuse să se bage într-o relație cu un sociopat? Prietena ei îl făcuse narcisist de modă veche, dar ea știa că era un sociopat cu personalitate borderline. În cazul unei astfel de persoane, un lucru foarte dorit, odată obținut, devenea fără interes. Asta devenise ea pentru el: un nimic, o incompetentă cu o diplomă inutilă, care a vândut iluzii și dorințe și căreia-i rămăseseră doar Xanax-ul și Diazepam-ul. În toate relațiile pierdute și de-abia acum realiza că avea probleme de comunicare și nici compromisuri nu știa să facă. Ingredientele esențiale unei legături funcționale. O spusese de sute de ori pacienților ei, oare de ce nu putea să le pună în practică? Peste noapte devenise oare persona non grata? Depinde pe cine întreba, nu-i așa? În orice caz știa că Dumnezeu avea un plan pentru toată lumea, iar al ei nu arăta prea bine. S-a hotărât să meargă pe terasa blocului la etajul 20 unde era mai liniște și se afla mai aproape de cer. Avea nevoie să se regăsească, să-și pună ordine în gânduri și să se roage.

*

La cabana lui Tom lucrurile decurgeau cât de bine se putea, ținând cont de evenimentele din ultimul timp. Familia Smith ajunsese cu câteva ore în urmă și era deja acomodată. Toată lumea era în salonul vesel, plin de lumini albe și colorate, discutau, râdeau sau se făceau că se simt bine. Mira, ca de obicei, era plină de ciocolată la gură și se ținea de fustele Annei, care din două în două minute o lua în brațe și o pupa:

— Te iubesc, știi? îi zicea femeia.

— Păi, da, zicea ghemotocul, pupând-o la rândul ei. Tom le privea fericit și și-a propus ca de anul nou să-și declare pasiune.

Rezoluția lui pe următorul an era să fie fericit împreună cu Mira, Anna și Tina.

Aceasta din urmă era la biblioteca lui Tom și răsfoia o carte. „Ce poate determina un copil să ucidă? Indiferența, abuzul sexual". Îl plăcea de Tom, părea un bărbat cumsecade și era înnebunit după Anna. Era timid și stângaci câteodată, iar Tina și-a spus că va trebui să-i dea o mâna de ajutor. Nu-l mai voia pe John în viețile lor, care peste noapte devenise ostentativ, dominator și arogant. În ultimul timp o tratase ca pe un animal bizar și era determinată să facă tot ce-i stătea în putință să-l țină departe de Anna. Citise undeva că, dacă ți se face o nedreptate, trebuie să bați cu pumnul în masă. Dacă ți se impune ceva ce nu-ți convine, bate cu pumnul în masă. Erau într-adevăr, o grămadă de pumni, dar al naibii să fie dacă nu va face asta în cazul în care monstrul din Pacific Palisade voia să se întoarcă în cartier.

Tina o privea pe Anna care cânta cu Tom o colindă de Crăciun. Mira scotea și ea ceva la la la-uri, iar într-un colț, izolată de toată lumea, Isabelle se juca cu ceva invizibil de pe pantalonii ei negri cu carouri. Era frumoasă chiar dacă avea ochii umbriți de cearcăne. Se vedea că suferă. Toată lumea credea că încă nu acceptase moartea lui Ron, însă Tina știa că era vorba de noul ei iubit. Se îndrăgostise nebunește și o perioadă fusese totul perfect, determinând-o să treacă la o etapă superioară în relația lor. Apoi, totul s-a schimbat. Isabelle a devenit tristă, s-a închis în ea și nu i-a mai spus nimic nici Tinei.

Lângă șemineu, Larry o privea tandru pe Hope, crezând că nimeni nu-l vede. Îi plăcea stilul ei, modestă și de treabă, total diferită față de ce întâlnise după moartea lui Dé. Adică nu modeste și rele ca naiba. Dar cel mai tare ura când făceau pe blazatele. Mult timp se simțise ca și cum sufletul i-ar fi părăsit trupul. Ca și cum cineva îi smulsese inima afară din piept, lăsând un gol mare, care apoi s-a umplut cu sentimente de culpabilitate. Nu-și iertase niciodată că ultima lui discuție cu Dé a fost o ceartă. Nu mai voia să se gândească la asta, trebuia să treacă la altceva, să întoarcă pagina. Trăia o viață, dar era clar că nu era viața lui. Cel puțin, nu viața pe care și-o dorea. Odată ajunși în Los Angeles, își propuse s-o invite pe Hope la o cină romantică..

Dora Smith coborî în sufragerie îmbrăcată într-o rochie lungă elegantă, făcându-le pe Tina și Isabelle să-și dea ochii peste cap. În realitate, îi admirau originalitatea.

— Este o perioadă festivă și dacă ne îmbrăcăm festiv vom simți sărbătorile și mai bine, le-a spus ea fetelor. Așa că, dacă o rochie lungă, argintie, purtată într-o cabană mă va face să mă simt ca o prințesă, să fiu a naibii dacă n-o voi purta. Dacă vreți, vă ajut și pe voi să vă îmbrăcați. Vă pot împrumuta rochii de la mine.

— Așa suntem noi cei din familia Smith, a zis George, originali și buni cu aproapele nostru. Eu de exemplu, nu mi-am neglijat niciodată soția, s-a mândrit el, iar ea a dat din cap.

— Recunosc, în fiecare dimineață îmi aduce micul dejun în pat. A luat relaxată o alună și a spus: e adevărat că nu mai îmi servește ca înainte totul pe-o tavă de argint și cu un trandafir roșu, că totul se limitează la o de cutie de cereale, dar, este marca mea preferată.

Râsete.

— De când m-am însurat, a zis George, dând din cap și privindu-i pe rând, n-am avut niciodată dreptate.

— Hai să fim onești, ai avut vreodată înainte de căsătorie? râse Larry, iar Ada și-a sărutat soțul.

Dora butona telefonul încontinuu și mama ei a avertizat-o că i-l va confisca.

— Un singur apel, te implor, apoi stau cuminte, a zis fata, după care, scuzându-se, a răspuns la telefonul care suna.

După câteva secunde fata a strigat-o pe Ada și timp de câteva minute au discutat în surdină. Când s-a întors la masă, George i-a cerut din priviri să-i spună ce se-ntâmplă.

— Era iubitul ei, Max. Vor să meargă la schi weekendul următor. Și-au început viața sexuală și îi place, a zis ea încet, făcându-l pe George să se înece cu o nucă.

— Despre ce naiba vorbești? a sărit el tușind încontinuu. Nu putea să și-o imagineze pe fetița lui că ar face așa ceva. Ieri mi-a cerut să-i cumpăr un câine și azi îmi spui că și-a început viața sexuală? De data asta, George se sufoca de-a adevăratele. Pe Cujo am să i-l cumpăr, nu pe Lessie.

— Iubitule, are 17 ani și cu cât te vei opune mai mult cu atât va dori să o facă mai des. Știi bine că n-ai ce face.

— N-am ce face!? țipă el isteric, îndreptându-se spre Dora și smulgându-i telefonul din mână. Fata-l privea șocată, iar Ada se prăpădea de râs. Credeai că poți face sex și să nu spui? o certă tatăl ei.

— Tu nu vezi că-și bate joc de tine? arată ea cu capul spre mama ei, care acum râdea cu lacrimi. Și chiar ar trebui să fac un anunț public când o voi face?

Toți cei prezenți se uitau unul la altul și se forțau să nu râdă.

— Asta e o nenorocită de glumă? a întrebat-o el pe Ada.

— Ții minte când ai vrut să te dai jos din mașină în seara aia? l-a certat ea dintr-o dată serioasă.

— Tu mi-ai cerut să o fac.

— Când mă opream, nu când aveam 50 de mile pe oră! Ți-am promis că mă voi răzbuna, iar în seara asta am făcut-o. Suntem chit, a zis ea satisfăcută, iar el s-a așezat la masă epuizat. Putea să accepte orice glumă deplasată a Adei, atât timp cât Dora rămânea virgină.

— Nu și-a început viața sexuală, nu-i așa? i-a șoptit el soției lui, dar Dora l-a auzit.

— Stai liniștit, n-am nicio șansă s-o fac: în vacanțe sunt cu voi, de ieșit ies doar cu voi, când vrei s-o fac? Nici când am cumpărat-o pe Hector nu m-ați lăsat singură.

— Cine este Hector și de ce folosești femininul? întrebă Isabelle.

— Broasca mea țestoasă, răspunse Dora furioasă, băgându-și o castană mare în gură.

— Hector? Ți-ai numit broasca țestoasă Hector? a zâmbit Tina. Ai învățat-o să vorbească?

— Nu. Dar știe să facă pe moarta.

Tom a venit la masă și i-a întrebat dacă n-ar fi interesați de o plimbare prin oraș. Refuzul a fost unanim. George nu știa de ce, dar nu-l plăcea pe Tom. Duhnea de la o poștă a parfum scump și secrete grele. Era lăudăros și părea la fel de inutil precum arăta.

Telefonul Annei a sunat și pe ecran s-a afișat numele lui John. Lui Tom nu i-a scăpat jena femeii și faptul că nu a răspuns la telefonul care mai sună o dată, apoi de 10 ori, până când ea s-a hotărât să-l închidă.

— De ce nu i-ai răspuns? a întrebat-o blând.

— Mă simt bine. Nu vreau să-mi distrugă seara. Or mă va enerva, or mă va face să mă simt vinovată sau să-mi fie milă de el. E manipulator, dar nu e un om rău.

Tom a privitor și a zâmbit afectuos:

— Știi ce se spune: „diavolul conduce câteodată o mașină plină de copii".

— Te deranjează dacă schimbăm subiectul? l-a întrebat ea blând.

— Nu, bineînțeles că nu, Anna. Fac tot ce vrei tu. Nu doresc decât să fii fericită. Să fim fericiți. El vorbea repede și ea avea impresia că s-a îmbujorat. Mă simt atât de bine cu tine, Anna, iar Mira te adoră. Ai intrat în viața mea chiar când aveam nevoie, a spus el desfăcându-și puțin papionul. Broboane mici de transpirație i-au apărut pe frunte și ea a zâmbit:

— Tom, ești îndrăgostit de mine? l-a întrebat ea încet, iar el și-a desfăcut de tot papionul și l-a aruncat cât colo.

— Oh, da, s-a auzit Tina din spatele lor, iar Anna s-a întors și a privit-o și:

— Ai ascultat conversația noastră?

— Nu, a mințit Tina, iar mama ei a ridicat o sprânceană. Frânturi, a continuat fata și când a văzut că Anna continuă să o fixeze: bine, bine, am auzit totul. Dar nu sunt singura, a zis ea arătând spre ceilalți care dintr-o dată au început să se ocupe cu nimicuri prin încăpere.

— Cred că întotdeauna mi-am dorit pe cineva ca tine, Anna, a continuat Tom când s-a asigurat că nimeni nu-i mai privea sau asculta.

— Măritată, într-o situație ambiguă și cu o adolescentă perturbată? l-a întrebat Anna.

— Tu ești măritată fără să mai fii, ambiguitatea se poate clarifica repede în situația ta, iar în ceea ce privește perturbarea, oare nu suntem toți din când în când? Tina este o fată genială, dar neînțeleasă. Dacă știi să o iei, muți munții cu ea.

Anna a dat din cap, asta credea și ea. Îi plăcea că Tom putea s-o descifreze așa de bine pe fată. Era mult mai tolerant ca John, care nu făcuse altceva decât s-o acuze pe biata copilă.

— Sunt înnebunit după tine, Anna, și cred că aș putea să te fac fericită. Nu trebuie să iei o decizie acum, știu că nu-ți este ușor.

Tot ce vreau la ora asta este să nu-mi închizi uşa. Să-mi laşi o speranţă, a spus el şi i-a îndepărtat o şuviţă de pe frunte privind-o cu tandreţe. Vrei?

Ea s-a foit timidă pe scaun, apoi a spus încet:
– „Celui ce-l iubeşti, dă-i ce vrea".
– Asta vrea să fie un „da"?
– Nu e un „nu", asta e cert, a răspuns ea cu un zâmbet angelic.

Văzându-i, Larry s-a gândit să nu mai aştepte până ajung în Los Angeles, ci s-o întrebe atunci şi acolo pe Hope dacă ar vrea să iasă cu el. Emoţionat şi nesigur pe el s-a aşezat lângă ea fără să spună nimic. Hope l-a privit şi şi-a spus că este prea roşu la faţă.
– Te simţi bine? l-a întrebat.
– Ce crezi despre o cină romantică în doi? a îndrăznit el s-o întrebe vorbind repede.

Hope l-a privit o clipă, apoi a zâmbit:
– Chiar trebuia să adaugi în doi?
– Dacă eşti împotriva romantismului te pot duce la un restaurant mexican şi apoi la cinema, la un film bun cu sex şi crime. Sau numai crime, a rectificat, făcând-o să râdă.
– Artă curată. Aşa ceva nu se refuză, dar pentru o cină romantică trebuie să treci un test. El a privit-o, aşteptând şi ea a continuat: vreau să ştiu cât de bine mă cunoşti.
– Poţi fi nevrozată şi ataşantă, lucrul care contribuie la şarmul tău personal, ai câteodată o imagine voalată în ceea ce priveşte fantasmele şi realitatea, eşti fascinată de chimistul Kekule, care-a descoperit misterul structurii moleculare la benzen şi crezi că toată lumea ar trebui să aibă un sertar unde să-şi ţină barbituricele. Sau emoţiile.

Fără să mai spună nimic el aştepta verdictul.
– Mă cunoşti mai bine decât credeam, a râs ea, şi cu toate că favoritul meu nu e Kekule, ci al tău, voi accepta ieşirea romantică.

Kim care a auzit convorbirea celor doi, a luat-o pe Hope de mănă şi-a tras-o de la masă, certând-o.
– Arzi etapele! Nu treci de la 1 la 1000 doar aşa, a zis fata, pocnind din degete.
– Sunt mai în vârstă decât tine, ştiu ce fac.
– Mai în vârstă, deci implicit mai înţeleaptă? Greşit. Eşti doar mai bătrână.

— Am avut impresia că ți-ar fi plăcut să fiu cu tatăl tău, a zis Hope.
— Erai cu el când mama era încă în viață?
Hope a privit-o oripilată.
— Cum poți vorbi așa? Dé a fost sora mea și-am iubit-o mai mult decât pe mine însămi. N-aș fi făcut niciodată nimic care s-o rănească.
— Toți avem secrete, a spus Kim, părând c-o urăște și întorcându-i spatele.
Larry a întrebat-o din priviri pe Hope ce se întâmpla, iar aceasta doar a ridicat din umeri ca și cum n-ar fi fost ceva important. N-avea niciun sens să-i taie aripile și lui.

*

31 decembrie

Copiii erau toți strânși în bucătărie, când o bătaie în geam le-a întrerupt conversația și râsetele. Afară pe prispă o femeie brunetă îi privea zâmbind prin geam. Avea cam 1.70 m, păr ondulat și ochi negri. Nu era frumoasă, dar avea carismă, un zâmbet SEXY și un fizic frumos.
— Bună, i-a salutat ea, când copiii au ieșit afară, sunt Victoria, vecina lui Tom. Aș dori să-i vorbesc, este acasă?
— Nu, a zis Kim, a plecat în sat să cumpere cafea și mere.
Victoria i-a întins un carton alb cu argintiu:
— Dă-i asta de la mine, te rog. Este o invitație pentru diseară, a spus ea arătând cu capul casa albă grandioasă ce se vedea în depărtare. Sunt proprietara acelui loc și dau o petrecere mare. Sunteți cu toții invitați, a zâmbit ea, iar copiii au dat mulțumiți din cap.
Tocmai când Victoria voia să plece, a apărut Tom cu brațele pline de fructe, nuci, cafea, țelină verde și mai multe feluri de brânză. Când a dat cu ochii de Victoria, s-a fâstâcit, iar Isabellei nu i-a scăpat.
— Victoria, bună, a spus el. Ce surpriză.
— Adică plăcută? l-a întrebat ea zâmbind admirativ, văzându-l cât de bine arăta.

– Hai în casă, a invitat-o el.
– Nu vreau să te deranjez.
– Aranjez nişte mere în cămară, nu fac duş, a spus el după care a intrat în salon şi s-a îndreptat spre bucătărie. Avea mobila de culoarea mierii, o insulă mare în mijloc unde era şi chiuveta, iar din tavan coborau tot felul de tigăi, usturoi şi ardei iute. O masă din lemn era aşezată lângă geamul prin care se vedea casa Victoriei. Bucătăria era înconjurată de geamuri cu perdeluţe creţe în carouri albe cu roşu. Era o încăpere primitoare şi tuturor le plăcea să stea acolo.

– Ce vânt te aduce? a întrebat-o el, aranjând fructele în frigider.

– Petrecerea de diseară. Am venit să te invit. Şi cum l-a văzut că ezită, a continuat: evident, invitaţia este valabilă şi pentru musafirii tăi.

Anna a intrat în bucătărie în jeanşi uzaţi, tricou alb şi picioarele goale. Victoria a scanat-o rapid din cap până în vârful degetelor, apoi a zâmbit.

– Am ajuns prea târziu sau prea devreme? a glumit Anna, întrebându-se dacă nu cumva tânăra femeie era vestita Victoria, prima dragoste a lui Tom.

– Aţi ajuns la fix, a spus aceasta zâmbind şi i-a întins mâna. Vreau să vă invit pe toţi la petrecerea de diseară.

– Mulţumesc pentru invitaţie, dar Tom hotărăşte, a răspuns Anna zâmbind amabil după care s-a scuzat şi a părăsit bucătăria.

Tom a privit-o pe Victoria cum îşi aranja jenată părul lung. Era un gest pe care-l cunoştea bine şi se întrebă oare ce pune aceasta la cale. Ea nu l-a lăsat prea mult fără răspuns şi a intrat direct în subiect:

– Am venit să repar totul între noi, Tom.

– Nu e treaba ta să repari mereu totul sau pe toată lumea, a spus el încercând să-şi ascundă emoţiile şi aranjând merele într-un coş pe comoda de lângă bufet.

Victoria şi-a lăsat capul spre umărul stâng şi, zâmbind tristă, l-a întrebat:

– Este iubita ta?
– De ce-ai venit de fapt?
– Ţi-am spus, dau o petrecere.

— Şi cine va muri?
— Nu fi rău, s-a gudurat ea, jucându-se cu o şuviţă de păr ce-i cădea pe ochi. Vor fi multe persoane importante, o să-ţi placă. Şi vreau să ţi-l prezint pe noul primar, ştiu că ţi-ai dori asta.

El a zâmbit, iar ea şi-a spus că-i fusese tare dor de el. Îl iubise întotdeauna, dar el îşi dorise stabilitate, în timp ce ea prefera aventura, pericolul.

— Nu m-ai văzut de o eternitate, Victoria, ce ştii tu ce-mi doresc eu?
— Îţi stă bine cu ochelari, a zis ea şi apropiindu-se de el, i i-a luat de la ochi. I-a pus pe masă şi apoi s-a lipit de el, ridicându-se pe vârfuri să-l sărute. Nu s-a tras înapoi şi, când buzele ei le-au atins pe ale lui, şi-a adus aminte de ea şi de mirosul ei. L-a simţit cum se întăreşte şi satisfăcută că încă avea acelaşi efect asupra lui, i-a mângâiat faţa, căutându-i limba moale cu limba ei. Cu greu, Tom a reuşit să se retragă.

— Cred că este mai bine să pleci, Victoria.
— De ce? Ţi-e teamă că vei realiza că încă mă mai iubeşti? l-a întrebat ea, zâmbind şi încă atingându-i corpul cu al ei. Nimic nu s-a schimbat.
— Într-adevăr, a zis el îndepărtând-o. Tu încă vezi lucrurile în nuanţe pastelate în timp ce eu le văd în alb şi negru. Adevărul sau minciuna.
— Lucrurile nu sunt niciodată doar albe sau doar negre şi ştii prea bine că între noi va exista întotdeauna pasiune.
— O frază în care avem „niciodată" şi „întotdeauna" vrea să spună multe, nu-i aşa? Dar nimic nu este clar în ea. Sau în viaţa ta.

Apoi, a privit-o serios şi i-a cerut să plece. Se întreba totuşi dacă ea avea dreptate. Era doar o obsesie carnală sau chiar o iubea?

— Dacă promiţi că vii diseară, plec.

El a zâmbit.

— Ai zâmbit! „Zâmbetul înseamnă consimţire, pe când râsul are în el deseori un refuz".
— Victor Hugo, a spus el, şi ea l-a aplaudat.
— Compatibili pe toate direcţiile, a mai zis Victoria în drumul ei spre ieşire.

Nu era înaltă, dar avea picioare lungi şi fine, iar sânii mici aveau o formă perfectă. Îmbrăcată în egări albi, cu cizme maro din piele până la genunchi și-o geacă cafea cu lapte, cu o curea elegantă în talie, Victoria arăta trăsnet.

– Să nu cumva să nu vii, i-a zis ea fără să se întoarcă și, unduindu-și șoldurile a părăsit casa în timp ce Anna tocmai intra în bucătărie.

Copiii au dat și ei năvală înăuntru, iar Matt i-a cerut lui Tom un extinctor.

– De ce, a râs Tom, ați planificat să-mi dați foc la casă?

– Nu, doar să stingem focul pasiunii, a răspuns băiatul și toți copiii s-au pus pe râs.

Tina s-a apropiat de mama ei și i-a șoptit:

– Trezește-te și pune mâna pe el, altfel cățeaua aia în călduri o s-o facă. El e înnebunit după tine, dar tu tot îl plângi pe nebunul tău de soț și vecina cea nimfomană o să ți-l sufle.

– Atenție cum vorbești, sunt mama ta, nu o prietenă, a zis Anna neconvingătoare, gândindu-se la perspicacitatea Tinei.

– Ar fi chiar așa rău dacă ai fi amândouă?

Anna și-a luat fată de mână și a scos-o afară pe prispă.

– Am ascultat la ușă, l-a sărutat, iar el a lăsat-o, a zis Anna în timp ce-i aranja părul Tinei.

– Auu, a strigat fata, vezi că părul mi-l doresc atașat de cap.

– Deci va trebui să acționez, a continuat Anna fără să bage în seamă strigatele de durere ale Tinei. Crezi că diseară o să mergem la petrecerea ei? a întrebat-o, mișcându-și frenetic mâinile prin părul fetei.

Tina s-a smuls din mâinile ei:

– Tu ai observat că nu sunt Victoria? Aproape că mi-ai detașat capul de gât. Ia-i scalpul ei diseară și nu uita, nu trebuie să i-l lași pe Tom. Shakespeare a zis: „Nici nu împrumuta și nici nu da.„ Mișcă-ți și tu soldurile, imit-o puțin, nu mai umbla aici ca și cum un nebun furios te-ar amenința cu un pistol în permanență.

Anna a râs apoi, luând un aer inteligent a citat cu accent american:

– „Suivre les tendaces, c'est pas a être a l'origine".

– Da, bine, a zis Tina, nu citatele tale în franceză, care nu mai interesează pe nimeni, o să ți-l bage pe Tom în pat.

– E obositor tot acest joc pentru mine, a recunoscut Anna. Îmi place de Tom, dar nu sunt o femeie liberă. Am stat cu John 17 ani, nu pot rade totul doar printr-o mișcare a mâinii sau a șoldurilor. Și nu vreau să mă bag în cuplu cu el doar de frică să nu mi-l ia Victoria. Eu nu funcționez așa. Știu că la 18 ani este palpitantă puțină gelozie sau concurență. Nu la 39 când ești încă într-o căsătorie care s-a deteriorat, dar care mult timp a fost bună. John este și tatăl tău, cum poți fi atât de rece?

– Bănuiesc că dau ceea ce am primit. Se pare că uiți faptul că tata m-a abandonat.

– John te iubește, Tina.

– Mă umilește doar din priviri. Mă simțeam îndatorată că mi-a oferit o nouă șansă de care nu eram demnă. Așa m-am simțit ani de zile în prezența lui. Ei bine, ar fi fericit să știe că n-am avut niciodată o viața mea, iar demnitatea mi-am pierdut-o la 5 ani când am fost violată prima oară, de celălalt „tată". Dar nu mai am chef să vorbesc de acest subiect oribil. Suntem în weekend aici cu un om bun, inteligent, care te iubește. Pe mine mă tratează ca pe o ființă normală, prietenii tăi îl adoră, iar Mira este o scumpă. Tom este perfect pentru tine. Du-te la el, a continuat Tina, impresionându-și mama cu maturitatea ei. Poate că Victoria este șmecheră, dar tu ai tot ce un bărbat își dorește: vulnerabilitate, frumusețe și naivitate.

– Asta crezi tu că își doresc bărbații? a întrebat-o Anna.

– Da. Inabordabilă, neajutorată și oh, mai vreau, a făcut fata teatral și Anna s-a pus pe râs.

– Câți ani ai?

– Da știu, sunt foarte inteligentă, a zis Tina, pupând-și mama pe obraz. Ești foarte proaspătă și frumoasă. Poți să ai orice bărbat îți dorești.

Capitolul 12

Petrecerea

Totul era alb și argintiu, iar lumea era îmbrăcată cu bun gust. Femeile erau coafate clasic, nu aveau părul tuns alandala și nici nu aveau panglici sau țepi în cap. Doar paruri în fund. În încăperea elegantă erau peste o sută de persoane. Femeile se mișcau încet, avide după complimente, iar bărbații, în costume negre, vorbeau între ei.

Victoria era „diamantul" serii. Rece și calculată, trecea de la un grup la altul cu zâmbetul pe buze. Ochii i s-au luminat când i-a întâlnit pe ai lui Tom. S-a scuzat politicos în fața prietenilor și, cu un mers elegant, s-a îndreptat spre Tom și grupul lui. Când a ajuns lângă el, Victoria și-a pus brațele pe umerii lui și s-a ridicat pe vârfuri ca să-l pupe pe obraz. Anna care era la brațul lui se simțea jenată.

– Mulțumim pentru invitație, a spus Hope. Aveți o casă foarte frumoasă.

– Mulțumesc! a zâmbit Victoria. Vera Wang? a întrebat-o, admirându-i rochia neagră lungă cu trandafiri argintii și crăpată în față, iar Hope a dat afirmativ din cap. Sunteți superbă și faceți rochia aceasta să arate și mai bine.

Julia o adora deja pe gazdă și a început s-o măgulească, făcându-și prietenele să-și dea ochii peste cap. După ce s-au făcut toate prezentările și schimbat frazele de rigoare, micul grup s-a amestecat cu ceilalți. În nici cinci minute Julia era înconjurată de cinci bărbați. Avea părul ridicat într-un coc frumos și câteva șuvițe rebele îi atingeau gâtul lung. Rochia lăsa să i se vadă umerii perfect rotunzi, iar Hope zâmbi cu plăcere privind-o.

Atmosfera era jovială, șampania curgea râuri și o armată de chelneri se plimbau printre musafiri cu tăvi de argint pline cu bunătăți. Victoria era o gazdă minunată și avea pentru fiecare câte-o vorbă bună, un compliment sau o surpriză. În seara aceea cea mai mare surpriză i-o rezervase Annei, care nu se aștepta ca aceasta să-l cunoască pe John și cu atât mai puțin, să-l invite acolo.

– Ce caută el aici? i-a șoptit ea lui Tom, văzându-și soțul care venea cu pas mare spre ei.

Victoria i-a ieșit în întâmpinare lui John și l-a sărutat pe obraz, l-a luat de mână și la condus la Anna.

— John este un vechi prieten de-al meu, i-a explicat ea iubitei lui Tom, și m-am gândit că poate vă va face bine să stați puțin de vorbă.

— Ai prevăzut totul în cele mai mici detalii, nu-i așa? a fulgerat-o Tom pe Victoria cu privirea.

— Știi bine că sunt o gazdă perfectă, a zis femeia, mișcându-se puțin capul și făcând se strălucească diamantele din urechi.

John se apropie pe Anna și-o imploră din priviri.

— Las-o în pace, vezi că nu vrea să-ți vorbească, s-a băgat Tom între ei.

John l-a privit furios:

— Am de discutat cu soția mea și n-am nevoie de permisiunea unui scriitor ratat.

Anna a ridicat o mână și i-a rugat să nu facă o scenă. Victoria jubila.

— N-ar trebui să te bagi între ei, Tom, sunt căsătoriți de o viață, iar tu, ești un prieten bun pentru Anna, dar ești doar un prieten.

Tom a ezitat puțin, apoi a decis că poate a venit timpul să-și dezvăluie sentimentele:

— De fapt îmi place să cred că sunt mai mult de atât, a zis el, apoi cu privire blândă i s-a adresat Annei. Știu că nu este momentul și locul potrivit ca să-ți spun pentru prima oară că te iubesc. A făcut o pauză mică, timp în care a luat-o de mână, lăsând-o să proceseze informația. Dar, te iubesc. Nu vreau nimic mai mult de ce avem în prezent. Cel puțin nu acum, dar tare mi-ar plăcea să-mi dai o șansă. Nu trebuie să-mi răspunzi încă. Tot ce-mi doresc este să te gândești. Anna l-a privit pierdută, iar prietenele ei i s-au alăturat s-o susțină.

— Nu credeam că te-ai mulțumi să fi opțiunea cuiva, l-a atacat Victoria pe Tom. Cât de disperat poate să fie un om să accepte așa ceva?

— Nu atât de disperat ca persoana care a pus la cale toată această porcărie, a zis Tom.

— Nu este nicio porcărie, l-a contrazis John. Victoria este prietena mea și a făcut ceea ce am rugat-o să facă. Nu trebuie să fim dezagreabili. Ține asta pentru romanele tale oribile care dezbat doar subiecte oribile.

– Deci știi să citești, i-a spus Tom calm, privindu-l în ochi.

În alte circumstanțe John i-ar fi zis cât de mult îl aprecia, dar în situația de față n-ar fi recunoscut nici în ruptul capului.

– În seara aceasta Anna este partenera mea, i-a spus Tom lui John, dar dacă ea-mi cere să plec, îi vor respecta dorința. Apoi ignorându-i pe toți, i-a luat iarăși mâna Annei și i-a spus încet: te iubesc și cred că ești cel mai bun lucru ce a putut vreodată să mi se întâmple, dar dacă-mi ceri să mă retrag, o voi face. Vreau doar să fii fericită.

Ea îi privii ochii blânzi, oglinda sufletului lui bun, și își spuse că îi plăcea felul lui de a iubi. O făcea din toată ființa lui, era pasionat și oarecum disperat fără ca totuși să-și piardă demnitatea. Avea un stil foarte sexy de a iubi și ea nu mai întâlnise pe nimeni așa. Se spunea că nu trebuia să ceri cuiva să te iubească așa cum ți-ai dorit tu. Ei bine, ea era în prezența unui om care o iubea exact așa cum își dorea ea. Fără să-i ceară. Sau să facă un efort. S-a întors și și-a privit soțul:

– Îmi pare rău, John, dar în seara aceasta sunt partenera lui Tom. În plus, nu vreau ca vechiul an să se termine așa. Sau cel nou să înceapă așa. Cu noi doi certându-ne.

– Dar n-am venit să ne certăm, iubito, i-a spus John blând, însă văzându-i privirea a înțeles că era momentul să se retragă. Soția lui nu era foarte autoritară, dar când hotăra ceva, nimic nu mai o făcea să se schimbe. I-a luat mâna și i-a pupat-o:

– Am să îți respect dorința, dar aștept un semn de la tine.

– Sigur, a zis Anna deloc convingătoare, apoi întorcându-se spre Victoria: mulțumesc pentru invitație. Să n-o mai faci! A zâmbit, l-a luat pe Tom de braț și succedată de prietenele ei a părăsit lumea de cristal.

*

La casa lui Tom hărmălaia era de nedescris. Copiii jucau mim, râdeau, urlau și ascultau muzică. Toate în același timp.

– Oh, ce bine este acasă, a zis Hope care prefera să petreacă seara cu copiii, decât în prezența diabolicei Victoria.

Au râs, au jucat table, scrabble și twist. Au făcut ghicitori și-au inventat jocuri amuzante și toată lumea s-a simțit bine. Erau toți în treninguri și se distrau de minune. Chiar si Dora renunțase la rochiile ei, spunându-le că indiferent cum era îmbrăcată, era minunată. Acum Larry și Tom făceau Skanderbeg de cinci minute și erau roșii ca racii.

— Ce puternici sunt amândoi, a spus Anna, iar Tina șopti:
— Sau amândoi foarte slabi.

Anul nou i-a prins râzând, glumind și simțindu-se bine și toată lumea de acolo spera la un viitor mai bun. Pe la trei dimineața, Larry a întrebat-o pe Hope:

— Vrei să vorbim despre ce-o să facem luna viitoare în Hamptons?
— Asta, sau cum Jeni Fuckenberg te sună de trei ori pe zi.
— Este studentă la medicină în ultimul an și vrea să meargă câteva luni în Afganistan, i-a explicat Larry calm, flatat că ea era geloasă. M-a sunat să-i dau detalii în legătură cu asta.
— Și n-ai putut s-o faci prin telefon?
— Dacă ți se pare bizar pot să anulez întâlnirea, a spus Larry.
— Da, mi se pare bizar, stupid și încă vreo 30 de lucruri din astea, a zis Hope, urându-se că se purta ca o soție geloasă și mirată că el a acceptat asta cu zâmbetul pe buze.

Telefonul Dorei a sunat și după cinci minute ea i-a anunțat că prietenului ei Gary, un tip foarte sexy, cu stil, venea la ei să-i salute împreună cu prietenul lui, Luc. Nu erau departe și trebuiau să ajungă dintr-un minut în altul.

— Sper că ai mei o să-l placă, le-a spus ea copiilor, eu am dat-o în bară cu părinții lui. Prima oară când am fost invitată la vila lor superbă, Gary mi-a dat pe ascuns să beau votcă cu ceva. Dar era mai multă vodcă decât ceva, așa că după trei pahare am vomitat o tonă. Aveau șapte băi, dar eu am ales unul dintre dulapuri.

Nici nu și-a terminat bine fraza că au auzit un bătut la ușă. Isabelle, care în acea seară era bine dispusă, a sărit ca un cal de cursă lungă peste canapea și când a ajuns lângă masă a căzut, apoi s-a ridicat și le-a zâmbit adulților care o priveau intrigați. Și-a netezit tricoul mov cu auriu, și-a desfăcut coada și, cu un surâs strălucitor, a deschis ușa. Doi tineri înalți stăteau în prag, privind-o și zâmbind larg.

— Bună, sunt Luc, iar tu nu ești Dora, dar dacă am greșit casa, nu este așa grav.

Isabelle radia. Și ea-l plăcea pe Luc, iar Gary era la fel de dezinvolt și fain.

Dora s-a dus la ușă și și-a invitat prietenii înăuntru. Luc, nu avea ochi decât pentru Isabelle și i-a salutat pe toți, fără să-și desprindă privirea de la ea, în timp ce Gary dădea politicos mâna cu fiecare, după care, i-a șoptit prietenei lui:

— N-ai spus că sunt și bătrânii acasă. Ce o să facem?

— O să vorbim despre proteza mea de la șold, i-a răspuns Ada, care l-a auzit pe băiat, iar Dora a privit-o panicată pe Tina.

— Mă scuzați, doamnă Smith, s-a fâstâcit băiatul, nu credeam că...

— Ce, Gary? Că aud așa de bine la vârsta mea?

Râsete. Ada nu era supărată, era obișnuită cu sarcasmele adolescenților.

— Să nu spui că ești cu măscăriciul ăsta, i-a șoptit George fetei lui.

— Ne-am sărutat doar o dată, a zis ea încet, cu ochii la Gary. A fost magic.

— S-a transformat din broscoi în asta?

Dora a dat din cap rotindu-și ochii, apoi și-a luat prietenul de mână și l-a întrebat ce dorește să bea.

— O bere, a zis el, apoi, privindu-i pe adulți, s-a corectat repede. Apă, apă am vrut să spun. Glumeam.

— Boule! a șoptit Luc care trecea pe lângă el.

Tom a apărut cu o tavă mare aburindă și i-a invitat să se așeze cu ei la masă.

— Mmm, ce bine miroase. Pește? a zis Gary, apoi încet lui Luc: aș omorî pentru o bucată de vită și o bere.

S-au instalat toți la masa mare, decorată de Tom și Anna. Erau bine dispuși, iar Dora aproape zbura de fericire.

— Vă știți demult? i-a întrebat George. Nu-i plăcea faptul că cei doi debarcaseră așa în seara de Anul nou. Sau în viețile lor.

— De trei ani, a răspuns repede Dora, punându-și mâna cu degetele lungi frumoase pe cea a lui Gary.

Văzând privirea tatălui ei, băiatul și-a tras repede mâna.

– Suntem doar prieteni, dar aş dori să vă cer permisiunea să o văd pe Dora mai des.
– Este foarte ocupată. Dar peste o lună, două, poţi să-mi telefonezi şi să-mi mai pui o dată această întrebare.
– Eu mă gândeam că săptămâna viitoare ar fi perfect, nu s-a lăsat băiatul. Era politicos, dar hotărât să nu-l lase pe George să-i strice relaţia cu Dora. O plăcea mult. Era deşteaptă, frumoasă, dezgheţată, iar părinţii lui o adoraseră, chiar dacă vomitase peste tot.
– Ai mei fac o petrecere pentru cei 20 de ani de căsătorie şi mi-ar place s-o lăsaţi şi pe Dora să participe. Vor fi mulţi adulţi responsabili, a spus băiatul zâmbind.
– Mama, te rog, vreau să merg.
Ada a zâmbit aprobator şi George a lovit-o pe sub masă.
– Cu ce mă îmbrac? a sărit fata fericită, sărutându-şi mama.
– Poţi veni şi goală, doar este Vegas, s-a scăpat Luc şi George a lovit cu palma în masă. Gary şi Dora îl priveau pe Luc furioşi, Isabelle îşi făcea planul cum să meargă şi ea în Vegas, iar Tina deja ştia că va fi o seară minunată.
– Îţi este clar că Dora nu va merge la seara voastră pornografică, a zis George furios.
– Dar domnule Smith, Luc glumeşte. Părinţii noştri nu ar accepta aşa ceva niciodată.
– Au acceptat anul trecut de Halloween, a spus Luc râzând, iar Dora i-a dat una peste cap.
– Eşti prost sau mă urăşti?
– Scuze, a zis el, nu mai spun nimic. Acum ştiu de ce toţi părinţii mă urăsc. Chiar şi ai mei.
– Spune ceva inteligent, i-a şoptit Gary, dându-i un cot în coaste lui Luc, care a început să înşire o droaie de cuvinte pe care le învăţase pe de rost, dar nu le înţelegea:
– Virtutea este balanţa între ego şi identitate, smerenie şi modestie... a închis ochii, străduindu-se să-şi amintească. Mai departe nu ştiu, dar era interesant. Am citit-o undeva. Sau poate am visat-o, pentru că nu citesc niciodată, mai zise tânărul râzând. Să vorbim mai bine de fluturaşul Cio Cio San.
– Ăsta e complet nebun, a spus George disperat.

– Cio Cio San nu este un fluturaş, i-a explicat zâmbind Tess. Înseamnă, într-adevăr, fluture în japoneză, şi a fost numele unei japoneze, soţia unui locotenent de marină american, care mai apoi a părăsit-o, iar ea s-a sinucis.

– Of, ce seară culturală tristă, zise Luc ridicând din sprâncene. Hai mai bine să vorbim de Carmen de Bizet.

– Şi Carmen moare la final, a spus Tess, iar Luc şi-a privit prietenul şi-a ridicat din umeri.

– Îmi pare rău, omule, toţi sunt foarte deştepţi aici.

– Sau poate eşti tu prea prost, a zis Gary serios.

– Mută-te cu mine, Anna, l-au auzit pe Tom şi toţi s-au oprit din discuţii, iar ea a început să se fâstâcească fără să ştie ce să facă cu mâinile.

– Sunt de acord, a răspuns Tina în locul ei. Oricum am decis că la anul nu mai vreau să merg la facultate.

Anna a privit-o şocată:

– Dar ai fost la Columbia şi ţi-a plăcut acolo. Mi-ai spus că te-au tratat ca pe una de-a lor.

– Da. De asemenea, au crezut că sunt rusoaică şi lesbiană. Vreau un an de pauză, a insistat fata. Şi Einstein şi-a luat un an de vacanţă.

– Da. După ce a descoperit teoria relativităţii, a zis Anna. Tu ce ai descoperit? Că-ţi place Peter Pan?

– Mai bine să-mi doresc să petrec copilăria eternă în mica „pădure de nicăieri" decât să fiu lider al grupării „fetele violate ce încearcă să se regăsească".

La masă s-a făcut linişte.

– Încerc să girez situaţia aşa cum pot, îi explică Tina Annei.

– Prin abandon şi renegare sau prin ură şi renunţare? Anna era furioasă.

– Ai prefera mai bine alternativa alcool şi Valium? s-a răstit tânăra la mama ei.

– Ce-ar fi să încerci să mergi la Columbia şi să-ţi realizezi visul?

– Nu este visul meu, ci al tău. Să merg la o şcoală pe care tu ţi-ai dorit-o şi să am educaţia pe care n-ai putut-o avea, făcând tot ceea ce tu n-ai putut face. Anna a privit-o cu ochi îngustaţi. Trec prin ceva teribil, cum de nu înţelegi, mamă?

– Viaţa e plină de acest „ceva teribil". N-o să poţi de fiecare dată să te ascunzi într-o pădure.

Toţi cei prezenţi se simţeau jenaţi şi le părea rău că cele două femei trăiau o asemenea dramă; se gândeau la Ron, care îşi luase viaţa la doar 45 de ani, la John, care cu două luni în urmă era bărbatul model din cartier sau cum Hope şi Barry formaseră cuplul perfect timp de şapte ani. Era adevărat că destinul se putea schimba de la o secundă la alta şi câţiva de la acea masă îşi doreau să nu vadă realitatea, ci să se ascundă în spatele unor iluzii reconfortante. Alţii de-acolo, însă, se ascundeau în spatele unor realităţi false, care-i ajutau să disimuleze adevăratele lor intenţii.

Anna şi-a luat fata de mână şi a mângâiat-o tandru:

– Mi-ai spus că-ţi doreşti acea facultate, iar eu m-am bucurat pentru tine. Nu poţi face asta, după tot ce am trecut împreună.

– Tocmai din cauza aia, a zis fata, trăgându-şi mâna şi părăsind încăperea.

Anna a urmat-o afară pe verandă şi s-a aşezat pe trepte lângă ea. Fata plângea încet, iar Anna a luat-o după umeri şi şi-a lăsat-o să-şi descarce amarul. Când s-a potolit, mama ei am pupat-o pe frunte şi mângâindu-i părul i-a şoptit:

– Te rog să mă ierţi.

Ştergându-şi nasul cu dosul mâinii, Tina o privi trist:

– Mi-ai făcut numai bine, de ce îmi ceri scuze?

– Pentru că, a spus Anna, privind luna mare şi frumoasă, câteodată şi lucrurile făcute cu intenţii bune au nevoie de iertare.

*

Sărbătorile de iarnă au trecut şi toţi au regretat că vacanţa se terminase. Fiecare a început munca sau şcoala, rutina zilnică. Pentru Tess era ceva nou să stea pe la uşile spitalului, dar Larry îi fusese de mare ajutor. Acum se îndrepta spre ea, ţinând-o pe Isabelle după umeri. Se străduia să pară nonşalant, dar nu era, şi Tess ştia că ceva nu era în regulă. Isabelle era deprimată şi mult prea tăcută.

– Mă duc să beau o cafea, îi spuse ea mamei, aruncându-i o privire lui Larry.

Acesta o luă de mână pe Tess și se așezară pe canapeaua de lângă ei.

– Nu știu cum să-ți spun asta ca să fie mai ușor, pentru că nu va fi. Deci voi fi direct.

– Larry, mă îngrijorezi. Tess își freca mâinile presimțind ceva rău, iremediabil. Nu mai voia drame în viața ei și sperase că anul ce trecuse luase cu el toate nenorocirile.

– Isabelle are gonoree, Tess.

– Credeam că gonoreea se transmite doar prin contact sexual, a spus Tess, simțindu-și gâtul uscat. Ori ea este virgină. Larry și-a lăsat capul în jos, neîndrăznind să o privească. De ce nu răspunzi?

– Nu am niciun răspuns pentru că n-a fost nicio întrebare.

Tess și-a dus mâna la frunte, apoi l-a bătut ușor pe umăr obligându-l s-o privească:

– De când este bolnavă și cât de grav este?

– De câteva săptămâni, de aceea s-a simțit rău. Făcu o pauză mică, apoi continuă cu voce joasă: cu un tratament antibiotic se va vindeca, dar există posibilitatea sterilității.

Tess și-a lăsat capul pe spate și și-a acoperit ochii cu mâinile.

– Singurul mod de-a trece prin asta este de a trece prin asta, a zis femeia mai mult pentru ea. Larry a sfătuit-o să fie blândă cu Isabelle, fata fiind dezamăgită de comportamentul iubitului ei care o părăsise, fără prea multe explicații. Prima ei experiență sexuală se transformase într-un coșmar, iar acum avea nevoie de cineva care să o înțeleagă și s-o ajute să meargă mai departe. După ce a lăsat-o singură, a hotărât să nu intre direct în detalii cu Isabelle. Doar s-o asculte, dacă dorea să îi vorbească. Trebuia să-și încurajeze fiica, nu să-i arate disperarea pe care o simțea. Se străduise toată viața ei să-și protejeze copilul, să-i arate o lume mai bună. Nu o pusese în temă cu „viața primatelor" în care, fiecare era hrană pentru altul. Sau trebuia să se descurce a nu fi. Prin încercarea ei disperată de a-și feri fetița de tot răul, de a o ține într-un cocon de aur, nu făcuse decât s-o arunce într-o lume crudă, lipsită de compasiune.

Tess o privea pe Isabelle, care, cu pași mici venea spre ea sfioasă, dând impresia că niciodată nu va mai fi o parte bună în viața ei.

– Cum ești, draga mea? o întrebă Tess blând.

— Vie. O clipă de neatenție și nu mai poți închide ochii noaptea. Vor trece ani de zile până să mai pot dormi liniștită. Dacă voi mai reuși vreodată. Dar, bănuiesc că voi supraviețui, chiar dacă nu voi putea avea copii.

— Îți vei reveni, spuse Tess, încercând să pară sigură pe ea și mai puțin tristă, dar din păcate, nu putea avea certitudinea aceea.

Era greu să faci altceva decât să supraviețuiești în urma unei astfel de tragedii. Dar, când aveai 15 ani și toată viața înainte, a supraviețui era o condamnare. O tânără adolescentă trebuia să poată visa ziua nunții ei și rochia de mireasă, casa în care va locui și copiii care-i vor umple viața de veselie. Ori acum, Isabelle simțea ură pentru toți bărbații de pe pământ.

*

Casa familiei Smith era primitoare și veselă. Salonul de 200 m^2 avea canapele albe cu dungi bleumarin, cu perne moi, fotolii cu flori mari și veioze cu abajururi în dungi sau înflorate. Era încărcat, dar frumos. În spatele casei era o piscină bleu în formă ușor șerpuită, înconjurată de șezlonguri și paturi de plajă. Două mese frumoase erau așezate, una lângă piscină și alta chiar la ieșirea din salon. Aveau umbrele solide, mari, galbene, cu picioare de lemn. Totul era confortabil și cu bun gust.

— Îmi place la voi, spuse Teodora, mama Adei.

— Mulțumesc, mamă. Îmi spui asta de fiecare dată când vii.

— Pentru că de fiecare dată când vin, este o altă mobilă.

— Asta înseamnă că trebuie să vii mai des, spuse Ada care-și adora părinții, deși Teodora putea fii severă și exigentă.

— Da, buni, ziseră în cor Dora și Matt.

— Ce drăguț lănțișor ai, spuse Teodora nepoatei ei.

— Mulțumesc. Este de la o prietena care a murit. Teodora lăsă lănțișorul ca și cum ar fi ars-o.

— Porți o bijuterie a unei prietene moarte?

— E doar un lanț, nu e ca și cum aș avea la gât urna cu cenușa ei, buni. Îmi poartă noroc , zise fata, iar bunica ei ridică din umeri.

La cei 65 de ani, Teodora arăta foarte bine. Avea o siluetă admirabilă, făcea sport zilnic, era coafată impecabil și era un as al tehnologiei. Teodora putea fi multe, dar nu o bătrânică depășită.

De multe ori își speria membrii familiei cu exigențele ei, dar era mereu prezentă când aceștia aveau nevoie de ea. Jim, ce îi era soț de peste 40 de ani, o adora, considerând-o dictatorul lui sexy, nonviolent. Fusese stâlpul lui în toți acei ani extraordinari, prietena cu care juca table, tenis sau golf, iubita cu care încă mai mergea la cinema și cine romantice și femeia care îngrozea toate menajerele din casă.

— Mi s-a spus că nu mai ești cu Brian, Dora, ce s-a întâmplat? Vă plăceau aceleași filme, muzică, aceleași haine...

— Asta era problema. Hainele. Mi le purta. La fel și rujurile. Ar adora culoarea caldă a celui pe care îl poți tu acum, buni.

Teodora își ridică sprâncenele și își bătu nepoata pe spate.

— Indiferent cu cine ai fi, sper să nu uiți că virtutea este cel mai frumos cadou ce i-l poți face unui bărbat. Pentru asta trebuie să fii sigură, nu să te arunci din prima, înțelegi?

— Sunt cu Gary, răspunse Dora, care este un fan al golfului, așa că cel mai frumos cadou pentru el ar fi niște crose. Teodora o privi cu reproș și fata continuă în șoaptă: cum virtutea i-am dat-o de ceva timp lui Ted, va trebui să se mulțumească cu crosele.

Bunica ei nu spuse nimic, își adora nepoata, dar o considera superficială. Era probabil o trăsătură a generației ei.

Julia, Hope și Anna îți făcură apariția alături de copiii lor. Erau îmbrăcate sport, iar când dădură cu ochii de Teodora în costumul ei Dior bleu ciel, se priviră una pe alta.

— Bună fetelor, le întâmpină ea zâmbind, sunteți superbe. Chiar și în pijamale, adăugă ea serios, apoi râse când le văzu stresate. Glumesc. Am și eu treninguri.

— Chiar? întrebă Julia, neputând să și-o imagineze pe Teodora în așa ceva.

— Nu, răspunse aceasta serios, dar nu vă judec. Am trăit o experiență de neuitat cu un vânzător de bomboane elvețiene și mi-a fost o lecție de viață.

— Vânzător de bomboane pe toată California și responsabil cu explozibilul, zise Jim.

— Nici măcar n-ai fost de față când s-a întâmplat, de ce mă întrerupi de fiecare dată, Jim? Vrei să spui tu povestea?

— Aș putea, de atâtea ori am auzit-o, mormăi acesta în barbă, făcându-i pe toți să zâmbească.

Tess cu Isabelle își făcură apariția ultimele. Salutară pe toată lumea, iar Ada le invită să se așeze cu ei.

– Am un iubit, îi anunță Julia pe toți, cu un zâmbet larg pe gura mare senzuală. Îl cheamă Vincent, este om de afaceri, are 40 de ani, divorțat, dar fără copii și e super sexy. Soția lui este pictoriță și într-o zi a decis să se mute în Giverny, care este la o oră de Paris. Este un orășel micuț, unde Monet a avut un studio.

Telefonul Dorei sună și aceasta se scuză sub privirea mustrătoare a bunicii ei. Nu se făcea să iei un apel când aveai invitați. Erau prea libertini tinerii din ziua de astăzi, și mai cu seamă cei din California.

– Bună, Gary, spuse Dora, îndepărtându-se de micul grup. Astăzi nu ne putem vedea. Au venit bunicii mei din Hamptons și sunt ocupată.

– Nu te poți elibera două ore?

– Am acceptat apelul tău, șopti Dora, și bunica mea era cât pe ce să se aleagă cu un anevrism. În plus, i-am spus că nu mai sunt virgină, deci, în următoarele săptămâni, sexul se va petrece doar în apartamentele luxoase ale minților noastre.

– De ce? De ce a trebuit să faci asta, Dora? Poate dacă m-ar cunoaște mai bine...

– Da, pentru ca până acum te-a ajutat de minune asta. Poți să vii, dar nu-ți face prea mari speranțe și mai mult, nu-l aduce pe Luc cu tine. Când o să înceapă să spună că Moby-Dick a fost un prieten de familie cu Herman Melville și să folosească fraze cu foarte multe adverbe bunica mea o să creadă că ești la fel.

– Bine, bine, am înțeles că bunica ta este o scorpie, acum hai să trecem la lucruri serioase. Sâmbătă dăm o petrecere tare, sper că poți să te eliberezi. O să fie tone de alcool. Mâncare, nu.

– Va trebui să găsesc un plan care să funcționeze. Teodora poate fi feroce, în plus, este maestră, când vine vorba de-a interoga pe cineva.

– Ahhh, gemu Gary, durerea are un gust, iar al meu are gustul bunicii tale.

*

Mai târziu, când Dora își întrebă mama dacă putea merge peste două zile la petrecere, Teodora începu inchiziția:

– La cine mergi?

– La o prietenă, răspunse nepoata ei, pregătită pentru ce era mai rău.

– Ce i-ai luat cadou? întrebă Teodora fiind convinsă c-o va prinde cu minciuna.

– Un tort, din care iese un tip fierbinte care nu vorbește.

– Cum o cheamă pe prietena ta?

– Gil.

– Gil și mai cum? făcu Teodora, de parcă i-ar fi cunoscut toți prietenii.

– Vrei numele pisicii ei și numărul mașinii? întrebă Dora, iar mama ei dădea din cap. Nu aceea era metoda ideală de-o face pe Teodora să abandoneze.

– Despre ce mașină vorbești?

– Cea în care a ascuns cadavrul lui taică-su, glumi fata, exasperându-și bunica.

– Cred sincer că ești prea tânără pentru astfel de chefuri.

– „Astfel de chefuri!" De ce ești totdeauna pusă pe criticat, buni? Și apoi dacă la 17 ani nu mă pot distra, când o voi face?

– Când vei avea meseria ta și vei fi independentă, răspunse Teodora. Mama ta n-a fost la petreceri decât în facultate și nu s-a plâns niciodată.

Dora o privi pe Ada rugător, iar aceasta se întoarce spre mama ei încercând să-și ajute fata.

– Mamă, timpurile s-au schimbat, încercă Ada.

– Pentru incompetenți, se încăpățâna Teodora. Copiii de familii bune continuă să învețe și să-și pregătească viitorul. Sunt sigură că, dacă mergi pe Facebook-ul Gilei, vor fi o grămadă de postări cu bărbați goi și scrisori de ură pentru maică-sa.

Dora nu avea nicio prietenă Gil, dar dacă cineva se uita pe profilul lui Luc de pe Facebook, cam asta era descrierea.

În cealaltă parte a piscinei, Isabelle stătea întinsă pe șezlong și îi spunea Tinei că trebuia să facă un rezumat la istorie.

– Și? o întrebă prietena ei.

– Și, George Washington pe cal maro, maroul merge cu bej, bej cafea cu lapte, ce bună ar fi o gogoașă la cafea.

Tina dădu din cap înțelegând perfect:
– Vrei să-ți spun un secret?
– Nu, răspunse repede Isabelle. Le urăsc. Secretele. Făcu o pauză mică după care întrebă: tu cum ești? După... Știi... atacul acela? Spusese cuvântul „atac" ca și cum îi ardea gâtul.
– Încet pot să mă prefac că totul e mai ușor, răspunse Tina sincer, fără să ezite, iar Isabelle dădu din cap. Din păcate, o înțelegea. Mâine mă duc să-l văd pe John. Nu știe nimeni. Vreau să văd unde stă, să-l surprind.
– De ce? Nici măcar nu-l placi pe om, spuse Isabella care îl iubise ca pe un tată pe acel bărbat.
– Am o presimțire rea în ceea ce-l privește.
– Tu ai presimțiri rele în legătură cu toată lumea, zise prietena ei. Tina, John nu este un serial Killer. Nimeni care se uită la Friends și Step by Step nu poate fi serial Killer.
– Posibil, admise Tina, doar ca să-i închidă gura. Își făcuse un plan și avea să se țină de el.
Isabelle o mângâie pe mână. Cele două fete erau mai apropiate acum, de când își știau secretele. Isabelle nu mai era copil. Iubitul ei îi luase acel privilegiu. Devenise femeie, iar faptul că o îmbolnăvise și apoi o părăsise făcuse din ea o femeie tristă. Nu exista zi să nu-și spună că fusese o proastă să se îndrăgostească de el. Insistase să facă dragoste și când ea i-a spus că este virgină, el a râs. „Nu mai suntem în epoca în care sexul în afara căsătoriei este considerat un fel de prostituție legală", i-a zis el. Nu-și ierta naivitatea de care dăduse dovadă, ea care putea avea pe oricare băiat din acel liceu. Crezuse că este matură și responsabilă, dar se înșelase amarnic și prețul i se părea acum mare. Culpabilitatea era amară, iar Isabelle, se simțea vinovată și oribilă. Oribilă pentru că încă îl iubea. Înainte să-l cunoască fusese fericită. Nu avusese cine știe ce, dar era mulțumită. Se simțea singură, părăsită. Indiferent unde mergea și cu cine era, tot singură se simțea. Prietenelor ei le era milă de ea, iar când intra într-o încăpere toată lumea se oprea din râs. Se ura pentru faptul că devenise atât de slabă și evita cât de mult putea compania prietenilor ei, sperând totuși că într-o zi îi va fi mai ușor.

Capitolul 13

A doua zi, când Tina a ajuns la locuința lui John, a văzut imobilul înconjurat de poliție, pompieri și paramedici. Corpul, de pe targa pe care aceștia o scoteau din bloc, era complet inert. Apoi, l-a văzut pe John. Avea părul în toate direcțiile, fața udă de lacrimi și bale la gură. Tina fugi spre el:

– John, ce s-a-ntâmplat?

El o privi și disperat o luă în brațe. Apoi o împinse puțin ca să o poată privi iarăși și încercă să-i vorbească, dar nu reușea să articuleze, așa că o strânse iarăși la piept. Plângea în hohote și, când după cinci minute se calmă, se așeză pe scările de la intrare. La fel făcu și ea.

– Jess e moartă, spuse el. E oribil. O persoană pe care am cunoscut-o, cu care am locuit, mâncat și făcut dragoste, a murit. Parcă sunt într-un film, într-un scenariu de necrezut.

– Cum s-a întâmplat? întrebă Tina. Era cumplit să moară cineva cunoscut. Nu era nici știre, nici istorie. Era viața care se întâmpla și care-ți aduce aminte că niciodată nu ești la adăpost de nimic. Ea învățase asta de mică.

– Este doar vina mea, spuse el cu lacrimi în ochi. Ne certam des. Ea nu mai avea serviciu și mă învinuia pe mine. Avea dreptate s-o facă. Din cauza mea Anna a dat-o în judecată și și-a pierdut licența. Apoi, certurile noastre au devenit din ce în ce mai urâte. Am făcut-o incompetentă, zise el plângând. Mi-a reproșat că n-o mai iubesc și nici măcar n-am negat. Nu cred, de fapt, că am iubit-o vreodată, spuse el ștergându-și nasul. Întotdeauna a fost Anna. Frumoasa și fragila Anna, cinstită și romantică.

– Pe Anna uit-o, John, altfel vei suferi și mai mult.

– Este soția mea, Tina, iar tu ești copila mea. Sunteți familia mea.

„Familie pe care ai abandonat-o, porc mizerabil", ar fi vrut ea să-i spună, în schimb zise blând:

– Anna este cu Tom și este fericită. El e perfect pentru ea, iar tu dacă ai iubit-o vreodată, așa cum spui, ar trebui s-o lași să plece. Să-și vadă de viața ei.

El o privi cu o ură nemăsurată. Într-o clipită, vulnerabilul John a dispărut, lăsând locul lui John din întuneric.

– Asta e misiunea ta pe pământ, fetițo, să mă faci pe mine să mă simt ca un dobitoc?

– Nu, spuse ea, privindu-l fix în ochi și văzând exact cine era el. De asta te ocupi tu admirabil. Anna și Tom sunt perfecți unul pentru celălalt. Și asta, nu pentru că ochii ei se asortează la cravata lui, așa cum ai spus tu odată că trebuie să fie un cuplu.

– Femeia cu care trăiam s-a sinucis, iar tu-mi spui asta, Tina?

Ea se ridică în picioare și-l privi de sus:

– Este momentul perfect. N-am niciun chef ca Anna să fie următoarea pe listă. Împrăștii ghinionul și nefericirea în jur, așa că stai departe de noi!

– Dar cine dracu te crezi, Calamity Jane? Încerci s-o salvezi pe Anna de singura persoană care-i vrea binele? În afară de faptul că te îmbraci ca un bărbat și că probabil vei fi alcoolică, n-ai nimic în comun cu Calamity Jane.

– Stai departe de noi! mârâi ea încă o dată, după care plecă.

*

La trei zile de la moartea lui Jess, Anna și Tom luau ceaiul pe veranda casei lui din Heaven Woods. Ea adora acel loc și se simțeam în siguranță acolo.

– Îmi pare rău pentru Jess. Mă simt responsabilă pentru moartea ei. Cât de groaznic poți să te simți ca să te arunci de pe bloc? spuse ea tristă.

– E bizară toate situația asta, zise Tom. Unul dintre polițiștii care se ocupă de caz mi-a devenit prieten cu ceva timp în urmă, când lucram la un roman polițist. M-a ajutat cu cartea și am învățat multe de la el. Întâmplător, l-am întâlnit ieri, ieșea de la cafeneaua lui John, iar eu mergeam la biblioteca tatălui tău. În fine, din una în alta, mi-a zis că Jess probabil nu s-a sinucis. Lăsă o pauză ca ea să proceseze bine informația. Anna îl privi mirată:

– Ce vrea să însemne asta?

– Cineva care se aruncă de pe un imobil sare cu picioarele înainte. Ea nu a sărit cu picioarele înainte. Făcu iarăși o pauză, s-o lase să asimileze ce-i spunea. Se presupune că a fost aruncată de pe bloc.

– De cine? întrebă ea îngrozită. Doar nu este John suspectat? Este complet distrus, iar el n-ar fi capabil să omoare nici o muscă.

– Atacatorii pozează deseori în victime, spuse Tom încet.

– El nu este un atacator, Tom!

– Bărbatul cu care te-ai căsătorit acum 16 ani, probabil că nu, dar John s-a schimbat, știi asta. Tu ai spus că este foarte tulburat și că are probleme psihice.

Se gândi puțin, apoi dădu din cap.

– S-a schimbat radical. M-a păcălit, trișat, iar eu m-am învinovățit. Acum, când mă gândesc să-l părăsesc, îmi aduc aminte de bărbatul care a fost și care am sperat că va fi așa veșnic. Apoi, îmi imaginez iarăși viața cu el, mă văd trăind lângă ticălosul care-a devenit și de care mi-e frică. Sunt foarte confuză și-mi este îngrozitor de greu.

– Alege-mă pe mine, spuse el, luându-i mâinile într-ale lui.

Ea îl plăcea pe Tom, dar nu știa dacă-l iubea. Nu trăise singură niciodată și chiar dacă era independentă material, nu știa dacă ar fi putut trăi fără un bărbat. Dacă Tom era firicelul subțire de ață de care se ținea disperată să nu cadă undeva de unde n-ar mai fi putut ieși? Putea ea oare să ignore acea șansă?

– Alege-mă pe mine, Anna! repetă el cu ochii plini de dragoste.

– Am... am nevoie de timp, Tom.

– Iar eu am nevoie de tine.

– Este prea repede. Sunt încă confuză. Nu vreau să începem o relație doar pentru că John s-a schimbat și nu mai putem fi împreună. Ar fi probabil soluția la problema mea, dar n-ar fi corect pentru tine. Dacă vreodată vom decide să fim un cuplu, îmi doresc să o facem pentru că suntem îndrăgostiți, nu pentru că am decis să divorțez de John. Tom știa că ea are dreptate, dar pe zi ce trece o iubea din ce în ce mai mult. Era caldă, bună și răbdătoare, iar Mira o adora. Era tot ce-și dorise de la o femeie și n-avea să renunțe la ea pentru nimic în lume.

*

Hope era pe terasa de la Urth Café, pe Beverly Drive, când Mike Kent o văzu. Tocmai ieșise de la Nate's și se pregătea să plece.

O apreciase întotdeauna pe Hope, era amuzantă, cu un caracter puternic, fără a fi tiranică, frumoasă și discretă. Acum citea un jurnal și era total absorbită fără să-l vadă că stătea în picioare lângă masa ei. Tuși ca să-i atragă atenția și când ea își ridică ochii și-l văzu acolo, în costum elegant, perfect aranjat, zâmbi încântată și-l invită să ia loc.

– Vreau să-mi fac propriul jurnal, spuse Hope direct. Nu gastroenterită sau violuri, nu trafic, doar pace în Irak, democrație în Cuba și niciun antibiotic în carne.

– Sunt convins că vei reuși, Hope, ești o jurnalistă bună. Te-am sunat de mai multe ori, dar nu mi-ai răspuns. Am auzit c-ai avut o perioadă grea și aș fi vrut să fiu acolo pentru tine.

Hope ridică din umeri, neștiind sigur ce să-i spună. Așa fusese mai mereu între ei, o atracție puternică la început, apoi cumva pe parcurs, niciunul nu făcea mare efort și se pierdeau.

– Am fost atât de ocupată și preocupată cu valul acela de crime, sinucideri și violuri, dar îți mulțumesc pentru intenție, spuse ea luând-o gură de ceai cu lapte. A fost un an teribil, dar sper că totul va fi bine acum. April însă este bolnavă, spuse ea cu vocea înecată de lacrimi, mi-e tare frică. Nu mai pot să pierd o mamă.

– Îmi pare rău. Să nu eziți dacă vreodată ai nevoie de ajutor medical sau ajutor pur și simplu. Vreau să fiu lângă tine.

Ea îi privi mai atent fața frumoasă. Părea sincer.

– De ce?

– Pentru că, de la moartea soției mele, n-am mai întâlnit pe nimeni ca tine. Și cred că niciunul din noi nu a făcut un efort ca această relație să meargă. Nu știu de ce.

– Poate pentru că tocmai a fost necesar acel „efort" despre care zici. Când două persoane sunt compatibile, totul este natural, ușor.

– Da, este adevărat, dar o relație se lucrează.

– Cred că tu ești încă la faza aceea de vindecare a rănii pe care ți-a lăsat-o moartea soției tale. Te strădui să nu te gândești, dar e încă acolo, iar eu am rănile mele, nu pot să mă ocup de ale tale.

– A luat cu ea o mare parte din mine, recunoscu el trist. Dar, mi-e dor de dragoste. La un moment dat am sperat că tu vei fi aceea care îmi va da toate acestea înapoi.

— Te-ai gândit unde ai vrut să „termini" și ai început de-acolo, ceea ce a fost o eroare, zise ea gânditoare. Uneori lucrurile sunt simple, dar noi le complicăm.

— Este complicat cu „simplul", zise el privind-o drăgăstos. Am spus că am sperat ceva, nu că are vreun sens ceea ce spun.

Hope îl privi fără să zică nimic. Nu știuse niciodată că el simțise așa pentru ea. Începutul fusese bun, dar cumva se oprise totul. Probabil că nu comunicaseră suficient, sau că niciunul dintre ei nu era în punctul acela al vieții. Ea știa că el nu este tipul de bărbat pe care să-l părăsești, dacă poți face altfel, dar îi era frică să înceapă ceva cu el și cu fantoma soției lui. Era foarte greu să detronezi o fantomă, acestea în general fiind „perfecte" în mintea supraviețuitorilor. Îi plăcea să creadă despre ea că lăsase în spate acel an plin de frică, ezitări și indecizii, nu mai voia să se complice cu persoane indisponibile sufletește.

— Vreau ca lucrurile să fie ca înainte, îi șopti el blând, și ea nu avu curajul să-i spună că nu știa cum să facă asta. Trebuie să vorbim, Hope.

„Nu. Nu trebuie", își zise ea, apoi îi zâmbi dulce. Mike era calm și puternic. Când îl vedeai te impresiona, dar nu era intimidant. Era partida perfectă, gândi ea, gata să-i dea o șansă, apoi chipul surâzători și cu ochelari al lui Larry îi apăru în minte. Nici cu el treburile nu avansau. Probabil că era vina ei. Larry era timid, dar îi întinsese mâna de mai multe ori, însă ea se retrase sub carapacea ei, deși era atrasă de el. Se pare că Barry îi distrusese toată încrederea de sine. Ea, care fusese adepta cuplului, nu mai credea în el, iar ideea de a petrece tot restul vieții cu un bărbat i se părea un fel de perversitate acum. N-o spusese nimănui, i-ar fi fost prea rușine să recunoască așa ceva. Da, categoric era vina ei. Avea darul să pună pe fugă toți bărbații care-i intrau în viață. Termina o relație înainte să o înceapă, declara finalul unui act în plină acțiune și acolo începeau problemele.

— Ai pe cineva? o întrebă Mike, aducând-o înapoi la masă, iar ea doar ridică din umeri. Nu pot fi decât două răspunsuri: da sau nu.

— Te înșeli. Ar mai fi: „este posibil, dar sunt total în ceață", zise ea, privindu-și mâinile așezate cuminte în poală și pentru o secundă el văzu frica ce-o stăpânea.

– Hope, de multe ori înfruntăm curajoşi unele tragedii şi apoi ne lăsăm îngenuncheaţi de fleacuri. Nu ezita se îmi ceri ajutorul. Voi fi ceea ce vrei tu să fiu pentru tine, dar dacă nu-mi vrei ajutorul, n-o să-l ai. Te plac mult. Ai o carismă extraordinară, o blândeţe, o putere şi...

– Un Barry care mi-a frânt aripile, i-o tăie ea. S-au întâmplat prea multe într-un timp atât de scurt. Apoi boala lui April... vocea i se îneca în lacrimi şi făcu o pauză după care, dregându-şi glasul continuă. Nu am suficientă vigoare să mă lupt cu nenorocirile şi să-mi mai rămână în acelaşi timp destulă energie şi emoţie pentru a crea o viaţă nouă. Uneori mă simt înfrântă, deşi nu-mi place să recunosc. De altfel, nici nu ştiu cum am putut să-ţi fac o astfel de mărturisire. N-am împărtăşit aşa ceva nici măcar cu prietenele mele.

– Ţi-am spus că suntem făcuţi unul pentru celălalt, glumi el încercând s-o bine dispună. Spera că într-o zi să poată lăsa în urmă regretele şi amărăciunea şi să i se deschidă lui. Nu ducea lipsă în viaţa lui de companie feminină, dar cu ea era altceva. Ca şi cum ea i-ar fi citit gândurile, îl întrebă:

– Tu ai pe cineva?

El luă o mină serioasă şi privi într-un colţ imaginar ducându-şi un deget la obraz:

– Ar fi Dona, suplă, inteligentă, dar seamănă prea mult cu Mozart şi mestecă de foarte multe ori până înghite, zise el, iar Hope pufni în râs. Ce-ar fi să mergem la cinema într-una din aceste seri? propuse el şi ea ezită. Nimic romantic. A ieşit un documentar interesant despre muzeul Peabody al Universităţii Yale ce dezvoltă esenţa distilată a înţelepciunii tuturor timpurilor, glumi el.

Nu a lăsat-o în pace până nu a obţinut o întâlnire trei zile mai târziu. „În definitiv, de ce nu?", îşi zise ea. Nu mai era cu Barry, iar Larry nu mai spusese nimic de cina pe care o sugerase la cabana lui Tom de sărbători. Nu mai adusese niciodată vorba şi ea se săturase de semnalele lui confuze. Îi plăcea de el, era un om bun şi un tată excelent. În plus, părea a fi exact ceea ce era si asta apreciase întotdeauna la el, dar de fiecare dată când credea că avansează spre ceva, el se retrăgea.

În seara aceea urma să ia cina cu Kim și cu ea și avea de gând să-i spună de Mike.

Câteva ore mai târziu, când Larry intră în casă alături de Kim, Hope avu o strângere de inimă. Nu mai știa dacă era o idee chiar atât de bună întâlnirea ei cu Mike. Se răzgândi și decise să nu-i spună nimic.
— Cum a fost în Santa Barbara? o întreabă Larry.
— Am transpirat mult și m-am tăvălit în noroi jumătate de după-amiază.
— Doamne, fă să vorbească de un Spa, fă să vorbească de un Spa, ridică el ochii la cer împreunându-și mâinile.
— Da, râse ea, a fost foarte bine, mai ales că am avut-o pe Gabi cu mine. Este noua stagiară, are 20 de ani, este modestă, eficace și foarte deșteaptă.
— Am putea și noi face asta din când în când, îi propuse el.
— Ce anume? întrebă Kim, să ieșiți cu Gabi sau să vă tăvăliți în noroi?

Larry își privi un moment fata apoi se uită la Hope, care își ridică șervețelul de masă și și-l puse în fața ochilor.
— Știi că nu dispari dacă faci asta, îi spuse el?
— Dar pe mine mă scuzați dacă dispar de la masă? întrebă fata care terminase ce avea în farfurie, iar ei acceptară.

Au vorbit zece minute despre fleacuri, apoi ea avut impresia că el vrea să treacă la discuții mai serioase, pentru care nu se simțea pregătită. Cel puțin nu în seara aceea. Primise vești proaste de la doctorul lui April și era bulversată profund.
— Să știi că n-am uitat de cina romantică pe care ți-am promis-o, zise el.
— Nu trebuie să ne grăbim, spuse ea fără să-l privească în ochi.
— Nu este ceea ce simt, Hope. Ea continua să-și privească mâinile, făcându-l să se simtă jenat. Uneori cred că suntem foarte apropiați, pentru ca apoi să îmi trântești ușa în nas. Nu știu ce să mai cred.
— Larry, avem o relație specială pe care nu vreau să o stricăm din cauza unor mici detalii.
— Relațiile speciale nu se opresc la mici detalii, Hope. Credeam că totul este în regulă între noi, că nu avem probleme.

Știi ce se spune, nu se poate rezolva o problemă, dacă nu este una. Avem vreo problemă, Hope?

— Nu. Nu avem nicio problemă, doar că m-am gândit mai bine și cred că ar trebui să punem în stand by pentru un timp relația noastră... sau ceea ce avem în prezent. N-am dreptul la erori, zise ea încet. Viața se poate schimba de la o secundă la alta și nu vreau să mă găsească nepregătită. Iarăși.

— Dar schimbarea în marea majoritate a timpului nu te anunță și te ia pe nepregătite, Hope. Chiar vrei să trăiești așa, cu frica asta permanentă?

— Nimeni nu-și dorește să trăiască în frică, Larry, zise ea privindu-l blând. Deocamdată prefer să lăsăm lucrurile așa cum sunt.

— Și cum sunt, Hope?

Cum putea să-i explice ceva ce ea însăși nu înțelegea pe deplin? Dintr-o dată el i se oferea pe-o tavă de argint și, trebuia să recunoască, că era o ofertă ridicol de minunată, nechibzuită și potrivită pentru tot ce-și dorea ea se întreprindă în viitor, dar i se făcuse într-un moment nepotrivit. Exact când se străduia să nu mai fie nici ridicolă, nici nechibzuită. De când Barry îi făcuse ceea ce-i făcuse, nu înceta să se răzgândească în legătură cu orice, lucru pe care nu-l cunoscuse înainte. Își pierduse încrederea în toată lumea, inclusiv în ea, și schimbase regulile jocului după care jucase toată viața. Îi plăcea să se distreze. Și să facă dragoste. Dar n-o făcea de câte ori era invitată la o petrecere. Și nici nu se culca cu cineva doar ca să nu-i vexeze egoul. De fapt, nu se mai culcase cu nimeni de foarte multă vreme, iar bărbații nu făceau coadă la ușa ei. Îl avea doar pe Mike, care venea și pleca, inofensiv și la fel de nedecis ca ea, și pe Barry care, din când în când, mai mârâia pe lângă casă, dar pe care încă îl considera ca făcând parte din viața ei. Trăiseră împreună nouă ani, dar nu exista un termen de prescripție pentru ceea ce simțeai. Ea doar spera să nu mai simtă asta mult timp. Barry n-o merita și ea știa asta, dar se pare că îi era mai greu decât crezuse să întoarcă pagina. Câteodată se trezea dimineața și se simțea liberă și bine, ca mai apoi să dea peste vreun obiect ce-i aparținuse lui Barry și să cadă iarăși în suferință. Familia rămânea familie pe viață, dar el nu era familia ei. Nu era nici măcar tatăl copilului ei, nu înțelegea de ce nu putea să investească într-o altă relație.

– Am încercat să te previn la un moment dat, Larry, dar n-ai vrut să m-asculți.

– Te ascult acum.

– Îmi place de tine și îmi ești foarte drag, dar mi-este teamă că vom strica totul dacă nu va merge între noi. Măcar așa suntem prieteni, putem conta unul pe celălalt la bine și la greu, lucru care n-ar mai fi valabil în cazul în care o eventuală relație amoroasă între noi ar eșua.

– De ce ar trebui neapărat să eșueze?

– Pentru că deseori viața e făcută ca naiba, Larry, zise ea, ridicând tonul și simțindu-se undeva între nevroză angelică și perversitate satanistă. N-am răspunsuri la toate întrebările tale. Nici măcar la ale mele n-am și aș aprecia ca lumea să nu mai aștepte mereu de la mine să fiu veselă și fericită.

– Pentru că ești nefericită? o întrebă el blând.

– Uneori, da. Știi, nu-mi place să mă plâng și n-am vorbit despre asta decât cu prietenele mele, dar separarea de Barry m-a marcat. Probabil am un fel de stres post traumatic.

– Stresul post traumatic nu însemna nimic înainte de anii 1980, zise el regretând imediat, iar Hope îl privi, ridicându-și o sprânceană.

– Mă doare sufletul și capul, iar ochii-mi ard în cap de la atâta plâns. Nu las să se vadă, dar sunt devastată.

– Da, știu cum te simți, zise Larry fără să aibă vreo idee că ea se simțise vreodată așa.

– Pentru că tocmai ți-am spus, de aia știi. Nimeni nu știe exact ce este în sufletul meu și nici nu pot să vorbesc mereu de asta. Toată lumea de pe strada mea a suferit anul trecut, problema mea cu Barry a fost floare la ureche pe lângă ce li s-a întâmplat fetelor. Dar știi cum e, întodeauna problemele personale sunt mai mari decât ale altora.

El îi atinse ușor mâna peste masă și își aplecă puțin capul, ca s-o privească în ochi:

– Îți promit că o să fii bine, Hope.

– Am nevoie de o garanție. Ceva mai tangibil ca simpla ta promisiune. Și știu că nu sunt garanții în viață, dar mi-aș dori atât de mult una.

Vocea i se îneca de lacrimi și făcea eforturi supranaturale să nu plângă.

– Dacă ai nevoie să te descarci prin plâns, Hope, fă-o, îți va face bine. Ea dădea din cap de la stânga la dreapta. Crezi că plânsul este un semn de slăbiciune?

– Nu este unul de forță, asta-i clar.

Ea îl privi și se ura pentru faptul că-l făcea să sufere. Avusese doza lui de suferință și nu mai merita asta, însă se simțea neputincioasă. De când își văzuse avocata, era întoarsă pe dos. Divorțul să va pronunța în curând și, printr-o semnătură pe o foaie, șapte ani din viața ei vor fi anulați. Sau mai rău, categorisiți drept ratați, pierduți. Toate visurile ei de viitor, anulate. „Visurile vin din multe griji", scria în Biblie. Cu ce mai rămânea dacă nici visuri nu mai avea? Speranțe? Nu era oare același lucru?

– Cum pot să te ajut, Hope? Cum îți revii din asta?

– Nu-ți revii.

– Mi-am revenit eu după moartea lui Dé, nici nu se pune problema că n-o să treci peste asta.

– O parte din mine a murit odată cu căsătoria mea.

– Nu este același lucru. Dacă într-o nenorocită de zi ți se face dor de el, traversezi două străzi din suburbie și gata, ai rezolvat problema. Ce alternativă am eu? Spiritismul?

Ea dădea din cap, regretând discuția pe care o aveau. Cum putuse să compare situațiile lor? Hope își spuse că problema ei era frivolă în comparație cu a lui și a prietenelor ei, dar era totuși era oful ei și-o durea al naibii de tare.

Avea chef să-și jelească mariajul în acea seară și nu voia s-o facă în prezența lui, așa că invocă o migrenă și el se retrase, promițându-i că va trece a doua zi să vadă cum se simte.

Avea nevoie de liniște. Liniștea. Asta era forța ei și trebuia neapărat să și-o găsească.

*

A doua seară Hope și Larry erau invitați la familia Smith. În drum spre ei, cei doi nu au mai vorbit nimic de evenimentele din seara precedentă. Hope se simțea mai bine, însă tot tristă era. Ada îi întâmpină zâmbind și, când ajunseră în salon, le spusese că vrea să schimbe tot decorul sufrageriei.

– O masă mare de biliard pe podiumul de lângă bar ar fi perfectă, zise Larry. Da-ți pianul afară, măriți barul și puneți un televizor imens pe perete. Ada miji ochii și Larry continuă încântat: și știți ce-ar mai fi genial?

– Să nu avem biliard și să lăsăm pianul la locul lui? întrebă Ada, iar George, cu sticla de whisky într-o mână și un pahar în alta, zâmbea dând din cap.

– Ce faci acolo? îl întrebă Teodora pe ginerele ei. Îmi servești o băutură sau o inventezi?

– Fă-o să plece, îi șopti el Adei, pentru că dacă mai stă o săptămână o înec în piscină. Ada-l privi amuzată. Îți jur c-o fac!

– Vrei să auzi ceva nebunesc? schimbă Ada subiectul.

– Pentru că tot ce am vorbit până acum a fost așa normal? șopti soțul ei.

– Cred că Larry este îndrăgostit de Hope.

– Nu te băga, lasă-i în pace că iarăși iese balamuc. Abia aștept să se însoare Larry și să încetezi să îi mai cauți o nevastă și poate după aceea o să putem vorbi și noi despre altceva decât despre el.

– Îți place sau nu, pe ăștia am să-i căsătoresc.

El dădu din cap și bolborosi ceva, întorcându-i spatele nevesti-sii:

– Ar trebui să se inventeze pastile pentru asta.

Ada privi în urma lui cum se depărta nemulțumit, mama ei care strângea nervoasă din buze și pe Larry care o privea stresat pe Hope care nu-l băga în seamă deloc. Își spuse că va fi o seară oribilă.

Larry o întreabă pe Hope dacă vrea un pahar de vin. Sau să facă o croazieră cu el. Ea îl privi un moment ezitând.

– Doi supraviețuitori de pe niște ambarcațiuni naufragiate, care s-au întâlnit în plină furtună și s-au agățat unul de altul, ar trebui să rămână cu picioare pe pământ un timp, zise ea. Mai repede decât își imaginase sau își dorise, ajunseseră iarăși la acea discuție.

– Nu crezi că ai pierdut deja suficient timp, Hope? Un an de zile de tatonări, reflecții inutile și regrete și mai inutile. Ca să ajungi la ce concluzie? Că ești o supraviețuitoare de pe o ambarcațiune naufragiată? Vrei în continuare doar să supravieţuieşti? Eu am făcut asta ani de zile. Am supravieţuit. I-am privit pe alţii cum trăiesc. Făcu o pauză mică, în care părea trist, apoi continuă: După moartea lui Dé am umblat să salvez lumea, şi mă bucur, dar singurul care trebuia salvat eram eu. De fapt, mi-am luat lumea în cap ca să mă salvez. Acum ştiu că locul meu este aici, lângă voi. Şi mai ştiu că această clipă este mai importantă decât devenirea şi vreau să-mi trăiesc viaţa în prezent. Am înţeles că deocamdată nu eşti pregătită pentru o relaţie şi nu vreau să te presez, dar să ştii că dacă ai nevoie de mine, sunt aici. Nu ezita să-mi faci un semn, indiferent care ar fi acea nevoie.

Era serios. Şi al naibii de frumos. Dar cum putea să-i spună că el s-a întors acasă tocmai când ea nu mai ştia să trăiască în cuplu? Nu spuse nimic, doar îl pupă pe obraz şi îi mulţumi scurt, apoi se duse să vorbească cu Teodora.

*

În acelaşi timp, la câteva străzi depărtare, John stătea pe peluza casei şi privea cum Anna trebăluia prin livingul atât de familiar lui. A bătut la uşă şi ea a deschis cu zâmbetul pe buze. Când îl văzu, zâmbetul se risipi.

– Am trecut prin cartier şi... La naiba, Annie, n-am să te mint, zise el ca un adolescent, mi s-a făcut dor de tine şi am vrut să te văd. Pot să intru cinci minute?

„Nu, dar o vei face oricum", îşi spuse Anna, dându-se la o parte ca el să poată intra. Pe măsuţa din faţa şemineului era un ceainic frumos, roz cu inimioare albe, pe care el i-l făcuse cadou, şi foietaje cu brânză dulce. Încăperea arăta ca o dezlănţuire a luptei pentru supremaţie şi intimitate în acelaşi timp. Îi plăcuse întodeauna gustul ei de decorator şi îşi aducea perfect aminte seara în care au decis să aranjeze salonul aşa. Erau amândoi entuziasmaţi şi goliră două sticle de Moët et Chandon în compania lui Alex, un bun designer care, se dovedi apoi a fi un bisexual pervers, blamat de propria-i soţie pentru orgiile la care participase. „Nici măcar n-a avut curajul să-mi spună în faţă că e bisexual", se plânsese ea. „Nu aşa ar fi fost civilizat, normal?" Nu. Civilizat ar fi fost să nu participe la orgii. Normalitatea fusese demult depășită în acea situație.

– Pot să mă așez? o întrebă el timid, dar înainte ca Anna să răspundă, se auzi fiica lui din spate:

– Nu! Ai ucis-o pe Jess, recunoaște! Mi-ai făcut rău mie în copilărie și acum vrei să-i faci rău Annei, dar n-o să-ți meargă. N-o să-ți permit!

John o privi fix și spera să nu-i se citească ura pe care o avea în acel moment. Fata aceea se plângea de câte ori putea, iar el se săturase de miorlăiturile ei. Nu era singura cu probleme, fiecare om avea o poveste despre o copilărie bizară, o rudă pe moarte sau vreo afacere falimentară, iar el nu era responsabil de toate necazurile lumii. Anna o luă pe Tina de mână și după ce-i șopti ceva, adolescenta se retrase furioasă în camera ei unde Jay Z urla din răsputeri.

– Îți mulțumesc, Anna, spuse John timid, n-am energia suficientă pentru a mă bate cu monstrul acesta mic. Soția lui nu spuse nimic, iar el continuă: tare mult mi-aș dori să ne împăcăm.

– Dar m-ai înșelat, John.

– Știu, știu, zise el smerit, iar Anna se gândea că arată ca un pisoi care disimula o cruzime oribilă.

Dacă era un criminal, așa cum Tom insinuase? Dacă în realitate el era, într-adevăr, un monstru bine camuflat, așa cum îi spusese Tina de nenumărate ori? Fata lor îl comparase cu „un bou posesiv cu vino-ncoace, dar care nu-l mai avea deloc pe vino încoace".

– Miroși a naftalină și a usturoi, spuse Anna, dorindu-și ca el să plece.

John, simți asta și începu să plângă.

– N-aș putea niciodată să te rănesc, Anna.

– Dar ai făcut-o deja. M-ai trișat, iar acum Jess este moartă, iar eu sunt moartă înăuntrul meu. Ai omorât-o, John? Spune adevărul, trebuie să știu.

El își șterse lacrimile și o privi în ochi:

– Chiar crezi că aș putea arunca pe cineva de pe bloc?

– Nu știu, John. Ai putea? îl întrebă ea privindu-l fix. Și de unde știi tu cum a murit dacă nu ai fost prezent?

— Pentru că poliția a trecut pe la cafenea. Am stat cu ei de vorbă după care am fost și am dat o declarație la poliție.
— Unde ai fost când s-a întâmplat, John?
— Beat, în mașină, lângă aeroport, răspunse el încet.
— Deci, n-ai martori.

El o privi cu ochi triști și nu-i venea să creadă că ea se gândea la el ca la un criminal. Relația lor se degradase și numai el era responsabil de asta, lucru pe care nu și-l putea ierta. Avea senzația că dormise un somn lung și greu, apoi se trezise și începu să-și trăiască adevăratul coșmar. Se ridică în picioare și cu lacrimi în ochi spuse:

— Cred c-a fost o greșeală că am venit. Te rog să mă ierți, Anna. Pentru asta și pentru tot.

Cu umerii gârboviți părăsi încăperea și casa, lăsând-o confuză și tristă.

— Mai este încă aici? se auzi iarăși Tina.
— Mai ai și alte întrebări?
— De ce este încă aici? insistă fata căutându-l cu privirea prin încăpere.
— Îl vezi undeva, Tina ? Ce ai cu el? Știu că a greșit, dar îl tratezi ca pe un monstru, iar el este soțul meu, fie că asta-ți place sau nu, și timp de 17 ani am fost fericiți împreună.
— Să nu spui că ți-e milă de el, se înfurie fata. Meriți mai mult de atât. Meriți mai mult decât un criminal nebun. Un violator.
— Despre ce vorbești acolo? Acuzațiile tale sunt foarte grave.

Tina dădu tristă din cap și își spuse că venise momentul adevărului. Trebuia să-i spună Annei bănuielile ei cele mai crâncene.

— Ții minte noapte în care am fost la un pas de viol? Ți-am spus că i-am văzut pantofii cu o pată albă și am simțit mirosul de naftalină și usturoi. Eu cred că el era.

Anna își duse mâna la gât pentru a împiedica voma să urce, iar lacrimile îi țâșniră din ochi ca și cum nu ar fi fost ai ei.

— Dar este imposibil, el nu este așa, îl cunosc pe acest om.
— Omul pe care-l știai nu te-ar fi înșelat niciodată, am dreptate? întrebă Tina. Dar, el a făcut-o și știi de ce? Pentru că nu mai este același om. Poate n-a fost niciodată cine ai crezut tu că este. Doar că acum, nu mai poate ascunde așa de bine.

— Încetează, Tina! Asta nu este o carte sinistră de-a ta, ci viaţa mea.

— Sinistra ta viaţă, zise fata, iar Anna se aşeză epuizată pe un fotoliu. Cum vrei, zise Tina bătând în retragere, dar să ştii că greşeşti. Amintirile te orbesc, te ţin în trecut şi nu te lasă să avansezi. Du-te la Tom, lasă-l să te ajute. Lasă-l să te iubească. Este perfect pentru tine.

Tina se retrase, lăsând-o cu gândurile ei. Oare bărbatul cu care împărţise 17 ani din viaţă devenise un criminal? Se spunea despre oameni că se schimbau cu timpul. Ea nu credea asta. Nimeni nu se schimba atât de tare. Nimeni nu se transforma peste noapte dintr-o persoană exemplară într-un criminal. John, omul căruia îi plăceau operele caritabile, copiii şi animalele, nu putea fi un violator. „Câteodată şi oamenii cu trei copii şi câini drăguţi pot face lucruri urâte, de ce nu şi John?", gândi apoi Anna, oscilând între incertitudine şi mai multă incertitudine.

Ar fi vrut să ştie ce are de făcut. De ce era atât de greu să aleagă fericirea? De ce viaţa ei devenise peste noapte atât de întunecoasă? Ura nefericirea. Şi ura întunericul. „E mai bine să aprinzi o lumânare decât să blestemi întunericul", spusese Eleonore Roosvelt. Oare unde era lumânarea ei? Se gândi puţin, apoi puse mâna pe telefon şi-l sună pe Tom. Era acolo, bun şi disponibil, şi încerca din răsputeri să-i ridice moralul. În acea seară însă nu reuşea. Ea se gândea la viaţă în general şi la cum ceva extraordinar putea să devină peste noapte mediocru, ordinar. Avusese un mariaj fericit, apoi totul se schimbase. Oare aceasta era căsătoria? Pentru ea şi pentru restul lumii? Râdem, plângem, ne trezim de patru ori pe noapte pentru biberon şi apoi, într-o bună zi realizăm că n-am mai făcut dragoste de-o lună. Apoi de două. Şi începem să luăm lecţii de yoga, să ne neglijăm şi mai mult cuplul, iar când soţul începe să ne facă cadouri scumpe, în timp ce meditam, realizăm că suntem înşelate şi că viaţa devine grea. În faţa necazului toţi suntem egali, clasa socială dispare, la fel şi bogăţia sau mediul social şi atunci ne dăm seama că vecina din stânga de la yoga care ne deranja cu respiraţia ei prea puternică, era ceva pueril şi superficial. Nu realizăm cât de bine ne este decât atunci când începe să ne fie greu şi când este prea târziu, iar când suntem inteligenţi învăţăm din greşelile noastre şi când nu suntem, le repetăm.

Ea avea să înveţe din greşeli şi să avanseze. Spre ce, nici ea nu avea habar, dar se ştia că adevăratele voiaje începeau în necunoscut. Cineva spusese că „treptele iertării erau construite din onestitate şi penitenţă" şi „ceea ce era vechi devenea nou, din nou". Cu onestitatea şi penitenţa era de acord, dar nu avea niciun chef ca vechiul să-i reintre în viaţă. Pentru ea, vechiul era vechi şi însemna John, iar noua legătura dintre ei nu s-ar mai baza pe compatibilitate, respect şi iubire, ci pe apocalipsa nevrotică cauzată de prăpastia creată între ei în ultimele luni.

Într-una din zile, John îi spusese că ieşise din viaţa ei nu pentru că nu o mai iubise, ci pentru că, din contră, o iubise prea mult. Nu fusese suficient că o trişase, mai trebuia şi să îi insulte inteligenţa. Anna se săturase să se întrebe mereu cum să procedeze sau dacă făcuse bine ceea ce făcuse. Nu mai avea de gând să-şi consume energia cu întrebări inutile. Ajunsese şi trecuse de momentul „oare am făcut bine" şi acum doar îşi dorea să trăiască prezentul. În mod cert avea să-şi mai pună o grămadă de întrebări, dar acum ştia că dacă nu avea răspunsurile la toate, era în regulă. Nu trebuia mereu să aibă toate răspunsurile sau să ia toate deciziile într-o singură noapte. Hotărî că venise timpul să aibă grijă de ea însăşi.

*

– V-aţi sărutat şi...? o întrebă Hope pe Julia, luând o gură de vin.

– Ţi-am mai spus povestea de 10 ori. Dacă o mai spun odată, tot aşa se va termina. Fără sex. Astăzi am avut o audiţie şi am avut emoţii ca-n prima zi. Urăsc faptul că la Hollywood se foloseşte ca tehnică intimidarea şi confuzia. Regizorul a angajat-o în locul meu pe fiica lui care, pe lângă faptul că nu este deloc potrivită în acest rol, mai este şi scorpie. Am lucrat şi cu mama ei, şi tot aşa era. Cred că este ereditar.

Hope zâmbi. Julia arăta ca o copilă cu cele două codiţe, în jeanşi, cu un pulovăr roşu pe gât şi cizme butucănoase din piele maro, puţin învechite.

– Mai ai veşti de la Barry? o întrebă pe Hope.

– Da. Ne-am întâlnit acum două zile pe terenul de golf și mi s-a părut că s-a îngrășat. A luat cel puțin 3 kg, probabil că este nefericit.

– Nu asta ți-ai dorit? întrebă Julia mușcând dintr-o pară.

– Nu, bineînțeles că nu mi-am dorit să fie nefericit. Tot ce-am vrut este să fiu și eu fericită.

– Te înțeleg, spuse prietena ei, cu ochii la barman și dând pe gât cupa de șampanie. Și eu îmi doresc să fiu fericită. Apoi, fără să-și ia ochii de la barman o întrebă pe Hope: e sexy sau mi se pare mie?

– E femeie, zise Hope luând o măslină și Julia ridică din umeri.

– M-am văzut și eu cu Barry. La Starbucks. Hope o privi atent. Nu mi-a făcut niciun avans, spuse Julia repede, mi-a zis ceva de genul că și-a ales un drum lung și greu pe care nu vrea să-l străbată singur. Apoi a adăugat că nimănui nu-i plac schimbările. Mi-a cerut să vorbesc cu tine, să vă ajut să vă împăcați.

– Asta faci acum?

– Nu știu nici eu sigur. Cred că doar te pun la curent. Barry mi-a zis că dacă nu se împacă cu tine, va muri. Mi-a cerut să nu-l las să moară, Hope. Ca și cum eu dețin controlul suprem! Nu rezist când un bărbat plânge, știi asta.

– Și când ai avut de gând să-mi spui toate astea?

– Exact acum când ți le zic. Știi bine că am fost patru zile la New York și nu puteam avea această conversație la telefon.

– Ce altceva ți-am mai spus? o întrebă Hope curioasă.

– Că se urăște pentru faptul că te-a tratat ca pe o anexă a lui, că întotdeauna ai fost tu cea pe care a iubit-o, dar n-a realizat până de curând. Te vrea înapoi, Hope.

– Omul ăsta a stat întotdeauna prost la capitolul sincronizare. Hope luă o gură de vin și se înecă. Tu ai organizat asta? o întrebă furioasă pe Julia, arătându-l cu capul pe Barry care tocmai își făcu apariția în bar. Se îngrășase puțin, dar încă era un bărbat atrăgător.

– Îți jur că nu, spuse Julia, iar Hope o crezu.

El se apropie de bar, fericit că le vede. Arăta foarte în dezordine, iar pardesiul negru îi era rupt.

– Ce ți s-a întâmplat? întrebară ele de-odată.

– M-am încăierat cu un taxi în viteză și era cât pe ce să câștige taxiul, glumi el, luându-și batista și ștergându-și fruntea zgâriată.

— Te simți bine? îl întrebă Hope.
— Acum, zâmbi el privind-o, da. Demult nu m-am mai simțit așa de bine.
— Eu plec, spuse Julia. Vă las să discutați.
— Poți rămâne, spuse el neluându-și ochii de la soția lui. N-am nimic de ascuns. De altfel, știi bine ce am de spus.
— Da, spuse Hope enervată, ea știe înaintea mea ce se întâmplă. Din cauza ta, Julia a fost pentru mine inamicul fără chip și câștigătoarea unui război de care nici măcar nu eram la curent că există. Am pierdut totul fără ca măcar să fiu prevenită, iar acum te întorci și-mi propui vechea viață înapoi ca și cum totul ar depinde de tine. Nu sunt la dispoziția ta, Barry. Nu te mai servi de Julia ca să ajungi la mine. Sau de oricine altcineva. Nu demult plângeai în curtea casei mele și mă rugai să-ți pun o vorbă bună Juliei.

O privea fix și simțea cum se apropie apocalipsa. Nu așa voia să decurgă conversația. Trebuia neapărat să ia frâiele în mână. Zâmbi blând, încercând s-o calmeze, să trezească în ea sentimentele de altădată. În spatele zâmbetului însă se ascundea multă tristețe. Zidurile pe care le pusese între ei păreau insurmontabile, iar el trebuia să găsească o cale să le treacă. Totul se întâmplase din vina lui, motiv pentru care se simțea învins și tot ce-și dorea era ca ea să-și dea seama cât de mare era regretul său. Se simțea ca o fantomă care venea s-o bântuie și nu asta voia să fie el pentru ea. Avusese rolul cel mai bun, acela de soț al unei femei incredibile, și dăduse cu piciorul la tot.

— Hope, de când ne-am despărțit sunt nefericit. Mi-e dor de tine, iubito. Vreau să mă crezi, am fost un prost și n-am realizat cât de norocos eram să te am, dar acum știu.
— Și ți-au trebuit aproape doi ani ca să realizezi asta.

El își lăsă privirea în pământ, iar ea îl privea furioasă. Cum îndrăznea să-i facă asemenea declarații?

— Barry, femeia cu care te-ai căsătorit n-are nicio legătură cu femeia care stă în fața ta acum, aici. Vreau să știi că nu te blamez neapărat că ai încercat să-ți faci existența mai interesantă, dar urăsc mijloacele pe care le-ai ales și faptul că ai implicat-o pe prietena mea cea mai bună. Nu știi ce vrei în viață. Acum mă iubești pe mine, acum ești îndrăgostit de Julia la nebunie. Asta nu-i un spital de nebuni, iar tu nu ești la conducerea lui. Este viața mea și refuz să te las pe tine s-o cârmui cum vrei tu. Îl privea cum stă smerit în faţa ei şi îi zise articulând fiecare cuvânt ca el să priceapă: nu te mai iubesc, Barry.

Îl surprinse. Şi se surprinse pe ea însăşi. Era pentru prima oară când spunea asta şi chiar credea, n-o zicea doar pentru că era rănită sau furioasă.

– Ce vrei să spui?

– Exact ceea ce am spus. De fapt, cred că nu ne-am iubit cu adevărat niciodată. Aşa cum i-ai spus Juliei, mă tratai ca pe-o anexă a ta, iar eu am acceptat. De ce? N-am idee. Am fost la început îndrăgostiţi, apoi totul a murit. Restul timpului am iubit doar ideea de a iubi, dar dragostea adevărată, pură, n-a fost niciodată o caracteristică a căsătoriei noastre. Inima ta n-a mai fost lângă a mea de o eternitate. Te comportai uneori cu mine ca şi cu o rudă îndepărtată, iar alteori, ca un prieten care nu mă aprecia la justa valoare. Ne-am prefăcut prea mult, acum realizez asta. Nu o mai pot face şi nici nu mai vreau. Recompensa nu se ridică la valoarea preţului plătit.

– Dar Hope, toţi anii împreună... au fost extraordinari. Nu pot să plec aşa, mă voi bate pentru tine, pentru noi.

– Foarte nobil din partea ta, dar să ştii că nu se dau premii pentru asta, iar eu nu mă voi mai întoarce la tine. Nu mai am încredere în nimic din ceea ce faci sau spui şi asta nu se va schimba niciodată, Barry.

– Şi ce-o să fac eu acum? întrebă el ca un băieţel pierdut.

– O să-ţi cumpăr cartea lui Schopenhauer, „Studii despre pesimism", o să te apuci de sport şi o s-o laşi mai moale cu carbohidraţii. Cu timpul, totul va reintra în normal, vei vedea.

– Crezi? întrebă el cu speranţă ca un copil.

Nu. Nu mai credea nimic şi nici n-o mai interesa. Realiză că de fapt tot ceea ce i se întâmplase n-a rănit-o neapărat. Opinia ei asupra evenimentelor petrecute a făcut-o. Totul depindea de ea şi hotărî că nimic şi nimeni nu merita atâta sacrificiu. Controlul era la ea şi în ea. Aşa cum Marcus Aurelius spusese „cel ce se învinge pe sine este mai puternic decât cel ce cucereşte o cetate". Ea reuşise să se învingă pe sine şi să îşi depăşească condiţia de victimă care o împiedicase să avanseze. Fusese legată de amintirea vechii ei vieţi, dar acum înţelesese că totul fusese o iluzie.

Câteva tinere cu silicoane și zâmbete lascive trecură pe lângă ei, devorându-l din priviri pe Barry, căruia nu-i scăpă.

– Poate ai dreptate, spuse el, privind lung după blonda pufoasă, dar să știi că nu voi renunța la tine niciodată. Dintr-o dată se simți mai bine, se ridică de pe scaun și își scoase paltonul. Un prezervativ îi căzu din buzunar chiar la picioarele lui Hope, care-l privi.

– Nu înseamnă nimic, se bâlbâie el ca un băiețel.

– Relaxează-te, nu sunt maică-ta, Barry, iar tu nu ai 15 ani. Știu și eu că prezervativul este o chestie masculină, la fel ca telecomanda. Voi bărbații nu vă simțiți întregi decât cu prezervativul în buzunar și telecomanda în mână. Nu neapărat în acest această ordine.

Blonda cu sânii pe afară nu înceta să-l privească pe Barry, așa că el își dădu paharul peste cap, își luă prezervativul și după ce plăti nota, se scuză și plecă. Julia și Hope văzură gestul discret pe care el i-l făcu lui Barby, care îl urmă afară din bar. Într-adevăr, o ieșire maiestuoasă din scenă, gândi Hope, urmărind cum acesta dispărea cu rămășițele căsătoriei și demnității ei. Niciodată nu s-ar fi gândit că mariajul ei va lua sfârșit așa și bănuia că nimeni nu se căsătorea, gândindu-se că va divorța sau că unul din ei va avea un amant. Sau un vis nerealizat, care va pune final „eternului" și perfectului acelei „uniuni sacre". Crezuse că îl iubise ca prieten, soț și bărbat, iar acum realiza că totul fusese o farsă. El fusese o farsă, la fel și căsătoria lor. Era o femeie educată, cum putuse să fie atât de oarbă? Cum putuse ea să accepte să fie tratată ca într-o gospodărie demagogică de stânga?

Julia o privi fără să spună nimic. Nu mai era mare lucru de spus acolo. Doar își puse mâna pe mâna ei, arătându-i că putea întotdeauna conta pe ea.

Capitolul 14

Hope trecu pe la Tess să vadă ce mai face. Nu mai vorbise cu ea de o săptămână, dar simțea că ceva nu era în regulă. Ajunsă în fața geamului de la livingul în stil american, își văzu prietena la masa din bucătărie. Stătea și privea în gol, iar când Hope bătu în geam, tresări, după care, mecanic, își afișă zâmbetul de complezență.

– Vrei o cafea? o întrebă Tess când ea se instală la masă.

– Da, mulțumesc.

Hope își privi prietena. Avea ochii roșii, umflați, parcă plânsese de-o eternitate. Tess observă privirea interogatoare a prietenei ei.

– Moartea lui Ron și celelalte lucruri m-au afectat mai mult decât aș fi crezut, zise ea. Pe Isabelle și mai tare. Nu mai fac nimic decât să plâng în ultimul timp, de-aia nu v-am sunat. Nu sunt o companie prea bună.

– Suntem prietene și acum ai nevoie de noi, deci nu te gândi prea mult la ce fel de companie ești. Lasă-ne să te ajutăm, Tess.

– Așa o să fac, dar acum cel mai bun ajutor pe care poți să mi-l dai este să schimbăm subiectul. Vorbește-mi despre tine și Barry.

– Nu mai sufăr aproape deloc, se conformă Hope. Evident, din când în când mă copleșesc nenorocitele de regrete, dar acum știu ce am de făcut și pot întoarce liniștită pagina. Este bine, nu-i așa?

– Este perfect. Dacă asta este ceea ce-ți dorești.

– Nici eu nu mai știu ce-mi doresc, recunoscu Hope. Am vrut ca Barry să revină și să-mi dea viața de altădată înapoi. A venit, iar acum, îmi spun că m-am agățat de acest vis tâmpit timp de doi ani. Apoi mai este și Larry. Este agreabil să fii cu el. Nu este un tip complicat, este inteligent și disponibil, însă ideea de a forma un cuplu încă mă jenează. Simt că o trădez pe Dé. Este foarte greu să trec peste treaba asta, oricât m-aș forța. A fost sora mea și el, soțul ei.

– Dé este moartă, iar Larry este un tip minunat care te place, oare cum nu vezi cât de norocoasă ești?

– Sunt, nu-i aşa? Hope luă o nucă şi o privi gânditoare, apoi o băgă în gura cu buze roz lucioase. Mai este şi Mike, completă ea, dar e pe locul doi. Tess dădu din mână.

– Ştii ce se spune, locul doi este primul looser, aşa că lasă-l pe Mike să-şi vadă de viaţa lui, iar tu ocupă-te de Larry. Eşti nefericită şi n-ar trebui.

– Da, admise Hope, am trei bărbaţi care mă vor, iar eu sunt mai nefericită ca niciodată. Bătu cu mâna în masă, apoi continuă: ştiu ce am de făcut. Am citit într-o carte despre ce zicea Napoleon Hill în legătură cu lucrurile vechi dintr-o casă. Pentru a avea loc pentru ce-i nou, trebuie să te scapi de vechi. Mă pun şi vând totul din casă, hotărî ea, şi cumpăr numai noutăţi.

– Îţi vinzi bunurile de care eşti ataşată? O să regreţi, dar va fi prea târziu când nu vei mai avea toate obiectele pe care le îndrăgeşti. Apoi, o să vrei să-l omori pe Hill, dar şi pentru asta va fi prea târziu pentru că este deja mort, aşa că, apucă-te iarăşi de yoga şi culcă-te cu Larry. Sexul o să-ţi facă bine.

– Oh, da, sex. Ai dreptate, mi-e tare dor s-o fac. Ţie?

– Prea multe s-au întâmplat în ultimul timp ca să mă gândesc la sex, deci nu. Şi nu mi-e dor nici de Ron, indiferent cât de bizar sună ceea ce spun. A fost pentru mine ca Hitler pentru Polonia, mai spuse prietena ei, după care, în secunda următoare se închise iarăşi în ea. Hope simţea lupta care se dădea în interiorul ei şi aşteptă liniştită, sperând ca Tess să continue. Isabelle este foarte tristă. O văd că îmi caută compania şi vrea să-mi vorbească, apoi, ceva se întâmplă şi se bagă iar în cochilia ei. Apoi mai este şi faptul că mă consideră singură şi bătrână.

– Ce tâmpenii vorbeşti! Nimeni nu te poate considera aşa! Ce te face să crezi asta?

– Fraza pe care mi-a trântit-o când i-am propus ajutorul: „n-am nevoie de sfatul unei femei singure şi bătrâne".

– Şi tu te laşi influenţată de o adolescentă care trece printr-o fază proastă?

„O adolescentă care probabil va fi niciodată mamă", gândi Tess, fără să spună însă nimic. Nu avea forţa necesară să dezbată acel subiect.

– Este o perioadă neagră, dar vom trece noi cumva peste ea, spuse Tess necrezând nici ea ceea ce spune.

Oricât de optimistă era, avea impresia că se mișcă într-un cerc vicios și oribil din care nu mai putea să iasă. Nopțile numai la asta se gândea, iar zilele se târa afară din pat și se chinuia să se concentreze la ce avea de făcut. Apoi decise să-și ia o mică vacanță. Nu putea să se dedice așa cum trebuia pacienților ei. Vacanță era mult spus: conglomeratul de nopți angoasante și de zile haotice nu putea fi numit vacanță, dar nici nu putea să le spună pacienților ei că avea impresia că va înnebuni înaintea lor.

– Anna cum mai este? schimbă Tess subiectul, epuizată de propriile-i probleme.

– Pare fericită cu Tom, deși sunt doar prieteni. Se pare că John a venit s-o vadă. Părea el, cel de altădată, lucru care a bulversat-o pe Anna. Mi-a zis că încă îl mai iubește, dar că și-a pierdut încrederea.

– Nici nu-i de mirare, după câte i-a făcut, iar moartea dubioasă a lui Jess, nu-i în favoarea lui.

– Nu are niciun alibi, zise Hope. I-a spus Annei că s-a îmbătat criță și că s-a trezit în mașina lui la aeroport. Habar nu am dacă îl crede sau nu, cert este că de fiecare dată când are moralul jos îl sună pe Tom, iar el se descurcă de minune s-o consoleze. Deseori pleacă la cabană la el și s-a atașat de Mira și de viața lor în pădure, iar Tina și Tom se pare că se-mpacă minunat.

– Mă bucur pentru Anna, spuse Tess, dar îmi pare rău pentru John care a fost un bărbat excepțional și poate încă mai este. Poate a avut doar un episod urât.

– Da, admise Hope, din păcate s-au întâmplat multe în acel episod.

– Toc, toc, se auzi Julia care apăru în salon cu gura până la urechi, mă primiți și pe mine? Julia respira fericire prin toți porii, iar prietenele ei se bucurară s-o vadă.

– Veștile bune sunt întotdeauna binevenite, spuse Tess.

Julia îmbrăcată în pantaloni negri din piele mulați pe picioarele lungi și cu botine cu tocuri înalte, arăta trăsnet. Zâmbind, o privi pe Hope.

– Știi când ți-am cerut manuscrisul cărții tale, pe care-l țineai în dulap de-un secol?

– Da. Cam tot acum un secol ți l-am dat să-l citești și nu ai mai amintit de el.

— Ei bine, să știi că n-am stat degeaba. L-am citit și l-am adorat. Apoi, i l-am dat lui JR Hagman, care a decis să facă un film, iar eu am rolul principal.

— Chiar? se bucură Tess, iar Hope bătu fericită din palme.

— Vă dați seama? Hope va avea cartea ecranizată, iar eu voi fi actrița principală! Cât de minunată este viața? Apoi văzându-i privirea lui Tess, își ceru scuze. Mă simt vinovată că sunt atât de fericită în timp ce tu suferi.

— Nu, nu, zise Tess. Bucură-te pentru tot ce ți se întâmplă. Este o veste minunată și sunt foarte fericită pentru voi două. În sfârșit un lucru bun.

— Vreau să asist la filmări, decretă Hope tăindu-i elanul Juliei.

— Bine, dar îl știi pe Hagman. De fapt ai auzit doar de el, dar nu va permite niciodată așa ceva.

— Atunci nu va face nimic după cartea mea. Juliei începu să-i tremure buza de jos, iar Hope o lovi peste mână. Nu te pune pe bâzâit că n-o să-ți meargă de data asta. Asist la filmări sau nimic!

Julia se opri din ce făcea și sărind în picioare își ceartă prietena:

— Mă duc să văd ce pot face, dar să știi că ești o sabotoare. Dădu să plece, dar piciorul i se prinse în covorul de sub masă și căzu. Iarăși. Stătea lungită pe jos, și cele două prietene își mușcau buzele să nu râdă.

— Cine-a mai pomenit covoare în secolul 21 în California! zise ea ridicându-se gemând.

— Și tu ai covoare, spuse Tess.

— Da, și sunt mai frumoase ca ale tale de o mie de ori, comentă Julia în timp ce părăsea scena. Când ajunse aproape de ușă se întoarse și i se adresă lui Hope. Sunt mai mult ca sigură că nu o să poți participa la filmări. Prietena ei o privi, așteptând, și Julia continuă: Hagman nu este tipul care să accepte așa ceva... apoi mai este și faptul că suntem aproape de final cu filmările.

— Ai dat manuscrisul fără acordul meu?

— Ți-am imitat semnătura, recunoscu Julia, credeam c-o să te surprind plăcut. Voiam să te duc direct la film sau la ceremonia de Oscaruri, pentru că nici nu mă gândesc să nu iau un Oscar. Am vrut să fie o surpriză, zise ea cu un aer copilăresc, intențiile mi-au fost bune, nu m-am gândit c-o să-ți displacă. Te rog, nu mă pune în spatele gratiilor.

Hope îşi lăsă capul pe spate gemând, apoi o privi blând. Nimeni, niciodată nu putea să se supere pe Julia. Era atât de naivă şi de bună încât nu puteai s-o învinuieşti de ceva rău.

– Chiar dacă este foarte grav ceea ce-ai făcut, te iert, spuse Hope, dar vreau să asist la finalul filmărilor. Julia sări în sus de bucurie, fugi şi îşi pupă prietena, apoi plecă. Hope se întoarse şi o privi pe Tess:

– Nu pot să mă bat cu Bambi, îi spuse ea, şi Tess râse dând din cap. O înţelegea perfect.

*

Lunile care au urmat au fost bogate în evenimente. Anna depăşise stadiul de „prietenie" cu Tom, iar acum se vedeau din ce în ce mai des. John dispăruse o perioadă din Los Angeles, iar de două săptămâni se întoarce un om „nou". Slăbise 7 kg, făcea sport şi-şi luă cafeneaua în primire, redevenind gazda minunată de altădată. Nimeni nu ştia unde fusese sau cu cine, dar se părea că nu exista nicio femeie în viaţa lui. O sună pe Anna de câteva ori, fără să fie prea insistent şi ea îi promisese c-o să treacă pe la cafenea, dar n-o făcu încă. Tina şi Tom se înţelegeau de minune şi făceau tot posibilul ca cei doi să nu se vadă.

Tess reîncepuse serviciul şi se simţea puţin mai bine acum când Isabelle acceptase să facă psihoterapie cu unul din confraţii ei. Fata părea mai veselă şi din când în când sarcastică, ceea ce era un semn bun. Nu mai vorbea deloc de ceea ce se întâmplase şi Bob, psihiatrul, o ţinea la curent pe Tess cu totul. Fata se vindeca, dar încă se mai afla pe un drum sinuos şi greu. Era plină de resurse, tânără, frumoasă şi în centrul atenţiei. Avea toate şansele să uite într-o zi oribila experienţă. Sau cel puţin, să nu se mai gândească atât de des.

Hope şi Julia erau acum foarte des împreună, spre nefericirea lui JR. Hagman care trebuia să suporte din ce în ce mai mult intervenţiile scriitoarei. La început fusese un calvar pentru el, dar cu timpul se obişnuise cu firea ei veselă. Era mereu bine dispusă şi odihnită, indiferent dacă petrecea două sau 12 ore pe platoul de filmare. Hope adora să fie în spatele camerei şi toată echipa o iubea. Erau trei staruri care jucau în film, din care una, foarte mofturoasă. Lara avea impresia că soarele răsărea din poponeţul ei. La început n-o agrease pe Hope, dar cu timpul se obişnuise cu ea pe platou şi trebuia să recunoască că intervenţiile ei erau benefice. Într-o zi, Hope ajunse la 3:00 pe platou şi-l văzut pe Hagman ţinându-şi capul în mâini. Era singur, iar ea era mirată să vadă că la acea o oră nu se filma. Plătea o grămadă de bani să aibă studioul la dispoziţie.

— Lara îşi rumegă salata de două ore, explică el, şi se pare că nimănui nu-i pasă.

Hope coborî în sala unde actorii luau masa şi se duse direct la diva care liniştită se juca cu frunzele de salată.

— Mai ai mult? o întrebă Hope calmă. Ştii, Hagman pierde o grămadă de bani în timpul ăsta. Lara continua să se joace cu salata şi cu puiul din farfurie.

— Mă umflu dacă nu mestec încet, zise ea plictisită.

— Bineînţeles, zise Hope băgând mâna în farfuria ei şi luându-i carnea, şi-o îndesă în gură.

Lara o privea şocată:

— Dar eşti vegetariană.

— Mda, zise Hope cu gura plină şi venindu-i să vomeze.

Când făcu gestul, Lara se ridică de la masă şi făcu un pas în spate strâmbându-se:

— Dumnezeule, opreşte-te că vei vomita, zise ea clipind des.

— Îţi jur c-o s-o fac pe tine dacă nu te-ntorci pe platou, gemu Hope făcându-şi starul să fugă înapoi la filmare.

Trecând pe lângă Hagman, acesta o auzi pe Lara spunând că Hope e nebună de legat! Cinci minute mai târziu filmările au reînceput, iar JR trase scaunul lui Hope lângă el.

— Cum ai convins-o?

— Vorba bună multe aduce, zise ea simplu, făcându-l pe JR să râdă. Ştia că Larei îi trebuia mai mult de atât, dar funcţionase, indiferent ce metode folosise Hope, şi asta era tot ce conta. De atunci cei doi au devenit prieteni.

— Ştii, eşti foarte potrivită în spatele camerei. Ai un talent înnăscut. Dacă vrei, poţi să mă asişti la următorul film. Este o poveste fascinantă.

— Mor toţi? întrebă Hope, mişcată de propunerea lui. Pe zi ce trecea realiza că şi-ar fi dorit să scrie scenarii, să fie pe platou. Ea îl

privi fix și îi mulțumi zâmbind. El doar dădu din cap, bătând-o pe mână, apoi actorii începură să se certe între ei și Hagman își smulse părul din cap. Iarăși.
— Nu te mai supăra, zise Hope, ai o echipă beton. Ce zici?
— Zic: de ce eu? De ce am eu echipa asta?
— Vrei ciocolată caldă? îl întrebă ea, întinzându-i o cană plină, dar el refuză. Ia-o! îl îmbină ea zâmbind șmecherește, o să-ți facă foarte bine.

Când acesta se uită la conținut realiză că nu era ciocolată, ci whisky. În acea zi s-au făcut pulbere amândoi. Au râs și s-au distrat ca nebunii și uimitor, toată filmarea a decurs impecabil, iar Hope și Lara nu s-au înghiontit decât de vreo două ori.

Aceea fusese ziua în care pentru prima oară făcuse dragoste cu Larry. Ajunsese acasă la 11:00 seara și el era acolo, ca deseori în ultimul timp. Îi pregătise de mâncare și în timp ce o informa că fata dormea, ea sări pe el. Nu-și mai aducea aminte detaliile, dar sexul fusese senzațional, iar ea nu știa dacă era din cauza alcoolului, a faptului că n-o mai făcuse demult sau pentru că Larry era al naibii de sexy.

A doua oară când au făcut dragoste era total trează și fusese chiar și mai spectaculos. Se potriveau de minune, iar el aproape că se mutase la ea, spre disperarea lui Barry care, chiar dacă în fiecare seară avea câte-o altă femeie, tot nu suporta faptul ca Hope să nu mai fie al lui.

Larry era amuzant, onest și din ce în ce mai îndrăgostit de ea. Ieșeau deseori la un film sau restaurant, simțindu-se foarte bine împreună. Într-o zi, luau masa într-un restaurant din Malibu, când el întâlni un cuplu cu care schimbase două fraze în italiană, iar ea îl privi admirativ:
— Nu știam că vorbești italiană. Ce le-ai spus? Suna foarte romantic.
— La 200 m o faceți la dreapta. S-aveți o zi bună. Asta le-am spus. Sunt singurele fraze pe care le știu, zise el, făcând-o să râdă în hohote.

Râdeau des când erau împreună și mai puțin când Kim era în preajmă. Puștoaica era în plină criză de adolescență și se transforma încet, dar sigur, într-un mic monstru.

– Mi se pare mie sau Kim nu mai are prieteni? o întrebă el schimbându-i dispoziția.

– Nici măcar prieteni imaginari nu mai are. În schimb, are o grămadă de inamici imaginari.

– Oare de ce?

– Pentru că altfel, viața ar fi prea bună, răspunse Hope.

– Apropo, mai știi ceva de Mike? o întrebă el, luând o gură de cappucino.

– Da, e bine. Ne întâlnim mai rar acum de când sunt atât de ocupată cu filmările.

– Ce?

– Pot să te rog ceva, Larry?

– Nu știu. Poți? Era furios și n-avea de gând să se ascundă.

– Ești gelos?

– Poate că sunt. Îți pasă? Dar de fapt știi ce? Hai s-o lăsăm baltă. Am greșit cu tine. De fapt nu fac decât să greșesc.

– Nimeni nu greșește totul.

– Credeam că însemn ceva pentru tine, îi spuse el trist.

– Însemni. De aia mă culc acum mai rar cu Mike.

De-abia atunci el înțelesese că glumea.

– Nu ești deloc amuzantă. Râzi de ce n-ar trebui să râzi și nu iei lucrurile în serios.

Ea nu se aștepta ca Larry să reacționeze așa. Era pasional, frumos și responsabil, toate calitățile pe care ea le căuta într-un bărbat.

– Și de altfel nu știu de ce voi femeile muriți după acest Mike: este plicticos, egoist și ipohondru. În afară de faptul că este un bun chirurg, nu face nimic.

– Este uimitor câteodată cum un „nimic" poate schimba totul, glumi Hope. El o privi supărat, iar ea continuă: cred că niciodată nu m-a interesat Mike. Cu atât mai puțin de când relația noastră a evoluat. Îmi place de noi și în mod cert nu aș vrea să stric ce avem, însă deocamdată prefer să trăiesc clipa prezentă, să nu mă gândesc prea mult la viitor. Sau la trecut. Nu-i spuse că încă se simțea ca și cum ar trăda-o pe sora ei.

Fără să vrea își auzii vecinii de la masa alăturată și discuția lor reuși să o bine dispună iarăși.

— Nu ai avut erecție sau ai avut și ți-a murit la intrare? zise unul dintre ei de parcă și-ar fi întrebat prietenul dacă dorea mai multă sare în bucate.

— N-ai fi avut nici tu erecție dacă ai fi văzut-o pe maică-sa cum te privește prin geam, spuse celălalt bărbat, făcându-i pe Larry și Hope să zâmbească.

— Cum arăta maică-sa?

— La fel ca taică-su, doar cu țâțe. Dar, pe bune, altă întrebare n-ai să-mi pui, doar cum arăta maică-sa?

Râsete. Hope își puse mâna la gură ca o școlăriță iar unul din bărbați o privi furios.

— Vă amuză ghinionul oamenilor? o întrebă.

— De obicei, nu. Dar al dumneavoastră, da.

Brunetul o privi o clipă mai atent, apoi îndreptă o mână spre ea:

— Dar te cunosc, zise el. Îl asiști pe Hagman la filmări. Sunt unul din actorii cu rol secundar.

— Sigur, făcu ea, ești Hunt.

— Hugh în film și Chuck în realitate. Apoi o privi puțin nesigur și-o întreabă: am nevoie de sfatul unei femei, mă poți ajuta?

— Nu mai intră în erecție, zise prietenul lui pe un ton serios, care-i făcu pe toți din jur să râdă.

Chuck îl privit furios, apoi întorcându-se spre Hope o întrebă:

— Vrei versiunea mea sau versiunea perversă a lui Bob?

— Bob, zise Hope repede, iar Bob dădu fericit din cap.

— Este prostituată, începu Bob, dar Chuck îl opri nervos.

— Dansatoare! Este dansatoare!

Bob îl ignoră și continuă:

— A cunoscut-o la nunta lui. După ce spusese „da"!

— A ieșit din prăjitură? întrebă Hope spre disperarea lui Chuck.

— Nu era nicio prăjitură, e clar? țipă acesta. Adică era o prăjitură, dar ea nu este o dansatoare din aia. În continuare, nimeni nu-l băga în seamă.

— S-a îndrăgostit de ea în prima clipă în care a văzut-o. Și-a lăsat toate afacerile neterminate și a plecat cu ea.

— Cu cine, cu prostituata? se auzi un străin de la două mese depărtare, iar Chuck îl privi furios.

— Te-a blestemat soția, de-aia nu ți se mai scoală, se băgă o altă tânără făcându-i pe toți, mai puțin pe el, să râdă.

— N-am probleme de erecție țipă el! ridicându-se în picioare și privindu-i pe toți pe rând.

— Iar eu de Crăciun nu am omorât niciun curcan și nici n-am luat laxative, se auzi un bărbat gras de la masa din colț.

— Iubito, șopti Larry, atingând-o pe Hope pe braț, ar trebui să plecăm.

— De ce? Mă simt bine.

— Da, zise Larry scoțând două bancnote de 10 și forțând-o să se ridice. Ne pare rău, dar trebuie să plecăm, se scuză el lui Chuck, care-l privi cu ochi mari:

— Bine, dar nu m-a ajutat deloc...

— Dacă n-are o cutie de Viagra la ea, comentă fata de lângă ei, n-are cum să te ajute.

Râsete.

— Vorbim pe platou, zise Hope, apoi adresându-i se lui Larry încet: mă simțeam așa de bine, de ce n-am mai stat?

— Pentru că avem atât de puține momente în care putem fi doar noi doi și n-am niciun chef să fac terapie de grup cu unul dintre actorii tăi, pe o terasă din Santa Monica în care marea majoritate a clienților erau nebuni. Prefer să mergem acasă și să facem dragoste.

— Dac-o să poți, râse Hope ridicându-și sprâncenele. Nu ți-e frică ca o să te gândești la Chuck și la mama prietenei lui?

— Nu, nu mi-era, dar acum că mi-ai băgat ideea asta în cap, mă gândesc să-ți propun un film la cinema.

— Porno? glumi ea.

— N-am nevoie de niciun porno ca să fac dragoste cu tine. Te iubesc, zise încet, oprindu-se și privind-o serios în ochi, iar ea nu știa ce să facă cu mâinile. Și pentru că nu spunea nimic, el o întrebă nervos: și tu simți la fel, nu-i așa?

Hope își căuta frenetic cuvintele. Îl adora pe Larry, se simțeau bine împreună, dar era mult prea devreme ca să spună că-l iubește. Ținea la el, dar nu știa dacă era îndrăgostită. Doar ce divorțase, nu putea să se gândească la o relație serioasă. Și pe Barry crezuse că-l iubește, iar în final se dovedise că se înșelase pe toate liniile.

Soțul ei nu fusese de acord cu legalizarea despărțirii, însă nu-i băgase bețe-n roate și respectase ceea ce ea îi ceruse. Fusese un divorț scurt și elegant. El îi spusese că-i acceptă toate cererile, iar ea nu îi ceru nimic. Doar libertatea.

– Dumnezeule, tu nu simți la fel pentru mine, iar eu voiam să-ți propun să locuim împreună.

Ea îl privi surprinsă, iar Larry se blestemă că nu putea să-și țină gura închisă. Văzându-i ochii blânzi și stresul din privire, se înduioșă. Ar fi putut să-l iubească.

– Mi-ești foarte drag.

– Mi-ești foarte drag și abia aștept să trăim împreună, sau mi-ești foarte drag, dar nu sunt încă pregătită? Larry părea stresat, iar Hope zâmbi și-l pupă. Era adorabil și era bucuroasă că-l avea în viața ei, dar nu mai dorea să sară cu capul înainte așa ca în trecut. De data asta se va proteja. Și îi va accepta și propunerea. Putea fi: ori cea mai nebunească idee pe care o acceptase vreodată, ori cel mai genial lucru pe care l-ar fi făcut în viața ei.

– Am intenții foarte bune, continuă Larry văzând că ea nu-i răspundea.

– Unele greșeli pornesc din intenții bune, zise Hope, deși simțea că asta n-ar fi deloc un lucru rău.

– Fiecare greșeală ne învață o lecție și ăsta nu poate fi decât un lucru bun, nu-i așa? Hope ridică mâinile și zise:

– Cine sunt eu ca să contrazic un doctor deștept și sexy?

– Deci ăsta ar fi un „da"?

– În orice caz, nu este un „nu". El aștepta cu sufletul la gură, iar Hope continuă: să știi că sunt destul de dificilă, mă pot enerva repede și mă răzbun pe primul care-mi iese în cale.

– Eu nu sunt dificil deloc, zise Larry ridicând din umeri, poți să-mi pui în cârcă totul dacă așa ți-e mai ușor.

Ea îl privi având chef să-i sară în brațe și să-l sărute pe față, pe ochi și pe buzele lui cărnoase, însă n-o făcu. Îi ceru să-i mai spună că o iubește și el îi spuse.

– Și eu te iubesc, zise ea blând, fiind convinsă că luase hotărârea bună.

*

Sunt sătul de nebunele alea, urlă Hagman pe coridoare îndreptându-se cu pas rapid spre platoul unde Hope și Lara făceau zgomote bizare. Când JR intră în încăpere le văzu în poziție de yoga, Hope ținând-o pe Lara pe picioarele ei.
– Ce faceți? le întrebă Hagman. Poate se înșelase și nu se certau.
– Yoga, ziseră ele în același timp cu un zâmbet dulce pe buze.
– OK, făcu el, sper să fiți zen, avem o zi lungă. Hai să începem, este deja 6,30.
– Dimineața! comentă Lara încet. „Deja-ul" este inutil.

JR dispăru, iar Hope o lăsă pe actriță să cadă brusc de pe picioarele ei, apoi, netezindu-și părul, a privit-o pe Lara, care-și aranja hainele gemând ușor de durere, îi zise:
– Ne-a ieșit poziția perfect. Lara se uită la ea. Vreau să spun, după ce ne-am bătut.
– Da, suntem bune împreună.

Gata, criza trecuse și amândouă erau pregătite pentru ziua lungă de filmări. Hope își aranjă hainele, își luă mapa cu tot felul de hârtii în ea, apoi se duse lângă Hagman și-i întinse un pahar din plastic pe care scria „Green it's good".
– N-am chef de smoothie-ul sănătos al lui Meke.

Meke era o chinezoaică simpatică, care îi forța pe toți să-i bea amestecăturile ei de plante. Câteodată erau dezgustătoare, dar ea le garanta că vor trăi peste 100 de ani dacă o ascultau. „Cine dracu vrea să trăiască atâta, dacă tot restul vieții este obligat să bea nenorocirea asta?", zise Hagman într-o zi, făcându-se că bea.
– Ia-l! îl forță Hope. Am aruncat borâtura lui Meke și am înlocuit-o cu irish coffee, zise ea dând din cap, iar el o privi întrebător. Are whisky înăuntru, explică ea.
– Știu ce este irish coffee, comentă el luând o gură și strâmbându-se. Dar, nu se simte cafeaua deloc.
– Asta pentru că n-am pus decât whisky, dădu ea din cap, și cum el continua să se strâmbe ea îl ceartă încet. Ce-ai vrea? Se știe toată lumea că la șapte dimineața ai nevoie de alcool?
– Dar, n-am nevoie...
– Oh, ba da, crede-mă, i-o tăie ea, dând din cap, am vorbit cu actorii: Jack a dormit o oră azi noapte, Lara este constipată, iar lui Brenda i-a venit ciclul. Va fi un dezastru. Hagman dădu din cap și-

n același timp amândoi începură să bea whisky, făcând-o pe Meke fericită.

— Ați devenit agro, făcu asiatica cu un accent bizar, n-o să mai puteți fără mine, rânji ea și cei doi ridicară un deget în sus, făcând-o să se simtă ca un fel de zână a sănătății.

Filmările erau catastrofice, dar pe la 8:00 nu mai conta, cei doi erau beți criță și râdeau încontinuu. Apoi actorii au început să lucreze bine și totul a mers ca pe roate. Ziua se terminase admirabil, chiar dacă cei doi au râs jumătate din timp și au dormit cealaltă. Când Hope ajunse acasă și îi povesti lui Larry ce s-a întâmplat, acesta zâmbi, făcând pe amuzantul. În realitate se gândea că nu era prima dată când ea se îmbăta pe platou. I-ar fi plăcut să-l cunoască și el pe omul care-i făcea iubita să îngurgiteze cantități industriale de alcool.

*

Anna se plimba cu Tom în pădure, iar Tina rămase cu cea mică în casă. Mira era dulce, afectuoasă și cuminte. Nu avea încă trei ani si felul în care se exprima era amuzant.

— Vrei să mănânci? o întrebă Tina, privindu-i gurița murdară toată de ciocolată.

— Vrei să mănânci, răspunse fetița, lingându-și degetele.

— Nu-ți mai suge degetele, râse Tina , sunt murdare.

— Lui Mira îi place degetele cu ciocolată. Și lui mami.

— Se spune: Mirei îi plac. Și da, Annei îi place ciocolata.

— Vorbeam de Pam, mama mea. Crezi că are ciocolată acolo unde este?

— Da, sunt sigură că la spital le dă și ciocolată.

— Mami nu e la spital, spuse copila, umplându-și gura de bomboane de toate culorile și făcând-o pe Tina să râdă.

— Ești așa de mică și mănânci așa de mult. Ia-o mai încet, altfel o să te doară burtica și tatăl tău o să mă certe.

— Da, dădu fetița serioasă din cap, tati este rău.

— Nu este rău, spuse Tina, mângâind-o pe părul negru drept cu breton perfect care-i ajungea deasupra ochilor. Doar te iubește foarte mult și vrea să fii fericită.

— Atunci trebuia s-o lase pe mami cu mine. Tina o privi puțin surprinsă, iar Mira mai băgă trei caramele în gură.

— Mama ta este bolnavă, de-aia nu este cu tine. Dar te iubește foarte mult.

— Mama mea nu este bolnavă. Îi place ciocolata, piperul, Spărgătorul de nuci și baletul.

— Spărgătorul de nuci? Știi tu la vârsta ta de Ceaikovski? râse Tina.

— Și șoriceii, spuse fetița. Mami zicea că tati era Prințul ei bun, la fel ca în visul Clarei. Apoi s-a transformat în monstru.

— De ce zici așa, Mira? Tata te iubește mult și este un om bun.

— Tati este ca un monstru, făcu fetița tristă. În visul lui Clara, din Spărgătorul de nuci, nu este niciun monstru. Doar cadouri frumoase și o familie mare. Și mie mi-ar plăcea sa am o familie mare, zise copilul cu ochii lucind. Așa cum avea mami a mea: patru surori, doi frați, și alți bărbați și femei care nu știu cum se numesc, dar am poze cu ei. Vrei să le vezi?

Mira era dintr-o dată atât de fericită încât Tina acceptă pe loc. La subsol în dulapul alb de lângă calorifer o să găsești cărți cu poze. Le aduci?

— Albume cu poze vrei să zici? întrebă Tina și fetița dădu din cap fericită. Nu vrei să vii să-mi arăți?

Mira scutură din cap că „nu":

— Tati nu mă lasă să merg jos, zice că sunt monștrii.

— Nu este niciun monstru, zâmbi Tina la inocența copilei. Vino cu mine să-ți arăt.

Ochii Mirei se măriră de spaimă și dădea agitată din cap:

— Nu mă duc. Altfel o să mă pedepsească iarăși. Fetița era foarte speriată, iar Tina nu înțelegea cum cineva poate fi speriat de Tom. Pentru ea, el era omul cel mai bun pe care îl cunoscuse vreodată.

— Cum te-a pedepsit?

Copila își duse mâna la gurița și făcu un gest ca și cum ar închide cu cheia și ar arunca-o.

— Este secret, înțelegi? zise Mira.

Nu, nu mai înțelegea nimic și se temea ca micuța să nu fie bolnavă ca și mama ei. Se spunea că schizofrenia este ereditară. Ce păcat o asemenea dulceață de copil să fie bolnavă așa de mică. Sau poate era doar imaginație de copil.

— Bine Mira, așază-te pe canapea, spuse Tina, luând telecomanda și dând drumul la televizor. Aduc albumele lui mami, merg după lemne, fac focul, și apoi ne uităm la poze. Mira bătut fericită din palme și să instală pe canapeaua maro confortabilă. Telefonul îi sună și Tina ieși afară să vorbească cu Isabelle, apoi coborî în subsolul negru și urât, fiind surprinsă de deranjul de acolo. Tom era foarte organizat, iar casa îi lucea de curățenie, însă subsolul erau umed și murdar. Se împiedică de o lopată și căzu lovindu-se cu capul de un dulăpior mic, negru. Îl deschise și găsi acolo multe chei pe un inel de metal mare și gros. Fata le puse la loc și bâjbâi după întrerupător. Apăsă pe comutator și un bec chior lumină slab încăperea urâtă. Într-un colț era un bar ponosit, dovadă că acolo fusese odată o sală amenajată. Un loc cu bar și probabil o masă de biliard, unde prietenii lui Tom se strângeau în fiecare weekend. Sau poate ai lui Pam, pentru că Tina nu-și amintea să fi cunoscut vreun prieten de-al lui Tom. Îl știa deja de câteva luni bune, dar niciodată nu vorbise de familia sau prietenii lui. Tina se duse la dulapul de lângă calorifer, așa cum îi spusese Mira, și deschizându-l simții un miros urât de șosete murdare. Își puse mâna la nas și scotoci printre pantofii aruncați acolo după albumele de poze. Găsi unul pus pe o cutie metalică, pe care fata o deschise. Șocul îi taie genunchii și căzu jos surprinsă, apoi ceva tare o lovi în ceafă și o bagă în ceață. Înainte să leșine Tina văzu pantofii cu pata de clor în cutie și pe Tom cu părul răvășit și cu privirea de nebun deasupra ei.

*

La etaj, fără să știe ce se întâmplă la subsolul casei, Anna încerca s-o adoarmă pe Mira.

— Vrei să-ți citesc o poveste?

— Nu. Vreau să dansezi, râse fetița. Tina a dansat și ea înainte să plece la plimbare.

— Unde a plecat la plimbare? întrebă Anna distrată răsfoind o carte de basme și căutând o poveste de citit. Fetița cu chibriturile, o știi?

— O știi, bătu fetița din palme fericite, iar Anna o pupă pe cap. Era atât de dulce și era ușor să fii cu ea. Dintr-o dată Mira se chirci și făţuca frumoasă se schimonosi de durere. Burtica, mă doare burtica, plângea ea.

— Dar erai bine acum o secundă, zise Anna îngrijorată, luând-o pe fetiță în brațe și strângând-o la piept. Ce ai mâncat?

— Bomboane. Multe, multe, plângea Mira, și tati o să se supere și o să mă pedepsească.

— Iubito, nimeni n-o să te pedepsească. Hai să te îmbrac și să mergem repede la spital. Mă duc să îl caut pe tati. A rămas în pădure să culeagă lemne pentru foc, nu este departe.

— Nu, nu, nu mă lăsa singură. Mă doare tare, plângea copila care apoi vomă pe picioarele ei. Anna se curăță repede, trase o salopetă groasă pe Mira și în fugă ieși cu ea în brațe la mașina. Îl strigă de două-trei ori pe Tom și cum acesta nu răspunse, iar Mira tremura ca o vargă și frigea de temperatură, porni mașina și se îndreptă spre oraș, la spital.

*

Când Tina să trezi încet, își simți capul greu și dureros, iar trupul aproape inert. Încercă să se miște, dar își dădu seama că este legată de mâini și de picioare. Umerii o dureau și era total în beznă, apoi simți o mișcare lângă ea și cineva îi desfăcu eșarfa de la ochi. Când dădu nas în nas cu Tom, își reaminti scena din subsolul casei lui și pantofii cu pata de clor pe ei. Se uită puțin în jur. Era într-o cameră mică, fără ferestre și cu un tavan bizar cu un fel de grătare, care, bănuia ea, erau aerisiri. Tom stătea calm pe un scaun de lemn ponosit și murdar cu ceva roșu, iar Tina spera ca acela să nu fie sânge.

— Ce fac pantofii aceia în dulapul tău și de ce m-ai adus aici? îl întrebă ea, bănuind deja răspunsul. Îl admirase atât de mult pe Tom și făcuse tot posibilul ca Anna să fie cu el, nu putea crede că el era un criminal. Ajunsese să-și mintă propriul tată, să-l îndepărteze de familia lui, numai ca Tom să poată fi cu Anna, iar acum, acesta se hlizea la ea, ca un posedat.

— Întrebările le pun eu, curvă mică! zise el cu o sclipire nebună în ochi. N-am venit la interogatoriu. Am vrut doar să văd ce faci.

Voi veni mai târziu să mă joc cu tine. Ţie îţi place să te joci! Tom se uită la ea, desfigurat de o plăcere perversă. Avea părul zburlit în cap şi un rânjet oribil pe faţă, iar Tina începu să tremure de groază.

– Tom, eu voiam ca tu să fi cu mama, îi intră ea în joc, nu văd de ce te răzbuni pe mine. Eu am fost cea care l-a minţit şi îndepărtat pe John ca tu să poţi să-ţi faci un loc cu noi. El se foi derutat pe scaun, iar Tina care era un psiholog remarcabil pentru vârsta ei, sesiză şi continuă: n-ai niciun interes să mă ţii închisă aici, dispariţia mea îţi va îngreuna planurile cu Anna. Va fi atât de amărâtă încât nu va mai avea timp sau chef de tine.

– Sau, zise el apropiindu-se mai mult de ea, slăbiciunea ei o va arunca şi mai mult în braţele mele. Ea va cădea din cauza ta, dar eu voi fi acolo s-o prind şi s-o salvez.

Tina îl privi cu ură, iar el zâmbi satisfăcut.

– Nu visa, insistă Tina, care din instinctul de supravieţuire ştia că trebuia să-şi joace ultima carte la maximum, tu nu eşti tatăl meu, John este. Dispariţia mea îi va apropia. Adevărul iese întodeauna la suprafaţă, ştii asta. El se gândea frenetic, iar ochii i se mişcau în orbite ca semafoarele stricate.

– Este vorba de viaţă şi de moarte aici, zise el.

– Da, şi ar trebui să eviţi moartea, dacă vreodată vrei să fii cu Anna. Lasă-mă să vă ajut şi în nici şase luni veţi fi căsătoriţi. Înainte de dispariţia mea eraţi bine. După, va fi foarte diferit. Înainte şi după. Pentru că totul este „înainte şi după".

– Înseamnă mult pentru mine ceea ce-mi spui, zâmbi Tom. Dar nu suficient. Şi ştiu că poţi ajunge departe cu un compliment, dar cu mine nu-ţi merge.

– Eu sunt aliata ta. Nu-ţi servesc moartă la nimic.

Tom se gândea, se mişca ca un leu în cuşcă în cămăruţa mică, sufocantă.

– Trebuie să mă gândesc, trebuie să mă gândesc, făcea el cu părul măciucă în cap şi privirea de nebun. Mă sufoc aici, trebuie să ies să-mi limpezesc gândurile.

Ea încearcă să zică ceva, dar el dispăru, închizând uşa grea în urma lui, lăsând-o legată de pat.

– Hei, dezleagă-mă! Nu uita, sunt prietena ta.

Uşa se deschise şi el îşi băgă capul doar:

– Dwight mi-a fost prieten. Pantofii sunt ai lui.

Apoi ieşi şi ca fulgerul, lăsând-o în camera sufocantă. Nu ştiu cât stătu aşa, dar când se trezi era noapte, îi era sete şi foame. N-avea ochii acoperiţi, însă era legată de pat. Bănuia că era undeva în pădure, îngropată, tavanul avea câteva guri de aerisire, şi arăta ca şi cum urma să cadă peste ea. Liniştea puternică o asurzea, apoi auzii o mişcare undeva la capul ei. Ceva ca o zgârietură în perete. Îşi ciuli urechile şi cu atenţia încordată la maxim asculta fiecare mişcare.

– Este cineva? se auzi o voce parcă venind de pe cealaltă lume.

Tina încercă să se dezlege, dar nu reuşi.

– Da, ţipă ea, sunt aici. Cine sunteţi?

– E nebun, se auzi cealaltă femeie, extenuată. O să ne omoare, n-avem nicio şansă.

– Cine sunteţi? ţipă iar Tina cu lacrimile curgându-i pe faţă.

– Pamela. Sunt Pam, soţia lui.

– A spus la toţi că eşti la ospiciu, închisă.

– Ce? ţipă Pamela. Mai repetă odată. N-aud. Tina repetă, iar femeia strigă din nou: Mira este în pericol. Este nebun!

– Unde suntem?

– Nu departe de casă. Avea o cabană într-un copac unde-i plăcea să vină. Cred că de când boala i-a revenit, a început să construiască camere subterane. Tina nici nu respira de frică să nu piardă ceva din ce zicea Pam. Venea mereu aici în pădure cu lopeţi, continuă femeia. Putem oricând muri îngropate, nimeni nu vine niciodată în pădurea asta.

– Dar Victoria?

– Nu ştiu. Se poate, dar sunt slabe şansele, urla Pamela.

– Eşti legată? ţipă Tina.

– Doar de mâini. Tu?

– Şi de picioare. Mi-e foame, n-am mai mâncat de când m-a băgat aici. Nu ştiu cât timp a trecut. Pam nu zicea nimic. Tu ai mâncat ceva? De când eşti aici? Nimic. Hei, ţipă Tina, de ce nu răspunzi? Răspunde, te rog! o imploră ea panicată. Te rog, zi-mi ceva. Plângea în hohote.

Capitolul 15

Julia împreună cu iubitul ei, cu Tess și cu Isabelle luau cina la vila Blanca pe Brighton Way. Isabelle arăta ca o păpușă dintr-un vis frumos în rochia moale de in crem cu inimioare argintii. Visul se termină în zona picioarelor, când dădeai cu ochii de cizmele grosolane, la modă, dar care, după părerea mamei ei, nu mergeau deloc cu ținuta.

– Vegetarian! De ce vegetarian? zise fata deschizând meniul și gemând. I-ai zis iubitului tău că nu mănânci carne? Doar ieri ai înfulecat jumătate de kilogram de vită.

Julia a râs. Un copil de la masa alăturată se juca cu șervetul, aruncându-l în aer. Părinții lui s-au dus la o altă masă să salute niște prieteni, iar el se juca singur. Avea cam opt ani și o mașinuță din fier roșie, zgomotoasă.

– Scumpule, se întoarse Julia spre el, însă copilul ridică o mână și o opri:

– N-am voie să vorbesc cu străinii, îi zise, iar Julia zâmbi, după care se întoarse la prietenele ei și le șopti că făcuse dragoste cu Vincent.

– Mă bucur că ai făcut-o, spuse prietena ei, ai 34 de ani și ieșiți de aproape șase luni.

Julia simți cum cineva o bate pe umăr și când se întoarse îl văzu pe copil, care-i făcea semn să se apropie:

– Vrei să vezi cât de departe scuip? o întrebă copilul.

– Vrei să vezi cât de repede mi se face rău? spuse Julia serioasă.

Puștiul era simpatic foc, dar se plictisea singur.

– Vezi bărbatul acela care este cu mama? Este soțul ei, dar nu e tatăl meu și are o fată de 10 ani pe care o urăsc. Este o scorpie, iar ei spun despre ea că e minunată. Mereu ce fac eu foarte bine, ea îl face mai bine! Tatăl meu a murit când aveam doi ani, iar ea s-a căsătorit cu acest om, zise copilul trist, aproape făcând-o pe Julia să plângă. Nu e corect.

Mama lui se apropie de el și, văzând expresia Juliei, zâmbi:

– Ce faci iubitule, iar îți faci vecinii să plângă? Copilul râdea pe sub mustață. Ce v-a spus, i se adresă ea Juliei, că sunt pe patul de moarte, iar tatăl lui este doctorul meu?

— Nu, râse Julia când înțelesese că băiatul îi turnase minciuni gogonate, mi-a spus că tatăl lui este mort de câțiva ani, iar dumneavoastră v-ați căsătorit ca să-i distrugeți lui viața.

— Suntem părinții lui, zise femeia zâmbind, obișnuită cu farsele copilului, iar el așa face de câte ori are ocazia. Râsete. Ne pedepsește pentru că nu vrem să-i luăm un câine lățos.

— Zâmbește când i se face poza, explică băiatul serios. Îl iubesc atât de mult!

— Chiar zâmbește, le-a spus femeia serioasă. N-am mai văzut așa ceva în viața mea. Dacă l-am lua acasă, n-aș avea impresia că am adoptat un câine, ci un extraterestru. Râsete.

— V-am văzut făcând sex săptămâna trecută, spuse copilul, iar tatăl se îneacă cu apă. Nu înțeleg, continuă băiatul cu umilințele, de ce trebuie să vă deghizați în cowboy pentru asta? Tatăl lui îi puse repede mâna la gură, iar mama jenantă, se întoarse spre ele bolborosind ceva cum că băiatul e obosit.

— Cumpărați-i câinele, zise Isabelle sec, habar n-aveți ce greu e să treacă singur prin așa ceva.

Tess se întoarse și o privi, iar fata ei îi dădu lovitura de grație: v-am văzut și eu pe voi. Pe tine și pe tata, răspunse ea calm. V-am pândit pe gaura cheii. Nu știam că asemenea poziție poate exista.

Adulții se uitau unii la alții, apoi părinții băiatului spuseră c-o să-i cumpere câinele, iar Tess dădu din cap.

— Eu vreau ultimul iPhone, decretă Isabelle, iar Tess își dădu ochii peste cap. N-o să pot în curând să-mi șterg imaginea de pe retină.

— Și telefonul te-ar ajuta, adăugă Tess zâmbind.

— Te-aș ierta mai repede, a spus fata, răsucindu-și o șuviță de păr pe deget.

— Nu-i așa că-s norocoasă? Tu m-ai spionat și eu obțin iertarea ta.

Copilul și Isabelle se priviră instantaneu.

— Este mai simplu când ai opt ani, zise Isabelle, iar băiatul dădu din cap.

Când Vincent, iubitul Juliei, reveni la masă toată lumea era bine dispusă. Și-au luat la revedere de la băiețelul simpatic și familia lui și au comandat de mâncare: quinoua cu avocado, salată kale cu feta și ananas, păstăi de soia călduțe, paste cu creveți, iar Isabelle își luă un file de pește cu piure și salată verde.

– Îți stă bine cu colierul acela, o complimentă Vincent pe Isa, îți face gâtul lung și unghii frumoase. Fata-l privi, o privi pe Tess și iar pe Vincent.

– Mulțumesc... Cred. Ești... Bizar.

Bărbatul nu se supără doar zâmbi, apoi își întrebă iubita:

– Când mergi la New York? Aș vrea să vin cu tine, mi-ar face plăcere să-ți cunosc părinții.

– De ce? Vrei s-o ceri în căsătorie? se băgă Isabelle, luând o gură de pește și strâmbându-se.

– Se pare că nu-ți prea place peștele. Sau de mine, spuse Vincent.

– N-are importanță. Nu cu mine o să te căsătorești, făcu ea plictisită, iar Tess îi făcu semn pe sub masă să se oprească. De când cu tragicul eveniment, fata sărea de la o stare la alta destul de des. Tess se bucura că începuse să mai iasă din casă. Nu-și mai vedea prietenii așa ca înainte, dar avea două fete cu care se vizita și discuta mult cu Tina, atunci când aceasta nu era la casa lui Tom. Tess se bucura pentru Anna, dar îi părea rău de John. Își revenise complet și spunea tuturor că îi era tare dor de iubita lui soție.

*

Când Anna se întoarse de la spital îl găsi pe Tom agitat și cu părul măciucă.

– Iubitule, totul este bine cu Mira, ți-am spus deja la telefon. N-are rost să te îngrijorezi, a fost doar o mică indigestie.

– Și eu am făcut una, zise el nervos. Fiica ta mi-a dat-o.

Anna îl privi surprinsă. Nu-l mai văzuse niciodată așa de agitat. Poate doar atunci când o răpise.

– De ce? Cum? Unde este? îl bombardă ea cu întrebările.

– A plecat naiba știe unde, minți el. O mașină, plină de mucoși de vârsta ei cu muzica la maxim și figuri în cap, au venit și au luat-o. Când i-am spus să nu plece nicăieri, mi-a zis că nu sunt decât bărbatul cu care tu faci sex, nu și tatăl ei. După care s-a urcat în mașină și dusă a fost.

– Ce fel de mașină? Ai luat numărul?

— Totul s-a întâmplat atât de repede încât nici nu m-am gândit s-o fac. Știu doar că era albă. Un Ford alb. Sau un BMW.
— Tom cum ai putut s-o lași să plece și să nu iei numărul mașinii?
— Ești proastă sau te prefaci? urlă el, iar ea sări un pas înapoi.
— Eu sunt victima și tu ataci? Asta este soluția ta?

Arăta supărată, dar vorbea calm. Anna nu ridica tonul aproape niciodată, dar putea sta bosumflată zile întregi. El bătu în retragere.

— Scuză-mă, te rog. Sunt stresat la culme, nici nu-ți dai seama ce m-ai speriat când m-ai sunat de la spital.
— Unde ai fost? Te-am strigat înainte de-a pleca, dar dispăruseși.

El avea răspunsul pregătit. Avusese timp să exerseze, știind că ea îi va pune această întrebare. Anna era o femeie bună și inteligentă, dar câteodată putea fi foarte proastă. Știa că de obicei ești ori prost, ori deștept, că nu poți fii amândouă, dar ea, era. Putea să o ducă de nas cum îi plăcea lui.

— Victoria. M-a sunat și am ieșit puțin afară. Parcase mașina în spate, de-aia nu te-am auzit. Eram la ea în mașină.
— Stă la doi pași, de ce a venit cu mașina?
— Pleca la San Diego și s-a oprit în drumul spre Lax să-mi spună că i s-a descoperit o boală gravă. N-a vrut să-mi zică ce este, dar arăta foarte rău. Era epuizată. Am întrebat-o dacă nu vrea să o duc eu, dar a spus că se descurcă.
— Mi-e sete, spuse Mira, coborând din camera ei cu piciorușele goale.
— De ce n-ai ciorapi în picioare? urlă el, speriindu-le pe amândouă.

Fetița o luă la fugă în sus pe scări, plângând în hohote.

— Ce ai de țipi așa? întrebă Anna, iar el se întoarse spre ea cu privire ucigașă. Ridică mâna și Anna crezu că avea s-o lovească, dar puse doar brațul pe lângă capul ei, blocând-o la perete.
— Să nu mai întrebi asta niciodată, ai auzit? mârâi el printre dinți.
— De ce? îl înfruntă Anna șocată de atitudinea lui.
— Pentru că s-ar putea să mori, adăugă el în timp ce îi întorcea spatele.

Respirația Annei devenea din ce în ce mai grea simțind cum aerul se rarefiază în jurul ei:
– Aș putea să mor? zise ea perplexă. Asta ai spus?
– Nu, zise el urcând scările și ridicând o mână. Spală-te-n urechi!
Nici măcar nu se întoarse cu fața la ea când spusese asta. Anna simți că se sufocă și mai tare și ieși afară să ia o gură de aer. Dintr-o dată se întrebă ce căuta acolo, în acea casă din pădure cu un om care o răpise. Și apoi o văzu pe Victoria făcând jogging. Părea în plină formă, în timp ce ea simțea că tot sângele i se scurge din corp. Trebuia să plece de acolo cât mai repede. Nimic n-o mai reținea în acea casă. Nimic, doar Mira. Nu putea s-o lase acolo cu el. Al șaselea simț îi spunea că el este foarte periculos și își propusese s-o ia pe fetiță pe ascuns și să plece. Sau să-i spună că are ceva de rezolvat la radio și s-o ia pe Mira să-i arate și ei unde lucrează. N-avea niciun sens să se certe cu el și dacă nu-și juca ultima carte cum trebuia, putea pierde totul. Abia aștepta să ajungă în Los Angeles, să se întoarcă la serviciu și la prietenele ei. Îi era dor chiar și de John.

În seara aceea la masă, Anna nu aduse aminte ce se întâmplase cu câteva ore în urmă. Făcea pe bine dispusa, însă capul o durea îngrozitor.
– Sunt îngrijorată pentru Tina, îi spuse ea lui Tom. De ce nu mă sună? Este deja seară.
– Oh, au plecat la un chef în San Diego și nu vin până luni. Cu toate certurile acestea am uitat esențialul.
Anna dădu din cap făcându-se că înțelege.
– Da, dragul meu, n-are niciun sens să ne certăm din cauza nimănui. Dar am să-i dau o lecție mucoasei ăsteia, spuse ea și Tom dădea fericit din cap. Luni merg la Los Angeles, oricum am treabă la radio și la patru după-amiaza mă duc direct la școală s-o iau. Așa n-o s-o șteargă iarăși cu prietenii ei bizari. Când am s-o aduc aici, te rog să mă susții, nu să-i iei apărarea.
El era foarte satisfăcut și o bătu liniștitor pe mână.
– Nu fi prea dură cu ea, este fată bună, dar trece printr-o criză existențială.
– Și eu am fost adolescentă și am trecut prin crize existențiale pe care nimeni nu le băga în seamă. În ziua de astăzi le dăm prea

mare importanță acestor „crize", de aceea sunt obraznici și își permit să plece de acasă fără acordul părinților. O voi pedepsi până la 40 de ani. Bucură-te că încă Mira este mică și te poți amuza și juca cu ea. Mi-ar plăcea s-o iau luni cu mine la radio să-i arăt unde lucrez, apoi aș duce-o la control. Așa a zis doctorul. Ce zici?

– Da tati, sări fetița fericită, vreau să merg la Anna la radio.

El se uită de la una la alta și era gata să refuze când își aduse aminte de Tina și de Pamela. Trebuia neapărat să le ducă de mâncare. Oare Pamela avea apă? Nu-și mai aducea aminte, n-avea timp de amândouă când Anna era acolo.

– Da, se hotărî el, este o idee bună. Când te întorci?

„Niciodată", ar fi spus ea, însă zâmbind drăgăstos îi zise că va fi înapoi înainte să-și dea el seama. Fericirea, teama, sunt emoții pe care fiecare le controlăm cum putem și toți avem nevoie să credem că suntem speciali. Cum ajunsese ea oare să fie cu un bărbat căruia îi plăceau pădurile, ceaiurile de la 4:00 și răpirile? Oare chiar atât de disperată fusese de s-a combinat cu o asemenea creatură oribilă? Viața ei cu John fusese bună, făcuse oare o greșeală abandonând atât de repede? Se gândi la toate șocurile prin care trecuse de-a lungul existenței ei, întrebându-se cum îți revii. „Nu-ți revii", gândi ea. Era încă tânără și avea o meserie pe care o iubea, prietene minunate și o viață socială lamentabilă. Dacă acum la 40 de ani nu făcea mare lucru, oare cum va fi după 60? Colonoscopie, mamografie și înmormântări?

În seara aceea Anna dormi în camera de oaspeți. Se făcu că vomită și-i spuse că nu vrea ca el s-o vadă așa. El acceptă fără probleme. De fapt chiar îi convenea. Avea atâtea lucruri de limpezit, iar mintea nu-i mai era clară deloc. Se săturase de numeroasele probleme și își spuse că poate data următoare nu va mai fii atât de norocos ca în trecut. Se gândea să se debaraseze de Pamela. Se va mai juca puțin cu Tina, dar de Pamela trebuia să scape cu orice preț, apoi va deveni cel mai cumsecade soț din lume. Da, voia cu orice preț ca Anna să-i devină soție. Era docilă și ridicol de bună. Sau ridicol de idioată. Știa că nu era bine să-și fondeze noua viață pe minciună, dar ce altă soluție avea? Și de fapt nu minței, doar disimula adevărul.

*

Carmen Suissa

Tina se trezi când auzi un zgomot afară. Nu știa ce oră este și nici de unde exact venea zgomotul. Apoi îl auzi pe Tom înjurând. Pauză. Îi era sete și-i venea să vomite din cauza mirosului de hoit. A șobolan mort. Apoi se cutremură. Nu-și mai auzise vecina de mult. Pe „hol" se auzi un târșit, iar Tina strigă:

– Tom, tu ești? Tom, mi-e sete!

– Gura, cățea!

– Mi-e sete, mi-e sete, mi-e sete! urlă ea până la epuizare.

– Du-te dracului, curvă! zise el, deschizând ușa.

O lovi cu toată puterea peste față, aruncând-o la pământ. Alungită pe jos, Tina, stătu câteva momente ca să-și revină din amețeală, și atunci o văzu pe Pamela: roșcată cu păr ondulat și cu ochii larg deschiși, plini de groază. Era la fel ca ea, alungită pe pământ. Observând-o mai bine, Tina realiză că este moartă și începu să tremure, dar nu-i spuse lui nimic. Tom îi mai trase un picior în umăr și vru să iasă când o migrenă cumplită îl țintuii. Tina profită de moment, luă bara de fier pe care el o adusese, și cu toată puterea îl lovi peste față făcându-l să cadă chiar în dreptul ușii, blocând-o. Aproape isterică încercă să-l tragă și să elibereze ieșirea, dar el începea să-și revină. Făcu un pas mare, dar se împiedică și căzu peste el. Oripilată, s-a uitat la fața lui sângerândă. O privea fix. Un rânjet oribil îi apăru pe față și începu să facă mișcări obscene cu limba. Cu mâna stângă o apucă de păr, pipăindu-i sânii cu cealaltă. Tina se zbătea în zadar, nenorocitul avea o forță incredibilă, pieptul o durea și pe față era plină de sângele și saliva lui. Înnebunită de umilință, ură și neputință, își spuse că trebuia să se bată pentru viața ei. Cu o ultimă putere îl lovi cât de tare putu cu propriul ei cap, apoi luă bara și-l mai lovi o dată. El nu mai zâmbea și încerca să se ridice, dar ea fu mai rapidă și îl mai lovi o dată cu bara, apoi încă o dată și tot așa până când nu mai mișcă deloc. Cu mâinile tremurânde și pline de sânge îl împinse cu putere din ușă și ieși din încăperea oribilă. Trecu peste corpul neînsuflețit al tinerei femei și-o luă la fugă prin pădure. În nici 10 minute ajunse la casă, intră înăuntru și strigă după Anna. Isterică, a pus mâna pe telefon, dar și-a dat seama că nu funcționa. S-a dus la bucătărie și a băut 1 l de apă. Începu să simtă extenuarea din corp din ce în ce mai tare, apoi ameți și căzu lată pe gresia din bucătărie. N-a știut cât a stat așa, dar când s-a trezit îi era frig și se făcuse aproape întuneric. Se uită în jur. Era singură. Se uită spre pădurea oribilă pe care acum o ura. Nu vedea pe nimeni la orizont și spera ca Tom să fie mort. Încercând să se ridice de jos, auzii un zgomot surd la etaj. De data aceasta nu va face ca la Dwight acasă, nu va urca la etaj să vadă dacă este cineva, ci o va lua la fugă prin pădure spre casa Victoriei în speranța că Tom nu o va vedea. Capul o durea îngrozitor și la fel, piciorul stâng, care sângera. Pantalonul îi era rupt deasupra genunchiului și se vedea o tăietură adâncă. Sprijinindu-se de chiuvetă, s-a ridicat cu greu și, târându-și piciorul, se strecură încet pe ușa din spate care scârțâi ca în filmele de groază. Acum nu-și imagina cum de a putut să îndrăgească acel loc sinistru. Când a ajuns la 50 m de casă s-a întors și s-a uitat înapoi. Nimic. Poate i s-a părut că aude pe cineva la etaj. Era imposibil ca Tom să fie încă în viață. Dar, nu era imposibil ca acesta să fi avut un complice. Epuizată, înainta cât de repede putea și se ruga să fie cineva la casa Victoriei. Când femeia de menaj a acesteia a deschis ușa, Tina a îmbrățișat-o pe femeie plângând. Nu mai era nimeni acasă în afara ei, dar deja se simțea în siguranță.

*

Telefonul Isabellei sună, dar fata doar se uita la el.

— N-ai de gând să ridici? o întrebă Tess care, tocmai aflase de la Anna că Tina nu fusese la școală în acea zi.

— Nu cunosc numărul, spuse Isabelle, apoi telefonul îi sună iarăși și fata răspunse. Vocea de la capătul firului era isterică și când își dădu seama cine este, puse pe speaker ca să poată auzi și Tess și Anna.

— Anunță poliția! urla Tina și spune-i, te rog, lui John să vină urgent la casa Victoriei. Nu pot vorbi, sunt în pericol și cred că și Anna este. A dispărut și telefonul îi este închis, iar soția lui Tom este moartă.

Anna smulse telefonul:

— Tina, Tina, calmează-te! Sunt în Los Angeles, dar mi-a dispărut telefonul. Ce s-a întâmplat?

— Trimite pe cineva să mă ia de la Victoria. Sunt acasă la ea doar cu femeia de menaj și n-are mașină. Trimite-l pe John după mine. Pe oricine, dar nu veni tu, plângea fata. E nebun. El e nebun, urla ea, ștergându-și nasul care-i curgea. Iar Pam este moartă! Poate și el. Nu știu. Turuia și nu se mai puteau opri, iar Anna era sub șoc. Tess îi luă telefonul și-i spuse calm Tinei că va veni s-o ia, dar Tina insista că trebuia să fie un bărbat.

— E nebun și puternic, plângea fata, te rog ai grijă și orice ai face n-o aduce pe mama cu tine. În toate lunile astea am greșit. Greșesc mereu și plătesc mereu. Te aștept la Victoria acasă cât de repede.

Închise telefonul și se duse la bucătărie să-i mulțumească femeii de menaj pentru că o lăsase în casă. O strigă de câteva ori, dar nimic. Se duse în aripa de Est a casei și trecând prin holul imens, pe lângă o încăpere ce semăna a birou, văzu un picior care ieșea de după bibliotecă. Era piciorul femeii. Tina începu să tremure necontrolat, apoi se întoarse. dorind s-o ia la fugă, însă auzi un zgomot la ușa de la intrare. Se ascunse repede după mobila din hol, ciulindu-și urechile. Nimic. Poate doar i se păruse că auzise acel zgomot. Sau poate că era Tom care venea după ea. Era sigură că auzise un zgomot și la el acasă. Se gândi că poate ar fi mai prudent să se ascundă undeva la etaj, să se închidă în dormitor până când cineva venea după ea. Se întoarse încet și atunci îl văzu stând la 2 m în fața ei, înalt, plin de sânge și cu privirea feroce. Avea ochii umflați, dar părea în plină forță și era foarte furios.

— Credeai că poți scăpa așa repede de mine, curvă mică? o întrebă Tom cu un rânjet oribil, plin de ură. Ea făcu doi pași în spate și el o împinse în micul birou, închizându-l cu cheia. O urmăresc pe Anna de câtva timp deja, continuă el, obligând-o să se așeze pe canapea. Tina avu impresia că piciorul menajerei se mișcă, dar apoi avu impresia că toată încăperea se mișca. John, este un porc de prima clasă, continuă Tom. De fapt, totul este din vina lui. Mi-am pierdut afacerea din cauza bastardului acela nenorocit. Am așteptat ani de zile să mă pot răzbuna. I-am luat soția și i-am aranjat și amanta. Tina îl privi șocată, iar el râse dezvelindu-și dinții care erau cu sânge. Îți spun toate acestea pentru că vei lua cu tine secretul în mormânt. Fata începu să tremure necontrolat. Era într-o casă izolată în pădure cu o femeie probabil moartă la numai 2 m de ea și cu un criminal în serie care reușise să se ascundă luni de zile în spatele unei măști de sfânt. Se comportase ca un erou și dacă cineva îl numea erou, era pentru faptul că știuse cu măiestrie să-și şteargă urmele. O auzise ea pe Anna spunându-i lui Hope că el nu avea prieteni, iar Tess glumise ceva în legătură cu un eveniment antisocial. Ea crezuse că se referise la lume şi mâncare proastă, nu la crimă.

– Amanta lui John nu s-a sinucis? întrebă fata, iar el râse, arătându-i încă o dată faţa diabolică. Nu avea nicio legătură cu bărbatul amabil şi iubitor, iar acum era sigură că florile plantate în spatele casei lui erau acolo doar ca să ascundă vreun cadavru.

– De fapt, aş fi vrut să-l scot pe el vinovat în asta, dar sticleţii ăia puturoşi au decretat că este suicid. Ce comod.

Tina se holba la el şocată.

– Ai ucis-o pe Jess...

Tom îşi dădu capul pe spate şi începu să râdă cât îl ţineau plămânii, iar Tina începu să tremure mai tare şi se uita disperată în jur încercând să găsească o soluţie salvatoare. Nu era.

– Nimic din toate acestea nu s-ar fi întâmplat, dacă nu mi-aş pierdut serviciul din cauza bastardului tău de tată. Adică a lui John. Nu ştiu cât de tată ţi-a fost din moment ce te-a abandonat. În fine, dacă n-ar fi fost el, n-aş mai fi fost închis doi ani la nebuni. M-au scos schizofrenic pentru că le-a fost mai uşor să-şi justifice incompetenţa. Şi toate asta din cauza tatălui tău, un om care nu m-a văzut niciodată, care-a vorbit cu şeful meu de la editură şi m-a dat afară. Doar pentru că domnului nu-i plăceau articolele mele. Înainte de asta aveam un serviciu, o familie şi prieteni, iar acum, cinci persoane sunt moarte şi nu mai am pe nimeni.

– Cinci persoane? repetă ea tremurând şi mai tare.

– Când am pus ochii pe tine, continuă el parcă mândru, mi-am făcut bine treaba. Te-am urmărit ca la carte, dar moşul acela libidinos a trebuit să-şi bage nasul. Dacă nu mă vedea era şi acum în viaţă, zise el fără pic de regret. Mi-ai scăpat de două ori. M-ai făcut să aştept. Ştii ce se spune despre lucrurile pentru care aştepţi mai mult. Sunt cele mai bune! A sosit timpul în care va trebui să-mi dovedeşti cât de bună eşti.

– Tu l-ai omorât pe domnul Chesterfield, vecinul nostru? Tom râse isteric, apoi se opri brusc şi Tina continua cu întrebările: şi pe colega noastră de la şcoală, tot tu ai omorât-o?

– Gata curvă cu întrebările! Şi gata cu trecutul! Am un viitor strălucit cu iubita mea Anna.

– Chiar crezi că va rămâne cu tine când îi voi spune tot ce-ai făcut?

Nu termină bine fraza şi regretă. De ce nu-şi putea oare ţine gura închisă, omul era nebun de legat.

– Chiar crezi că vei mai ieşi din casa asta? Dar înainte să-ţi dau libertatea supremă am să-ţi netezesc puţin calea. Vreau să pleci cu inima împăcată. Să ştii că o iubesc pe Anna şi o voi face fericită. Acum, hai înapoi la coliba ta, cuibuşorul nostru de dragoste. Te mai ţin puţin în viaţă. Poate mai mult dacă mă satisfaci.

– Prefer să mor decât să mă mai bagi în groapa din pădure, plângea Tina, iar el începu să-şi desfacă pantalonii.

– O să îţi placă! Ştiu că o să îţi placă, şi se apropie încet de ea, ca un păianjen hidos. Tina plângea şi tremura, incapabilă să facă ceva. El îi trase o palmă peste faţă şi o apucă de păr. Apoi se auzi un zgomot puternic şi în secunda următoare Tom căzu peste ea. Paralizată de frică, n-a făcut nicio mişcare, neînţelegând încă ce se întâmplase. Tom era la picioarele ei, plin de sânge, cu un glonţ în tâmplă. Şocată, privi în partea bibliotecii unde menajera stătea întinsă pe jos cu un pistol în mână. Tina se ridică şi fugi la ea. Femeia respira sacadat, dar respira. Era în viaţă şi o salvase.

– Îţi mulţumesc! a spus fata luând-o în braţe. Mi-ai salvat viaţa.

– Da, zise femeia mexicană, păcat că n-am putut-o salva şi pe cea a fiicei mele. Sunt sigură că el a omorât-o şi a îngropat-o pe undeva. Nici acum nu i-am găsit corpul. A dispărut într-o după-amiază în care s-a dus să facă curat la el acasă. Nenorocitul mi-a spus că nu a ajuns niciodată la el, dar nu l-am crezut. Instinctul meu de mamă-mi spunea că el i-a făcut ceva. Am spus poliţiei, dar nici măcar nu m-au băgat în seamă. Cum ar fi putut să conteze cuvântul meu mai mult decât cel al unui scriitor cunoscut? Of, domnişoară, îl urăsc din tot sufletul meu.

– Acum este mort şi aşa va rămâne pentru totdeauna.

Cele două se luară în braţe plângând împreună. Tom murise, lăsând în urma lui o copilă de trei ani, nu se ştie câte alte victime şi multă tristeţe.

*

Două săptămâni de la oribila întâmplare, după ore lungi la poliţie şi declaraţii făcute, lucrurile începeau încet să se liniştească. Viaţa multora fusese dată peste cap şi schimbată pentru totdeauna, îşi spuse Anna. Amantul ei murise şi nimeni nu-l regreta. „Să trăim de aşa manieră ca moartea noastră să nu bucure pe nimeni", spusese John Steinbeck. Tom făcuse contrariul şi toată lumea îl ura acum după moartea sa.

Poliţia a încetat să-l mai hărţuiască pe John în legătură cu Jess, după ce Anna le-a povestit tot ce aflase. Erau fericiţi că Tina era în viaţă şi regretau pentru cei mai puţin norocoşi. Anna se alesese cu un cadou la moartea lui Tom. Mira. Făcuse deja demersurile pentru adopţie şi i se spusese că, ţinând cont de faptul că fata n-avea altă familie, totul ar trebui să decurgă rapid.

Tess şi Anna şi-au făcut destăinuiri dureroase, secrete care n-au mai fost împărtăşite cu nimeni, iar Tina şi Isabelle au devenit mai apropiate ca niciodată. Durerea le unise, misterul fusese elucidat fără să poată alina câtuşi de puţin suferinţa victimelor.

Într-una dintre zile, când stăteau la cafea pe terasă, Jade îşi făcu apariţia. Înaltă, suplă, într-un taior alb elegant şi cu o pălărie mare pe cap, aveai impresia că tocmai a coborât de pe coperta lui Vogue. Era veselă, mai frumoasă ca niciodată, şi mai mult de atât, îi dispăruseră răutăţile.

– Sunt fericită, zise ea când cele două prietene o întrebară cum de este aşa zen. Parisul îmi prieşte, le răspunse profesoara de Pilates.

– Ai plecat fără să-ţi iei la revedere, zise Tess.

– Mă uraţi toate pe atunci. Credeaţi că eu i l-am luat pe Barry lui Hope. Fetele aprobară din cap. Am avut peripeţiile mele într-adevăr, dar cu Barry n-am fost implicată.

„Implicată", putea însemna multe, gândi Tess. Te puteai culca cu cineva şi fără să te implici. Dar, acum nu mai avea nicio importanţă, ca de obicei, timpul le aranjase pe toate.

– Când te întorci în Los Angeles? o întrebă Anna.

– Definitiv, cred că niciodată. Nu ştiu dacă aţi aflat, dar am divorţat şi sunt îndrăgostită şi fericită cum n-a mai fost demult. Am un serviciu bun – lucrez cu o echipă de modele – şi călătoresc în toată lumea. Iubitul meu este un fotograf renumit al starurilor paziriene, iar eu am devenit profesoara lor de Pilates. Avem o viață fantastică, iar fiica mea a devenit și ea model.

– Cum sunt francezii la pat? râse Tess.

– Când o să aflu am să-ți spun. Iubitul meu este new-yorkez sută la sută.

– „Nimeni nu vine din New York, ci vin la New York", cită Anna.

– Se zice asta despre Los Angeles, zise Jade, dar este valabilă și pentru New York. Ei bine, iubitul meu, la fel ca și Trump, este din New York sută la sută.

– Trump este născut în Queens, dar nu este sută la sută american. Are sânge german, zise Anna, familia lui fiind dintr-un sătuc din Kallstadt. Au emigrat în America în secolul 19.

– În fine, dădu Jade din mână, Dustin nu este nici miliardar, nici blond. Scoase din poșeta micuță albă cu încuietoare din pietre Svarovsky o poză cu un bărbat brunet cu cea mai frumoasă gură. Avea o privire visătoare, cumva absentă, sau indiferentă. Era bestial de frumos.

– Ooo, făcură Anna și Tess deodată.

– Da. Primesc multe din astea când arăt fotografia.

– Pentru că o arăți des? râse Anna.

– De câte ori pot, zise fericită tânăra femeie. Suntem cuplul cel mai la modă din Paris. Avem un duplex lângă Arcul de Triumf, suntem invitați la toate evenimentele mondene, iar în patru zile plecăm la Cannes. Avem la dispoziție un vapor enorm și tot personalul de care avem nevoie.

– Ce mi-ar place și mie, spuse Isabella visătoare.

– Dacă vrei poți veni, spuse Jade cu nonșalanță.

– Chiar, sări Isabela, iar ea aprobă. Mami pot?

Tess ezita. Școala încă nu se terminase și în plus, Jade nu era tocmai femeia cu care să-ți trimiți copilul în lume, dar o săptămână nu ar fii fost catastrofic. Poate acea vacanță ar ajutat-o mai repede să uite oribilul an ce trecuse.

– Avem cinci cabine libere, i se adresă Jade lui Tess, citindu-i gândurile și mi-ar face mare plăcere s-o avem cu noi. Pe tine la fel, îi spuse ea Tinei. Fiica mea este și ea cu vreo 10 tineri, vă veți distra de minune. Așa deciseseră să le lase pe fete să plece în sudul Franței pentru o săptămână.

*

— Eşti sigură? o întrebă John pe Anna, când se întâlniră la un bar în Melrose, după ce ea dusese fetele la aeroport. Două minore şi o Jade?

Anna râse, dar cumva simţi că totul avea să fie bine. Oamenii fericiţi nu erau răi, iar fosta ei vecină era tare fericită.

— Este bine aşa, crede-mă, îl asigură ea zâmbind. Cea mai bună terapie este călătoria. Fie ea chiar şi cu Jade. John o privi cu drag.

— Dar tu? Tu cum eşti? Ai avut un an oribil şi în mare parte a fost vina mea. Acum pot să-ţi spun ce s-a întâmplat. Am luat multe medicamente de slăbit şi proteine în pudră. Mi-au schimbat comportamentul, nu mai aveam somn deloc, mă simţeam agitat, pe muchie de cuţit şi cu viaţa pe terminate. Am devenit un bou arogant fără să vreau şi fără să-mi dau seama. Bănuiesc că de asta te-am şi înşelat. Ce nebunie! Părea sincer când spune asta, iar Annei i se făcu milă de el, însă nu putea trece aşa simplu peste tot ceea ce-i făcuse. Ar fi dorit s-o poată face, dar încă nu se simţea suficient de pregătită. Poate într-o zi. Tess îşi făcu apariţia la braţ cu un bărbat cam de vârsta ei, puţin plinuţ, nu gras, cu ochelari de vedere care îl prindeau bine, înalt şi bine îmbrăcat. Tess radia:

— Vi-l prezint pe Jason Cooper, spuse ea când ajunse la masă. Anna şi John sunt prietenii şi vecinii mei, îi explică ea lui Jason. A fost colegul meu de liceu, zâmbi ea, privind-o pe Anna, şi prima mea dragoste, dar v-am povestit deja toate astea. John se ridică în picioare şi-i strânse călduros mâna, invitându-i să ia loc. De mult Anna nu-şi mai văzuse prietena atât de veselă şi când îi întrebă de ce s-au despărţit, Jason s-a plâns că ea l-a părăsit.

— Nu te-am părăsit, doar am plecat din Missouri. Mama a decis să ne mutăm în California. Dacă vrei să cerţi pe cineva, cearto pe ea. Nu suntem apropiate şi ne vedem rar dar, într-una din zilele acestea, te voi duce la ea şi poţi să-i spui ce ai pe suflet.

— Veşnic îndrăgostită, spuse Jason, iar Tess i-a spus că şi la 65 de ani mama ei era într-o relaţie tumultoasă. Era genul de femeie pe care nu te puteai supăra: vulnerabilă, cu suflet bun, imatură şi al naibii de frumoasă.

— Unde v-aţi reîntâlnit? îi întrebă John.

– Pe Facebook, acum câțiva ani, și la librărie, acum 10 minute. Ed i-a comandat lui Jason „Lista scurtă cea mai lungă" a Emmei Chance, o carte bizară despre cai, explică ea, apoi, râzând le povesti celor doi de Edgar, calul lui Jason.

– Edgar nu era orice cal, continuă ea veselă, era cel mai urât animal pe care l-am văzut vreodată. Dar, cumva era foarte haios, îți inspira milă și aveai chef să-l protejezi.

– Locuiai la o fermă? îl întrebă John.

– Da, o fermă mare, frumoasă. Tata este veterinar. La fel și eu. În Kansas aveam grijă de cai, porci și găini, în timp ce aici nu văd decât pudeli și Boo. Câștig de 10 ori mai mult ca în Missouri, dar, ca să fiu sincer, mi-e puțin dor de casă. Mi-e teamă că n-o să pot să-mi fac prieteni aici. Los Angeles-ul nu are o reputație tocmai bună în privința asta. Sunt un tip foarte sociabil și câteodată bizar, dar nu rău-bizar. Știu să patinez foarte bine. Mă dau și cu spatele cât vreau. Ei se priviră zâmbind, iar Jason zise, dând din cap: era o glumă. Sunt genul acela de bizar.

– Dacă vrei, zise John, pot să-ți fiu eu prieten. Cu condiția să-mi arăți poze cu Edgar. Râsete.

– 14 $ pe un pahar de vin! se auzi un bărbat, care stătea la bar, nu departe de ei. Îl serviți cu caviar sau e un vin magic?

– Sunt foarte obosit, spuse Jason, privindu-l în treacăt pe bărbatul nemulțumit. Am operat cinci câini, patru pisici și un hamster. Văd numai organe interne, poate ar trebui să mă duc la culcare.

Tess nu voia ca el să plece. Demult nu se mai simțise atât de bine în prezența cuiva. Era într-un fel liniștitor să fie în compania lui și își aduse aminte că așa simțise și în liceu. Jason era un băiat bun care se trăgea dintr-o familie de oameni onești pe care lumea îi respecta.

– Mi-ar place să stai... îndrăzni ea și el o privi. Adică să nu pleci, explică inutil, iar Jason își băgă mâna-n păr și, zâmbind, acceptă.

„Fericirea este emoția pe care o simțim la gândul că vom obține ceea ce dorim", își spuse Tess bucuroasă la gândul că, probabil, el va fi răspunsul rugăciunilor ei.

– Am decis să nu alăptez, ce crezi? își întrebă o fată de la masa vecină, prietena.

– Depinde. Ai copii?

Anna și restul găștii le priviră amuzate pe cele două femei, iar cea care puse întrebarea observă.

– Credeți că fac bine? îi întrebă ea și pe ei fără jenă.

– Faci bine, faci rău, te căsătorești sau nu te căsătorești, într-o zi tot o iei în barbă de la soartă, se băgă în discuție bărbatul cu vinul la 14 $. Sau poate sunt doar greșeli în spatele cărora ne ascundem ca lașii și după aia dăm vina pe destin sau pe mame. Se întoarse și-i privi pe toți. Era un bărbat chipeș, cu ochii cei mai triști din lume. Era bine îmbrăcat și nu părea deloc prost. Se spune că nimeni nu este de neînlocuit, continuă el. Fals. Când vine vorba de sentimente, nu există oameni care să înlocuiască alți oameni. Îi făcu semn barmanului să-i aducă sticla și îi ceru s-o lase acolo. N-avea niciun chef să fie politicos sau treaz și după ce-i smulse sticla barmanului o duse la gură și aproape că o goli. Dacă pentru a treia oară facem aceeași greșeală, continua el, atunci merităm orice se va întâmpla după.

– Te putem ajuta cu ceva? se oferi, John părându-i rău pentru el.

– Nu-i nimic de făcut, răspunse bărbatul privind paharul gol. Se pare că am o aversiune genetică la fericire. Asta mi-a spus soția mea, apoi mi-a luat copiii și a plecat. A obținut custodia, le explică el, deci este legal. Nu neapărat moral, dar legal. Va trebui să renunț, ce altceva pot face?

– Să nu renunți, zise Anna blândă.

– Trag problemele la mine ca musca la rahat. Sau albinele la miere, se corectă el, după care începu să plângă. Acum cine-o să-mi mai spună cum să vorbesc? Și apoi copiii n-o să mă mai aștepte niciodată la intrare. Tot ce-mi doream, când eram cu ei, și veneam seara obosit acasă, era să beau o bere și să mă uit la televizor. Se pare că Dumnezeu mi-a auzit ruga și m-a servit, iar acum tot ce-mi doresc este să pot să am iarăși viața de care am fugit atât. S-au pus toți la bar cu el, inclusiv cele două femei și-au început să vorbească de toate și de orice, numai de probleme, nu. Câteodată era bine să petreci timp cu persoane care nu știau chiar totul despre tine. Să nu te gândești la ce s-a întâmplat cu un an în urmă sau cu zece, și ce-ar fi fost dacă nu s-ar fi întâmplat.

Toată lumea se simți mai bine pe tot parcursul serii, și când John o conduse pe Anna acasă, o sărută pe veranda casei ca pe-o școlăriță. Anna se bucura că se întunecase și că el nu-i putea vedea roșeața din obraji. Își urară noapte bună și îi promise că o va suna a doua zi. Dar, nu ajunsese bine la etaj, că îi telefonă și-i spuse c-o iubește, apoi închise, sperând că noaptea o să-i pună gândurile la locul lor.

Tess l-a invitat pe Jason acasă la un ultim pahar și el i-a mărturisit că era fericit de decizia luată. Pentru a fi cu ea ar fi fost capabil să se mute și pe lună. O iubise întotdeauna. Chiar și după ce se căsătorise, Tess avusese un loc special în inima lui, iar acum, faptul că erau prieteni de-o viață, făcea ca totul să fie mult mai ușor. Soția lui pierduse lupta contra cancerului, el fiindu-i alături până la sfârșit. Datorită legăturii lui prin e-mail cu Tess, reușise să treacă mai ușor peste acea perioadă grea a existenței lui. Fuseseră unul pentru celălalt un fel de colac de salvare și spera ca de-acum încolo să-și fie unul altuia mai mult de atât.

Capitolul 16

Turnarea filmului decursese mai bine decât se așteptaseră și, cu regret, se strângeau toți in brațe. Un an de muncă, cu bune și cu rele, se încheiase. Hope venise mai târziu, iar Julia terminase mai repede, fiind omorâtă și transformată în eroina filmului. Fuseseră râsete, plânsete, certuri și glume multe, iar acum toți se simțeau ca o familie. Hope adorase fiecare moment petrecut pe platoul de filmare și devenise foarte apropiată de întreaga echipă, dar în special de Lara și Hagman.

Hope acceptase cu mândrie să-l secondeze pe JR în următorul lui film în care Lara urma să fie actrița principală. Julia avea deja un rol important, reprezentând-o pe prima doamnă a Americii. Era un rol enorm, complet diferit de ce făcuse ea până atunci.– Nu știu dacă fac bine ce fac, le zicea JR fetelor, mi-ați scos peri albi în timpul filmărilor, iar acum vă vreau pe amândouă cu mine în următorul film.

– Masochist, spuseră Hope și Lara deodată și toți trei au început să râdă.

– Vom organiza o petrecere în cinstea filmului la teatrul Dolby, Hope. Va fi un fel de pre Oscar, dar mai casual, și poți să-ți aduci câți prieteni vrei, a zis Lara.

Hagman o privi cu reproș pe actriță și ea îi dădu un picior pe sub masă, iar el nu spuse nimic, doar gemu încet.

– Chiar câți vreau? se bucură Hope, întrebându-se cum de nu știuse niciodată că existaseră evenimente pre Oscar. Probabil că era un eveniment „porți închise" doar pentru cei din Hollywood.

– Câți mai mulți posibil, spuse Lara, chiar și cei care nu există.

Hope o privi, apoi îl privi pe Hagman și îi zise pe un ton serios:

– Vrea să aduc prieteni care nu există. Și eu fac terapie cu cel mai nebun psihiatru din oraș?

– Sunteți nebune amândouă, râse el, nu-i mare diferența.

– Nu este mare diferența, doar vreo 10 ani! ripostă Lara.

– Și patru proteze de silicon, zise Hope.

– Totul, zise Lara, făcând o piruetă și plimbându-și mâna de sus în jos pe corp, este al meu. Râsete. Nu mă credeți, îi certă ea, spun adevărul.

– Da, da, râse Hope, ca şi când spui că nu vei face diseară sex cu Tony Campbel, după care alergi de şase luni.

– N-o voi face! Sunt invitată doar la cină. Eu nu sunt una din alea care face sex cu oricine şi oricând, se înfocă Lara.

– Cina romantică este chestia aia ce-o ai înainte de a merge să faci sex, spuse Hagman, bătând palma cu Hope şi enervând-o de-a binelea pe Lara.

Toţi ştiau că ea era o actriţă al naibii de bună, greu de avut atât pe platou cât şi în pat.

– Şi ce propuneţi în locul cinei, despre care n-am spus deloc că este romantică? îi întreabă. Operetă?

– Depinde: Participare sau doar privit?

Hope şi Hagman erau pliaţi în două de râs, Iar Lara era roşie ca focul.

– Oh, făcu ea teatral privind-o pe Hope, ce m-aş face dacă n-ai exista tu cu sfaturile tale?

– Mi-ai lua şi geanta care se asortează la pantofii pe care mi-i porţi de-o săptămână, răspunse prompt Hope, iar Lara dădu din mână. Avea ochii verde deschis şi părul negru ca abanosul. Era micuţă, dar cu forme apetisante şi era cea mai tânără din film. Ea şi cu Julia erau actriţele principale, dar în ultimele scenarii, rolul Larei fusese mai important. Julia începuse noul film şi faptul că fusese ucisă în cel al lui Hagman nu îi diminuase importanţa rolului deloc. Rămăsese totuşi o figură prezentă şi devenise eroina iubită care apărea când şi când sub forma unui vis, o amintire sau a unui înger păzitor.

– Ai veşti de la Julia? o întrebă Lara pe Hope.

– Da. A început filmările şi este foarte încântată, echipa este fantastică şi ambianţa jovială. Când este ceremonia? întrebă Hope.

– Cam într-o lună, veni răspunsul prompt al Larei, iar Hagman dădu din cap. Dar până atunci, propun ca o dată pe săptămână să luăm prânzul cu toată echipa.

– Ar fi frumos, fură ei de acord. Eu trebuie să-mi reglez treaba cu Elisabeth, altfel o voi pierde, spuse JR şi nu vreau asta. Va trebui să găsesc o modalitate.

– Îi vei spune adevărul? întrebă Lara.

– Dacă-i zic, o distrug, dacă nu-i spun, va fi lucrul acela imens pe care nu i l-am spus niciodată. Sau pot să-i spun că am încercat să mă găsesc...

– Cu două femei! zise Lara. Spunându-i asta, te vei pierde definitiv, îți semnezi sentința la moarte. Eu n-aș accepta niciodată ca unul din iubiții mei să-mi facă așa ceva.

– Tu nu accepți nici măcar să aibă propriile lor opinii, replică JR, ești Stalin în rochie.

Toată lumea știa cât era ea de selectivă cu bărbații, neacceptând niciodată nimic din ce nu îi convenea, chestie care funcționa foarte bine, pentru că era în permanență curtată.

– Dragilor, le spuse Hope, trebuie să fug la jurnal să-i dau articolul lui Doug. „Bikini și bœuf bourguignon", să-l citiți și să-mi spuneți ce credeți.

– Sunt sigur c-o să-mi placă, dacă este scris de tine, spuse Hagman, sărutând-o pe obraz. Ne vedem săptămâna viitoare la prânz. Să-mi trimiți mesaj cu adresa restaurantului. Hope își luă la revedere de la toți și se îndreptă spre ieșire, fericită că în sfârșit viața îi intra pe un făgaș normal. Avea o nouă carieră pasionantă, postul ei de la Jurnal, și un Larry, medicul ei fără frontiere, iubitor, onest și care dărâma toate barierele pe care Hope le ridicase în jurul ei. Viața era iarăși frumoasă, iar ea o trăia din plin, nu doar o planifica.

*

La seara pre-Oscar, Hope stătea la intrare îmbrăcată într-un pantalon alb și o bluză aurie, privind la toate femeile în rochiile lor lungi, elegante. „Am s-o omor pe Lara" își spuse ea. După ce portarul o căută 10 minute pe lista invitaților și o găsi sub numele de Mope Hiddlebrooks în loc de Hope Middlebrooks, intră în sala elegantă căutând-o pe Lara din priviri.

Ospătarul, care avea un păr a la Clark Gable, o conduse la o masă departe de scenă și de vedete, care se pare că erau plasate în partea dreaptă a sălii. Masa rotundă era aranjată cu bun gust, dar când se uită mai bine văzu șase copii între 7 și 15 ani.

– Cred că este o greșeală, îi spuse ea ospătarului, care se făcu că nu aude și plecă lăsând-o în picioare și cu copiii care se uitau dezaprobator la ea.

„Am s-o omor cu mâna mea", își spuse ea trăgând furioasă scaunul și făcând un zgomot bizar. Copiii se uitau la ea, dând dezaprobator din cap.

— Hei, n-am făcut nimic, este scaunul, se justifică ea, făcându-i pe copii să râdă. O fetiță cam de 13 ani, îmbrăcată ca o prințesă, într-o rochie albă, lungă, pe crinolină și cu coroniță de flori în părul undulat, o privi cu insolență. Se pare că era „șefa" mesei și cea mai obraznică dintre ei. Nu înceta s-o ia peste picior și să-i instige și pe ceilalți s-o facă. Hope se uită disperată după Lara. Nu era de găsit. De altfel, nu vedea pe nimeni din echipa ei.

— Nu vreau să fiu nepoliticoasă, spuse „prințesa", dar ești foarte aiurea îmbrăcată.

— Care parte din ce spui tu de 10 minute a fost politicoasă? o întrebă Hope.

„Prințesa" continua s-o înfrunte și, cu un zâmbet malefic, îi spuse:

— Am înțeles că și tu ai contribuit la acest film. Hope își miji ochii, simțindu-se ca la grădiniță. Oribil film, continuă fata. Cel mai oribil lucru pe care l-am văzut vreodată, și nu numai în cinematografie.

„Ahh" făcu Hope în capul ei „va fi cea mai lungă noapte din viața mea. Ce putea fi mai rău de atât?" Privind-o mai bine pe diabolica fetiță, își spuse că o știe de undeva, apoi își aduse aminte.

— Te recunosc. Ai avut o audiție pentru rolul Dianei în film și ai fost refuzată. N-ai putut avea rolul și acum spui că filmul este prost. Elegant și demn de-o prințesă.

— Singurul lucru pe care nu pot să-l am este polenul, răspunse Chloe fără să clipească.

Cum era posibil ca o mucoasă de fată să aibă replici la orice și s-o poată enerva atât de tare?

— Ești divorțată? o interpelă un băiețel, privindu-i inelarul gol, iar Hope aprobă printr-o mișcare a capului. Și ai mei au divorțat, spuse copilul trist.

— Asta nu înseamnă că ei nu te iubesc, îl consolă Chloe, înseamnă doar că tatăl tău a preferat-o pe doamna cu țâțe mari care făcea curat în casă.

Hope ar fi urecheat-o pe obraznica fetiță, dacă ar fi putut. La fel și pe dislexic-ul care scrisese pe cartonul de pe masă Mope Hiddlebrooks. Ospătarul cu fața de cretin apăru cu o carafă de suc de coacăze și le turnă la toți în pahare.

— Vreau o cupă de șampanie, te rog, îi ceru ea, privind furioasă prin sală.

— La masa asta este interzis alcoolul, veni răspunsul bărbatului, iar ea începu să râdă nervos. Tocmai atunci Hagman veni la masa ei.

— Văd că te distrez de minune, Hope, zise el cu un aer jovial. De ce râzi așa?

— Doar mă prefac, suflă ea printre dinți. Dar lacrimile, ele, sunt reale. Cine naiba m-a pus la masa asta?

— Nu am habar, ridică el din umeri, dar știu că Lara face parte din organizație.

— Bineînțeles că face, mârâi Hope. Unde este?

— În trafic pe undeva. A spus că-l omoară întâi pe șoferul care ales cea mai lungă scurtătură din Los Angeles și dup-aia vine.

Chloe se ridică în picioare și făcu o piruetă, apoi îl întrebă pe Hagman:

— Hai, repede, cu cine seamăn? Ai doar o secundă la dispoziție.

— Hitler în rochie? se auzi Hope, iar mica bestie se puse pe smiorcăit.

— De când a venit la masa noastră este rea cu mine, minți fata cu fața udă de lacrimi și toți copiii confirmară dând din cap.

Hagman se uită la ea, ascunzându-și supărarea cum putea:

— Ce te apucă, o întrebă el, să te răzbuni pe fata mea?

— Pentru că este fata ta? întrebă Hope mirată. Am o veste bună pentru tine. Este o mică mincinoasă, dar o actriță fenomenală, perfectă pentru Hollywood. Pe o scară de la zero la 10 am fost zero rea.

— Și pe o scară de la zero la nebună? comentă fetița care nu mai avea nicio lacrimă în ochii cu privirea impertinentă. Hagman o privea amuzat, sorbind-o din priviri și Chloe continuă: i-a spus lui Clive că tatăl lui i-a părăsit pe el și pe mama lui pentru menajera cea cu țâțe mari.

Hope deschise gura mare și își puse mâinile în șold:

— Tu ai spus asta! Privindu-i pe copiii de la masă îi văzu cum dau dezaprobator din cap. Toți erau cu Chloe. Clive, zise Hope, spune adevărul!

— Tu ai spus-o, arătă băiețelul în smoching cu degetul spre Hope.

Hope își mișcă greutatea de pe un picior pe altul și, apropiindu-se de micul demon îi spuse strâmbându-se:

— Bine-a făcut taică-tu c-a plecat cu menajera cea țâțoasă. Ești un mic mincinos și probabil că se săturase de tine.

Hagman o privi dând din cap dezaprobator, și ea îi șopti la ureche:

— Ce fel de părinți își mai numesc în secolul 21 copilul Clive?

— Cei care vor să onoreze memoria unui bunic care a fost persoana cea mai caritabilă din Los Angeles. Care a dat milioane de dolari pentru spitalul de copii din Los Angeles și San Francisco. Hope, ce se întâmplă cu tine?

— Vrei să spui în afară de faptul că sunt pusă la o masă de copii diabolici, cu un cartonaș pe care scrie Mope Hiddlebrooks?

— N-am timp de capriciile tale, Hope, trec să te văd mai târziu când o să te liniștești, zise el făcând stânga împrejur și îndreptându-se spre lumea civilizată a adulților.

Supărată, Hope se aruncă pe scaun și începu să mănânce bomboane de ciocolată. Cliveo imită și își băgă cinci odată în gură. Ea îl privi și făcu o grimasă:

— Nu ești obligat să îngurgitezi atâta zahăr dintr-o dată. Ești deja destul de agitat și mincinos.

— Tu de ce o faci? se rățoi băiețelul.

— Pentru că este alegerea mea de adult, răspunse Hope mândră și la fel de nebună ca ei.

— Ai ciocolată pe dinți și pe toată fața, îi spuse Chloe calmă, mișcându-și un deget.

Hope se șterse repede și toți copiii o arătau cu degetul și râdeau, iar ea se întreba de ce nu începea odată nenorocita de ceremonie. Abia aștepta să poată pleca acasă, departe de monștri aceia mici, care-i făcuseră seara un coșmar.

Dintr-o dată toată lumea începuse să șușotească și, când se uită pe ecranul mare, se văzu într-un montaj unde erau scene cu ea la masa copiilor. Ea cu dinții plini de ciocolată, ea așezându-se la masă și trăgând un „vânt", ea amenințând-o cu degetul pe Chloe și o voce care spunea: „du-te la un meci și țipă". Toți cei din sală râdeau cu lacrimi și Hope înțelesese că i se făcuse o farsă. Nu existau seri pre-Oscar. Și acum înțelegea de ce scorpia de Lara îi spusese să invite câți mai mulți prieteni. Și ea, care-și zisese că nimic mai rău nu putea să-i se-ntâmple. Închise ochii de umilință și când îi deschise, coșmarul continua. Acum era pe ecran și se punea iar la masă făcând acel zgomot. Se ridica și se așeza, iar se ridica și iar se așeza. Imaginea trecea în lanț, iar ei îi venea s-o ia la fugă, dar nu putea să se miște, sigur era bătută în cuie pe scaunul acela blestemat. Apoi îi văzu: toți prietenii ei erau acolo, la fel și colegii de la ziar. Aveau masa chiar în fața scenei și se distrau de minune. Dintr-o dată apăru iarăși pe ecran, iar imaginea fusese trucată, căci era imposibil să aibă atâta ciocolată pe dinți. Instantaneu își duse degetul la ei și începu să-i frece frenetic, când, în colțul aceluiași ecran se văzu curățindu-și dinții în direct. Râsete. Copiii de la masă o arătau cu degetul, iar ea acum pe ecran avea două codițe cu flori în ele, obraji roz de păpușă și cu vocea unei fetițe de șapte ani spunea: „eu pot s-o fac, sunt adult". Scena se termină cu o frază afișată pe ecran în litere enorme care zicea: „nu trebuie să ucizi copila din tine pentru a fi femeie". Toată lumea în sală râdea, apoi Lara își făcu apariția pe scenă purtând o rochie superbă argintie și zâmbetul ei faimos. Începu să aplaude și să strige în microfon:

– Doamnelor și domnilor, Mope Hiddlebrooks, fără de care filmul nostru n-ar fi avut atâta șarm și fără de care această seară n-ar fi fost atât de reușită. Sau n-ar fi existat! Râsete.

Ospătarul cretin și fals se îndreptă spre ea și o conduse, aproape forțat, pe scenă lângă Lara care, privind-o din cap până în picioare șopti: puteai să te îmbraci și tu mai elegant. Hope râdea acum, realizând că totul fusese o înscenare. Lumea se ridică în picioare aplaudându-le pe cele două, iar ea o întrebă pe Lara încet:

– De ce naiba ai făcut asta?

– Publicitate, baby, publicitate. Acum, toată America va dori să vadă filmul pentru care s-a organizat o seară pre-Oscar, o seară în care Mope Hiddlebrooks își „dădea aere" și avea ciocolată între dinți. Doamne Dumnezeule, râse Lara, nu-mi imaginam niciodată c-o să înghiți așa ceva. Ești una din cele mai bune jurnaliste din Los Angeles, cum ai putut să nu știi că o seară pre-Oscar nu există!?

Lumea nu se mai oprea din aplauze, iar Hoppe zâmbea natural, având chef să moară.
— Graţie, eleganţă, şi simplitate, strigă Lara în microfon, privind-o pe Hope cu drag, iar ei aplaudau ca nebunii.
Într-un final, când acestea luară sfârşit, Hope se putu aşeza la masă cu familia şi prietenii ei. Cei mici de la fosta ei masă îi făceau semne cu mâna, iar Chloe şi Clive veniră personal la ea să o pupe. În realitate erau copii actori, talentaţi şi foarte politicoşi.
Seara decurse fără alte incidente, toată spuma Los Angeles-ului era acolo şi Hope reuşi să se decontracteze şi să admire acel fast, să profite de ambianţa plăcută. Era o lume fascinantă, amuzantă şi căreia-i plăcea să se distreze. Făceau glume din orice şi nu se supărau.
— Nu m-am mai distrat de mult aşa, recunoscu Hagman şi niciodată nu te-am văzut aşa de nervoasă şi imatură. Parca aveai 13 ani, râse el.
— Chloe este o bună actriţă, recunoscu Hope. Clive, la fel. V-a trebuit mult să organizaţi scena de la masă?
— În 30 de minute copii şi-au învăţat rolurile.
— Doar 30 de minute sunt necesare pentru a distruge viaţa cuiva?
— Deseori, mult mai puţin, răspunse Hagman, zâmbindu-i drăgăstos.

*

— Nu pot să cred că nu eşti divorţat! M-ai minţit! striga Julia, dându-se jos din patul cu cearceafuri de mătase. Îşi puse un halat lung înflorat pe ea. Te ştiu de câteva luni şi acum îndrăzneşti să-mi zici că ai o nevastă undeva prin Franţa, cu care eşti încă însurat, dar că n-o mai iubeşti? Când ne-am întâlnit prima dată mi-ai spus că eşti divorţat.
— Dacă-ţi spuneam înainte, spuse Vincent, m-ai fi părăsit.
— Evident că te-aş fi părăsit! Ai aşteptat să mă bagi în patul tău, ca sa-mi spui asta? Crezi că acum fiindcă am făcut-o nu te voi părăsi? O voi face, fii sigur de asta. Ce-ai câştigat?
— Pe tine în patul meu? zise el încet, iar Julia avea impresia că nu este deloc afectat de ceea ce simţea ea.

— Eşti mincinos şi arogant. M-ai dus în casa voastră şi sunt sigură că n-am fost prima cu care ai făcut dragoste în patul soţiei tale. Ce le spui, Vincent, femeilor pe care le duci în casa voastră? „În stânga biblioteca, în dreapta salonul şi nevasta la Paris"?

— Înainte să te ambalezi atât de tare, trebuie să ştii că m-a înşelat cu cel mai bun prieten al meu. Am vrut s-o părăsesc, dar m-a ameninţat că dacă o fac, o să divulge un secret care ar putea să-mi schimbe viaţa. Nu în bine.

— Şi atunci ţi-ai spus că singura modalitate de a rezolva această problema, este să nu rezolvi nimic şi să continui să faci sex cu un număr cât mai mare de femei?

— Şi ce puteam să fac? întrebă Vincent, băgându-şi mâna în părul negru.

Avea braţele suple, musculoase şi un abdomen parcă desenat de Michelangelo. Era un bărbat superb şi o ştia.

— Să-ţi controlezi instinctul animalic şi să nu minţi, spuse ea furioasă.

Părul de un castaniu închis, lung până la umeri, îi era în dezordine, iar pleoapele cu gene lungi care îi dădeau acea privire senzuală, îi acopereau lacrimile. Nu voia să plângă în faţa lui. Cum era posibil ca în şase luni să nu fi aflat că este încă însurat?

— La începutul relaţiei noastre te-am întrebat dacă este cineva în viaţa ta, continuă ea supărată la culme. Îmi aduc aminte, eram pe veranda casei mele şi mi-ai spus că nu există nimeni, demult. M-ai minţit! Ai stat acolo jos în faţa mea, m-ai privit în ochi şi m-ai minţit.

— Acum ştiu că tu eşti cea potrivită pentru mine şi cu timpul îţi vei da seama că nu suntem foarte deosebiţi unul de celălalt. La fel ca ţie, nici mie nu-mi place schimbarea.

— Să nu îndrăzneşti să mă compari cu tine, noi doi n-avem nimic în comun! strigă ea, luând o carte de pe şemineu şi aruncând-o în el. Nu-ţi place schimbarea! Vrei să spui că adori diversitatea şi pentru nimic în lume nu te-ai schimba. Am simţit de la început că nu suntem potriviţi unul pentru celălalt, trebuia să îmi ascult instinctul.

— Motivul pentru care ai simţit asta este pentru că te-a deranjat faptul că am crescut în prea multe ţări, dar să ştii că marea majoritate a lumii zice că este interesant.

— Este interesant să ai o astfel de persoană invitată la o cină, să facă conversație, să animeze seara, dar nimic mai mult. Tu personal n-ai o identitate bine definită, nu aparții cu adevărat niciunui loc și nici nu vei aparține vreodată. Nu-ți plac rădăcinile bine înfipte în pământ. Mie, da.

— Acele rădăcini te împiedică să te deplasezi și-n final nu ajungi nicăieri, Julia.

— Și unde m-a adus faptul că m-am culcat cu tine, un mincinos și un trișor? Nicăieri. De fapt mai rău: am ajuns să fiu amantă. Cealaltă femeie! Ești o persoană oribilă, îi spuse ea supărată, făcându-și un coc la ceafă și dezgolindu-și gâtul lung, frumos. Sunt sigură că de fapt singurele femei pe care le agreezi sunt cele din Playboy. Și asta pentru că nu-ți răspund înapoi. Toată stima ta pentru femei are de-a face cu mărimea sânilor și lungimea picioarelor, dar am o veste pentru tine domnule „îmi place diversitatea sexuală": o femeie nu este doar un vagin pe două picioare lungi.

El se ridică gol pușcă din pat și sări în pantalonii aruncați pe covorul moale bej de lângă pat. Încheindu-și nasturii, se întoarse spre ea frumos ca un zeu și spuse ironic:

— Acestea au fost cele mai profunde 10 minute din viața mea. Vrei să te căsătorești cu mine?

Umilită, nu mai spuse nimic, doar îi arătă cu mâna ieșirea, el însă preferă să se așeze pe fotoliul și să continue să îi insulte inteligența. Uitându-se pe geam îi văzu pe Hope și Larry și desculță alergă la ei:

— Este un porc, le zise ea fără altă introducere, plângând cu gura larg deschisă, arătând copilăroasă în ciuda halatului ei scump din mătase cu flori roșii și danteluță roz. Unul căsătorit. Cum am putut permite așa ceva? se smiorcăi ea, ștergându-și nasul cu mâneca. Sunt adult!

Deși nu le-a dat mai multe detalii, ei au înțeles. Hope o privi și își spuse că, și cu fața pătată de la plâns, tot dulce și frumoasă arăta. O lăsară să-și golească sacul fără să intervină, acum avea nevoie doar de prieteni înțelegători. Când într-un final se potoli, Julia îi zâmbi lui Larry și îi spuse ca abia aștepta să fie aniversarea lui.

— Ţi-am făcut deja tortul pentru ziua ta, zâmbi ea printre lacrimi, iar el o pupă pe cap. Şi mâncat, continuă, făcându-i să râdă.

— Nu este nimic, spuse el, am comandat încă trei prăjituri. Sâmbătă petrecerea începe la şase.

— Bănuiesc că nu sunt invitat? se auzi Vincent din spatele lor, iar Julia ridică ochii şi mâinile la cer.

— Ea decide, prietene, zise Larry, îmi pare rău.

— Să nu-ţi pară, îi spuse Julia, nu tu eşti însurat şi cu 100 de amante! El este.

Apoi furioasă şi desculţă se îndreptă spre casă iar când trecu pe lângă el îşi încruntă sprâncenele, vrând să pară fioroasă şi nereuşind. Vincent o privi cu drag, gândindu-se că va trebui neapărat să o recupereze. Nu era încă pregătit se renunţe la ea.

*

Sâmbătă la 6:30, rând pe rând, toţi invitaţii lor se strânseseră în curtea din spatele casei lui Hope. Fiecare adusese câte o sticlă de vin, şampanie şi prăjituri, iar Larry era fericit să-şi sărbătorească ziua cu prietenii lui. După moartea lui Dé, bătuse lumea în lung şi-n larg pentru a-i ajuta pe cei mai puţini privilegiaţi, dar acum era fericit să fie înapoi acasă. Los Angeles rămânea totuşi casa lui. Pentru prima oară de multă vreme, avea convingerea că va reuşi în sfârşit să lase trecutul în trecut. Avea un post bun la UCLA, relaţia lui cu Hope era din ce în ce mai solidă şi era înconjurat de veritabili prieteni. Singura problemă o avea cu Kim, dar toată lumea ştia că perioada adolescenţei este pasageră, deci încerca să rămână pozitiv.

Curtea era plină de decoraţii de aniversare, de becuri colorate şi baloane multicolore, dând o ambianţă festivă şi veselă. Tina şi Isabelle le povesteau peripeţiile de pe Coasta de Azur, iar mamele fetelor se priveau mulţumite, gândindu-se că fusese un lucru bun să le lase cu Jade.

— N-aveţi nimic altceva ca aperitiv? îl întreabă George în surdină pe Larry. Doar conopidă crudă şi morcovi?

— Au fost mai multe, dar a trecut Julia pe-aici, şoptea Larry, arătând-o cu un gest scurt din cap. Avea gura plină, iar în mână ținea un pahar cu lapte și sirop de căpșuni. Când este în depresie, mănâncă mult.

— De câte ori am văzut-o avea gura plină, veni răspunsul lui George. Deprimată sau veselă, asta este o constantă la ea. Și faptul că lăcrimează din mai știu eu ce.

— Ce bârfiți voi acolo, fătălăilor? se auzi soția lui George.

— Ziceam că ar fi cool ca în vacanța de vară să vină toți la casa noastră din Hampton, minți George și toți dădură din cap încântați.

— Da, este o idee genială, spuse Hope, iar Tess îl întrebă pe Jason dacă vrea să vină și el, iar acesta acceptă bucuros.

— Vine și Vincent? se auzi Isabelle și copiii se puseră pe râs înfundat.

— Haha, ce bine vă distrați voi, se strâmbă Julia, arătând iarăși ca un copil de opt ani, apoi, privindu-i pe fiecare în parte: în afară de faptul că m-a mințit, este un tip excepțional?

— Merge pe apă? întrebă Tina, făcându-i pe toți să râdă. Omul este ego maniac, alcoolic și mincinos, zise fata, uimindu-i încă o dată cu precocitatea ei.

— Nu este nici alcoolic, nici ego maniacal, răspunse Julia înfocată, apoi după o scurtă pauză, zise. Escroc sentimental, da, ceea ce este chiar mai rău, admise ea cu bărbia tremurându-i iarăși. Chiar n-am noroc, continuă ea să se smiorcăie. Se spune că fericirea este o stare de spirit și, ca toate celelalte, are nevoie de antrenament. Dar cum pot eu să mă antrenez, dacă am parte doar de escroci?

— Poate că preferi escrocii, spuse Isabelle scuturându-și coama frumoasă de păr. Poate că ți se par enigmatici.

— Nu-mi plac deloc escrocii. Prefer oamenii misterioși. Deseori am fost întrebată ce doresc de la un bărbat. Ei bine, totul. Dar nu mai vreau să mai sufăr. Și știu că se spune că atunci când îți închizi inima la durere ți-o închizi și la fericire sau la cei pe care îi iubești, dar nu sunt de acord cu asta, chiar dacă mulți dintre voi mă considerați imatură sau superficială.

— Nu ești superficială, spuse Isabelle, ești talentată, știi să-ți dai formă frumoasă sprâncenelor și nici n-ai fundul mare.

— Mai vreți să vă aduc niște conopidă? propuse John zâmbind, iar George făcu o grimasă. La 7:00 vine Greg cu toate mâncărurile de la restaurant, îi linişti el. Am comandat lasagna şi ravioli cu sos de carne, paste cu fructe de mare, cocktail de creveţi şi calamari prăjiţi, viţel cu sos de vin alb, vită cu smântână, ciuperci, porumb şi pătrunjel. Şi ca desert, pentru Julia, muşchiuleţ de porc cu şuncă, salvie şi sirop de căpşuni. Râsete.

— Am adus Panacota, se auzi Greg, managerul lui John, urmat de o armată de ospătari încărcaţi cu vase frumoase, pe care le aşezară pe masa de lângă piscină. Tort de lămâie, ciocolată şi cremă caramel. Toţi aplaudară.

În afară de mici incidente, seara a trecut bine. Au glumit, au vorbit şi au făcut pace între ei şi cu ei însăşi. Scuze au fost spuse şi acceptate. Promisiunea unei zile mai bune se anunţa şi multă lume de acolo spera asta.

— Într-o zi mi-ar plăcea să te ascult, şopti John la ureche Tinei, iar ea dădu din cap.

— Într-o zi poate am să-ţi spun...

Seara, care se anunţase zgomotoasă şi veselă, se transformase într-o cină liniştită, şi fiecare vorbea încet cu vecinul din stânga sau dreapta. Formau mici grupuri, parcă totuşi atinse de melancolie.

Când a venit întunericul curtea, cu piscina luminată în albastru deschis şi becurile mari de toate culorile agăţate în copaci, arăta ca în basm. Din boxe se auzea încet „Could I have this kiss forever" şi Larry o invită pe Hope la dans.

— Sunt foarte norocoasă că ai intrat în viaţa mea, îi şopti ea la ureche, iar el o sărută tandru.

— Mda, eşti într-adevăr norocoasă, sunt o partidă beton.

Râsete.

— Am crezut că altcineva a fost dragostea vieţii mele, dar m-am înşelat.

— Te înşeli atât de des cu atât de multe lucruri, draga mea, zise el şi Hope râse iarăşi. Lasă-mă pe mine să iau hotărârile importante de-acum. Cum ar fi, căsătoria noastră. Ce zici peste-o lună?

— Ce zici peste un an? râse Hope. De-abia am divorţat. Ce-o să creadă lumea?

— Chiar te-ar interesa?

— Nu, răspunse ea prompt.

După ce melodia se termină, el îi sărută mâna și se duse la masă, lăsând-o să meargă la Julia care privea cerul, întinsă pe patul de la piscină cu mâinile sub cap.

Hope se uită și ea în sus:

– În Los Angeles nu poți vedea stele pe cer. Doar stele de cinema, iar tu ești una dintre ele. Buna, frumoasa și talentata mea prietenă.

Julia se întoarse și o privi cu ochii grei de lacrimi.

– Au trecut cinci zile și n-am nicio veste de la el. Mi-e dor de mirosul lui, de zâmbetul și de ochii lui. Știu că mă iubește.

– Tot așa cum, într-o zi, i-a spus și soției lui probabil, zise Hope liniștită.

– Nu cred că m-a mințit când a spus că mă iubește.

– De ce n-ar face-o? o minte pe nevastă-sa. Julia s-a întristat și Hope a încercat să fie mai blândă. În felul lui te iubește, dar n-ai nevoie de acest fel de iubire.

– Eu îl iubesc. Soția lui, nu.

– Cine-a spus asta, Julia? El? Omul ăsta nu este bun pentru tine, indiferent dacă tu crezi acum contrariul.

– M-a curtat șase luni și mi-a respectat toate cererile. Cine ar sta cu o femeie jumătate de an fără să facă dragoste?

– Unul care te iubește cu adevărat sau care are nevasta acasă și o grămadă de reproșuri să-și facă.

– Este însurat, nu are cancer, Hope.

– Și ce cauți tu cu un om însurat, Julia? Nu este genul tău. Niciodată nu vei putea trăi cu ideea că le-ai distrus mariajul.

– Căsătoria lor este pe moarte de mult.

– „Moartă", trebuie să semneze actele de divorț sau „moartă", va divorța în viitor/niciodată.com? Julia ridică din umeri confuză, iar Hope continuă: iubito, ai impresia că relația voastră este unică, dar nu este. El este însurat și tu ești amanta. Relații ca aceasta, din păcate, sunt cu duiumul.

– N-ai cum să înțelegi. Singurii care putem, suntem noi, cei băgați în asta.

– Adică tu, el și nevastă-sa. Julia își privi mâinile puse acum în poală.

– Fără el sunt și mai nefericită. Nu dorm noaptea, mănânc cât zece.

— Când aștepți de-o viață marea dragoste, așa cum ai așteptat-o tu, nu asta trebuie să obții: insomnii și bulimie. Și întotdeauna ai mâncat cât 10, zise Hope zâmbind, iar Julia râse și își șterse nasul cu dosul mâinii. Iarăși. Încearcă să-ți menții așteptările undeva în lumea reală.

— Este bine să știi că e cineva căruia îi pasă, șopti Julia, privindu-și prietena cu drag.

— Poate așa își spune și nevasta lui. Că lui îi pasă de ea.

— Eu mă refeream la tine, Hope.

— Oh, da. Dar, nu numai mie-mi pasă de tine. Părinților tăi le pasă, prietenilor, celor cu care lucrezi. O grămadă de lume te iubește, Julia.

— Dacă m-ai pune să inventez dragostea vieții mele, l-aș inventa pe Vincent. Mai puțin partea cu însuratul. Dar viața nu vine mereu ambalată în pachetul perfect, nu-i așa?

Hope își privi prietena tristă și se gândea că nu merită să sufere. Sau să facă ea pe o altă femeie să sufere. Știa că, cu timpul Julia ar fi suferit pentru faptul că dăduse cuiva durere.

— Este incredibil în pat, o auzi. Atent, responsabil. Știu ce-ți spui, Hope. Clișeu ieftin.

— De fapt, am rămas la „incredibil în pat". Iubito, după ce trece plăcerea ilicită, cu ce crezi că rămâi? Cu desuurile scumpe din mătase pe care le-ai purtat în speranța că te va vedea cât ești de frumoasă, când se va sinchisi să treacă pe la tine.

— Parcă ai fi o reclamă disfuncțională de sfântul Valentin, comentă Julia. Știi bine că n-aș accepta niciodată să fiu tratată așa. Și sunt sigură că dacă n-ar fi însurat, m-ar cere în căsătorie. De fapt a și făcut-o.

— Vorbești despre nevasta lui ca și cum n-ar fi o persoană cu suflet și sentimente, ci un obstacol în calea ta. Nu uita, tu ești „cealaltă femeie", iar ea, soția lui. Cum nu poți să vezi asta, tu care ești una dintre persoanele cele mai corecte pe care le cunosc?

Și, ca și cum acea discuție nu fusese suficient de grea, Vincent își făcu apariția în pantaloni bej care-i picau perfect și cămașa albastră din in. Purta pantofi din piele de căprioară și n-avea șosete. Hope trebuia să recunoască, că arăta al naibii de bine.

— La mulți ani, Larry! spuse el, îndreptându-se spre Julia și neoprindu-se deloc la masa la care nu fusese invitat. Nu avea ochi decât pentru ea.

Hope se ridică, iar el trecu pe lângă ea fără ca măcar să clipească sau să o privească.

— Ai milă de mine, Julia, începu Vincent în ochi cu nemărginită dragoste.

Ea îl privi fără să-și arate emoțiile, deși tremura toată la interior.

— Nu știu de ce, dar la ora aceasta tind să am mai multă milă pentru mine. Și pentru soția ta.

— Te rog, Julia, doar ascultă-mă.

— Aceasta este o seară privată, o seară la care n-ai fost invitat, iar eu n-am niciun chef să-ți vorbesc.

— Faci asta pentru că prietenii tăi nu mă plac, dar o să le treacă. Iar dacă nu, o să fim noi doi împotriva tuturor. Nici cu Romeo și Julieta n-a fost nimeni de acord.

— Și acum știm și de ce.

— Julia, dragostea noastră e pe o frecvență mai înaltă. Suntem suflete pereche, cu afinități care fac din noi un cuplu irezistibil.

— Vorbești despre o relație solidă, incredibilă, dar o asemenea relație nu se bazează pe minciună. Îmi spui c-o să-ți anunți soția, dar ești ambiguu atât în vorbire cât și în acțiune. Indiferent în ce secol suntem, standardele convenționale ale societății nu sunt lipsite de sens pentru mine.

— M-am căsătorit cu ea pentru statutul social, deci vezi și pentru mine sunt importante, glumi el prost inspirat.

— Ăsta este răspunsul tău? Și ar trebui să mă satisfacă? Sau să mă arunce iarăși în patul tău?

— Iubito, nu suntem într-un roman al lui Brontë. Asta este viața adevărată.

— Pentru că asta numești tu, realitatea secolului 21? Minciuni și înșelăciuni?

— Trăim o poveste de dragoste incredibilă. Cum de nu vezi asta?

— Poate pentru că este o vulgară romanță erotică, iar tu ești un infatuat inconștient de ceea ce faci. Din punct de vedere social, dragostea noastră este imorală, indiferent de secolul în care trăim, spuse Julia. În lumea mea, o relație cu un bărbat însurat nu este posibilă.

El își bagă mâinile în păr, apoi o privi:

– O dragoste atât de puternică o transformi în ceva imoral, doar pentru că ți-e frică c-o să fii blamată de societate?

– De ce te-ai însurat cu ea, Vincent?

– Din greșeală. Eram tineri, iar ea era bogată. Am confundat securitatea materială și gloria, cu dragostea. Relația noastră a fost moartă din fașă, dar pe atunci nu știam, zise el trist.

– Sau poate ești doar unul dintre acei tipi care se însoară, doar ca să nu mai gătească sau să-și spele singur ciorapii.

– Dacă ar fi așa, mi-aș lua o menajeră. Sau 10. Te rog să mă crezi când îți spun că relația mea cu ea este moartă și așa a fost dintotdeauna.

Ea începea să ezite și Vincent sesiză.

– Definește-mi „moartă", îi ceru ea.

– Cum ar fi?

– Cum ar fi căsătoria ta.

– Sonia a ajuns ieri de la Paris. Am vrut să-i spun tot adevărul, dar nu s-a întâmplat cum am planificat. M-a așteptat cu masa la lumina lumânărilor, era fericită să mă vadă, să fie cu mine... mi s-a făcut milă de ea și n-am putut să-i spun nimic.

O durea să audă ce spunea, dar cumva era mulțumită să vadă că el are totuși un suflet. Începuse să creadă contrariul. Nu era chiar atât de insensibil, iar ea acum era total pierdută. Ca să câștige timp, Julia se ridică și scuzându-se, îi spuse că vrea să meargă la toaletă. El rămase pe scaunul de lângă șezlongul ei așteptând-o.

– Ce ai de gând cu ea? se auzi Hope în spatele lui.

– O iubesc.

– Nu ai răspuns la întrebare, Vincent.

– Cine ești tu, maică-sa?

– Nu. Doar cineva care ține la ea și nu vrea s-o vadă suferind. Deci, ce ai de gând?

– Asta este între mine și ea, Hope.

– Poate. Dar nu ești tu cel în brațele căruia plânge.

– Știi bine că Julia poate plânge și la Disneyland.

– Nu cred că ți-ai ales bine momentul să faci glume. Sau să ai o legătură cu Julia, care, mai presus decât minciuna, urăște înșelăciunea. Ori tu, ai servit-o din plin cu amândouă. Poate la un moment dat în viața ta vei realiza cât de epuizant este să trăiești așa cum o faci.

– Nu-mi vorbi ca unui tâlhar, Hope. Sunt un om de afaceri bun.

– Și atât! Nu ești un soț bun sau orice altceva ce cere maturitate. Ar trebuit să pleci, Vincent, aceasta este o seară privată, iar tu nu ai fost invitat și-n plus atitudinea ta e deplorabilă.. Dacă tot îți place să te crezi un bărbat puternic, atunci trebuie să știi că forța înseamnă să știi când să te oprești din luptă. Este momentul să te retragi din scenă înainte să treci de la ridicol la absurd, pentru că despre asta este vorba în această relație.

– Nu plec nicăieri și nu voi înceta nimic, răspunse el, ridicându-și mândru bărbia, totul va fi bine, vei vedea.

– Cum poți spune că va fi bine? Din două negații nu iese nimic afirmativ și din două lucruri rele nu poate ieși nimic bun. Julia nu cred că mai are chef să te asculte.

– Asta va trebui să-mi spună ea în față. Până atunci, voi sta aici și voi profita de vântul călduț, zise el ironic.

– Du-te acasă și pune-te în fața foehnului, dar nu te mai vreau aici, insistă ea. Spre marea ei surprindere, Vincent cedă.

– Mă duc acasă și-i spun soției mele c-o iubesc pe Julia. Voi scăpa de ea.

Ea îl privi rece:

– Pun pariu că toată viața ta ai vrut să scapi de ceva sau de cineva. Persoane ca tine sunt marginalizate într-un final.

– De ce nu mă crezi c-o iubesc, Hope? insistă el, știind cât era de importantă prietenia ei pentru Julia.

– Asta nu înseamnă că îți aparține, Vincent. Nici tu nu-i aparții soției tale, chiar dacă ea te iubește. Îl privi atent și după un moment se hotărî să-i spună: o cunosc pe Sonia. Am interviev-at-o acum câțiva ani când și-a deschis galeria de artă la New York.

El era surprins.

– Asta fost acum o mie de ani, își reveni el repede.

– Nu demult am luat prânzul împreună, continuă calm ea. Nu-i place puiul caramelizat. Sau minciunile. Părea fericită, mulțumită, în ciuda faptului că tu ești cum ești. N-am avut impresia că era la curent cu relația ta extraconjugală.

— Ai mâncat cu ea? întrebă, ridicându-se speriat. Sper că nu i-ai spus nimic. Părea destabilizat și chiar el își dădu seama că se demascase singur. Nu vreau s-o fac pe Sonia să sufere, înțelegi? Nu este o situație simplă, Hope.

— Niciodată nu este, când vine vorba de un triunghi sexual.

Se așeză pe scaun, răpus.

— Toată viața mea am făcut doar prostii, se confesă el. M-am însurat cu Sonia din interes. O plăceam, dar n-o iubeam, acum știu asta, și totuși am cerut-o în căsătorie. Chiar dacă mă trag dintr-o familie bogată, am avut nevoie de ea ca să rămân pe linia de plutire, zise el, privind-o pe Hope. În ochi avea o suferință autentică. Părinții mi-au tras un șut în fund cu ani în urmă. Se săturaseră de tâmpeniile mele, iar acum, când pentru prima oară în viață iubesc cu adevărat și vreau să devin o persoană mai bună, greșelile nu mă lasă. De când o știu pe Julia sunt un alt om, Hope. Fiecare avem nevoie de a doua șansă.

— În general, în viață avem o singură șansă să dovedim exact cine suntem. Se zice despre o „a doua încercare" că este un eventual „start pe picior greșit", care necesită iertare, uitare, timp și bunăvoință. De ce o femeie ca Julia, corectă și lipsită de răutăți ar face asta pentru tine?

— A doua șansă îți spune ceva? Nu despre asta vorbim? Toți greșim și toți avem nevoie de ea.

— Greșești când calci pe cineva pe picior, nu când îți trișezi soția. Poți greși o dată, dar când repeți acea greșeală de mai multe ori, aceasta se transformă în stil de viață și nimeni nu are chef să-și piardă timpul cu așa ceva.

— Da, bănuiesc că ai dreptate, și recunosc că sunt un bou care o dă mereu în bară. Cu asta eram obișnuit, dar nu mă așteptam să sufăr.

— Toți o dăm în bară din când în când, spuse Hope, iar faptul că suferi nu arată decât că ești uman. Îl privi atent. Un bou uman, mai zise ea, și amândoi zâmbiră. Du-te acum acasă, Vincent, gândește-te la o soluție, nu te pripi. Și nu o mai căuta pe Julia până când nu vei regla această situație. Julia nu poate accepta să fie o a doua roată de la căruță și nici nu merită. La fel și Sonia. Și chiar și tu. Relațiile ambigue sunt epuizante și întotdeauna au ca finalitate ura, războiul. Și cine face război...

— N-are niciodată pace, completă el. Da, știu, zise ridicându-se. Îți mulțumesc pentru ajutor, Hope. Mi-ai deschis ochii, chiar dacă de la început știam că nu fac bine ce fac. O să îndrept această situație și apoi voi veni la Julia. O să-i explici tu? Ești bună la asta și apoi, cuvântul tău este foarte important în ochii ei. Toată treaba asta o să-mi încetinească planurile, dar poate este mai bine așa.

— Crede-mă Vincent, mergeai repede spre nicăieri. Dar ai spus că vei încerca să devii o persoană mai bună, așa că nu-ți voi băga bețe în roate. Nu putem învinui pe cineva care încearcă, nu-i așa? mai spuse ea, apoi el plecă.

Când Julia se întoarse n-o întrebă nimic pe Hope, doar mâncă 10 macarons și două felii mari de tort. Larry puse albumul de jazz „Kind of Blue" al lui Miles Davis și o invită pe Tess la dans.

— Se vede că ești fericită și mă bucur pentru tine, Tess. Jason pare un tip de treabă.

— Da. Așa a fost mereu și probabil că, dacă nu m-aș fi mutat în Los Angeles când eram în liceu, acum eram căsătoriți și aveam șapte copii. Dar viața a vrut altfel.

El dădu din cap.

— Da. Iar acum v-a reunit și este extraordinar, dacă asta îți dorești.

— Îmi doresc să evadez din trecut, să pot în sfârșit să văd în perspectivă. Toată lumea are dreptul la un final fericit, dar din păcate, nu ne iese întodeauna. Eu însă sper. Nu vreau să mă grăbesc. Doresc doar să ne fie bine și deocamdată, pentru mine, Isabelle este prioritară.

Julia și Hope se întoarseră la masă unde se discuta de James Joyce, de modernismul anglo-saxon și cum Virginia Woolf s-a sinucis în fluviul Ouse. Disperată că acea seară se transformă într-una culturală, Kim făcu turul mesei avidă să se ia de cineva. O alese pe Julia.

— Ce faci când nu te culci cu bărbatul altuia? o întrebă atrăgând toate privirile.

— Le trag șuturi în fund puștoaicelor ca tine, care-și varsă nervii pe cei din jur, zise actrița fără să se supere, iar Kim zâmbi. Dar, continuă Julia, mi-ar fi plăcut să fac publicitate.

— Dacă vreodată vei ajunge să faci publicitate la televizor, te rog frumos să nu bagi reclame pentru crema vaginală în timpul orelor de masă. Este dezgustător, zise Isabelle, ridicându-se și făcându-i Tinei semn s-o urmeze. Nu-mi place să stau singură, zise Isabelle când au ajuns în sala de baie.

— Este normal după tot ce ți s-a întâmplat. Eu sunt prima care spun că în viața asta nu există siguranță dar, relaxează-te. Într-o zi, mai încolo, o să-ți revină acel fals sentiment de securitate.

— M-ar ajuta enorm dacă l-aș avea ca iubit pe Ted.

— Nu vrei să faci asta, Isabelle.

— De ce? întrebă fata, știind răspunsul deja.

— Poate pentru că iubita lui îți este prietenă bună, spuse Tina, dându-și cu mascara.

Devenise o tânără drăguță și acum avea grijă de aspectul exterior.

— Știam eu că există un nenorocit de motiv, zise Isabelle luând fardurile lui Hope de pe coafeza cu oglindă ovală și dându-și cu mov pe pleoape. Este superbă sala asta de baie. Hope are gusturi bune la decorat... și la bărbați. Larry este un tip mișto.

— Și ce crezi de Jason? întrebă Tina aranjându-și cordonul de la rochia vaporoasă în culorile curcubeului.

— Este cumsecade. N-are prea multă clasă, nu este sofisticat, dar este un tip de treabă.

— Poate că este exact ce-i trebuie lui maică-ta. Un tip mai puțin rasat, care să-i fie fidel.

Ochii Isabellei se întunecară de tristețe, amintindu-și de tatăl ei. Așa cum fusese Ron, ea îl iubise. Probabil că fusese un soț oribil, dar ca părinte se descurcase bine. O iubise și fusese prezent de câte ori putuse. Îi dăduse întotdeauna sfaturi bune și bani cu grămada. Da, tatăl ei îi lipsea mult, dar își dorea ca Tess să fie fericită. Chiar dacă asta însemna că veterinarul Jason să le intre în vieți. Gândul la tatăl ei o întristă și lacrimi îi apărură în ochi. Se îndreptă spre ieșirea din baie.

— Unde mergi cu barba tremurând? o întrebă Tina. Ce vrei să faci?

— Să plâng. Nu văd ceea ce altceva aș putea face cu fața asta, râse ea printre lacrimi, iar prietena ei o luă în brațe s-o consoleze. Deveniseră mai apropiate de când împărtășeau secretele dureroase. Plâng pentru că vreau ca viața mea să fie iarăși extraordinară și știu că n-a fost niciodată extraordinară, dar în momentul ăsta trebuie să o văd așa. Tu cum ești acasă de când John a revenit?

– OK, cred, spuse Tina ridicând din umeri. Twilight Zone, dar sunt obișnuită. Anna îi vorbește de emisiunea ei de la radio, el îi zice c-o iubește, apoi ea vrea să mănânce ceva și el iar îi spune c-o iubește. Ar fi grozav dacă nu mi-ar spune de vreo 50 de ori pe zi „cât de minunat este, ne iubim între noi și te iubim și pe tine". Câteodată chiar cred că este bipolar și nu că medicii au greșit diagnosticul. Dar, mă rog, mama este fericită, el n-are ochi decât pentru ea, Tom este mort și cazul este închis.

Isabelle își privi prietena cu drag și zâmbi:

– Știi că te-ai transformat în ultimul an într-o tânără drăguță, feminină și inteligentă? Eu fiind cea mai feminină din încăpere, evident, zise Isa bătând din gene.

Tina zâmbi la rândul ei:

– Am avut un exemplu bun. Și, hei, inteligentă am fost întotdeauna.

Binedispuse se întoarseră la petrecere unde, Cara spunea că în Paris aveai mai puține șanse să fii împușcat, dar, nenumărate să fii furat, să trăiești în apartamente mici și să dai 20 € pe trei foi de salată. Hope cu Larry dansau, la fel și Jason cu Tess, care radia de fericire.

Se așezară la masă unde Dora și Kim o ascultau pe Cara, disperată în legătură cu interviul pe care îl avusese cu o săptămână în urmă.

– Totul a decurs bine, până la un moment dat, spunea ea. Aveam bufeuri și nu mai gândeam limpede, apoi am râs, deși nu era deloc amuzant. Dar ce putem să fac dacă aveam emoții?

– Să încerci să nu râzi? zise Dora serioasă. Moștenise umorul sec al mamei ei.

– Nu-i nimic dacă nu obțin postul. Mă mărit și fac câțiva copii. Nu, nu, se răzgândi Cara, fără copii. Sunt lipicioși, vor tot timpul câte ceva și când, în sfârșit ajungi să te înțelegi mai bine cu ei, își iau tălpășița și pleacă de-acasă. Deci fără plozi. Dacă putem să-i producem, nu înseamnă neapărat că îi și vrem. Ai 34 de ani, de ce n-ai copii, Julia?

– 34 nu sunt 100, spuse ea calmă. Și apoi trebuie mai întâi să găsești persoana potrivită, să te căsătorești și dup-aia să faci un bebe.

– Eu nu o să mă mărit niciodată, decretă Tina, iar de copii nici nu se pune problema. Tot ce-mi doresc este să termin odată cu liceul ăsta în care sunt doar o anonimă bizară. Când începusem să cred c-am ieșit din anonimat și mă simțeam mai puțin invizibilă, a apărut un cretin și m-a numit Tara, iar dup-o săptămână toți elevii din școală mă strigau Carl. Râsete. Mi-am făcut chiar o cascheta pe care am scris: „jur, sunt fată". Ea îi privi pe rând, apoi continuă: acum toți îmi spun Carla.

– Dar este un nume extraordinar, zise Julia. Și știi ce înseamnă? Războinică. Carla mai este feminină, îi place să aibă grijă de ceilalți, este dornică să placă.

– Cool, râse Tina, dar nu este numele meu.

Ambianța rămase plăcută tot restul serii. S-au amuzat și s-au contrazis pe tema lui Vincent și Edgar, calului urât, mort, al lui Jason, stilului lui Van Gogh și Cezanne, apoi copiii au început să se răscoale. Sub nicio formă seara aceea nu trebuia să devină o seară culturală.

În sfârșit puteau discuta despre altceva decât despre nenorocirile petrecute și toți cei prezenți acolo sperau într-un viitor mai liniștit.

Capitolul 17

Vara a trecut repede. Tina și Isabelle se înscriseră voluntare într-o casă de bătrâni, Tess cu Jason își trăiau idila pașnici, iar Anna cu John se înțelegeau mai bine ca niciodată. În cartier, toată lumea se pregătea de Halloween. Singura casă nedecorată era ce a lui Hope.

Aceasta lucra cu Hagman la al doilea film și era foarte ocupată. Lara îi devenise prietenă apropiată, iar relația cu Larry decurgea bine. April, a cărei sănătate se ameliorase considerabil, se îndrăgostise de Roma și apoi de un italian, decizând să rămână o perioadă mai lungă în Europa. Învinsese cancerul și era convinsă că pozitivitatea, sportul și faptul că făcea doar ceea ce îi plăcea au ajutat-o enorm în vindecare. Singura umbră din viața lui Hope era Barry, care începuse să bea mult. Pierduse un contract de câteva milioane de dolari, iar acum, mama lui îl amenința cu concedierea. Nu își pusese bani deoparte și, de când o părăsise pe Hope, ducea o existență tumultoasă, care îl costa mult. Deseori trecea neanunțat pe la ea acasă și se comporta ca și cum viața era nedreaptă cu el. Nimic nu era din vina lui, doar destinul era vinovat. Și Hope, evident.

Într-o seară când veni iarăși neanunțat și se puse la masă în locul lui Larry care era încă la serviciu, făcând pe capul familiei, Barry îi reproșa că dacă ajunsese atât de jos era și din vina ei.

– Puteai să închizi și tu ochii și să mă primești înapoi. Așa fac femeile care își iubesc soții, se lamentă el pentru a mia oară. Nici măcar nu te-am înșelat cu Julia. N-am făcut nimic, știi doar.

– Dar, asta nu pentru că n-ai fi vrut tu.

El o privi agasat și terminând cotletul de vită al lui Larry, întrebă cu gura plină:

– Cum faci, îți pregătești discursurile de cu seară, Hope? Ai mereu câte un răspuns la orice.

Ea se hotărî să nu-i intre în joc și să schimbe subiectul.

– Ar trebui să te împaci cu maică-ta, Barry. Este păcat ca niște străini să-i conducă firma. Locul tău este acolo, odată ai fost bun în ce făceai, nu văd de ce n-ai putea fi din nou.

– Știi, cu ea am mereu impresia că trebuie să-i dovedesc zilnic că sunt bun, capabil, dacă nu, dispar. Ca și cum aș înota și capul mi-e încă la suprafață, dar dacă nu continui să înot, mă scufund. Ce o să fac când o să obosesc? O să mă înec. Am făcut o greșeală și acum nu se mai de jos din spatele meu, iar eu nu pot să-i spun nimic pentru că mă simt iarăși ca la cinci ani. Îți spun sigur, mă înec. Ce să fac? se plângea el.

– Pune-ți masca de oxigen, recuperează-ți testiculele de unde ți le-ai pus în păstrare și du-te la maică-ta și discută cu ea. Faptul că-ți plângi de milă n-o să servească la nimic.

Larry intră în încăpere și Hope se ridică să-l întâmpine.

– Oh, ce surpriză, spuse el zâmbind, după ce-și sărută iubita. Este a treia oară când ne onorezi cu prezența săptămâna aceasta, Barry. Ce s-a mai întâmplat?

Nu era supărat că fostul soț al iubitei lui era la ei acasă ,mâncându-i cina și luându-i locul la masă, dar tare și-ar fi dorit să petreacă o seară liniștită cu Hope. Erau rare serile în care se puteau vedea. Între munca lui la spital și ai ei la ziar și pe platou, nu le rămânea mare lucru.

– Viața, viața m-a adus aici, se lamentă Barry cu gura plină de tiramisu, iar Larry se îndreptă spre el, îl luă de braț și îl ajută să se ridice.

– Da, Barry, știm. Viața este scurtă și dup-aia mori, dar vezi tu, în seara asta, Hope și cu mine am decis să celebrăm viața, așa că te voi ruga să pleci, spuse el conducându-l la ușă forțat.

– Nu știam că poți fi atât de convingător, zise Barry, privindu-l chiorâș și luând sticla de vin de pe bufet.

– Acum știi, zâmbi Larry, închizându-i ușa în nas.

– Slavă Domnului! M-am săturat să-l aud plângându-se. Are probleme financiare și nici măcar nu știe cum o să-și plătească chiria.

– O să găsească el ceva idei când o să facă striptease într-un bar de homosexuali, glumi el ,sărutând-o tandru pe buzele roz lucioase. Unde este aia mică?

– Și când spui „aia mica", se auzi Kim lătrând în spate, la cine te referi?

Era îmbrăcată într-o pijama albă cu floricele colorate și părea chiar mai tânără decât era.

– Te simți mai bine? întrebă Larry, încercând disperat să evite cearta și ea dădu din cap afirmativ. Chiar ai vomitat?

— Doar m-am prefăcut, pentru că este așa de stilat să scoți acele sunete în fața tuturor.

Zâmbind, Hope se apropie de ea și-o pupă pe cap, apoi, împingând-o ușor îi spuse drăgăstos:

— Noapte bună, draga mea. În seara aceasta, tatăl tău și cu mine vrem puțină intimitate.

— Sex adică, zise Kim.

— Doar vrem să luăm o cină romantică și...

— Să faceți sex, zise iarăși Kim. Trebuie să fie foarte amuzant dacă toată lumea o face. „Cel mai amuzant lucru pe care-l faci, fără să râzi", îl cită ea pe Woody Allen, lăsându-i cu gura căscată. Da, am văzut filmul, continuă fata, apoi plecă dând din cap.

Un foc vesel ardea în șemineu și ei se așezară unul lângă celălalt pe canapea.

— Când o să-i spunem că ne căsătorim? o întreabă el.

— La primul copil?

El se întoarse spre ea și o privi cu dragoste imensă.

— Chiar? Ai face asta pentru mine? întrebă îndepărtându-i o șuviță de pe față și sărutându-i fruntea.

— Nu. Pentru noi. Îmi doresc să am copil cu tine, Larry. Poate nu imediat, ținând cont de circumstanțe, dar în doi ani ar fi perfect.

El zâmbea mulțumit, dorindu-și din tot sufletul să întemeieze o familie cu ea. Erau deja o familie, dar un copil al lor ar fi pecetluit uniunea, ar fi binecuvântat-o. Era bine cu Hope și nu se mai simțea vinovat aproape deloc. Dé fusese dragostea lui și n-o va uita niciodată, dar Hope era vie și dornică să-l readucă la viață. Așa ceva nu se refuza. Nu după toți acei ani în care nu trăise, doar se târâse. O privi blând pe Hope și tandru începu s-o sărute când, Julia dădu buzna în sufrageria lor. Avea un trandafir negru în mână, legat cu panglică neagră și ochii îngroziți.

— Uitați ce am găsit în fața ușii mele. Iarăși! Săptămâna trecută o pereche de chiloți de-ai mei erau frumos aranjați pe pat și nu eu i-am pus acolo, iar pe platoul de filmare, acum câteva zile am primit o scrisoare în care reieșea că sunt a doua Pyryne. Prostituata! le explică ea.

— A fost celebră, zise Larry neinspirat, iar Hope îl lovi cu cotul. Ba da, continuă el privind-o pe Hope, a fost model pentru pictorul Apelles și cu banii câștigați din prostituție a contribuit la refacerea zidurilor Tebei.

— Cineva mă urmărește, zise Julia îngrozită, iar tu, tot ce poți este să faci pe Wikipedia?

— Pe Vincent l-ai mai văzut? o întrebă prietena ei, iar Julia ridică din umeri și făcu o grimasă.

— Da. Mă sună sau vine la studio și-mi toarnă aceleași baliverne: n-a putut să aibă o discuție cu soția lui pentru că a fost bolnavă, sau plecat la Paris, Roma sau mai știu eu unde. I-am spus că se poate duce și pe Lună, că nu mă mai interesează, dar nu este așa. Mi-e frică să nu rămân în permanență cu suferința asta oribilă.

— „Nimic nu este permanent în viață. Doar temporarul", cită Hope, iar Julia dădu din cap.

— Mâine mi-a cerut să ne întâlnim. Are ceva important să-mi spună. Tușea mult și mi-a dat impresia că este bolnav. Sau poate doar voia să mă impresioneze. Oricum ar fi, sunt terorizată. Sunt urmărită zilnic. Știu asta. Oriunde aș merge, un bărbat este veșnic la câțiva metri în spatele meu. Când mă opresc se oprește și el și se face că se uită într-o vitrină, pe telefon sau în aer, depinde unde suntem. De vreo trei zile nu l-am mai văzut, de aceea nu v-am spus. M-am gândit că poate s-a plictisit și că a lăsat-o baltă.

— Nu, Julia, obsedații nu se plictisesc. Va trebui să spui la poliție. I-ai văzut fața?

Julia dădu din cap că nu.

— Purta ochelari negri și cascheță. Mi-era greu să văd ceva mai ales că de fiecare dată se întorcea cu spatele. Pot spune doar că este de rasă albă și destul de bine legat. Înalt, sportiv...

— Ca și Vincent, zise Larry și ele două se priviră întrebător.

*

El era deja la masă când Julia dădu cheile Porsche-ului său unui valet. Îmbrăcată în pantaloni albi strâmți până la glezne, pe tocuri și cu o cămașă gri perlă, arăta exact ca ceea ce era: un star de cinema. Zâmbea la cei care o priveau cu gura căscată, fiind conștientă de efectul pe care îl avea asupra oamenilor, dar fără să fie îngâmfată. Intră în restaurant și îl văzu, iar el se ridică și îi zâmbi timid. Era încercănat și avea în ochi o tristețe care o reconfortă. Se bucura că nu era singura care suferă.

— Îmi pare bine să te văd, chiar dacă știu că doar frica că sunt bolnav te-a adus aici, zise el, luându-i mâna emoționat.

— Vină și sarcasm într-o singură frază, zise ea trăgându-și mâna. Promițător.

Se așezară la masă, iar el îi turnă apă plată, știind că ea nu bea alcool niciodată la prânz. Pentru el își comandă un whisky dublu.

— Despre ce voiai să-mi vorbești? întrebă Julia, iar el își desfăcu un nasture de la cămașa albă, după care își băgă mâinile în părul negru lucios. Uitase cât de sexy putea fi și îi era ciudă să simtă încă ceea ce simțea pentru el. El observă imediat freamătul ei.

— Nu mă părăsi, Julia. Voi muri dacă o faci. Nu se aștepta la atâta dramă, dar undeva în sufletul ei nu putea să nu spere că, poate era adevărat. N-am făcut decât să te iubesc, continuă el, și am impresia că mă urăști. Tu m-ai părăsit.

— Da. Și o trăiesc ca pe un doliu, deși tu ești viu, îi reproșă ea.

— Tu ai ales să nu mai faci parte din viața mea, iubito.

— Viața voastră, iubitule! A mea, a ta și a soției tale, zise ea apăsat.

El dădu paharul de whisky peste cap și îi făcu semn chelnerului să-i mai aducă unul.

— Știu că oricât ai face pe dura, îți este dor de mine. Și mai știu că niciodată nu mi-ai dori răul.

— Tot ce-mi doresc este să fiu eu bine iarăși. Ea făcu o pauză, gânditoare, apoi scuturându-și părul îl privi direct în ochi și-i spuse: cred că nu mai sunt îndrăgostită de tine și probabil că n-am fost niciodată. Am fost îndrăgostită doar de ideea de a fi îndrăgostită, atât. Ești un om care pune întrebări, dar care nu are răspunsuri niciodată și eu n-am nevoie de așa ceva.

— Nu cred în toate oribilitățile pe care le spui, Julia.

— Asta pentru că nu vrei să ieși din zona de confort.

— Utilizezi sarcasmul ca să mă ții la distanță? o întrebă și ea îl privi cu ochi triști.

— Ce știi tu cel mai bine să faci, Vincent, este să îi îndepărtezi pe cei ce te iubesc. Să dai cu pietre în ei și apoi să te aștepți ca ei să continue să te iubească.

— Nu fac decât să caut iubirea care mi-a lipsit toată viața, Julia.

Părea sincer când spuse asta.

– Cauți în locuri greșite. Niciodată nu voi accepta să fiu amanta ta. Sau a nimănui. Te-ai înșelat amarnic dacă ai crezut că aș putea tolera asta. Pentru mine ai fost cineva bun care mă iubea și care nu mă făcea să sufăr.

El o prinse de mână și își apropie capul de-al ei.

– Nu mai vorbi de mine la trecut, Julia, zise el simțind pericolul. Simțea cum se îndepărtează, cum este pe cale să ia o decizie. Și nu una bună pentru el. Nu voia să o piardă.

– Ești trecutul. Când am aflat de Sophie, ai devenit o parte din trecut. Se spune că cea mai mare virtute a unei persoane este să fie onestă cu ea însăși. Și exact asta voi face. Voi fi corectă vizavi de mine. Adevărul este, Vincent, că încă țin la tine, dar realizez că, cu cât te cunosc mai mult cu atât te plac mai puțin. Îmi este greu să te scot afară din viața mea, dar exact asta voi face. Nici nu știu de ce ți-am cerut să vorbești cu Sophie. N-aș fi putut niciodată să trăiesc cu faptul că am creat suferință cuiva. Niciodată nu voi mai fi cu tine, Vincent. Dacă îți părăsești soția, fă-o doar pentru tine. Pentru ea. S-o eliberezi din viața mincinoasă în care ai închis-o. N-o face pentru mine. Privirea din ochii ei deveni dură, iar el o prinse de încheietura mâinii și o strânse tare. Se apropie cu fața de ea și cu voce joasă și arătând oribil zise:

– Dacă crezi că poți să-ți bagi joc de mine, cățea, te înșeli amarnic! Nu ai instrumentele sau forța necesară ca să poți gira tragedia ce îți va intra în viață. Nu-mi plac dezacordurile, Julia.

– Dezacorduri? repetă ea buimacă și tremurând din toate încheieturile.

– Da. Tu decizi că nu mă mai iubești și vrei să mă scoți afară din viața ta, eu dau cu mașina peste tine.

– Ești nebun, făcu ea speriată.

– Iar tu, o trădătoare. Și trădătorii sunt împușcați în lumea mea.

Julia privi străinul din fața ei nevenindu-i să creadă că fusese păcălită așa. Dintr-o dată nu-i mai fu frică de el, ba din contră, se simțea eliberată. Din păcate, nu știa cu cine are de-a face.

– Împușcată sau călcată cu mașina? La fel ca în viața de zi cu zi, nu poți lua o decizie, zise ea ridicându-se. Când el încercă s-o oprească, ea îl apucă de gulerul cămășii și îi zise calm:

Ia-ți mâinile scârboase de pe mine că țip cât mă țin plămânii și în cinci secunde vei fi în spatele gratiilor, om rău și mincinos! Niciodată nu vorbise în felul acela cu cineva înainte, dar niciodată nu mai fusese mințită și amenințată așa. El o privi debusolat și ea îl înfruntă iarăși: Ai o parte urâtă pe care ai disimulat-o în spatele zâmbetului acela inocent, dar ipocrit. Ești un monstru!

— Nu sări așa repede la concluzii, prințesă, c-o să-ți rupi piciorul, zise el dându-i drumul, dar declarându-i război.

Ea îi înfruntă privirea pentru câteva momente, își luă geanta și plecă fără să se mai uite înapoi. Când ajunse afară fu cuprinsă de panică. Așteptând ca valetul să-i aducă mașina îl văzu iarăși pe bărbatul care o urmărea.

— Hei, strigă ea fugind după el, dar acesta traversă strada și intră în hotel dispărând.

Julia îl urmă căutându-l în bar, dar nici urmă de el. Alerga înnebunită în holul hotelului, în restaurant, coborî chiar și la piscină, dar bărbatul parcă intrase în pământ. Extenuată părăsi hotelul și își recuperă mașina după care se duse la Hope.

— Bună Julia, o întâmpină Isabelle care o văzu prima, ești bine?

Aceasta, arătând ca o stafie se apropie de ei cu un mers nesigur:

— M-a amenințat cu moartea, le zise ea șocându-i. Eu i-am spus când nu mai vreau să facă parte din viața mea, iar el m-a amenințat cu moartea.

— Tâmpenii, spuse Larry, ăsta nu-i un film cu gangsteri, ci viața reală.

— Mi-a zis că va da cu mașina peste mine, zise ea privindu-i cu ochi mari speriați.

— Cred c-ar trebui să avertizezi poliția, sugeră Tess și Jason dădu din cap afirmativ.

— Și ce să le spun? Că m-am culcat cu un bărbat însurat care acum amenință cu moartea?

— Exact, spuseră ei în cor.

După ce discutară câtva timp de ce trebuia ea să facă, Julia începu să se destindă și decise să se simtă bine împreună cu prietenii ei.

— Am hotărât să locuim împreună, decretă Jason, luând-o pe Tess de mână, iar Isabelle se înecă cu limonadă.

— Sper că nu acum o să mă anunțați că ne mutăm în Wisconsin, zise fata nervoasă.
— De ce am face-o? zâmbi Jason. Venim din Missouri.
Isabelle îi privi pe amândoi cu ochi ucigași:
— Și ce așteptați acum? Gratificare instantanee? Era furioasă. De-abia se obișnuia cu noua ei viață și nu mai avea chef de alte schimbări cu excepția că acestea să fie senzaționale, ceea ce nu era cazul. Își dorea ca mama ei să fie fericită, dar oare nu putea fi o celibatară fericită?

Ceilalți se simțeau jenați și și-ar fi dorit să-i felicite dar, Isabelle era prea pornită. Toți credeau că Tess și Jason se potriveau de minune. El se apropie încet de Isabelle, iar ochii din spatele ochelarilor erau blânzi, plini de compasiune:
— Isabelle, nu vreau să iau locul tatălui tău...
— De ce nu? îl întrerupse ea. Mi se pare o idee excelentă.
Se ridică și o luă la fugă spre căsuța de lângă piscină. Tess vru să meargă după ea, dar Jason o opri.
— Nu acum. Las-o să digere informația. A fost un șoc pentru ea și probabil trebuia s-o anunțăm altfel.
— În orice caz, spuse Hope, sunt fericită pentru voi doi.
Ceilalți aprobară din cap, zâmbind și se ridicară să-i felicite. Tina s-a dus după prietena ei.
— Cum te simți? o întrebă Tina, știind deja răspunsul. Nici ei nu-i plăceau surprizele, dar toată viața avusese parte de ele. Nu că nu i-ar fi plăcut schimbarea, dar rutina o asigura într-un fel.
— Mă doare capul și urăsc pe toată lumea în momentul ăsta. Ce crede oare tatăl meu când ne privește de unde este?
— Nimic, răspunse Tina. E mort. Iar mama ta este vie. Las-o să-și trăiască viața. Am înțeles că n-a dus-o tocmai bine cu tatăl tău.
Isabelle o privi și știa că are dreptate. Mama ei merita să fie fericită și dacă aceea era alegerea ei, un veterinar cu un cal urât și mort, fie. Îi va respecta decizia. Ea oricum urma să plece la facultate, viața i se schimba. Iarăși. Dar de data asta spera să fie în bine.
Isabelle ieși afară, se duse la mama ei și fără să spună ceva, o pupă și își puse capul pe umărul ei. Jason zâmbi ușor, fără să intervină. Era deja un pas mare și aprecia gestul fetei. Voia că Tess să fie fericită și știa că n-ar putea fi dacă fiica ei s-ar împotrivi

relației lor. Dar Isabelle era o fată rezonabilă și indiferent cât l-ar fi iubit pe tatăl ei, știa că nu fusese un sfânt. Știa totul despre viața dublă a acestuia, despre soția lui, Adelaide, care născuse gemeni și despre amanta din San Francisco, care o contactase o dată pe Tess să o pună în gardă. Isabelle o sunase pe Adelaide și îi spusese că ar vrea să-și cunoască frățiorii. La capătul liniei cealaltă femeie a fost foarte clară. Pentru ea, Ron nu avusese o altă familie și dacă Isabelle își imagina că va împărți cu ea casa și banii care-i rămăseseră de la el, se înșela amarnic. Isabelle voi să-i spună că nu o interesau banii ei, doar dorea să-și cunoască frații, dar Adelaide era pornită împotriva întregului Univers, așa că fata nu se mai obosi cu alte explicații. Nici măcar nu-i spusese lui Tess că o sunase. Nu avea niciun sens să o supere.

Și pentru că ambianța era foarte jovială, apăru și Barry ca să strice tot. Beat criță, cu cravata strâmbă și părul zburlit se uită în jur la curtea casei lui.

— Vă distrați bine în casa mea? Întrebă el cu un zâmbet răutăcios pe față și când dădu cu ochii de Larry îl privi cu ură. N-ai niciun drept să fii aici, în casa mea, cu soția mea și copilul... tău, continuă el bufnind într-un râs nebun. Să fiu al naibii, este fata ta, ceea ce înseamnă că la 35 de ani, n-am nici casă și nici familie. Și astea toate din cauza ta, i se adresă lui Hope. Te-ai debarasat de mine ca de un obicei prost. Ai mai fi putut să-mi dai o șansă, doar m-am scuzat.

Ea se apropie de el și îi șopti:

— Te-am așteptat un an și când în sfârșit am crezut că ți-a venit mintea la cap, ai apărut la ușa mea și mi-ai spus că o iubești pe Julia. Ceea ce făcea din mine nu numai o femeie înșelată, dar și patetică. El suflă pe nas agasat și își mută privirea undeva pe lămâiul din curte. Hope îl prinse de cot încercând zadarnic să-l împingă spre ieșire.

— Barry, nu veni acum să-ți ceri scuze, pretinzând că-ți pasă. Sau că ești uman.

— Și dacă m-am răzgândit și îmi vreau jumătate din ceea ce-mi aparține? întrebă el uitându-se în jur la casa albă luminată ca de Crăciun, la curtea mare cu piscina îmbietoare, cu lămâi și portocali pe care copiii îi împodobiseră cu ghirlande luminoase.

– Zilele acestea am toleranță zero la escroci, așa că te rog să părăsești proprietatea mea! Și data viitoare când ne mai întâlnim, te rog să-i vorbești soțului meu cu respectul ce i se cuvine. Barry făcu ochii și mari, și ea continuă: da, anul viitor ne vom căsători.

Tess bătu din palme fericită:

– Ce-ar fi să facem nunta împreună, Hope?

– Ai înnebunit! urlă Barry la Tess. Bărbatul tău este cald în mormânt, iar tu vrei să te măriți, cățea?

– Latura asta a ta de blazat introvertit, apoi furios maniac, începe să mă obosească, zise Tess, oprindu-l pe Jason din ceea ce voia să facă. Tu niciodată n-ai fost capabil să-ți alegi bine prietenii sau momentul. El o privea ca pe un OZN. Este vorba despre toate ocaziile pe care le-ai ratat în viață Barry, pentru că ești un bou arogant, incapabil de a spune ceea ce trebuie, când trebuie. Miroși a bere și a pastă de dinți, așa îmi aduc mereu aminte de tine.

– Du-te dracului, Tess! spuse el dând din mână și întorcându-se iarăși spre Hope. Trebuie să-ți vorbesc. Doar noi doi, te rog. O oră, atât.

– De ce nu dai mai bine cu mașina peste mine? zise ea. Ar fi mai puțin dureros. Apoi îl trase de mână și-l băgă forțat în casă. Cum îndrăznești să vii aici neanunțat și să faci scene în fața tuturor? Tu care mi-ai fost infidel. Ți-ai părăsit căminul, Barry.

– Pot să-ți explic...

– N-o face. N-are niciun sens. Totul este prea târziu pentru tine. Pentru noi.

El își mișcă greutatea de pe un picior pe altul apoi cu aerului unui băiețandru de 15 ani zise:

– Unde scrie că trebuie să fii doar cu o persoană toată viața? Cine-a spus asta?

– Dumnezeu, în cele 10 porunci. Acum te rog să pleci. Te-ai comportat prostește marea majoritate a vieții tale, iar eu nu mai sunt obligată să fac nimic pentru tine.

– Sunt mai deștept decât toți oamenii pe care-o să-i întâlnești tu vreodată. Tu și maică-mea la fel, urlă el îndreptându-se spre ieșire. Apoi se opri și strigă iarăși: Hope, nu te-am văzut niciodată cu lacrimi în ochi. Mi-ai spus că te-am rănit enorm, bla, bla, bla, dar nu te-am văzut plângând. Bănuiesc că durerea o ții undeva la interior, acolo unde rimelul nu poate curge. Cățele! Toate cățele, mai adăugă el, apoi părăsi casa. Ieși și ea în curtea din spate și merse direct la Larry care o luă după umeri și îi șopti:

– Te iubesc atât de mult pentru că ești puternică și vulnerabilă în același timp. O sărută tandru, iar ei i se muiară genunchii. Se topea în brațele lui de fiecare dată.

Tina își duse o bere la gură și maică-sa îi smulse sticla:

– Chiar? o întrebă ea cu ochii măriți. În fața noastră a tuturor?

– Sunt aproape adultă, comentă fata de 17 ani.

Anna o privi și spuse calm:

– Dar ți-ai zugrăvit camera în verde cu buline albe.

Toți zâmbiră, iar fata după ce-i privi pe rând, dădu din picior.

– Bine, bine, ai câștigat, dar să știi că la anul n-o să mă mai poți controla. Voi fi la facultate.

– Pe care eu ți-o plătesc, spuse mama ei.

– Ce vrea să însemne asta? se înfurie ea.

– Că n-o să plătesc 50000 $ pe an ca să poți tu să bei bere liniștită. De altfel, vara asta vei fi ocupată cu pregătirea. În San Diego se țin cursuri care-ți vor fi folositoare în anul viitor școlar. Te-am înscris deja și ne-am luat bilete la tren.

– La tren! strigă fata ca și cum ar fi văzut un monstru umed. Dar urăsc trenul. Știi doar că mie-mi place doar cu avionul.

– O să-ți servesc pachetele mici de alune și suc de portocale dacă vrei, dar mergem cu trenul. Fata o privi ironic, apoi îi întoarce spatele și se aruncă pe unul din paturile de lângă piscină. Nu știu ce să mă mai fac cu ea, îi spuse Anna lui Tess. Este pe zice trece mai obraznică. Tu nu ai niciun plan?

– Când ajungi acasă, zise aceasta serios, îi pui sacul pe cap și o bagi la subsol. Anna își dădu ochii peste cap. Bine, bine, făcu ea, o lași în living, dar să știi că o răsfeți prea tare.

Criza trecu și ei continuară să vorbească despre modă, filmul lui Hagman, despre cât de mult se construise în Los Angeles și de faptul că oamenii rămăseseră aceeași: egoiști, încercând din răsputeri să fie mai buni. Sau să evite impozitele. Apoi Larry dădu muzica mai tare, în timp ce de partea cealaltă a străzii, o umbră neagră se strecura la Julia în casă.

*

La 1:00 dimineața petrecerea luă sfârșit și toți se întoarseră la casele lor. Julia aprinse lumina. Nimic. „Nenorocit de bec", mormăi ea, îndreptându-se la etaj și bâjbâind în întuneric. Ajunsă în dormitorul ei își aruncă pantofii cât colo, apoi hainele și lenjeria intimă. Se uită pe geam și văzu frumoasa lor stradă scăldată în lumina lunii. Era într-adevăr un loc minunat, gândi ea, băgându-se în patul alb imaculat. Nici măcar nu se demachie, atât era de obosită. A dat să se ridice, dar căzu epuizată.

La parter, cel ce se introduse în casă cu două ore înainte se pregătea să urce la etaj. Îmbrăcat tot în negru, urca treaptă după treaptă și în casa luminată doar de lună, i se putea vedea zâmbetul diabolic. Făcuse terapie ca să scape de vocile din cap și după câțiva ani reușise să nu le mai audă. Nu și pe cea a maică-sii. Iar acum, cățeaua de Julia se juca cu nervii lui fragili. Intră în camera ei și, văzându-i hainele aruncate pe covorul alb de lângă pat, luă chiloțeii fini și începu să-i învârtă pe deget ca o morișcă.

„N-o să ai niciodată o femeie adevărată", urla vocea tatălui lui în cap și el își duse degetele la tâmplă. „Am pus bani deoparte pentru tine, dar sunt sigur că nu-s pentru facultate, ci pentru pușcărie". Îl lăsase să aibă dreptate și irosi bani grei ca să-l scoată pe cauțiune. Aproape că violase o fată, furase mașini și lovise un polițist, exact la ce se așteptase părintele lui, care îl făcuse să se simtă oribil și în multe alte feluri, pe tot parcursul vieții lui. Își ținuse secretul bine ascuns și reușise să facă pe victima o viață întreagă.

Gol pușcă se strecură încet în pat lângă Julia care dormea profund. Alcoolul o extenuase. La fel și suferința. După zile de nesomn, acum parcă era moartă. El în schimb era cât se putea de viu și se atinse de ea până ejaculă. Julia se mișcă încet și se întoarse pe partea cealaltă, fără să simtă cum sperma îi curgea pe coapsă.

*

Era opt dimineața și ploua. Julia își mișcă pleoapele încet și deschise ochii. Capul o durea îngrozitor și își spuse că nu va mai bea niciodată. Îi era sete și gura-i era uscată, dar era imposibil să se dea jos. Din pat privea pe geam și văzu că plouă. O zi mohorâtă, la fel ca ea. Avea tot ce-și dorea și era nefericită. Pe noptiera albă de lângă patul mare lipit de geam era o veioză cu picior pătrat din cristal și abajur alb rectangular, o poză cu părinții ei și cu ea și o alta cu ea la festivitatea Oscarului. Pe cealaltă noptieră lângă veioză se afla o vază sidef cu trandafiri mici de culoarea plămânului și ceasul lui Vincent. Ceasul lui Vincent!

Ca arsă sări din pat și-l văzu complet gol. Frumusețea trupului lui perfect nu-i diminuă șocul de-a-l vedea în patul ei. Băuse, dar își amintea tot. Știa că nu-l văzuse cu o noapte în urmă și era sigură că nici nu-i dăduse un dublu de chei.

– Vincent! strigă ea, după ce-și îmbracă halatul din mătase brodat cu floricele mici roz.

El se răsuci, își puse mâna sub cap și privind-o zâmbitor și incredibil de sexy bătu ușor cu cealaltă mână pe pat:

– Neața prințeso. Vino lângă mine.

– Ai nebunit? Cum ai putut să faci asta?

– Cum ar fi putut să nu fac asta? Mi-a fost dor de tine, Julia. Este oribil, nu pot trăi fără tine. Și sunt sigur că nici tu fără mine.

Își spuse că el era că o chimioterapie, care aproape te omoară înainte să te vindece și niciodată nu erai sigură de rezultat.

– Pot și vreau să trăiesc fără tine și dacă încă o dată mai îndrăznești să te fofilezi aici, voi avertiza poliția.

O privi calm fără să spună nimic, apoi se ridică gol pușcă și își luă portabilul din buzunarul jeanșilor, se puse iar în pat și formă un număr de telefon punând conversația pe speaker.

– Da, iubitule, se auzi vocea de femeie de la capătul liniei.

– Bună, Sophie. Te sun pentru că trebuie să-ți vorbesc. Am încercat să o fac în ultimele zile, dar n-am reușit să-ți spun în față tot ce am pe suflet.

– Și atunci te-ai gândit să-mi dai lovitura de grație prin telefon?

El rămase câteva secunde surprins, cu Julia privindu-l cu gura căscată.

– Ce știi? o întrebă el.

– Totul, răspunse soția lui calmă.

– Totul? repetă el ca un robot. Și de ce n-ai spus nimic?

– Secretul căsătoriilor care durează este în general pentru că bărbații și-o țin în pantalon. În cazul nostru este invers.

– Adică stai cu mine pentru că te înșel?

– Nu, prostuțule. Stau cu tine pentru că te iubesc. Am o vârstă, tu ești încă foarte tânăr și ai nevoie să copilărești, dar și mai mult ai nevoie de o femeie ca mine, doar că încă nu știi asta. Julia se va plictisi tot atât de repede ca Beverly, Jessica, Ofelia și blonda aia țâțoasă cu nume de prostituată biblică. Iar eu voi fi tot aici.

Julia privea și asculta perplexă.

– Și-mi spui toate astea pentru că...

– Pentru că noi doi am avut un acord. Tu ești onest cu mine și eu cu tine. Deocamdată sunt numai eu în acțiune, dar îți va veni și ție rândul.

El privi derutat prin cameră, uitând că Julia era de față.

– Dar este destul de serios între Julia și mine, zise el deloc convingător.

– V-ați luat mobilă împreună? întrebă Sophie neașteptând un răspuns. Iubitule, îmi începe conferința de presă și trebuie să te las. Ne vedem în trei zile. Ah, salutări Juliei.

Se priveau unul pe altul ca doi copii. Sophie închise, iar el stătea cocoțat în vârful patului cu gândul la soția lui.

– Ori este foarte deșteaptă, începu el, ori...

– Ori ești tu foarte prost, îi termină Julia fraza.

– Sunt prost da, dar prostul ăsta este îndrăgostit nebunește de tine și nu știe ce să facă să te aibă.

– Prefă-te că ești demn și tare, și ieși din viața mea, zise Julia strângându-și halatul pe corpul zvelt.

– Dar, nu sunt.

– De-aia am spus „prefă-te".

– Femeia asta de fapt m-a manipulat de la început, zise el băgându-și mâna în părul lung, negru. Ce fel de iubire este aia când poți să-ți împarți soțul cu o altă femeie? Vreau să ies Julia din mascarada asta, zise el, privind-o rugător, dar fără ajutorul tău nu voi putea.

– Mi-ar place să te ajut. Dar și mai mult mi-ar plăcea să nu o fac. Problemele tale nu mă interesează, iar eu merit ceva mai bun decât un gigolo care mă amenință cu moartea.

Telefonul lui sună și când văzu că e tatăl lui cu care nu mai vorbise de ani de zile, el ridică un deget, cerându-i Juliei să tacă.

– Credeam că ai murit, îi zise el tatălui lui. Nu mă interesează s-ascult ce ai să-mi zici.

– Te rog nu închide. Vreau să facem pace, Vincent.

– M-ai dat afară din casă, m-ai vorbit de rău în faţa prietenilor şi mi-ai distrus personalitatea, dar evident, asta fost un lucru bun pentru că aşa mi-a fost mai uşor să suport faptul că nu mai aveam nici familie, nici prieteni.

– Mama ta a murit azi dimineaţă, spuse tatăl lui dărâmat sufleteşte, iar Vincent încasă şocul ca pe-o mitralieră care nu se mai oprea. Ultimele ei cuvinte au fost despre tine. Te-a iubit enorm, Vincent, şi i-a părut rău că pleacă din lumea asta fără să te vadă.

Plângea. La fel şi Vincent.

– Mama mea a murit şi tu nu mi-ai spus nimic?

– N-am ştiut că v-a muri, plângea tatăl lui încet. Cancerul a revenit şi...

– Pentru că a avut cancer! urlă Vincent. Şi n-ai ştiut că va muri? Asta-i o nenorocită de treabă ce durează de ani de zile şi tu mă suni doar acum? Din cauza ta n-a mai văzut-o pe mama de atâţia ani. Mă înţelegeam bine până să te bagi tu cu veninul tău oribil. Plângea ca un copil şi Juliei i se făcu milă de el. Era înfiorător să-ţi pierzi mama, iar ea se bucura că avea o relaţie strânsă cu părinţii ei.

Epuizat, Vincent închise telefonul si sări direct în pantaloni. Îşi puse cămaşa albă şi părăsi casa în viteză, lăsând-o pe Julia tristă şi debusolată. N-avea ce să mai caute într-o casă unde nu era dorit. Se duse într-un bar şi băul până se făcu pulbere, amestecând votcă, whisky şi bere.

– Nu-ţi mai trebuie alcool, auzi vocea unei femei cam de 30 de ani, care-i luă sticla din mână. Crezi că-ţi va fi mai bine?

– Nu, dacă n-o beau, zise el, fără să încerce să-şi recupereze berea înapoi. Cine eşti?

– Proprietara barului, Alexandra, răspunse bruneta cu buze pline şi păr lung ondulat.

El o privi un moment, după care dădu din mână şi se îndreptă spre ieşirea barului cu ea pe urmele lui.

– Ce naiba crezi că faci? îl întreabă.

– Nu fac nimic. Funcţionează?

– Nu face pe deşteptul cu mine. Plăteşte nota şi-apoi ia-ţi un taxi ca să ajungi acasă. Sau pe planeta de pe care vii, mai zise ea încet încasând bani.

– N-am nevoie de taxi, sunt perfect treaz, dar sunt convins că imbecilul de valet va crede altfel, aşa că te rog să vii să-i spui să-mi dea maşina.
– Îmi ceri să-l mint?
– Nu, te implor!
– Oh, făcu ea privindu-l fix cu ochii ei mari, căprui, spusă aşa... răspunsul este tot nu! Eşti beat criţă şi dacă vrei să te omori este problema ta, dar poţi da peste nevinovaţi care vor să trăiască. Deci du-te şi ia-ţi un taxi, altfel avertizez poliţia.
O prietenă de a Alexandrei se apropie de ea şi-i spuse ceva la ureche.
– Eşti nebună? întrebă Alex. Pentru că el este.
– N-a stricat niciodată puţină nebunie, râdea blonda minionă şi aproape tot atât de beată ca Vincent. Am o cameră la hotel, i se adresă ea lui. La cinci minute de aici, n-avem nevoie de maşină, vrei să vii cu mine? Te iubesc să ştii, mai spuse ea râzând şi unduindu-şi corpul cu sâni micuţi şi frumoşi.
– M-ai mai iubi dacă ţi-aş spune că sunt căsătorit şi iubesc o altă femeie?
– Nimeni nu e perfect, trase blonda cu ochiul, apoi plecă, lăsându-l cu Alexandra care-l convinse să ia un taxi.

Capitolul 18

John o privea pe Anna cât era de drăguță în pijamaua ei albă din mătase și cu părul puțin răvășit. O iubise toată viața lui și îi părea extrem de rău că o chinuise în anul precedent. Înnebunise total și aproape că o pierduse.

Cu picioarele goale și două cești de cafea în mână, Anna veni pe veranda casei și se așeză pe celălalt fotoliu, dându-i lui John cana aburindă.

– Întotdeauna am adorat locul ăsta, spuse ea, privind strada largă, casele perfect aliniate și vegetația abundentă. Ador California și faptul că tot timpul anului avem soare și verdeață. Nu mi-aș dori să locuiesc în altă parte, zise ea zâmbind și arătându-și dinții albi. Nu avea buze foarte groase, dar era senzuală. Când te uitai la ea, primul cuvânt care-ți venea în minte era „senzuală". John o luă de mână peste masa rotundă de culoare verde praz și o privi cu dragoste nespusă.

– Te iubesc, Anna, dar regretele anului trecut nu mă lasă să mă bucur pe deplin de prezent.

Ea dădu din cap înțelegătoare și zâmbi trist.

– N-are niciun sens să ne torturăm cu ce-a fost. Vreau să fiu fericită și pentru asta tot ce s-a întâmplat anul trecut cu Tom, agresiunea Tinei, moartea lui Jessica le ascund undeva în mine și doar sper că într-o zi o să pot uita. Va trebui să faci la fel, John.

El aprobă din cap apoi îi pupă mâna.

– Cred că împreună vom reuși. A fost un an groaznic, dar finalul este bun. Noi doi mai îndrăgostiți ca niciodată, Tina care este mai echilibrată, mai bună și mai iubitoare, Mira, oh, scumpa noastră Mira, un cadou de la Dumnezeu. Ce copil minunat, zise el cu gândul la toată dragostea care le-o dădea micuța. Pur și simplu îl adora pe John și era un copil cuminte cu care era ușor să fii.

– Sunt atât de fericită că Tina și-a revenit cât de cât, și că s-a lipit de Mira ca de o soră.

– Cum se poate să n-o iubești? zise el zâmbind. N-am văzut niciodată ceva mai perfect în viața mea. John o privi admirativ. Poate doar tu, doamnă Washington.

– Hei, bună dimineața! se auzi Tess de pe cealaltă parte a străzii. Ea și Isabella își beau sucurile de legume pe prispă. Haideți la noi. John și Anna își luară cafelele și traversară strada.

– Ești desculță, zâmbi soțul ei, admirându-i degetele picioarelor cu unghii tăiate perfect, date cu ojă maro.

– Bună fetelor, salută Anna, cum sunteți?

– Confuze, negative, glumi Isabelle doar pe jumătate.

– Nu suntem toți? replică Anna, așezându-se pe fotoliul cu perne roz și luând un trandafir alb din vaza de pe masă. Miroase bine. Îmi aduce aminte de primăvară.

– Sunt de la Jason, zâmbi Tess fericită. Săptămâna viitoare se mută cu noi.

Soții Washington o priviră instinctiv pe Isabelle.

– Este okay, n-am să mă sinucid. Nu este ca și cum ea va fi mereu beată și el va țipa non-stop, nu? Este veterinar, nu criminal în serie. Cumva o să nu mă obișnuiesc, zise ea, luând o gură din sucul verde gros. Nu și cu ăsta, mai zise, ridicând paharul. Ai pus prea mult ghimbir, îi spuse mamei ei, strâmbându-se. Și se vorbește prea mult de Jason.

– Este cel mai bun lucru ce putea să mi se întâmple, Isabelle, a zis mama ei luând-o de mână. Ne cunoaștem de-o viață, nu vor fi surprize neplăcute.

– Mda, pe de altă parte, John este dovada vie că ceea ce spui este fals. Nu există certitudini în viață. Nu știi niciodată ce-ți poate oferi clipa, mormăi fata, după care se ridică și intră în casă.

– Ce vrea să spună? întrebă Anna, iar Tess se mișcă jenată pe scaun.

– Nu știu. Ca în cea mai mare parte a timpului, minții ea.

Sosirea Tinei o salvă de la inchizitorialul jenant.

– Bună, salută fata, o lași pe Isabelle să vină până la mine, Tess?

Nu apucă să-i dea acordul și Isabelle își făcu apariția pe verandă în blugi decolorați, rupți și o cămașă din in albastru deschis. Părul îi era prins în creștetul capului, într-un coc dezordonat, frumos. Tess o privi lung, iar fata mormăi ceva de genul „o să-mi fie bine". Isabelle nu voia să-i spună mamei ei angoasele prin care trecea. Nu avea niciun rost să-i zică, că nu dormea noaptea și că nu exista zi să nu se gândească la tot ce i se întâmplase. Toate acestea le ținea pentru ea, iar când mama ei întreba cum era, cu un simplu „o să fie bine" încheia discuția. Era o modalitate eufemistică de a-i prezenta situația, dar altă variantă nu avea. Nu încă.

Fetele traversară strada și, dintr-o mașină, patru tineri drăguți le-au fluierat admirativ. Tina zâmbi în timp ce Isabelle le arată un deget. Și nu era arătătorul.

— S-a schimbat mult, zise Tess, privindu-și fata. Nu mai este atrasă de niciun băiat, la petreceri nu mai merge și cu mine vorbește monosilabic. Iar la anul va pleca la facultate. Nu suntem pregătite pentru asta.

— De aceea, faptul că amândouă vor rămâne la Facultatea din California este un lucru bun, spuse Anna.

— Asta este o idee bună. Măcar încă un an s-o mai am sub aripa mea.

— Nu cred că vor dori să stea acasă. Le-am auzit vorbind să închirieze ceva împreună și, sincer, nu cred că este o idee rea, Tess.

— Posibil, admise ea, poate o să le prindă bine amândurora să locuiască între tineri, zise ea cu nostalgie. Mă simt ca o babă.

— Ai 41 de ani și ești superbă. Sunteți toate tinere și frumoase, zise John.

— Și atunci de ce mă simt ca o gospodină de la periferie? întrebă Tess și Anna pufni în râs.

— Dar nu stai la periferie și n-ai nimic dintr-o gospodină. Și dacă tot veni vorba, rața ta a l'orange... Oh, oribilă! N-o mai face. Râsete. Vezi, n-ai nimic dintr-o casnică de cartier prost. Inclusiv Porsche-ul garat pe aleea ta spune asta.

— Mi-e dor de anii 70, zise Tess fără nicio legătură și Anna cu John zâmbiră.

— Erai mică în anii 70, de ce ar putea să-ți fie dor din acea epocă, de care nici nu-ți mai amintești, iubito?

— Nu trebuie să-mi amintesc, sunt doar atâtea filme care te transpun în acel paradis: puteai să fumezi în locurile publice, să ai o armă chiar și la aeroport și puteai să-ți bați copilul.

— Dar tu urăști agresivitatea, nu fumezi și n-ai armă, râse Anna amuzantă.

— Păi eu ce zic, făcu Tess, nu mai avem voie la nimic.

Cumva reușiră să destindă atmosfera, râdeau, discutau și făceau planuri. De Crăciun au stabilit să meargă toți în Hamptons să sărbătorească acolo. Tess cu familia ei urmau să stea la Ada și George, iar Julia, la casa lui Larry. Aveau camere suficiente și casele erau pe plajă, una lângă alta. Sperau că va fi un Crăciun minunat. În fiecare an toată lumea spera același lucru: ceva mai bun. Sperau ca oamenii să nu uite să iubească, să zâmbească, să fie mai înțelegători și mai toleranți.

Carmen Suissa

23 decembrie

Au intrat cu limuzinele, care-i luaseră de la aeroport, pe aleea din fața garajului. Hampton era foarte festiv în acea perioadă, fiecare magazin sau restaurant avea câte un brad împodobit în față. Era 23 decembrie și lumea făcea ultimele cumpărături de Crăciun. Familia Smith era deja de-o săptămână acolo, iar acum îi așteptau pe toți să ajungă din California. Pe aleea de la intrare, din loc în loc erau felinare cu lumini galbene. Casa era plină de ghirlande luminoase, iar pe acoperiș un moș Crăciun cu sania trasă de reni zâmbea vesel. La fel și George când ieși să-i întâmpine.

– Ce binedispus ești, zise Larry, bătându-l pe umerii.

– Nu, nu, făcu George cu un zâmbet forțat, sunt doar agitat. Socrii mei sunt aici.

– Aaa, înțeleg, râse Larry, care-i cunoștea bine pe Teodora și Jim. Erau simpatici, dar câteodată Teodora se comporta ca un căpitan.

– M-au înnebunit, zise George disperat, făcându-i pe toți să zâmbească, de când am ajuns în Hamptons n-a fost o zi să nu-i văd.

– Putem intra sau te-ai hotărât să ne ții pe verandă? întrebă Isabelle, care abia aștepta să-i vadă pe Dora, Hollywood și Matt.

Ușa de la intrare se deschise și Teodora, perfect coafată, îmbrăcată în cașmir gri perlă își făcu apariția.

– Ce faci George? Ai de gând să-i lași pe invitați în casă astăzi? Sau doar te ascunzi de mine?

– S-a săturat să mă umilească în privat, acum trebuie s-o facă și în public, îi șopti el lui Larry la ureche, apoi vesel: nu, mamă soacră, cum să mă ascund? Este o plăcere să te avem la noi. Zilnic.

– Aveți ceva alcool? întrebă Julia care era în plină criză existențială.

– N-aveau decât alcool în casă până să vin eu, zise Teodora, luând-o pe Julia după umeri și invitând-o înăuntru. Am aflat ce-ai pățit cu iubitul tău și-mi pare tare rău. Ești un copil bun. Te-am adorat în „Haosul de duminică".

Julia se simțea deja mai bine și nu înțelegea de ce George era stresat în prezența Teodorei. Era deșteaptă, avea clasă și știa mereu ce să spună. Gândul o duse la mama ei care tocmai de Crăciun se gândise să facă o croazieră în jurul lumii. Și s-o abandoneze.

Interiorul casei era plăcut. În mijlocul camerei se afla un șemineu mare înconjurat de canapele confortabile gri cu perne moi, iar prin ferestrele, ce făceau un L, se vedea marea. În fața geamului, dar la exterior, era împodobit un brad enorm, iar în salon erau zeci de beculețe colorate. Pe masă, Teodora pusese bezele, biscuiți făcuți în casă, nuci, alune, o carafă cu ciocolată fierbinte, alta cu cafea, un chec din lămâie și o plăcintă de afine. Se strângeau cu toții în brațe, de parcă nu s-ar mai fi văzut de ani de zile. Ada și George s-au integrat bine în grupul lor. Tess a început să zâmbească, văzând că Ada nu-i dădea drumul din îmbrățișare.

— Da, știu că ne-am văzut săptămâna trecută, spuse Ada, dar îmi este atât de dor de Los Angeles, de casa mea unde Teodora nu este. M-a înnebunit, nici sex n-am făcut de când am ajuns aici. Nu este cazul ei, le șoptea ea prietenilor, și nu pot să-mi imaginez că încă o fac la vârsta asta. Mai ales că tata are o proteză la șold, de care se plânge de câte ori cineva îl ascultă. Apoi, arătând-o cu capul pe sora ei, Cara, continuă: și cu ea este un dezastru. A decis să se „re-împrietenească" cu fostul iubit, Michael, dar nu fac decât să se certe. Când acesta a dat cu ochii de Julia, s-a ridicat să o întâmpine, privind-o insistent.

— Nici să nu-ți treacă prin cap, zise aceasta, îndreptându-se spre barul din capătul celălalt al camerei unde, într-o carafă de cristal, Ada preparase vodcă cu suc de căpșuni, câteva felii de portocale și suc de vișine. Era un deliciu și în mai puțin de 20 de minute Julia era amețită bine.

— A fost bărbatul pe care l-am iubit cel mai mult în viața mea, îi explica ea Teodorei, care-o bătea ușor pe mână.

— Dar sexul? Cum a fost sexul? se auzi Matt, iar George se apropie curios.

Julia dădu să spună ceva, dar Teodora o opri, spre marea dezamăgire a soțului ei, Jim.

— Las-o dragă să vorbească! zise Jim, privindu-i pe rând pe George, Jason și pe Larry.

— Ce bunic pervers am, îi șopti Matt lui Michael.

— La fel erau și ai mei, zise acesta privind în urma Juliei, doar că la noi în casă toți erau goi pușcă.

În zona barului, Julia pusese mai multe ingrediente în blender, apoi îl luă în mână și începu să-l miște în toate sensurile.

– Sau poți să apeși pe buton, șopti Hope, apăsând și speriind-o pe Julia, care se puse pe un râs isteric.

Hollywood zâmbi și le propuse copiilor să-i învețe să facă prăjituri cu calorii puține și sănătoase.

– Puneți puțină făină de cocos, zise ea, terminând al doilea pahar de vin și vărsând puțin în farfurie, pe masă și pe jos. Da știu, nu-i nici curat, nici sexy, dar o să fie bun, dac-o să reușesc să termin.

Hope zâmbi și, cu un pahar de șampanie în mână, toastă:

– Sunt fericită să fiu astăzi aici cu voi toți. Chiar dacă Julia și Cara sunt deja bete, sunt convinsă că vom petrece o seară minunată. Râsete. Viața nu este întotdeauna roz sau făcută din lucruri grandioase, dar, uneori, ne găsim liniștea în lucruri mărunte, cum ar fi un prieten bun. Sau mai mulți, zâmbi ea. Cu dragoste, Hope le privi pe Isabelle și Tina, care o urmăreau atent. Un prieten care îți respectă secretele și care-ți stă alături, ajutându-te cu o vorbă bună, arătându-ți loialitatea. Pentru că loialitatea inspiră o speranță infinită. Tina avea lacrimi în ochi, ascultând-o. Hope o privi direct și continuă: La întrebarea „De ce?" vom avea răspunsul când totul se va termina. Toți facem greșeli și toți ne întrebăm la un moment dat dacă vom fi iertați. Eu cred că da, cu condiția să facem tot posibilul să fim mai buni. Existența ni se poate schimba pentru totdeauna de la o secundă la alta, dar câteodată finalul poate fi răspunsul rugăciunilor noastre nerostite, chiar dacă nu realizăm asta decât mai târziu. Am văzut toți cât de scurtă poate fi viața și ce șubred este firul ei. Ce vreau să spun, a zis Hope, privindu-i emoționată pe toți în parte, este că suntem foarte norocoși să ne avem unii pe alții și că împreună vom trece mai ușor peste obstacolele vieții. Toți cei prezenți acolo apreciau discursul prietenei lor. Știau că, într-adevăr, erau norocoși să se aibă unii pe alții, să se ajute și să se susțină reciproc.

Epilog

În mini cooperul decapotat, Isabelle și Tina sporovoiau vesele în drum spre casă. Primul an universitar se încheiase cu bine și fetele părăsiră apartamentul de pe plajă ca să-și vadă părinții. În 15 minute, dacă nu era trafic puteau fi acasă. Dar erau în Los Angeles unde mereu era trafic. Tina era total transformată: veselă, feminină, fericită. Isabella era superbă ca întotdeauna, dar mai matură. Alesese facultatea de psihologie și acum, după un an, era mulțumită de alegerea făcută. Nu mai era cea mai populară din școală, așa cum fusese obișnuită, dar asta nu mai era o prioritate pentru ea. Experiențele triste n-o demolaseră și, zi de zi, cu pași mici, se îndrepta spre ceva mai bun. Învăța să se iubească din nou și înțelesese că pentru asta trebuia să înceapă să împartă dragoste în jurul ei. De trei ori pe săptămână făcea voluntariat la o casă de bătrâni, unde era foarte îndrăgită.

Spre deosebire de ea, Tina profita pentru prima oară în viață de libertate și fericire. A reușit să întoarcă pagina, sătulă să mai fie victimă. Își făcuse câțiva prieteni buni și avea un iubit de câteva luni.

– Ai să-l prezinți pe Joe părinților tăi în vara asta? o întrebă Isabelle, iar Tina zâmbi larg.

– Glumești? Pentru prima oară în viață am și eu un tip simpatic, care este îndrăgostit de mine și vrei să-l țin ascuns? Nicio șansă. Îl aduc la cina de săptămâna viitoare în cinstea lui John și-l prezint tuturor. L-am invitat să vină cu mine la nunta lui Hope și Larry.

– Sper că nu te măriți și tu, zise Isabelle, uitându-se în oglinda retrovizoare și trecând pe banda cealaltă. Trei nunți într-un an ar fi prea mult pentru inimioara mea.

– Nu, bineînțeles că n-o să mă mărit. În orice caz nu înaintea Juliei, râse fata și Isabelle zâmbi.

– Oh, atunci m-ai liniștit. Mai avem câțiva ani de celibat. Urăsc nunțile.

– Nunțile în general sau doar pe cele ale mamei tale? întrebă Tina, iar Isabelle zâmbi trist.

– Tatăl meu nici nu s-a răcit în groapă și ea s-a căsătorit deja. Asta mă deranjează. Mă bucur pentru că este fericită, o merită, a suferit foarte mult, dar el a fost tatăl meu și s-a descurcat bine ca părinte. Iar Jason încearcă prea mult să-mi fie pe plac. Îmi spune des că mă iubește. Dumnezeule, sunt oribilă cu el, de ce face asta? „Te iubesc" nu este ceva ce spui doar ca să îndrepți lucrurile. E ceva ce simți.

— Dar el simte asta, Isabelle. Acest om este un sfânt. Sunt sigură că merge pe apă, zâmbi Tina, făcându-și prietena să râdă.

În definitiv, Jason nu era vinovat cu nimic, nu el îi ucise tatăl. Și nici nu putea să-și condamne mama pentru că aspira la puțină fericire. Fusese suficient de umilită când aflase de bigamia soțului ei și cât de fertil fusese acesta.

În același timp, în cealaltă parte a orașului Hope, Anna și Tess se răsfățau la spa-ul hotelului Peninsula. Toate trei erau în aceeași încăpere, unde o muzică liniștitoare le ajuta să se relaxeze. Cel puțin așa ar fi trebuit, gândiră cele trei maseuze asiatice, care se priveau pe furiș, auzind discuțiile continue ale prietenelor.

— Vă dați seama, zicea Hope, peste o săptămână o să fiu femeie măritată.

— Iar eu cred că voi divorța dacă îmi va mai cere s-o fac de trei ori pe noapte, a zis Tess, strâmbându-se, și ele o întrebară dacă maseuza era de vină sau sexul era chiar atât de prost. Nu, nu, sexul este bun, dar suntem deja căsătoriți de șase luni, iar eu vreau să dorm din când în când. Îmi este aproape imposibil să o fac atât de des.

— „Aproape imposibil" prin definiție înseamnă încă posibil, zise Hope. Și nu te mai plânge atât, sunteți căsătoriți de doar câteva luni. Este normal să o faceți des. Larry și cu mine nu mai facem decât asta. Habar n-am ce se întâmplă în viața lui, la serviciu sau în afara patului nostru. N-avem timp de discuții și-mi convine perfect.

— Chiar? făcură amândouă în același timp și ea dădu serioasă din cap, apoi se auzi o ușă deschizându-se și Anna sări speriată în picioare.

— Și voi vedeți capra, da? Nu halucinez.

— Din păcate, răspunse Tess, care se întoarse să o întrebe pe maseuză ce era cu animalul acolo, când dădu cu ochii de Julia. Era îmbrăcată într-o rochie vaporoasă de culoarea somonului, cu o pălărie enormă și ochelari mari negrii. În mână avea o lesă albastră care, bănuiau ele, era a caprei.

— Nu erai sigură că atragi suficient atenția? o întrebă Hope, râzând privind spre capră. Te asigur, ești remarcabilă.

— Este Fifi, joacă în film cu noi, a zis Julia, ca și cum ar fi fost lucrul cel mai normal din lume. Colegii mi-au făcut o farsă și m-am trezit cu ea în mașină. Nu pot s-o las închisă, așa că toată ziua am cărat-o după mine.

— Pentru că ai fost în mai multe locuri cu ea? a întrebat-o Anna zâmbind.

— Da, m-a însoțit la manichiură, la aeroport și la poliție. Acolo am avut un succes enorm, zise ea, dând din cap fericită. Am făcut plângere împotriva lui Vincent cu care iarăși m-am trezit în casă în plină noapte. De mâine voi obține un ordin judecătoresc care nu-i va mai permite să se apropie de mine la 1 km. Tess o privi cu ochii mijiți:

— Dar la aeroport ai fost acum trei zile. Să nu-mi spui că porți capra după tine de atâtea zile.

Julia roși și începu să vorbească repede, dând din cap ca o nebună:

— Ce-ți pasă ție, o certă ea pe Tess, te masezi, ai viață socială și un soț minunat în timp ce ea este ținută într-o încăpere unde miroase urât și n-are pe nimeni.

— Da, zise Tess, tocmai pentru că este o capră, iar caprele n-au viață socială și miros urât.

— Ei bine, prea puțin mai interesează, eu nu o mai dau înapoi și le-am spus deja la studio. Prietenele ei o priveau mirate, dar nu șocate, fiind obișnuite cu excentricitățile Juliei. De câte ori trebuie să filmăm cu Fifi, o voi duce eu, în timpul liber o țin acasă. I-am făcut deja locul ei și i-am cumpărat varză.

— Un fel de agent al caprei, zise Hope și Julia dădea mândră din cap. Ce-o să faci când va trebui să pleci din Los Angeles? Să nu-mi spui că iei capra după tine.

— Fifi poate să stea acasă și voi să o hrăniți. Este foarte cuminte, zise Julia privind cum capra rupea o plantă din ghiveci. Apoi, întorcându-se spre Hope cu zâmbetul ei cel mai minunat, o întrebă: pot să vin la nunta ta cu ea, da? Tess și Anna pufniră în râs, în timp ce Hope se îneca cu propria-i salivă.

— Când am spus că invitația este + 1, mă refeream la un bărbat, nu la Fifi.

Julia își privi disperată prietenele, cerându-le ajutor.

— Nu te uita la mine, zise Anna, în timp ce ele fac sex de trei ori pe zi, eu îi iau tensiunea lui John de trei ori pe zi și trebuie să-l duc la colonoscopie.

— Sex de trei ori pe zi?! a zis Julia cu voce ascuțită, acoperindu-i caprei urechile.

— Da, râse Hope, mai mult decât ai făcut-o tu în toată viața ta.

Julia își privi prietena, apoi pe cele trei maseuze:

— Am făcut-o de mult mai multe ori, le explică ea maseuzelor, care dădeau docile din cap, forțându-se să nu zâmbească. De mult prea multe ori, continuă Julia, făcându-le pe toate să râdă, apoi, întorcându-se furioasă spre Hope, zise: nu numai că voi veni cu Fifi la nuntă, dar o aduc și pe Josefina, dublura ei! Făcu un semn cu mâna spre capră și aceasta veni la ea ca un cățeluș cuminte, apoi amândouă părăsiră țanțoșe sala de masaj.

— Incredibil, zise Anna, habar n-aveam că și o capră are dublură la Hollywood.

— Asta este problema, sări Hope, dublura caprei sau faptul că Julia va veni la nunta mea cu toate animalele Hollywood-ului? Între caprele ei, Barry, care e beat 80 la sută din timp și un fost iubit din liceu, de care nu-mi aduc aminte, dar care de-o săptămână mă bate la cap să nu mă căsătoresc cu Larry. Pot să garantez că voi avea o nuntă minunată. Prietenele ei au privit-o surprinse, nefiind la curent cu acea poveste. E sigur vreun nebun care se plictisește.

— Sau poate Mike căruia îi este ciudă că nu l-ai luat pe el de bărbat.

— Pentru asta ar fi trebuit să mă ceară, nu-i așa? Dar niciunul dintre noi nu și-a dorit asta. Oricum nu eram interesată de bărbații cu sufletul distrus... până la Larry, zâmbi ea. Acum știu că suntem potriviți, amândoi dorim aceleași lucruri: sărbători împreună, copii, mai zise, privindu-și prietenele pe sub sprâncene.

— Ești gravidă! săriră ele în același timp.

— Nu, dar facem totul pentru, zise Hope făcând un semn discret celor trei maseuze să le lase singure. Sunt atât de fericită că am reușit să trecem peste nenorocirile anului trecut. La un moment dat devenisem cinică și știu că este un fel trist de a privi lucrurile, dar eram convinsă că nu există persoană ale cărei vise să devină realitate. Nu v-am spus niciodată cât am suferit din cauză că Barry m-a abandonat. Îmi rămăseseră foarte puține iluzii și niciun vis, o Kim care mă ataca de câte ori putea și voi, prietenele mele minunate, care trăiați drame oribile. Poate că este stupid ce spun, dar Larry mi-a dat putere, a adăugat o nouă dimensiune vieții mele și acum mă simt în pace cu mine, cu trecutul meu și cu tot universul.

— Asta se sărbătorește, zise Tess, punându-și halatul alb moale pe ea și umplând cele trei pahare cu șampanie rece. Pentru prietenia noastră, adăugă ridicând cupa, și când spun asta o includ și pe managera lui Fifi, pentru rugăciunile care ne-au fost ascultate și pentru faptul că am devenit o familie. O familie mai bună decât familiile „adevărate" și asta pentru că ne-am ales unii pe alții, nu ne obligă legătura de sânge să păstrăm relațiile doar pentru că suntem rude. O facem pentru că ne iubim, pentru că ne știm durerile, slăbiciunile și secretele.

Hope, Anna și Tess știau că secretele nu puteau rămâne mereu private, oricât de mult și-ar fi dorit să evite durerea și umilința ce veneau cu acestea. Căile pe care ajungeai în viață la destinația planificată nu erau întotdeauna plăcute sau importante. Nu atât cât era rezultatul. Ce era important era să nu te simți singur, pentru că singurătatea este grea, dar n-o poți nega. Sau trăi cu ea. Hope, Anna și Tess erau conștiente că acele clipe oribile, în care durerile nu puteau fi ignorate, puteau fi mai ușoare când erau înconjurați de prieteni adevărați. Prieteni care ne ajută să găsim forța necesară de a mai lupta, de-a rămâne pe linia de plutire și care ne permit a fi cine suntem, fără să ne scuzăm.

Cele trei femei s-au strâns în brațe, regretând că Julia nu era acolo cu ele. Sperau că viitorul să le fie mai bun și, chiar dacă nu aveau nicio garanție, ele știau că viața nu era întotdeauna perfectă. Câteodată și „perfectul" avea nevoie de puțin ajutor.

În acea zi, acolo, își promiseseră să nu se părăsească niciodată, să încerce întotdeauna să ocolească sau să dărâme obstacolele dintre ele și să dea o mână de ajutor perfectului. Au făcut pace cu trecutul și au închis într-un sertar al inimilor lor secretele, care, sperau ele, într-o zi or să fie mai puțin dureroase.

SFÂRȘIT

De același autor:

Dușmanul din casa mea
Văzută din afară, Carol Huston este întruchiparea tipică a unei newyorkeze care are tot ce-și dorește. O familie frumoasă. Dragoste împărtășită. O viață ușoară. Și exact asta este hotărâtă să îi răpească Samantha, sora ei vitregă.

Crescută doar de mama ei, Carol a avut o copilărie liniștită, până când tatăl ei și-a abandonat al doilea copil pe veranda casei lor. De mică, Samantha o ura, iar când la șaisprezece ani aceasta a fugit în Vegas, Carol s-a simțit ușurată.

Mamă a doi copii simpatici, Carol este căsătorită cu Daniel, un avocat de renume, și are prieteni buni, pe care poate conta. Prieteni care își dovedesc fidelitatea când viața i se schimbă dramatic. Soțul ei, persoana în care are o încredere absolută, se transformă într-un străin și Carol începe să-și pună întrebări.

Când, pe 1 ianuarie, Samantha revine acasă după o absență de șaisprezece ani și divulgă în fața tuturor prietenilor și familiilor lor marele secret, lumea lui Carol se prăbușește. Sfâșiată între ură și iubire, răzbunare și iertare, ea trebuie să se lupte să-și țină familia pe linia de plutire. Hayley, fata lor adolescentă, devine rebelă, Daniel se îneacă în alcool, iar Samantha dispare iarăși, luând cu ea speranța unei zile mai bune.

Dușmanul din casa mea este un roman cu personaje de neuitat, care dezbate realitățile vieții, este o carte despre iubire, angajament, obsesie și ură, dar și o carte care îți arată că cele mai mari daruri ale vieții sunt mereu o surpriză.

http://amzn.eu/2AEwl92

Acea zi din Septembrie

La treizeci şi cinci de ani, Emma este o scriitoare de succes, căsătorită cu judecătorul Tom Miller din Manhattan, iubitul ei din liceu. Emma este o mamă şi o femeie împlinită, ducând o viaţă idilică împreună cu familia şi prietenii ei.

Scenariul perfect se transformă într-unul de groază în momentul în care McKidd, un criminal pe care Tom l-a băgat la puşcărie, decide să se răzbune. Coşmarul se dezlănţuie într-o zi de septembrie, la vila lor din Montauk, atunci când copilul le dispare. Emma şi Tom înfruntă agonii şi spaime, despre care nici măcar nu bănuiau că existau.

Pe zi ce trece, în căsătoria lor apar probleme şi soţii Miller au de luat decizii dificile pentru care nu sunt pregătiţi. Când secrete sordide ies la suprafaţă, Tom îşi dă seama că a doua lui căsătorie este doar o minciună şi hotărăşte să mai încerce o dată să afle ce s-a întâmplat în acea zi din septembrie.

Acea zi din septembrie este o carte captivantă şi complexă ca viaţa însăşi: bucurii şi lacrimi, familie, pierderi, obligaţii şi o moralitate care ne învaţă că niciodată nu trebuie să abandonăm.

https://www.amazon.com/Acea-Din-Septembrie-Carmen-Suissa/dp/1979770042/ref=sr_1_1%C8%99

Ocean House

Ocean House – o vilă din Hermosa Beach, California – devine scena dramelor emoționale, sexuale, și a conflictelor morale provocate de oameni care nu ar fi trebuit niciodată să locuiască în aceeași casă. Fiecare are visele, aspirațiile și secretele lui. Loviți de calamități neașteptate: copii schimbați la naștere, trădări și răzbunări, aceștia încearcă să se mențină la suprafață.

Casa în care locuiesc aparține celor trei surori Ford, rămase orfane în urma unui accident rutier. Fără alt venit stabil în afara acestei proprietăți, fetele Ford sunt obligate să închirieze două niveluri. Tara, roșcată, 25 de ani, veșnic șomeră, este urmărită de soția fostului ei amant, care și-a făcut un hobby din a-i distruge viața.

Briana, 30 de ani, blondă, răzgâiată și necinstită, este părăsită de soț când ies la iveală infidelitățile ei. Faptul că locuiesc sub același acoperiș complică situația.

Joy, 33 de ani, proprietara unui bar, celibatară, are o inimă de aur, dar nicio fărâmă de noroc.

https://www.amazon.co.uk/Ocean-House-Volum-Carmen-SUISSA/dp/6069101073

www.ingramcontent.com/pod-product-compliance
Lightning Source LLC
LaVergne TN
LVHW011928070526
838202LV00054B/4542